dtv

Geflügel regt einfach dazu an, in der Küche kreativ zu sein – meint Marianne Kaltenbach. Seien es kalte Vorspeisen und Salate, Terrinen, Mousses oder Galantinen, Suppen, Braten oder Ragouts: Ente, Gans, Hühnchen, Truthahn & Co. lassen sich vielseitig verarbeiten. In vielen Ländern darf Geflügel an Sonn- und Festtagen nicht fehlen. Brasilianische, italienische, französische, englische oder auch chinesische Rezepte zeigen, wie man Geflügel süß-sauer, feurigscharf, mild oder pikant zubereitet. Arbeitstechniken und Kochmethoden werden exakt dargestellt, mehrere Zeichnungen erläutern die Zubereitung Schritt für Schritt. Mit Einkaufstips, Warenkunde und Nährwertangaben.

Marianne Kaltenbach
Friedrich-Wilhelm Ehlert

GEFLÜGEL

Einkaufen, zubereiten
und genießen
Über 250 persönliche und
internationale Rezepte

Deutscher Taschenbuch Verlag

September 1999
Deutscher Taschenbuch Verlag GmbH & Co. KG, München
© 1990, 1997 Hallwag AG Bern und Stuttgart
ISBN 3-444-10488-X
Fotos und Strichzeichnungen: Ernst Schätti, Luzern
Farbillustrationen: Elisabeth Zellweger
Nährwerttabelle: Monika Cremer
Lektorat: Kathrin Ilbertz, Urs Aregger
Gestaltung: Robert Buchmüller
Umschlagkonzept: Balk & Brumshagen
Umschlagfoto: © Karl Newedel, München
Satz: Hallwag AG Bern
Druck und Bindung: Appl, Wemding
Gedruckt auf säurefreiem, chlorfrei gebleichtem Papier
Printed in Germany · ISBN 3-423-36151-4

MARIANNE KALTENBACH ist weit über unsere Landesgrenzen hinaus bekannt als Gastronomie-Journalistin und als Autorin einer Reihe von Kochbüchern — von der Schweizer Küche über die vielfältigsten Spezialitäten aus aller Welt bis zu ganz persönlichen Kreationen.
Im dtv ist von ihr bereits erschienen:
Vegetarisch für Gourmets (36137). Seit über zwanzig Jahren hauptberuflich mit kulinarischen Problemen beschäftigt, wird sie oft als Expertin in Fachfragen konsultiert. Ihr stets zeitnahes Wissen hat ihr viele Ehrungen eingetragen, unter anderem sieben Silbermedaillen der Gastronomischen Akademie Deutschlands (GAD) und für ihr Buch *Meine Fischküche* gar die begehrte und nur selten verliehene Goldene Feder sowie zwei erste Preise der Guides Touristiques in der Schweiz. 1993 erhielt sie von der Académie Suisse des Gastronomes den Grand Prix Exbrayat für ihr gesamtes Werk sowie 1995 in Paris den Prix de l'Académie Internationale des Gourmets et des Traditions Gastronomiques. Außerdem ist sie im Vorstand exklusiver Verbände und gastronomische Beraterin des Bailliage National Suisse de la Chaîne des Rôtisseurs sowie der Disciples d'Auguste Escoffier.

FRIEDRICH-WILHELM EHLERT war von 1972 an in Baden-Baden als Küchenchef in führenden Häusern tätig. Seine erfolgreiche berufliche Laufbahn ist mit renommierten europäischen Hotels eng verbunden. Er ist ein hervorragender Fachpädagoge mit reicher Schulungspraxis, vor allem aber Koch aus Leidenschaft. Für sein *Großes Buch der Pasteten* wurde er 1980 mit der Goldenen Feder der GAD ausgezeichnet. Er versteht sich jedoch nicht nur meisterhaft auf die Kunst des Pastetenbackens, sondern auch auf das Kreieren moderner Vorspeisen und Zwischengerichte. Die exzellent zubereiteten Gerichte von Fischen und Meeresfrüchten sowie die mit großer Akribie angefertigten Fleisch-, Geflügel- und Wildgerichte bilden weitere Höhepunkte seines Könnens.

INHALT

- 9 Zu diesem Buch
- 12 Zu den Rezepten
- 15 Kalte Vorspeisen und Salate
- 45 Pasteten, Terrinen, Galantinen und Mousses
- 79 Suppen und Eintöpfe
- 103 Warme Vorspeisen
- 123 Ganzes Geflügel
- 169 Geflügelteile
- 247 Gerichte aus aller Welt
- 297 Mit Teigwaren, Reis und Mais
- 311 Reste vom Feste
- 323 Saucen und was es dazu braucht
- 347 Beilagen
- 359 Farcen und Teige, hausgemacht

- 367 **Rund um das Geflügel**
- 369 Geflügelfleisch — leicht und bekömmlich
- 375 Die Garmethoden des Geflügels
- 379 Von der Wachtel bis zum Truthahn
- 397 Nährwertangaben

- **Register**
- 409 Alphabetisches Gesamtverzeichnis der Rezepte
- 421 Verzeichnis der Rezepte nach Geflügelsorten
- 425 Verzeichnis der Rezepte nach der Speisefolge
- 431 Verzeichnis der Phasenzeichnungen
- 432 Verzeichnis der Zwischentexte

ZU DIESEM BUCH

In den letzten Jahren habe ich mich sehr intensiv mit der Zubereitung von Geflügel befaßt. Dabei entdeckte ich immer neue Zubereitungsmöglichkeiten. Neben Fisch ist Geflügel für mich das anregendste Produkt, um in der Küche kreativ zu sein. Was läßt sich daraus nicht alles zubereiten: delikate Süppchen, attraktive Vorspeisen, interessante Hauptgerichte, Pasteten, Terrinen, herzhafte Torten, Gratins und unzählige regionale sowie weltweit bekannte Spezialitäten.

Es gibt wohl kaum ein Land auf dieser Erde, wo nicht zum mindesten das Haushuhn einen wichtigen Bestandteil des Speisezettels bildet. Es ist ja auch nicht immer eine Ente oder ein Perlhuhn erforderlich, um ein köstliches Gericht auf den Tisch zu bringen. Auch ein einfaches Hähnchen kann durch raffinierte und liebevolle Zubereitung zu einer Delikatesse werden.

In vielen Ländern darf das Geflügel an Festtagen, vor allem an Weihnachten, auf dem Tisch nicht fehlen. Dann kommen die Ente, die Gans, der Kapaun und der Truthahn zu Ehren. Sie gehören zum Beispiel in der Provence, in Spanien und auch in anderen europäischen Ländern zur Tradition. Und in den USA ist der «Thanksgiving Day» ohne den Turkey gar völlig undenkbar.

Solche Überlegungen haben mich dazu bewogen, dieses Geflügelbuch zu verfassen. Um es noch vielfältiger zu gestalten, habe ich den Küchenmeister Friedrich-Wilhelm Ehlert mit einbezogen, der sich im Umgang mit Geflügel ebenfalls sehr gut auskennt. Er hat seine besten Geflügelrezepte und den technischen Teil für die Vorbereitung und das Zerlegen von Geflügel zu diesem Buch beigesteuert. Gemeinsam haben wir die schönsten Gerichte für die Fotos zubereitet.

Durch diese Zusammenarbeit ist der vorliegende Band zu einem umfassenden Werk geworden, das nicht nur Anfängern in der Kochkunst, Hobbyköchinnen und -köchen sowie routinierten Hausfrauen nützlich sein wird, sondern auch Berufsköchen mannigfache Anregung geben kann.

Das Buch enthält deshalb auch Abbildungen und Steckbriefe der wichtigsten Sorten von Hausgeflügel, Einkaufstips sowie die Darstellung verschiedener Arbeitstechniken und Kochmethoden.

Der Rezeptteil ist nach Art der Gerichte gegliedert, und ausführliche Verzeichnisse am Ende des Buches geben Aufschluß über die Verwendung der unterschiedlichen Geflügelsorten und die Vielfalt der Zubereitungsmöglichkeiten. Ferner wurde der zweiten Auflage dieses Buches eine detaillierte Tabelle mit den Nährwertangaben der einzelnen Rezepte angegliedert.

Und auch dieser Band enthält wiederum viel Wissenswertes über Warenkunde, Historisches und Brauchtum rund um das Produkt sowie zahlreiche Tips, die wir aus unseren kulinarischen Erfahrungen abgeleitet haben.

Ich wünsche allen, die dieses Buch in ihrer Küche verwenden, viel Freude beim Entdecken neuer Geflügelrezepte, beim Ausprobieren und Zubereiten und vor allem beim Genießen der dabei entstandenen Gerichte.

Marianne Kaltenbach

Beim Wort Geflügel denke ich zuerst an die Vielzahl möglicher Zubereitungsarten, von sehr einfachen, schmackhaften Gerichten bis hin zu den raffiniertesten Kreationen. In dieser Hinsicht ist das Geflügel mit keiner andern Fleischkategorie vergleichbar.

Es kommt mir dabei aber auch die recht wechselhafte Popularität des Geflügels in den Sinn — von der einstigen speziellen Wertschätzung als Delikatesse unter der Bezeichnung «Brüsseler Geflügel» bis zur Massenproduktion der vergangenen Jahre, die dazu beigetragen hat, das Geflügel zu Unrecht in Verruf zu bringen. Nach einer Reihe von Jahren der eigentlichen Geflügelabstinenz kam das Geflügel erst mit der sogenannten «Nouvelle cuisine» zu Ehren.

Das Geflügel ist gerade in der heutigen Zeit ein besonders wertvolles Nahrungsmittel, ist es doch vielseitig einsetzbar, dank seiner Reichhaltigkeit an Eiweißen auch in der Diätetik. Die Geflügelarten sind mit wenigen Ausnahmen auch sehr leicht verdaulich und kalorienarm. Das macht ihr Fleisch in unserer so ernährungsbewußten Zeit außerordentlich wertvoll. Es bereitet mir großen Spaß, Geflügel zu verarbeiten und immer neue Rezepte auszuprobieren. Dabei muß es gar nicht unbedingt Bresse-Geflügel sein: Auch einheimische Produzenten bringen Qualitätsware auf den Markt. «Geflügel» ist für mich ein schier unerschöpfliches Thema. Ein einzelner Band kann alle in diesem Zusammenhang stehenden Ideen, Anweisungen, Ratschläge und Tips kaum aufnehmen, denn auch in der Kochkunst gibt es keinen Stillstand. Auf neue Erkenntnisse folgen immer wieder neuartige Methoden der Zubereitung. So soll dieses Buch auch die Phantasie aller Benützer anregen und zu ihrer Entwicklung beitragen.

Friedrich-Wilhelm Ehlert

ZU DEN REZEPTEN

Das Wichtigste

Bitte lesen Sie die Rezepte vor dem Kochen oder — noch besser — vor dem Einkauf durch, damit Ihnen der Ablauf der Zubereitung klar wird. Dies ist besonders wichtig, wenn es sich um etwas anspruchsvolle Gerichte handelt, die gewisse Vorbereitungen brauchen. Sind im Rezept Grundzubereitungen erwähnt, muß man diese ebenfalls studieren. Es kann sein, daß man sie ein oder zwei Tage im voraus vornehmen muß, um Streßsituationen zu vermeiden. Kalte Gerichte brauchen meistens eine Kühlzeit, so etwa Gelees, die fest werden müssen. Diese Zeiten muß man einkalkulieren, und die Zutaten müssen frühzeitig genug besorgt sein.

Details, die Sie beachten müssen

Die Rezepte sind mit Randbemerkungen versehen, die Ihnen nützlich sein können. Um die Rezepte noch übersichtlicher zu gestalten, haben wir die Zutaten der einzelnen Komponenten, zum Beispiel der Sauce, der Garnitur usw., separat gruppiert. Dies erleichtert die sogenannte Mise-en-place (Bereitstellung) der Zutaten. Allerdings bedingt diese Darstellung, daß man die Zutaten genau liest und eventuell zweifach aufgeführte Zutaten für den Einkauf zusammenfaßt. Die Gruppierung der Zutaten und auch die Reihenfolge der Komponenten ist nicht verbindlich für den Ablauf der Vorbereitung. Am besten liest man auch den Zubereitungstext gründlich durch. Dann erkennt man sehr schnell, welche Arbeiten vorgezogen werden können.

Arbeitsaufwand

Darunter ist die Zeit zu verstehen, die eine durchschnittlich geübte Hausfrau (oder ein Hausmann) für Vorbereitungen und am Kochherd benötigt.

Garzeiten

Neu an diesem Buch ist, daß die Zeiten für das Garen, Kochen, Schmoren, Kühlen und Backen bei allen Komponenten des Rezeptes separat angegeben sind. Darunter sind die Zeiten für Vorgänge zu verstehen, die Sie nicht unbedingt ständig überwachen müssen.

Vorbereitungen

Wie eingangs erwähnt, ersieht man aus dem Zubereitungstext, was im voraus vorbereitet und welche Arbeiten erst unmittelbar vor dem Anrichten ausgeführt werden können. Gewisse Grundzubereitungen können bereits einen oder mehrere Tage zuvor gemacht werden, besonders bei Pasteten und Terrinen.

Tips
Da wir dieses Buch zu zweit verfaßt haben, finden Sie unter dieser Rubrik Besonderheiten des jeweiligen Gerichtes und wichtige Hinweise auf die Zubereitung von seiten beider Autoren. MK bedeutet Marianne Kaltenbach, FWE steht für Friedrich-Wilhelm Ehlert.

Beilagen
Am Schluß der Rezepte finden Sie Vorschläge für besonders gut passende Beilagen, die im Buch in einem speziellen Kapitel (s. S. 347 ff.) zusammengefaßt sind.

Grundrezepte
Die bei den Zutaten erwähnten Grundrezepte für Fonds, Saucen, Teige usw. sind mit den Seitenzahlen versehen, auf welchen die entsprechenden Anleitungen zu finden sind.

Rezeptverzeichnisse
(s. S. 395 ff.)
Die Rezepte sind sowohl alphabetisch wie auch nach Geflügelart und Zubereitung in Verzeichnissen zusammengefaßt. Die Geflügelsorten sind in Steckbriefen beschrieben.

Illustrationen
Die verschiedenen Geflügelsorten sind passend zu den Steckbriefen farbig dargestellt.
Wichtige technische Vorbereitungen sowie das Tranchieren und ähnliche Handgriffe sind, zum Teil in Phasen, durch Zeichnungen illustriert.

KALTE VORSPEISEN UND SALATE

Kleine leckere Gerichte sind sozusagen die Ouvertüre in einem gekonnt zusammengestellten Menü, und sie erfreuen sich immer mehr großer Beliebtheit. Es macht einfach Spaß, sie zuzubereiten, und sie regen die Kreativität in der Küche an. Wie hat sich doch zum Beispiel der übliche, allzu bekannte gemischte Salat zu seinem Vorteil entwickelt. Er hat durch die Vielfalt seiner Zusammenstellungen und durch seine kleinen attraktiven Beilagen einen ganz anderen Charakter bekommen. Dadurch avancierte er zur gekonnten Vorspeise, die sehr praktisch ist, weil sie gut vorbereitet werden kann. So fällt schon einmal der Streß beim ersten Gang des Menüs weg. Besondere Sorgfalt erfordert natürlich auch das Anrichten dieser raffinierten Kompositionen. Nicht minder wichtig ist zum Beispiel bei Salaten das subtile Würzen der Sauce sowie die richtige Wahl von Essig und Öl, die dem Ganzen eine besondere Note verleihen.

Für die Zubereitung von kalten Vorspeisen eignen sich die verschiedenen Geflügelarten besonders gut. Enten-, Poularden- oder Pouletbrüste lassen sich sehr gut mit Salaten, mit einer einfachen Garnitur oder einer Vinaigrette kreativ kombinieren. Tauben- und Wachtelbrüste sind Delikatessen, die sich in vielfältiger Weise präsentieren lassen.

Enten-, Gänse- und Truthahnbrüste sind auch geräuchert im Handel erhältlich und passen ausgezeichnet zu Spargel, einem raffinierten Gelee, frischen Feigen oder Melonen.

Eine frische, zarte, sorgfältig gekochte Truthahnbrust, mit einer Thunfisch- oder Basilikumsauce serviert, ist ein typisches italienisches Antipasto, das auch ausgezeichnet auf ein kaltes Büffet paßt.

Alle in diesem Kapitel zusammengefaßten Gerichte lassen sich auch als kleine leichte Mahlzeiten, besonders an warmen Sommerabenden, servieren.

Ein «Etagensandwich» ist ideal als kleine Zwischenverpflegung zum Beispiel beim Fernsehen, wenn ein spannender Match zur Essenszeit gesendet wird oder auch, in etwas kleinerer Variante, zu einem Glas Wein oder zum Apéro.

CLUB SANDWICHES

Den Salat putzen, waschen und gut abtropfen lassen.
Die Toastbrotscheiben rösten und mit der Butter bestreichen. Auf 8 Scheiben Toast je ein Salatblatt legen und darauf Mayonnaise geben. Das Pouletfleisch und die Tomaten in Scheiben schneiden und schichtweise auf dem Salat plazieren. Zwei Toastscheiben übereinanderlegen. Den Rahmquark mit Salz und Pfeffer würzen, den Schnittlauch zufügen und glattrühren. Auf die obersten Toastscheiben verteilen, dann mit den verbliebenen dritten Toastscheiben bedecken. Mit Grillspießchen, die mit gefüllten Oliven verziert wurden, zusammenstecken.

Arbeitsaufwand
etwa 25 Minuten

Für 4 Personen
400 g gebratenes oder gekochtes Pouletfleisch
8 Kopfsalatblätter
12 Toastbrotscheiben
1 1/2 EBl. Butter
3—4 EBl. Mayonnaise
2 Tomaten
150 g Rahmquark
Salz, Pfeffer (Mühle)
1 1/2 EBl. feingeschnittener Schnittlauch
8 gefüllte Oliven

Tips
MK: Club Sandwiches sollten erst unmittelbar vor dem Verzehr mit Mayonnaise garniert werden, denn dieses Produkt erträgt keine Wartezeit bei Zimmertemperatur. Mayonnaise sollte stets frisch oder direkt aus der Tube oder aus dem Glas verwendet werden.
FWE: Zur Herstellung der Club Sandwiches eignen sich auch in Scheiben geschnittene, hartgekochte Eier oder grillierter Frühstückspeck.

Die geräucherten Geflügelbrüste

Die geräucherten Brüste von Enten, Gänsen und Truthähnen und -hennen sind Delikatessen, die auf keinem Speisezettel fehlen sollten. Sie sind eine willkommene Abwechslung, und ihr feiner Rauchgeschmack ergänzt sich ausgezeichnet mit Früchten und Gemüsen.
Sie werden nicht nur als kalte Vorspeisen serviert, sondern bilden auch eine abwechslungsreiche Beilage zu warmen Spargel- oder Artischockengerichten. Die geräucherten Brüste bilden eine harmonische Ergänzung zu einigen Pilzgerichten, wie Morcheln oder Champignons in Rahm.

Der leicht süßliche Apfelsalat bildet eine sehr gute Ergänzung zur geräucherten, gut gewürzten Entenbrust. Als Auftakt eines winterlichen Menüs ist er besonders geeignet.

GERÄUCHERTE ENTENBRUST MIT APFEL-SELLERIE-SALAT

Vom Sellerie die Blätter entfernen und zum Garnieren beiseite legen. Die äußere Seite der Staudenselleriestangen abschälen und waschen. In etwa fünf Zentimeter lange Stücke, dann quer in Scheiben und danach in feine Streifen schneiden. Den Apfel schälen, in Scheiben und dann in Streifen schneiden. Die Sellerie- und die Apfelstreifen mit Salz, Pfeffer und Zitronensaft würzen und mischen. Mit einigen Tropfen Baumnußöl beträufeln. Die Traubenbeeren halbieren, entkernen und unter den Salat mischen. Die acht schönsten Baumnußkerne zurückbehalten, die anderen grob hacken.

Die Entenbrust in hauchdünne Scheiben schneiden und zusammen mit dem Salat auf Teller anrichten. Mit den gehackten Baumnüssen bestreuen. Mit den Sellerieblättern und den Baumnußkernen garnieren.

Beilagen Toast und Butter

Tips
MK: Die Entenbrust läßt sich auch durch geräucherte Truthahnbrust oder geräucherte Gänsebrust ersetzen.
FWE: Zu der Entenbrust kann auch ein Karotten-Apfel-Salat mit Orangenfilets serviert werden.

Arbeitsaufwand
etwa 20 Minuten

**Für 4 Personen
(kalte Vorspeise)**
150 g geräucherte Entenbrust

Salat
2—3 Staudenselleriestangen
1 mittelgroßer, säuerlicher Apfel
16 blaue und weiße Traubenbeeren (Weinbeeren)
Salz, weißer Pfeffer (Mühle)
1—2 EBl. Zitronensaft
2—3 EBl. Baumnußöl
16 Baumnußkerne

Eine Vorspeise, die zusammen mit knusprigem Bauernbrot eine Mahlzeit ersetzt und besonders schön aussieht.

POULARDENBRÜSTCHEN IN ESTRAGON-GELEE MIT PIKANTER SAUCE

Arbeitsaufwand
45 Minuten

Für 6 Personen
(Vorspeise)
6 Tartelettenförmchen mit 1,2 dl Inhalt

Poulardenbrust
5 dl Geflügel-Riesling-Gelee (s. S. 344)
2 gekochte Poulardenbrüste (s. S. 242) von etwa 1,2 kg schwerer Poularde oder Poulet
Salz
½ EBl. gehackter Estragon

Sauce
2 EBl. Mayonnaise (s. S. 336)
1 dl saurer Halbrahm
½ EBl. gehackter Estragon
1 EBl. gehackte Kräuter (Kerbel, Petersilie)
1 Teel. Spinatmatte (s. S. 346), nach Belieben
Salz, Pfeffer
Kräuteressig

Salat
3 geschälte Tomaten zu 80 g
½ grüner Peperone (Paprikaschote)
Salz, weißer Pfeffer (Mühle)
1 Prise Zucker
1 EBl. Kräuteressig
1—2 EBl. Salatöl

Das Gelee in einem Gefäß mit heißem Wasser zerlaufen lassen. Die Hälfte davon in Eiswasser kalt rühren. Die Tartelettenförmchen damit füllen und in das Eiswasser setzen. Hat sich am Rand der Förmchen eine etwa 2 Millimeter dicke Geleeschicht gebildet, das übrige flüssige Gelee ausgießen. Die Förmchen zum Festwerden des Gelees in den Kühlschrank stellen.
Die gekochten Poulardenbrüste in kleine dünne Scheiben schneiden und leicht salzen. In die mit dem Geflügelgelee ausgekleideten Förmchen legen. Den Estragon unter das restliche Gelee mischen. Die Förmchen damit auffüllen und zum Stocken kalt stellen.
Die Mayonnaise mit dem sauren Halbrahm mischen, die Kräuter (und die Spinatmatte) zufügen, abschmecken.
Die Tomaten und die Peperoni vierteln, entkernen und in feine Streifen schneiden. Mit Salz, Pfeffer, Zucker, Kräuteressig und dem Öl marinieren.
Auf sechs flachen Tellern die Kräutersauce kreisförmig verteilen und mit den Tomaten- und den Paprikastreifen bestreuen. Bei den Poulardenbrüstchen in Gelee mit einem spitzen Messer zwischen Formenrand und Gelee entlangfahren. Mit den Fingerspitzen das Gelee etwas zurückziehen; so kommt Luft zwischen das Gelee und die Form, und der Inhalt gleitet leicht heraus. Auf die vorbereiteten Teller stürzen.

Beilagen Toast oder Pariser Brot, gesalzene Butter

Tips
MK: Die grüne Farbe der Spinatmatte gibt der Sauce ihr attraktives Aussehen. Wer es eilig hat, kann sie durch mehr Kräuter ersetzen.

Eine einfache, aber effektvolle Vorspeise. Sehr geeignet für Leute, die wenig Zeit haben und nicht so besonders gerne kochen.

GERÄUCHERTE GÄNSEBRUST MIT MELONE UND FRISCHEM INGWER

Die frische Ingwerknolle schälen, erst in Scheiben und dann in Streifen schneiden. Etwa drei Minuten in kochendes Salzwasser geben, herausnehmen, kalt abschrecken und abtropfen lassen.
Die Melone halbieren und mit einem Löffel die Kerne entfernen. Achteln und mit einem Messer schälen. In dünne und gleich große Scheiben schneiden.
Die Melonenscheiben fächerförmig auf Teller anrichten und mit den Ingwerstreifen bestreuen. Die geräucherte Gänsebrust in hauchdünne Scheiben schneiden und die Melonenfächer damit garnieren. Den dekorativen Abschluß bilden die Pfefferminzblätter.

Tips
MK: Diese Vorspeise läßt sich in ein kleines Abendessen verwandeln, wenn der Ingwer mit etwas Mayonnaise und saurem Halbrahm angerührt und mit wenig Salz und Pfeffer abgeschmeckt wird. Die Melonenscheiben mit der Sauce bedecken. Dazu paßt frisches Pariser Brot (Baguette) oder Toast und Butter.
FWE: Anstelle der frischen Ingwerknolle kann in Sirup eingelegter Ingwer verwendet werden. Die Melone kann durch frische Pfirsichfilets ersetzt werden.
Die Gänsebrust schon im Fachgeschäft in Scheiben schneiden lassen.

Arbeitsaufwand
12 Minuten

**Für 4 Personen
(kalte Vorspeise)**
150 g geräucherte Gänsebrust
⅛ Ingwerknolle (etwa 30 g Streifen)
1 Melone zu 500 g
Pfefferminzblätter

Die Sülzchen sind ideal für sommerliche Abendessen mit Freunden. Sie sind etwas aufwendig in der Zubereitung, lassen sich aber gut vorbereiten und sehen hübsch aus.

GEFLÜGELSÜLZE MIT RATATOUILLESAUCE

Arbeitsaufwand etwa 50 Minuten

Für 4—6 Personen

Poulet
Kochzeit
etwa 35 Minuten
1 Poulet zu 1 kg
Bohnenkraut, Petersilie
1 Knoblauchzehe
1 kleine Zwiebel
1 kleine Karotte

Einlage
1 mittlere Karotte
40 g Champignons
1 EßI. Zitronensaft
1 Teel. Basilikum
1 Teel. Schnittlauch
3—4 dl weißes Traubengelee (s. S. 342)
Salz, weißer Pfeffer (Mühle)

Sauce
2 geschälte Tomaten
4 EßI. kaltgepreßtes Olivenöl
1 EßI. Sherryessig
1 Prise Zucker
½ kleiner Zucchetto
½ kleiner Peperone
Salz, weißer Pfeffer (Mühle)
½ EßI. gehackte Kräuter (Petersilie, Origano, Bohnenkraut)

Das Poulet mit dem Bohnenkraut, der Petersilie, dem Knoblauch, der Zwiebel und der Karotte in einen Topf geben und mit Wasser bedeckt kochen. Im Fond auskühlen lassen oder in kaltem Wasser abschrecken.
Eine Karotte schälen, waschen und in kleine Würfel schneiden. Die Champignons putzen, waschen und in Scheiben schneiden.
Die Karottenwürfel in wenig Salzwasser, die Champignonscheiben in wenig Zitronenwasser kochen. Mit Salz und Pfeffer würzen, auskühlen und danach sorgfältig abtropfen lassen. Das Basilikum und den Schnittlauch fein schneiden.
Das Gelee zerlaufen lassen. Das kalte Geflügelfleisch in Würfel schneiden, mit den Karottenwürfeln, den Champignonscheiben und den Kräutern mischen, das lauwarme Gelee zufügen und mit Salz und Pfeffer abschmecken. Die Schüssel in Eiswasser stellen und den Inhalt vorsichtig kalt rühren. Bevor die Sülze fest wird, in eine passende Form abfüllen und mehrere Stunden in den Kühlschrank stellen, bis die Sülze schnittfest ist.
Die Tomaten entkernen und durch ein feines Sieb streichen. Das Öl, den Essig und den Zucker zugeben. Den Zucchetto und den Peperone in sehr kleine Würfel schneiden und unter die Sauce mischen. Mit Salz und Pfeffer abschmecken, die Kräuter zugeben.
Die Sülze aus der Form stürzen und in Scheiben schneiden, zusammen mit der Sauce anrichten.

Beilagen Pariser Brot, Tafelbutter

Tips
FWE: Die Sülze sollte niemals direkt aus dem Kühlschrank serviert, sondern vor dem Essen erst einige Zeit bei Zimmertemperatur stehengelassen werden.

Die Fans der italienischen Küche kennen sicher den «Vitello tonnato». Dieses Rezept ist eine Variante mit Trutenbrust, die dafür genauso gut geeignet ist.

TACCHINO TONNATO
(KALTES TRUTENFLEISCH MIT THUNFISCHSAUCE)

Die Trutenbrust mit der Karotte, dem Sellerie, der gespickten Zwiebel und den Pfefferkörnern im Wasser mit dem Weißwein zum Kochen bringen. Abschäumen, salzen und bei geringer Hitze garziehen lassen. Die Trutenbrust beobachten, damit sie nicht verkocht. Im Sud erkalten lassen. Einen Teil des Sudes für die Sauce stark einkochen.

Den Thunfisch (Thon) mit einer Gabel zerdrücken, zusammen mit den Sardellen und mit etwa 1 Deziliter reduziertem Sud im Mixer pürieren. Die Mayonnaise zufügen, mit dem Zitronensaft, Salz und Pfeffer abschmecken. Die Sauce darf nicht zu dick, soll aber sämig sein. Sie kann bei Bedarf noch mit etwas Sud verdünnt werden.

Das erkaltete Fleisch aus dem Sud nehmen und in feine Scheiben schneiden. Wieder in seine ursprüngliche Form zusammensetzen, mit der Sauce begießen und mit Klarsichtfolie abdecken. Im Kühlschrank ein bis zwei Tage durchziehen lassen.

Das Fleisch aus der Sauce nehmen, kranzförmig anrichten und mit der Sauce bedecken. Mit den Kapern bestreuen. Aus den Cornichons Fächer schneiden. Die geschälten Eier in Sechstel (oder in Scheiben), die Tomaten in Ecken und die Zitrone in Scheiben schneiden. Das Tacchino Tonnato damit sowie mit der Petersilie garnieren.

Beilage Weißbrot

Tip MK: Das Fleisch der Trutenbrust ist sehr delikat und muß auch dementsprechend behandelt werden. Es darf nicht sprudelnd gekocht werden, sondern darf im Sud nur leicht ziehen. Trutenbrust ist auch tiefgekühlt erhältlich; sie sollte dann vor der Zubereitung im Kühlschrank langsam aufgetaut werden.

Arbeitsaufwand
50 Minuten

Für 6 Personen

Trutenbrust
Garzeit
40—45 Minuten
600 g Trutenbrust, ohne Haut und Knochen
1 Karotte
⅛ Knollensellerie
1 gespickte Zwiebel
(kleines Lorbeerblatt, 2 Gewürznelken)
8 weiße, zerdrückte Pfefferkörner
5 dl Wasser
3 dl Weißwein
Salz

Sauce
1 Dose Thunfisch, mittelgroß
4 Sardellenfilets
1 dl Sud
100 g Mayonnaise
(s. S. 336)
½ Zitrone für Saft
Salz, weißer Pfeffer
(Mühle)

Garnitur
1 Eßl. Kapern
12 Cornichons
2 hartgekochte Eier
2 mittelgroße Tomaten
1 Zitrone
flachblättrige Petersilie

Ein anspruchsvolles Gericht für Hobbyköchinnen und -köche, die ihren Gästen etwas Besonderes bieten wollen. Das genaue Befolgen des Rezeptes garantiert den Erfolg.

TAUBENBRÜSTE MIT SCAMPIFÜLLUNG

Arbeitsaufwand
etwa 50 Minuten

Für 6 Personen
(Vorspeise)

Scampifüllung
60 g Scampifleisch
(etwa 3—4 Scampi)
Salz, weißer Pfeffer
(Mühle), Cayenne-
pfeffer
½ Eiweiß
70 g angefrorener Rahm

Taubenbrüste
Bratzeit
etwa 10—12 Minuten
Ofentemperatur
etwa 250—220 °C
2 junge Bresse-Tauben
Salz, weißer Pfeffer
(Mühle)
Pergamentpapier
½ EBl. Butter
1 EBl. Bratbutter (Butterschmalz)

Salat
6 Nüßlisalatsträußchen
(Feldsalat)
1 kleiner Chicorée
3—4 Nektarinen oder
Pfirsiche
Salz, weißer Pfeffer
(Mühle)
1—2 EBl. Zitronensaft
1—2 EBl. Baumnußöl
(Walnußöl)

Das gekühlte Scampifleisch in kleine Stücke schneiden, mit Salz, Pfeffer und Cayennpfeffer würzen. In der Küchenmaschine (Cutter) fein zerkleinern. Zuerst das Eiweiß, dann den angefrorenen Rahm einarbeiten. Durch ein feines Sieb streichen.

Die Taubenbrüste so auslösen, daß sie nicht getrennt werden und daß die Keulenhaut an ihnen verbleibt (s. S. 25). Das Filet entfernen, das Brustfleisch leicht plattieren und würzen. Die Taubenbrüste mit der Scampifarce bestreichen und mit den Filets belegen. So zusammenfalten, daß das Fleisch und die Füllung ganz mit Haut umgeben sind, und von außen würzen. Das Pergamentpapier passend zur Größe der Brüste zuschneiden und dick mit der Butter bestreichen. Die Brüste daraufsetzen und darin einschlagen, mit Schnur paketartig umbinden. Im vorgeheizten Ofen in der heißen Bratbutter braten. Die Farbe, die das Papier annimmt, haben auch die Brüste. Zum Abkühlen auspacken.

Den Nüßlisalat und den Chicorée putzen und waschen. Sechs Chicoréeblätter für die Garnitur aufheben, die restlichen Blätter in feine Streifen schneiden. Das Nektarinenfleisch mit dem Messer in Filets (Schnitze) vom Stein schneiden. (Werden Pfirsiche verwendet, sollten diese vorher geschält werden.) Den Nüßlisalat, die Chicoréeblätter und -streifen und die Nektarinenfilets mit Salz, Pfeffer und Zitronensaft würzen. Mit dem Baumnußöl beträufeln und gut mischen.

Die Brüste in dünne Scheiben schneiden, diese fächerförmig auf Tellern anrichten. Mit den Salaten dekorativ garnieren.

Beilagen Buchweizenblinis (s. S. 349), Butter

FÜLLEN VON TAUBEN-BRÜSTEN

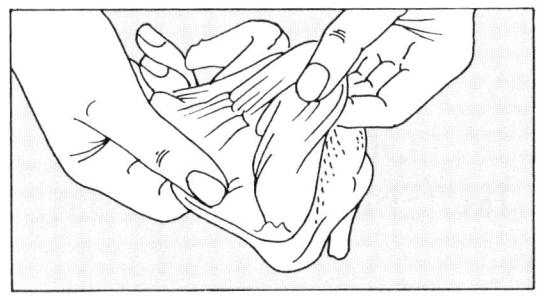

Die Haut am Rückgrat entlang vom Hals zum Bürzel durchschneiden. Die Keulen aus der Haut herauslösen.

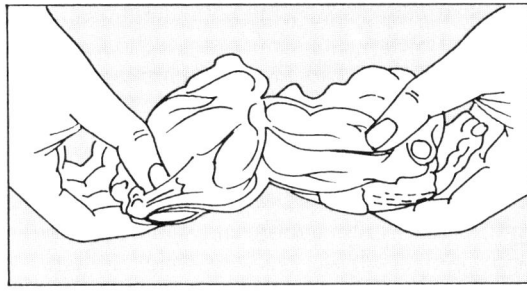

Die Brüste vom Knochengerüst so entfernen, daß sie zusammenbleiben.

Die Brüste auf einen Tisch legen, die Flügelstummel aufschneiden und die Knochen entfernen.

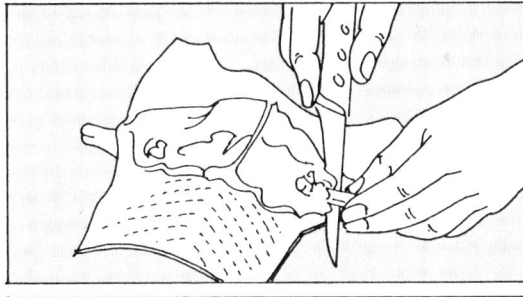

Die Filets von den Brüsten ablösen. Die Filets und die Brüste flachklopfen. Die Füllung auf die Brüste verteilen, mit den Filets belegen und so zusammenrollen, daß die Füllung von Fleisch und Haut umgeben ist.

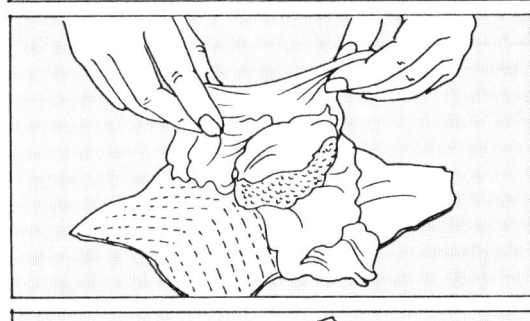

Die Brüste auf ein gut bebuttertes Pergamentpapier legen. Die Brüste darin paketartig einwickeln und mit Schnur locker umbinden.

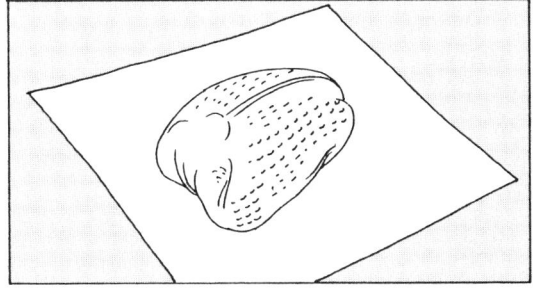

Der farbenfrohe Salat von Tomaten und Früchten paßt nicht nur optisch zur Trutenbrust. Er ergänzt dieses pikante Fleisch auch geschmacklich sehr gut.

GERÄUCHERTE TRUTENBRUST MIT SALAT

Arbeitsaufwand
etwa 20 Minuten

Für 4 Personen
(kalte Vorspeise)
150 g geräucherte Trutenbrustscheiben

Salat
1 mittelgroße, geschälte Tomate
1 Kiwi
1 Orange
1 Pfirsich oder
1 Nektarine
Salz, schwarzer Pfeffer (Mühle)
2—3 Eßl. Zitronensaft
Eichblattsalat oder
Lollo rosso

Die Tomate achteln und die Kerne entfernen. Die Kiwi und die Orange sauber schälen. Den Pfirsich kurz in heißes Wasser tauchen und die Haut abziehen. Die Kiwi in Achtel schneiden. Die Orange filetieren, das Fleisch des Pfirsichs mit einem Messer in Schnitzen vom Stein schneiden. Die Tomaten- und die Kiwiachtel, die Orangenfilets und die Pfirsichschnitze auf eine große Glasplatte geben und mit Salz, Pfeffer und Zitronensaft würzen. Vorsichtig mischen.
Den Eichblattsalat putzen, waschen und gut abtropfen lassen.
Die Trutenbrust mit dem Salat auf Teller anrichten. Mit dem Eichblattsalat garnieren, sofort servieren.

Tips
MK: Wer Früchte zu Fleisch nicht mag, kann sie durch zusätzliche Tomaten und Salate ersetzen.
FWE: Die Trutenbrust kann durch geräucherte Enten- oder Gänsebrust ersetzt werden. Der Salat kann zusätzlich mit gerösteten Mandeln oder Pinienkernen bestreut werden.

Wer noch nicht weiß, daß Krustentiere und Geflügelfleisch geschmacklich gut zusammenpassen, sollte diesen Cocktail versuchen. Wenig Portwein und Cognac geben der Sauce die besondere Note.

TRUTENCOCKTAIL MIT CREVETTEN

Die Truthahnschnitzel in kleine Würfel schneiden, in der Bouillon kochen und auch darin auskühlen lassen.
Die Tomaten entkernen, den Salat und die Chicorées putzen, waschen und abtropfen lassen. Die Tomaten in Würfel, den Salat in Streifen schneiden. Beides mit den Truthahnwürfeln und den Crevetten mischen. Mit Salz, Pfeffer und dem Ketchup würzen.
Für die Sauce die Mayonnaise mit dem Tomatenketchup, dem Portwein, dem Cognac und den Kräutern mischen. Mit Salz und Cayennepfeffer würzen, mit einem Gummispachtel den Rahm unterheben.
Die Mischung in Cocktailgläser verteilen, mit den Chicoréeblättern garnieren und mit der Sauce bedecken. Kalt servieren.

Beilagen Toast, Butter

Tips
MK: Die Crevetten lassen sich durch Scampi, Bärenkrebse, Hummer- oder Langustenschwänze ersetzen.
FWE: Aus den Zutaten dieses Cocktails ist im Handumdrehen ein Salat zubereitet, der durch Spargel oder Artischockenböden im Geschmack und im Aussehen variiert werden kann. Anstelle von Crevetten eignen sich auch kurz gebratene Jakobsmuscheln.

Arbeitsaufwand etwa 35 Minuten

Für 4 Personen

Cocktail
2 Trutenschnitzel zu 130 g
2,5 dl Bouillon
50 g Crevetten
2 mittelgroße Tomaten
4 krause Endivienblätter
2 Chicorées
Salz, weißer Pfeffer (Mühle)
1 EBl. Tomatenketchup

Cocktailsauce
2 EBl. Mayonnaise
1½ EBl. Tomatenketchup
1 EBl. Portwein
½ EBl. Cognac
½ Teel. gehackte Kräuter (Basilikum und Estragon)
Salz, Cayennepfeffer

Eine Variante des bekannten Waldorfsalates, der nicht wie früher in einer Schüssel gemischt, sondern schön angerichtet auf Tellern präsentiert wird.

AMERIKANISCHER SALAT

Arbeitsaufwand
35 Minuten

Für 4 Personen
5 Orangen
2 Blutorangen
100 g Mayonnaise
100 g saurer Halbrahm
1 mittelgroße Sellerieknolle
2 säuerliche Äpfel
300 g gebratenes oder gekochtes Truthahnfleisch ohne Knochen und Sehnen
50 g Baumnußkerne
Salz, weißer Pfeffer (Mühle), Cayennepfeffer
8 Baumnußkerne

Von einer Orange etwa ½ Teelöffel Schale abreiben. Die Orangen mit einem Messer sauber schälen, die Filets zwischen den Häuten herausschneiden. Die Filets einer Orange für die Garnitur beiseite stellen. Die Blutorangen auspressen, den Saft und die Orangenschale unter die Mayonnaise rühren, den sauren Halbrahm unterheben. Den Sellerie und die Äpfel schälen. Den Sellerie fein raffeln, die Äpfel in kleine Würfel schneiden und unter die Sauce mischen. Vom Truthahnfleisch die Haut entfernen und in kleine Würfel schneiden. Die Baumnüsse grob hacken und zusammen mit den Orangenfilets und den Nüssen zum Salat geben. Gut mischen, mit Salz, Pfeffer und einer Prise Cayennepfeffer würzen und kalt stellen.

Vor dem Servieren mit den Orangenfilets und den Baumnußkernen servieren.

Beilage Toast

Tips
MK: Die Sauce wird leichter durch die Beimischung von saurem Halbrahm oder Joghurt. Beim Abschmecken darauf achten, daß die Sauce pikant gewürzt ist.
FWE: Zu diesem Salat paßt nicht nur Trutenfleisch, auch eine gebratene und in Scheiben geschnittene Entenbrust ist eine willkommene Ergänzung.

Rund um die Wachtel

Um die Wachtel ranken sich auch historische Begebenheiten und Legenden. In Capri soll ein Bischof aus dem Handel mit Wachteln ein lukratives Geschäft betrieben haben. Er erhob auf jede verkaufte Wachtel einen Zehnten. Da die Römer große Genießer waren, blühte dieser Handel schnell auf. Man nannte den kirchlichen Würdenträger deshalb den «Wachtelbischof».

Im 16. Jahrhundert soll der Arzt Maurice Rat Liebenden oder frisch Verheirateten empfohlen haben, ein Wachtelherz auf sich zu tragen. Ein männliches für die Frau und ein weibliches für den Mann. Dieses Rezept sollte als Garantie für eine harmonische Ehe dienen.

Zwei Jahrhunderte später soll die allen Schlemmereien gegenüber aufgeschlossene Marschallin Mirepoix ein Wachtelgericht, das in der klassischen Küche ihren Namen trägt, erfunden haben, die «Cailles à la Mirepoix». Weitere Wachtelkreationen folgten von berühmten Köchen, so die «Cailles à l'Orly» (die damals natürlich noch nichts mit dem Flugplatz zu tun hatte), die «Cailles à la Stanislas» aus Lothringen und natürlich die «Cailles à la Belle Aurore», die Auguste Escoffier einer berühmten Dame widmete.

In unseren Küchen feiern die Wachteln ein Comeback. Es gibt sicher kein Feinschmecker-Restaurant ohne Wachteln auf der Karte. Entweder liegen sie lauwarm auf einem delikaten Salat, gebraten auf einem Pilz- oder Gemüsebett, oder sie werden an einem raffinierten Sößchen serviert. Aber auch zu Hause kann dieses zarte Geflügel auf viele Arten zubereitet werden, selbst von den Anfängern in der Kochkunst. Das verdeutlichen die folgenden Rezepte.

Ein schöner Auftakt zu einem festlichen Menü. Diese attraktive Vorspeise läßt sich auch als kleines exklusives Abendessen servieren.

GEBRATENE WACHTELBRÜSTCHEN UND ENTENLEBER AUF SALAT

Arbeitsaufwand
etwa 35 Minuten

Für 6 Personen
(Vorspeise)

Wachtelbrüste
Bratzeit
etwa 5 Minuten
3 Wachteln
weißer Pfeffer (Mühle),
Salz
½ EßI. Bratbutter

Salat
2 Artischocken
Zitronensaft
18 Eichblattsalatblätter
90 g Kenia- oder Prinzeßbohnen (bißfest gekocht)
weißer Pfeffer (Mühle),
Salz
1 EßI. Sherryessig
2 EßI. Traubenkernöl

Entenleber
Bratzeit 2 Minuten
6 Entenleberscheiben
zu 20 g
weißer Pfeffer (Mühle),
Salz
1 Teel. Butter

Von den Artischocken den Stiel abbrechen, die Blätter und das «Heu» entfernen. Roh in feine Streifen schneiden, in Zitronenwasser überbrühen und kalt abschrecken. Danach abtropfen lassen. Den Eichblattsalat und die Bohnen putzen und waschen. Die Bohnen blanchieren (s. S. 145) und zum Abtropfen auf Küchenpapier legen. Den Eichblattsalat trocken schwingen.
Von den Wachteln die Keulen entfernen (und anderweitig verwenden). Die gewürzten Wachtelbrüstchen in der erhitzten Bratbutter rosa braten. Zum Abkühlen beiseite stellen und später die Brüste vom Knochengerüst abtrennen.
Von der Entenleber die Haut und die Adern entfernen (s. S. 58). Die Scheiben pfeffern, salzen und in der Butter kurz anbraten. Auf ein Abtropfgitter setzen.
Kurz vor dem Anrichten die Artischockenstreifen, die Bohnen und den Eichblattsalat mit Salz, Pfeffer und dem Sherryessig marinieren und mit dem Traubenkernöl beträufeln. Jede Wachtelbrust in zwei Scheiben schneiden, zusammen mit der Entenleber auf den Salaten anrichten.

Beilagen Brioche und Butter

Tips
MK: Die Entenleber kann auch durch Geflügelleber ersetzt werden. Besonders hübsch sieht es aus, wenn der Salat mit einem Wachtelspiegelei garniert wird.
FWE: Aus Sherryessig, Pfeffer, Salz und dem Traubenkernöl kann auch eine Salatsauce hergestellt werden. Für Salate empfiehlt sich das separate Würzen, da die einzelnen Zutaten so besser dosiert werden können.

Die Wachtelkeulen sind vielfältig verwendbar; so für Farcen, als Suppeneinlage oder gebraten als warme Vorspeise mit einer Sherry- oder Madeirasauce, kombiniert mit Pilzen und Traubenbeeren (Weinbeeren).

Die gebratenen, noch warm servierten Geflügellebern lassen diesen einfachen Blattsalat zu einer attraktiven Vorspeise werden.

FRÜHLINGSSALAT MIT GEFLÜGELLEBERN

Die Salate putzen, waschen und sorgfältig abtropfen lassen oder trocken schleudern. Die Schale der Radieschen blätterförmig einschneiden und in lauwarmes Wasser legen, damit sich die Röschen entfalten können.
Mit dem Rotweinessig, dem Erdnußöl, Salz, Pfeffer, dem durchgepreßten Knoblauch und den Kräutern die Salatsauce zubereiten.
Von den Geflügellebern die Gallen und Gallenflecken entfernen. In gleich große Stücke schneiden. Salzen, pfeffern und in der Bratbutter rasch rosa braten. Zum Abtropfen auf ein groblöcheriges Sieb schütten.
Die Salatblätter mit der Sauce beträufeln und auf vier Tellern anrichten. Die Geflügellebern obenauf legen, mit dem Schnittlauch bestreuen und mit den Radieschenröschen garnieren.

Beilagen Roggentoast, Butter

Tips
MK: Es müssen nicht unbedingt verschiedene Salatsorten sein. Auf knackigem Kopfsalat schmecken die Lebern ebenso gut. Die Geflügelleber kann durch geschnetzelte Geflügelbrust ersetzt werden.
FWE: Nicht nur Blattsalate eignen sich für diesen Frühlingssalat. Mit Karottenstreifen oder gebratenen Pilzen kann er optisch und geschmacklich angereichert werden.

Arbeitsaufwand etwa 30 Minuten
Bratzeit etwa 6 Minuten

Für 4 Personen
300 g Geflügelleber
Salz, weißer Pfeffer (Mühle)
½ EBl. Bratbutter (Butterschmalz)

Salat
einige Blätter der Sorten: Kopfsalat, Friséesalat, Eichblattsalat, Lollo rosso, Löwenzahn
12 Radieschen

Sauce
1 EBl. Rotweinessig
3 EBl. Erdnuß- oder Sonnenblumenöl
Salz, weißer Pfeffer (Mühle)
½ kleine Knoblauchzehe
1 Teel. feingehackte Kräuter (Kerbel, Origano, Petersilie)
½ Teel. feingeschnittener Schnittlauch

Ein interessanter Salat aus gebratener Entenbrust und Zitrusfrüchten an einer ungewöhnlichen Haselnußölsauce, die mit Kräutern abgeschmeckt wird.

SALAT MIT ENTENBRUST UND SWEETIES

Arbeitsaufwand
etwa 30 Minuten
Bratzeit etwa 8 Minuten

Für 4 Personen
2 Entenbrüste zu 200 g, mit Haut, ohne Knochen
Salz, weißer Pfeffer (Mühle)

Salat
4 Nüßlisalat (Feldsalat)
Friséesalat
Eichblattsalat
Schnittsalat
2 Sweeties

Sauce
1 EBl. Sherryessig
3 EBl. Haselnußöl
Salz, weißer Pfeffer (Mühle)
1 Teel. feingehackte Kräuter (Kerbel, Majoran, Petersilie)

Den Nüßli-, Frisée-, Eichblatt- und den Schnittsalat putzen, waschen und gut abtropfen lassen. Die Sweeties mit dem Messer schälen und die Schnitze (Filets) zwischen den Trennhäuten herausschneiden.
Von dem Sherryessig, dem Haselnußöl, Salz und Pfeffer die Sauce bereiten. Die feingehackten Kräuter zufügen.
Die Hautseite der Entenbrüste gitterartig einschneiden, salzen und pfeffern. Mit der Hautseite nach unten in eine vorgewärmte Pfanne legen und unter häufigem Wenden im eigenen Fett rosa braten. Einige Minuten zum Ruhen beiseite stellen.
Die Salate mit der Sauce mischen und auf Tellern anrichten. Die noch warmen Entenbrüste schräg in dünne Scheiben schneiden und auf den Salat legen.

Beilagen Pariser Brot, Butter

Tip MK: Sweeties sind grapefruitartige Neuzüchtungen aus Israel. Sie sind jedoch süßer und nicht so bitter wie Grapefruits und enthalten sehr viel Saft.
Sie lassen sich in diesem Rezept auch durch rote Grapefruits (Sunrise) ersetzen.

Salat mit Entenbrust und Sweeties

Salat — eine Modesache

Ein Franzose, der während der Französischen Revolution nach London flüchtete, mußte sich dort nach einer neuen Tätigkeit umsehen. Da er Feinschmecker war und selbst sehr gut kochte, verlegte er sich auf seine Spezialität, das Anrichten von Salaten. Er entwarf immer wieder neue und noch schönere Salatkompositionen, die in der Londoner Gesellschaft große Mode wurden. Bald mußte er mit eigenem Wagen von Anlaß zu Anlaß fahren. Dabei verdiente er ein Vermögen und kam zu dem lukullischen Ehrentitel «Comte de la salade». Wehe jenen, die ihm nicht sympathisch waren: Sie mußten auf das herrliche Salatarrangement und deshalb auch auf die verwöhnten Gäste verzichten!

Heute ist der Salat wieder «in» — allerdings in neuer Form. Viele Jahre waren nötig, bis er in der Reihenfolge der Gerichte im Menü als Auftakt serviert wurde. Heute ist dies fast selbstverständlich geworden. Mit kleinen Zugaben wie Fisch, Krustentieren oder Geflügel avanciert er gar zur attraktiven Vorspeise. Auch das Anrichten spielt eine wichtige Rolle, denn das Auge «ißt» ja bekanntlich mit. Das wußte der «Comte de la salade» damals schon. Heute wären seine geschickten Hände wieder gefragt.

Dieses Gericht enthält zwei ganz verschiedene Salate, die sich bestens ergänzen, farbenfroh dekoriert werden und als vollwertige Mahlzeit gelten können.

GEFLÜGEL-RIESENCREVETTEN-SALAT

Die Crevetten in kochendes Salz-Kümmel-Wasser geben. Aufkochen und zum Garziehen beiseite stellen. Den Blumenkohl putzen, waschen, in Röschen teilen, in Salzwasser knapp garen und im Sud abkühlen lassen.

Die Kartoffeln schälen und ebenso wie auch die Palmenherzen in Scheiben schneiden. Die Crevetten aus den Krusten nehmen und den Darm entfernen. 2 davon für die Garnitur reservieren, den Rest in Stücke schneiden. Den Blumenkohl aus dem Sud nehmen und gut abtropfen lassen. Die Kartoffeln, die Palmenherzen, die Crevetten und den Blumenkohl mischen, die Rosmarinnadeln fein zerreiben. Die Mayonnaise mit dem Frischkäse mischen. Mit Cayennepfeffer würzen und unter den Salat ziehen.

Das Pouletfleisch in der Bouillon kurz kochen, es darin erkalten und danach abtropfen lassen. Die Ananasscheiben in Stücke schneiden. Den sauren Halbrahm unter die Mayonnaise rühren und mit Currypulver pikant abschmecken.

Das Geflügelfleisch mit der Ananas und dem Reis mischen, die Sauce unterziehen.

Die beiden Salate in einer runden, flachen Schüssel anrichten.

Das Palmenherz, die Radieschen und die Banane in Scheiben schneiden, die Ananasscheibe achteln, die Crevetten halbieren und den Salat damit garnieren.

Beilage Knuspriges Brot

Tip MK: Natürlich kann auch jede Salatsauce einzeln serviert werden.

Arbeitsaufwand
45 Minuten

Für 4 Personen

Crevettensalat
300 g Riesencrevetten
Salz, 1 Prise Kümmel
½ Blumenkohl
3 Kartoffeln (in der Schale gekocht)
2 Palmenherzen
½ Teel. Rosmarinnadeln
100 g Mayonnaise
50 g Frischkäse ohne Fett
Cayennepfeffer

Geflügelsalat
300 g geschnetzeltes Geflügelfleisch
2 dl Bouillon
2—3 Ananasscheiben
50 g Mayonnaise
50 g saurer Halbrahm, Currypulver
150 g gekochter Langkornreis

Garnitur
1 Palmenherz
8 Radieschen
1 kleine Banane
1 Ananasscheibe

Geflügelsalat mit Melone und Sesam

Dieser Salat ist von der japanischen Küche inspiriert. Deshalb geben ihm die Sojasauce und der Sesam die interessante Note.

GEFLÜGELSALAT MIT MELONE UND SESAM

Das Geflügelfleisch in feine Streifen schneiden. Die Melone schälen, vierteln und entkernen. Zuerst in dünne Schnitze und dann in Streifen schneiden. Die Frühlingszwiebel schälen und fein würfeln. Die Salatblätter putzen, waschen und gut abtropfen lassen.

Aus der Bouillon, der Sojasauce, dem Essig, dem Salz, dem Pfeffer und dem Erdnußöl die Sauce herstellen.

Alle Zutaten für den Salat (außer den Salatblättern) mischen und mit der Sauce marinieren.

Die Salatblätter auf Teller legen, den Geflügelsalat darauf anrichten und mit den Sesamsamen bestreuen.

Beilagen Toast oder knuspriges Brot, Butter

Tips
MK: Das Geflügelfleisch oder die Pouletbrüste können in Hühnerbouillon gekocht oder im Dampf gegart werden.
Wird der Sesamsamen trocken geröstet, erhöht das seinen Geschmackswert erheblich.
FWE: Man kann das Geflügelfleisch und die Melone auch in Scheiben statt in Streifen schneiden.
Je nach Saison können statt der Melone Mangos, Kiwis, Birnen oder Pfirsiche verwendet werden.

Arbeitsaufwand
25 Minuten

Für 4 Personen
400 g gebratenes oder gekochtes Geflügelfleisch
1 kleine Melone
1 Frühlingszwiebel
8 Salatblätter
2 EBl. Geflügelbouillon (s. S. 325)
1 EBl. Sojasauce
1 EBl. Sherry- oder Weißweinessig
Salz, weißer Pfeffer (Mühle)
2 EBl. Erdnußöl
1 EBl. Sesamsamen

Gerne wird vergessen, daß auch ein Salat aus gekochten Gemüsen herrlich schmecken kann. Durch Geflügelfleisch ergänzt, ergibt er eine leichte Mahlzeit.

GEFLÜGELSALAT MIT FRÜHLINGSGEMÜSEN

Arbeitsaufwand
etwa 35 Minuten
Kochzeit
etwa 35 Minuten

Für 4 Personen
1 Poulet zu 800 g
1 kleine Karotte
⅛ Knollensellerie
¼ Lauchstange

Salat
16 Frühlingskarotten
6 Frühlingszwiebeln
20 Kefen (Zuckerschoten), etwa 50 g
24 Blätter Schnittsalat
16 Blätter Löwenzahn
Salz, Pfeffer (Mühle)
2 EßI. Essig
4 EßI. Kräuteröl
2 EßI. gehackte Kräuter (Petersilie, Schnittlauch, Kerbel)
Kerbelzweige

Das Poulet waschen und in einem Topf, bedeckt mit warmem Wasser, zum Kochen bringen. Die geputzten und gewaschenen Gemüse (Karotte, Sellerie, Lauch) zu einem Bündel zusammenbinden und hinzufügen. Das gegarte Poulet in kaltem Wasser auskühlen lassen.

Die Frühlingskarotten und -zwiebeln schälen, waschen und getrennt in Salzwasser knapp garen.

Die Kefen putzen, mit Salzwasser kurz überbrühen, sofort kalt abschrecken und gut abtropfen lassen.

Den Schnittsalat und den Löwenzahn putzen, waschen und zum Abtropfen auf Küchenpapier legen.

Das Poulet in Brüste und Schenkel zerlegen. Die Häute und Knochen entfernen. Das Schenkelfleisch und eine der Brüste in Streifen, die zweite Brust in Scheiben schneiden.

Die noch lauwarmen Karotten je nach Größe zwei bis dreimal schräg durchschneiden. Die Frühlingszwiebeln längs halbieren. Zusammen mit dem geschnittenen Geflügelfleisch mit Salz, Pfeffer und Essig würzen und mit dem Kräuteröl beträufeln. Vorsichtig mischen und einige Minuten marinieren lassen.

Aus einem Eßlöffel Essig, Salz, Pfeffer und etwa zwei Eßlöffeln Öl eine Salatsauce herstellen und die gehackten Kräuter zufügen.

Den Geflügel-Gemüse-Salat mit den Kefen und dem Schnitt- und Löwenzahnsalat anrichten. Mit den Pouletbrustscheiben belegen und alles mit der Kräutersauce beträufeln. Mit den Kerbelzweigen garnieren.

Beilagen Pariser Brot, Butter

Tips
MK: Dieser Salat schmeckt besonders gut, wenn die Gemüse noch lauwarm serviert werden. Sie sollten auf keinen Fall aus dem Kühlschrank kommen.
FWE: Wem ein ausgeprägter Geflügelgeschmack wichtiger ist, als das Aussehen der Gemüse, der sollte diese zusammen mit dem Poulet kochen. Übrigens schmeckt auch das Geflügelfleisch lauwarm besser als kalt.

Die Präsentation dieses Salates ist ebenso wichtig wie das pikante Würzen der Sauce. Beides macht aus ihm eine Spezialität.

GEFLÜGELSALAT MIT AVOCADOS

Das Geflügelfleisch in feine Scheiben schneiden.
Die Avocados schälen, halbieren und längs fächerförmig einschneiden. Das Avocadofleisch sofort mit dem Zitronensaft beträufeln, damit es sich nicht verfärbt.
Die Zwiebel schälen, halbieren und in feine Streifen schneiden.
Mit dem Senf, dem Essig, dem Haselnußöl, Salz und Pfeffer eine Sauce zubereiten.
Die Mandeln in einer trockenen Bratpfanne rösten.
Die Zutaten für den Salat mit der Sauce gut mischen.
Die Avocadofächer auseinanderdrücken, zusammen mit dem Salat auf Tellern anrichten. Mit den Mandeln und dem Kerbel bestreuen.

Beilagen Toast oder knuspriges Brot, Butter

Tips
MK: Die besten Avocados sind von November an bis zum Frühjahr aus Israel erhältlich.
FWE: Anstelle einer weißen Zwiebel kann auch eine rote Zwiebel verwendet werden, welche den Salat optisch aufwertet. Der Kerbel kann durch Estragon oder Basilikum ersetzt werden.

Arbeitsaufwand
25 Minuten

Für 4 Personen

Salat
300 g gekochtes oder gebratenes Geflügelfleisch (ohne Haut und Knochen)
2 Avocados
1 Teel. Zitronensaft
1 kleine Zwiebel

Sauce
½ Teel. Dijon-Senf
½ Eßl. Sherryessig
4 Eßl. Haselnußöl
Salz, weißer Pfeffer (Mühle)
2 Eßl. gehobelte Mandeln
1 Eßl. gehackter Kerbel

Die pikante Trutenbrust gibt diesem Geflügelsalat die würzige Note; Zucchino sowie Oliven liefern die südliche Begleitung. Die leichte Cocktailsauce rundet dieses Gericht bestens ab.

GEFLÜGELSALAT MIT ZUCCHINO

Arbeitsaufwand
etwa 30 Minuten

Für 4 Personen
2 gekochte Pouletbrüste zu 200 g
100 g geräucherte Trutenbrust

Salat
1 mittelgroßer Zucchino
Salz, weißer Pfeffer (Mühle)
1 EBl. Olivenöl
12 schwarze Oliven
Kopfsalatblätter zum Garnieren
1 Zitrone

Sauce
2 EBl. Mayonnaise (s. S. 336)
3 EBl. nature Joghurt
Salz, weißer Pfeffer (Mühle)
einige Tropfen Zitronensaft
½ Teel. gehackte Petersilie

Die Pouletbrüste und die Trutenbrust in Streifen schneiden und kalt stellen.
Den Zucchino waschen und in 4 Zentimeter lange Stifte schneiden. Salzen und pfeffern und im Olivenöl anziehen. Auf einem groblöchrigen Sieb abtropfen lassen. Die Oliven halbieren und die Steine entfernen. Die Kopfsalatblätter putzen, waschen und zum Abtropfen beiseite stellen. Die Zitrone waschen, längs halbieren und in Scheiben schneiden.
Den Joghurt unter die Mayonnaise rühren. Mit Salz, Pfeffer und einigen Tropfen Zitronensaft würzen. Die gehackte Petersilie, das Geflügelfleisch, die Trutenbrust und die Zucchinostifte untermischen. Etwa 20 Minuten ziehen lassen.
Den Geflügelsalat zusammen mit Kopfsalatblättern anrichten. Mit den halben Zitronenscheiben und den schwarzen Oliven garnieren.

Beilagen Toast und Butter

Tips
MK: Der Sauce muß lediglich ein Schuß Grappa oder Marc zugefügt werden, und schon ändert sie ihren Charakter.
FWE: Bei der Sauce kann der Joghurt durch Rahmquark ersetzt werden. Eine besondere Note bekommt der Salat, wenn die Joghurt-Mayonnaise mit Chilisauce und gehacktem Estragon abgeschmeckt wird.

Pouletfleisch mit Curry schmeckt auch kalt sehr gut. In diesem Rezept wird das exotisch anmutende Gericht mit Salaten garniert.

GRÜNER SALAT MIT CURRY-POULET

Die Zwiebel mit dem Lorbeerblatt und der Nelke spicken. Zusammen mit dem Weißwein, einem Eßlöffel Currypulver, Salz und Pfeffer 3 bis 4 Minuten kochen.

Das Pouletfleisch in Streifen schneiden und im Sud 3 bis 4 Minuten ziehen lassen. Dann beiseite stellen und im Sud abkühlen lassen.

Den Sud abpassieren, auf zwei Eßlöffel Flüssigkeit einkochen und erkalten lassen. Mit dem Joghurt und dem restlichen Currypulver vermischen. Mit Salz, Pfeffer, Cayennepfeffer und mit dem Cognac abschmecken.

Die Grapefruit mit dem Messer sorgfältig schälen und die Filets zwischen den Häuten herausschneiden.

Die Salate putzen, waschen und gut abtropfen lassen. In einer flachen Schüssel anrichten, das Pouletfleisch in die Mitte geben und mit der Sauce bedecken. Mit den Grapefruitfilets garnieren.

Beilagen Knuspriges Weißbrot, Butter

Tips

MK: Dieser Salat läßt sich auch mit gebratenen oder gekochten Geflügelfleischresten zubereiten.

FWE: Chutney, am besten selbst gemachtes, das fein püriert und mit der Sauce vermischt wird, unterstreicht die exotische Note dieses Salates.

Arbeitsaufwand etwa 35 Minuten

Für 4 Personen

Pouletbrüste
400 g Pouletbrüste (ohne Haut und Knochen)
½ Zwiebel
1 kleines Lorbeerblatt
1—2 Gewürznelken
2 dl Weißwein
1½ Eßl. Currypulver
Salz, weißer Pfeffer (Mühle)

Sauce
3 Eßl. Joghurt nature
1 Prise Cayennepfeffer
1 Eßl. Cognac (nach Wunsch)

Salat
1 Grapefruit
1 kleiner Kopfsalat
100 g Kresse
100 g Nüßlisalat (Feldsalat)

Ein festlicher Salat, der gut präsentiert mit zartem Poulardenfleisch und Artischocken.

SALAT MIT POULARDE, ARTISCHOCKEN UND SELLERIE

Arbeitsaufwand
etwa 30 Minuten

Für 6 Personen
1 gekochter Poulardenschenkel
1 gekochte Poulardenbrust
4 große Artischocken
3 Staudenselleriestangen
4 Tomaten zu 80 g
Friséesalat
Salz, weißer Pfeffer (Mühle)
1 Prise Zucker
Zitronensaft, Baumnußöl (Walnußöl)

Von den Artischocken den Stiel abbrechen, die Blätter und das Heu entfernen. Roh in feine Streifen schneiden, in Zitronenwasser überbrühen und kalt abschrecken. Die Stangen des Staudenselleries schälen, erst in 4 Zentimeter lange Stücke, dann quer in Scheiben und anschließend in dünne Stifte schneiden. Die Tomaten überbrühen, abziehen, vierteln, entkernen und anschließend in Streifen schneiden. Den Friséesalat putzen, waschen und abtropfen lassen.

Das Fleisch der Poulardenschenkel in längliche Stücke, das Brustfleisch in Scheiben (Medaillons) schneiden.

Die Artischocken-, die Staudensellerie-, die Tomatenstreifen und die Poulardenstücke mit Salz, Pfeffer, einer Prise Zucker und Zitronensaft würzen. Mit dem Baumnußöl beträufeln und gut mischen. Den Friséesalat unterheben und anrichten. Die Brustscheiben mit den gleichen Gewürzen marinieren und den Salat damit garnieren.

Beilagen Toast und Butter

Tips
MK: Die fleischigsten Blätter der Artischocke können mitgekocht werden. Man kann sie ganz als Dekoration zum Salat servieren oder den fleischigen Teil abschaben und für eine Mousse verwenden. Damit können kleine Windbeutel gefüllt oder sie kann auf Toast gestrichen zum Apéro serviert werden. Und so wird es gemacht: das im Mixer pürierte Artischockenfleisch mit steifgeschlagenem Rahm mischen.
FWE: Für diesen Salat eignen sich am besten die Artischocken aus der Bretagne mit ihren großen, dicken Böden.

Entenbrust muß nicht immer gebraten sein. In diesem Rezept wird sie sanft über Dampf gegart und mit einer Sherryessig-Salatsauce angerichtet.

SALAT MIT ENTENBRUST UND GEFLÜGELLEBER

Die Lebern säubern. Die Milch erhitzen, die Lebern hineinlegen, etwa vier Minuten ziehen lassen und dann beiseite stellen.
Die Entenbrust mit wenig Salz und Pfeffer einreiben und zehn Minuten bei Küchentemperatur ruhen lassen.
Die Aprikosen halbieren, in sehr feine Schnitze und die Zwiebeln in sehr feine Streifen schneiden.
Die Pinienkerne in einer trockenen Bratpfanne hellgelb rösten.
Den Sherryessig mit dem durchgepreßten Knoblauch, dem Salz, dem Pfeffer und dem Öl gut verrühren.
Die durchgepreßte Knoblauchzehe mit der Butter verkneten.
Die Entenbrust in den Siebeinsatz legen und über Wasserdampf in etwa zehn Minuten garen, dabei einmal wenden. Dann noch drei Minuten ziehen und danach abkühlen lassen.
Die Geflügellebern aus der Milch nehmen, sauber abspülen und trockentupfen. Die Entenbrust längs halbieren und mit den Lebern in feine Streifen schneiden. Beides mit den Aprikosen, den Zwiebeln und der Salatsauce mischen. Mit Cayennepfeffer pikant abschmecken.
Die Brotscheiben toasten. Diagonal halbieren, mit der Knoblauchbutter bestreichen und überbacken.
Den Salat mit einigen Basilikumblättern auf Teller anrichten. Mit dem Basilikum und den Pinienkernen bestreuen. Das Knoblauchbrot dazu servieren.

Tip MK: Statt des Knoblauchtoastes paßt auch ein Nußbrot dazu (gemahlene Pinien- oder Nußkerne mit Butter mischen).

Arbeitsaufwand etwa 25 Minuten

Für 4 Personen

Salat
100 g frische Geflügelleber
1 dl Milch
1 Entenbrust zu 350 g, ohne Haut
Salz, Pfeffer
4 Aprikosen
1 kleine Zwiebel
2 EBl. Pinienkerne
1 EBl. gehackter Basilikum

Sauce
1½ EBl. Sherryessig
½ Knoblauchzehe
Salz, Pfeffer (Mühle)
5 EBl. Traubenkern- oder Sonnenblumenöl

Butter
1 Knoblauchzehe
1 EBl. Butter

4 Scheiben Modelbrot (Toastbrot)
2—3 Basilikumzweige

Zur Vorspeise vertragen sich Wachteln sehr gut mit einer geschmacklich abgerundeten Vinaigrette. Cherrytomaten und Basilikumblätter geben dem Gericht Farbe.

WACHTELN MIT TOMATENVINAIGRETTE

Arbeitsaufwand
etwa 25 Minuten
Bratzeit etwa 8 Minuten
Ofentemperatur 220 °C

Für 4 Personen (Vorspeise)
4 Wachteln
Salz, weißer Pfeffer (Mühle)
1 EBl. Bratbutter (Butterschmalz)

Vinaigrette
2 EBl. Rotweinessig
1 dl kaltgepreßtes Olivenöl
1 kleine Knoblauchzehe
2 kleine, geschälte Tomaten
8 gehackte Basilikumblättchen
Salz, weißer Pfeffer (Mühle)
1 Prise gemahlener Koriander
Basilikumblätter zum Garnieren

Die Wachteln binden (s. S. 146), innen und außen mit Salz und Pfeffer würzen. In der heißen Bratbutter im vorgeheizten Ofen braten. Zum Ruhen auf ein Gitter setzen.

Den Essig mit dem Olivenöl verrühren, die durchgepreßte Knoblauchzehe zufügen. Die Tomaten halbieren, die Kerne ausdrücken und in kleine Würfel schneiden. Zusammen mit dem gehackten Basilikum zur Vinaigrette geben. Mit Salz, Pfeffer und dem Koriander abschmecken.

Von den Wachteln die Schenkel abtrennen, die Brüste auslösen und zweimal schräg durchschneiden.

Von der Vinaigrette auf kalten Tellern einen Spiegel gießen, die Schenkel und Brüstchen darauf anrichten. Mit den Basilikumblättern garnieren.

Beilagen Knuspriges Brot oder Toast, Butter

Tips
MK: Je nach der Größe des Menüs je Person nur eine halbe Wachtel servieren.
FWE: Eine preiswertere Variante wäre die Verwendung von frisch gebratenen Pouletbrüsten.

PASTETEN, TERRINEN, GALANTINEN UND MOUSSES

In den letzten Jahren haben die Pasteten immer mehr an Beliebtheit gewonnen. Sie gelten als die Krönung der Kochkunst.

Für die Farcen der klassischen Pasteten wird zur Lockerung vorwiegend grüner, fetter Speck verarbeitet. Bei den modernen Varianten wird er durch Rahm ersetzt.

Farcen, die mit Speck zubereitet werden, sind im Vergleich mit denjenigen mit Rahm rustikaler, nicht so fein und zart in ihrer Konsistenz. Im Gegensatz zu den Terrinen werden Pasteten grundsätzlich im Teigmantel hergestellt. Hierbei kann es sich um den klassischen geriebenen Teig handeln, doch sind auch andere Teige als Hülle sehr gut geeignet. Zum Beispiel der Briocheteig; er ist so flexibel in seiner Beschaffenheit, daß er jede Bewegung der Füllung beim Backen mitmacht und sie auch unbeschadet übersteht.

Bei der Bezeichnung «Terrine» sind heutzutage die Grenzen fließend. Viele Terrinen werden unter der Bezeichnung Parfait angeboten. Im Sinne der klassischen Kochkunst ist das Parfait ein Produkt aus Enten- oder Gänsestopfleber. Parfaits gibt es heute aus vielen unterschiedlichen Grundmaterialien. Sie sollten jedoch stets nur aus erlesenen Zutaten bestehen.

Was bei der Pastete der Teigmantel ist, ist bei der Galantine die umgebende Hülle, meistens die Haut und das Fleisch des ausgebeinten Geflügels, die ihr den Namen verleiht. Für Galantinen eignen sich die zahlreichen Geflügelarten besonders gut. Die Füllungen reichen auch hier von den klassischen bis hin zu den modernen Farcen.

Selbst gewagte Kombinationen von Geflügel und Krustentieren finden ihre Liebhaber und entpuppen sich als wahrer Genuß. Die im klassischen Stil hergestellten Farcen entfalten erst nach einigen Tagen ihr volles Aroma, Mousselinefarcen hingegen vermitteln ihren Schmelz und Geschmack am ausdruckvollsten, wenn sie ganz frisch gegessen werden. Sie können sogar warm oder lauwarm serviert werden.

Bei der Zubereitung der oben beschriebenen Gerichte kann man seiner Kreativität freien Lauf lassen. Die individuelle Wahl der Gewürze oder Spirituosen verleiht dem Produkt eine persönliche Note. Unbedingt ist zu beachten, daß das Mengenverhältnis bei der Zusammensetzung der Farcen stimmt.

Die Mousse besteht aus der Grundzutat, dem Bindemittel Gelatine und dem Lockerungsmittel Schlagrahm. Auch hier sind der Phantasie kaum Grenzen gesetzt, bis auf die Einhaltung der Mengenverhältnisse.

Mit etwas Geduld und Fingerspitzengefühl werden Sie bald feststellen, daß auch hier bei der Zubereitung keine «Hexerei» nötig ist, wenn gewissenhaft gearbeitet wird.

Eine Galantine ist ein Meisterwerk der Kochkunst. Nur wer Freude und Geduld an solchen Gerichten hat, sollte sich an ihre Zubereitung wagen.

ENTENGALANTINE

Das Enten- und das Schweinefleisch in kleine Würfel schneiden und kalt stellen. Den Spickspeck würfeln und leicht anfrieren.
Das Fleisch und den Speck mit Pastetensalz, Pfeffer, Beifuß, Salbei und der Orangenschale würzen. Das Fleisch im Cutter (Küchenmaschine) fein zerkleinern. Nach und nach den angefrorenen Spickspeck einarbeiten. Durch ein feines Sieb streichen. Die Pökelzunge und den Schinken in kleine Würfel, den Trüffel in Streifen (Julienne) schneiden und die Pistazien quer halbieren. Alles unter die Farce mischen.
Die Ente vom Rücken her entbeinen, sämtliche Knochen entfernen. Das Fleisch durch geschicktes Einschneiden über alle freien Hautpartien verteilen. Leicht plattieren (klopfen) und mit Pastetensalz, Beifuß und Salbei würzen. Die Farce darauf verteilen. Die Ente vom Bürzel zum Hals hin aufrollen. In Klarsichtfolie straff einwickeln und mit Schnur leicht binden. In Salzwasser garziehen (Nadelprobe) und darin auskühlen lassen.

Beilagen Salat von Chicorée, Löwenzahn und Pfirsichen (oder Orangen), Apfel-Sellerie-Sauce (s. S. 338)

Tips
MK: Wie eine Ente fachgerecht ausgebeint wird, ist auf S. 70 f. dieses Buches beschrieben.
FWE: Früher wurden die Galantinen in Tücher oder Binden eingerollt. Ich hatte dabei immer ein ungutes Gefühl wegen der Waschmittelrückstände oder irgendwelchem Nebengeschmack. Aus der Not heraus mußte ich vor Jahren bei der Herstellung einer Galantine einmal auf eine zerschnittene Plastiktüte zurückgreifen, was zu einem regelrechten Erfolgserlebnis führte. Eine so verpackte Galantine kann man bestens auch in Salzwasser garziehen. Da sie bei dieser Methode eigentlich im eigenen Saft gegart wird, ist kein Fond mehr nötig.

Arbeitsaufwand
etwa 60 Minuten

Für 1 Galantine von
1200 g

Ente
Garzeit
60—65 Minuten
Wassertemperatur
etwa 80 °C
1 weibliche Ente (Barbarie) zu 1200 g
Pastetensalz (s. S. 50)
Beifuß, Salbei

Farce
150 g Entenbrust oder Geflügelfleisch
ohne Haut und Knochen
150 g Schweinerücken
ohne Fett, Sehnen und Knochen
200 g frischer Spickspeck, ohne Schwarte
Pastetensalz, Pfeffer, Beifuß, Salbei
½ Teel. abgeriebene Orangenschale

Einlagen
60 g gesalzene, gekochte Rinderzunge
60 g gekochter Schinken
20 g Trüffel
20 g geschälte Pistazien

Gänselebermousse

Eine besonders feine Gänselebermousse mit süßlicher Einlage und mit Traubenbeeren als Garnitur.

GÄNSELEBERMOUSSE

Die gewaschenen Rosinen in dem Cognac aufkochen und darin erkalten lassen. Die Mandelblättchen in einer trockenen Bratpfanne rösten, etwas zerkleinern und kalt stellen.
Von der Gänseleber die Gallenflecke großzügig herausschneiden. Die Häute abziehen und die Blutgefäße (Adern) entfernen (s. S. 58). Die Leber in Scheiben schneiden und mit Pastetensalz und Pfeffer würzen. In der erhitzten Butter leicht anbraten. Zum Auskühlen auf ein Abtropfgitter setzen. Die Gelatine in kaltem Wasser einweichen, ausdrücken und in dem Jus auflösen. Die Gänseleber im Mixer zusammen mit der Geflügelrahmsauce und der in dem Jus aufgelösten Gelatine pürieren. Den Cognac und Portwein unterarbeiten und durch ein feines Rahmensieb streichen. In eine Schüssel geben und an einen kühlen Ort stellen.
Beginnt die Masse zu stocken, ⅓ des steifgeschlagenen Rahmes mit dem Schneebesen, die anderen ⅔ mit einem Gummispachtel (oder Holzlöffel) unterziehen. Zum Schluß die erkalteten, gut abgetropften Rosinen und die Mandelblättchen unterheben.
Die Gänselebermousse kann in Förmchen abgefüllt, aufgespritzt, aufgestrichen, ausgestochen oder in Gläsern serviert werden.
Die Staudenselleriestangen schälen und in etwa 5 Zentimeter lange Stücke teilen. Zuerst längs in dünne Scheiben, dann in Streifen schneiden. Den Lollo rosso putzen, waschen und auf Küchenkrepp abtropfen lassen. Die Traubenbeeren (Trauben) schälen, halbieren und entkernen. Die Bestandteile des Salates mit Pfeffer, Salz, Zitronensaft würzen und mit dem Baumnußöl (Walnußöl) beträufeln.
Die Gänselebermousse zusammen mit dem Salat dekorativ anrichten.

Beilagen Getoastete Brioche (s. S. 363), gesalzene Butter

Für 6 Personen
(Vorspeise)

Einlagen
20 g Rosinen
2 EßI. Cognac
1 EßI. Mandelblättchen

Mousse
150 g Gänseleber
Pastetensalzmischung
(s. S. 50)
weißer Pfeffer (Mühle)
1 EßI. Butter
2 Blatt Gelatine
2 EßI. Geflügel- oder Kalbsjus (s. S. 326)
1—2 EßI. Geflügelrahmsauce (s. S. 329)
1 EßI. Cognac
2 EßI. weißer Portwein
1,7 dl steifgeschlagener Rahm

Salate
2—3 Staudenselleriestangen
3 Blatt Lollo rosso
18 Traubenbeeren (Weinbeeren)
weißer Pfeffer (Mühle), Salz
Zitronensaft, Baumnußöl (Walnußöl)

PASTETENGEWÜRZMISCHUNG FÜR GEFLÜGELFLEISCH

Für etwa 150 g Gewürz
15 g weiße Pfefferkörner
5 g Salbei
5 g Rosmarin
25 g Thymian
10 g Koriander
10 g Gewürznelken
20 g Muskatnuß
10 g Muskatblüte
10 g Lorbeerblatt
10 g Piment
30 g getrocknete Steinpilze

Das Pastetengewürz kann selbst hergestellt werden. Voraussetzung dafür ist eine Waage, auf der diese kleinen Mengen exakt gewogen werden können. Es sollte eine Maschine (Küchenmaschine oder Kaffeemühle) vorhanden sein, die gewährleistet, daß die Gewürze beim Zerkleinern nicht zu sehr erwärmt werden. Eine kleinere Menge als die angegebene herzustellen, lohnt sich nicht. Pastetengewürzmischungen sind luftdicht verschlossen gut lagerfähig. Eventuell übernimmt Ihr Drogist für Sie das Abwiegen und das Herstellen des Gewürzes, da Drogerien bestens dafür eingerichtet sind, kleinste Mengen zu wiegen und fein zu zerkleinern.

In den Rezepten wird oft eine Pastetensalzmischung verwendet. Diese besteht aus 250 g Salz und 15 g Pastetengewürzmischung und eignet sich ideal zum Würzen von Farcen. Trokkengelagert ist auch sie problemlos aufzubewahren.

Tip FWE: Wem dies alles zu aufwendig ist, der kann Pastetengewürzmischungen kaufen. Das Mischungsverhältnis vom Gewürz zum Salz ist auf den Verpackungen angegeben.

Einmal etwas anderes — eine Ententorte mit köstlicher Füllung, die festlich garniert werden kann.

ENTENTORTE MIT ENTENLEBER

Die Entenleberscheiben würzen und in der Butter schnell anbraten, zum Auskühlen auf ein Abtropfgitter setzen. Die Apfelscheiben in der Butter braten und zum Abtropfen und Auskühlen auf ein Gitter legen. Die Spinatblätter blanchieren, kalt abschrecken, auf Küchenkrepp ausbreiten und trockentupfen.

Das gekühlte, in Stücke geschnittene Entenfleisch würzen. Im Cutter (Küchenmaschine) zerkleinern. Zunächst das Eiweiß, den Sellerie, die Entenleberreste, den Cognac und den Cream Sherry einarbeiten. Zum Schluß den angefrorenen Rahm dazugeben, anschließend alles durch ein feines Sieb streichen.

Dann ⅔ des Teiges etwa 3 Millimeter dick ausrollen. Die ausgebutterte Springform damit auslegen. Mit ⅓ der Farce den Boden bedecken. Die Hälfte der Spinatblätter und die Apfelscheiben darauflegen. Eine dünne Farceschicht auftragen. Dann die Entenleberscheiben, wieder eine dünne Schicht Farce und die restlichen Spinatblätter darauf verteilen. Mit der verbliebenen Farce zustreichen. Den überstehenden Teig über die Farce klappen. Mit dem Eigelb, vermischt mit dem Rahm, bestreichen. Den Teigdeckel ausrollen, passend zuschneiden und auflegen. Fest auf den Teigrand und an die Seitenwand drücken. In der Mitte eine «Kaminöffnung» ausstechen. Den Deckel mit der Eimasse bepinseln. Aus den Teigresten einen Ring für den «Kamin» sowie Blumen und Blätter (oder andere Formen) für die Garnierung der Torte ausstechen und mit der Ei-Rahm-Mischung bepinseln.

Zum Backen in den vorgeheizten Ofen schieben. Die Torte vor dem Servieren etwas auskühlen lassen.

Beilagen Blutorangensauce (s. S. 338), Salat von Staudensellerie- und Apfelstreifen, Orangenfilets und Lollo rosso.

Arbeitsaufwand etwa 50 Minuten
Backzeit 25—30 Minuten
Ofentemperatur etwa 250 °C

Für 12 Personen (Vorspeise)
1 Springform von 22 cm Ø

Einlagen
450 g Entenleberscheiben
weißer Pfeffer, Salz
1 Teel. Butter
200 g hauchdünne Apfelscheiben
1 Teel. Butter
25—30 mittelgroße Spinatblätter
weißer Pfeffer (Mühle), Salz

Farce
200 g Entenfleisch, haut- und sehnenfrei
weißer Pfeffer (Mühle), Salz, Selleriesalz
1 Eiweiß
60 g weichgekochter, trockengedämpfter Sellerie
100 g Entenleberreste, durchgestrichen
20 g Cognac
30 g Cream Sherry
2,5 dl angefrorener Rahm

Mantel
10 g Butter
500 g geriebener Teig mit Milch (s. S. 363)
1 Eigelb
1 Eßl. Rahm

Ententorte
mit Entenleber

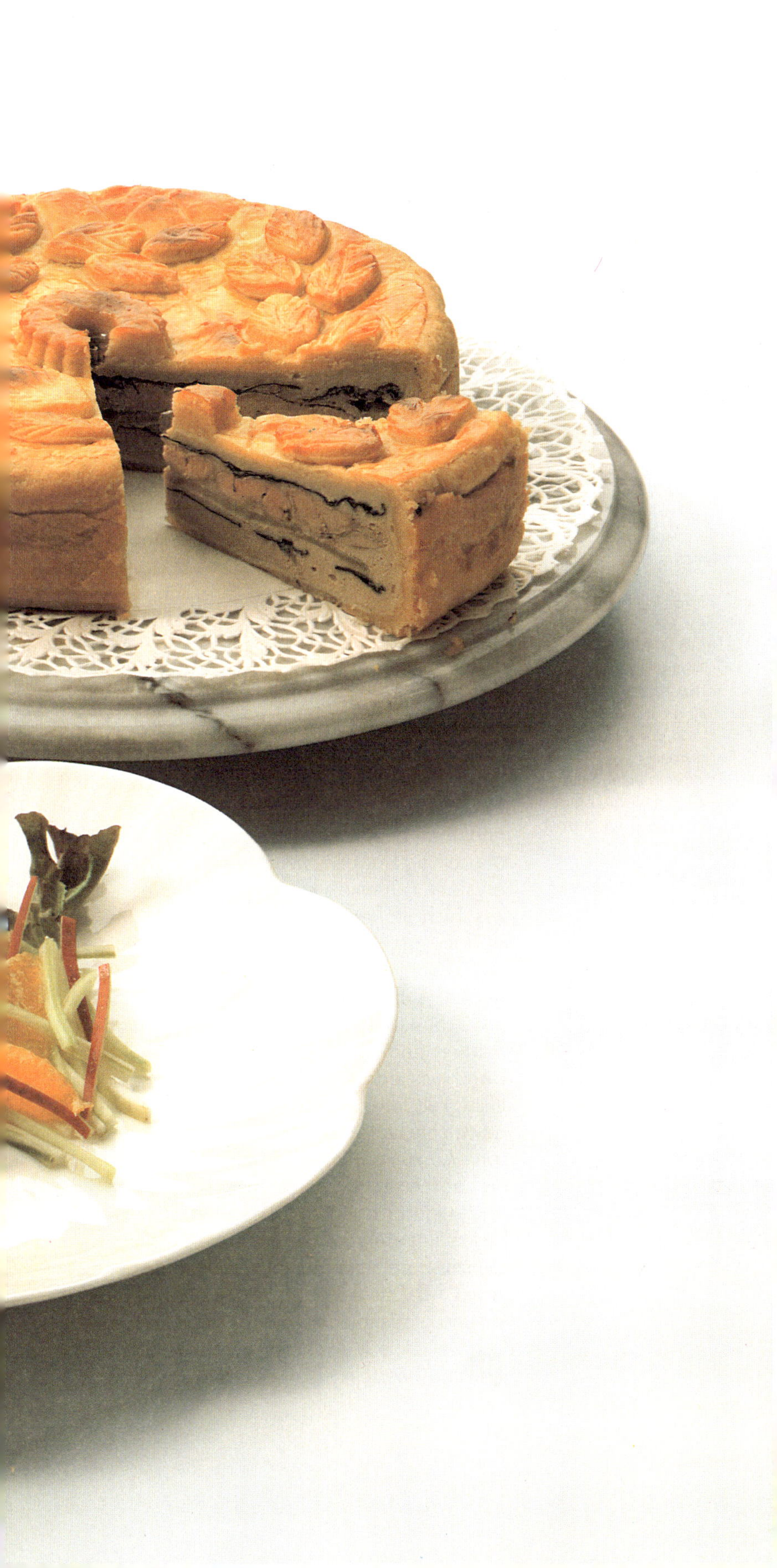

Eine königliche Vorspeise für Kochbegeisterte, mit der Sie Freunde verwöhnen können.

ENTENPARFAIT MIT MILKEN UND RIESENGARNELEN AN SHERRYMOUSSE

Arbeitsaufwand
etwa 60 Minuten

Für 12 Personen
(Vorspeise)
Terrinenform zu 500 g Inhalt

Parfait
Garzeit
etwa 30 Minuten
Ofentemperatur
etwa 120 °C
170 g Entenfleisch (Brust), ohne Haut und Knochen
Pfeffer (Mühle), Salz
120 g gekochte Black fungus (= 12 g getrocknete)
1 Eiweiß
2 dl gefrorener Rahm
150 g braisierte, gezupfte Milken (Bries)
3–4 mittelgroße, blanchierte Mangoldblätter

Crevetten
Garzeit etwa 5 Minuten
12 Riesencrevetten (Garnelen) zu 50 g
1 Prise Kümmel, Salz

Mousse
(Schaummus)
2,5 dl Hummer- oder Krustentierfond
(s. S. 331)
50 g Sherry, medium dry
1½ Blatt Gelatine
20 g Cognac
Cayennepfeffer, Salz
1,5 dl geschlagener Rahm

Die gekühlten, gewürzten Entenfleischwürfel in der Küchenmaschine zerkleinern. Zuerst das Eiweiß, dann den gefrorenen Rahm einarbeiten. Durch ein feines Sieb streichen. Von der Farce ¼ zurückbehalten. Unter die verbliebenen ¾ die eingeweichten, gewaschenen, gekochten Pilze und die Milken ziehen. Eine Schablone aus Karton (oder Pergamentpapier) in den Innenmaßen der Terrinenform ausschneiden. Auf einen Tisch legen, ein größeres Stück Klarsichtfolie faltenlos darüber ausbreiten. Mit dem ¼ der Farce bestreichen und flächendeckend mit den blanchierten, trockengetupften Mangoldblättern belegen. Die Füllung mit der Einlage als Längsstreifen lückenlos aufhäufen. Mit der Folie in die Terrinenform heben. Die überlappenden Teile über die Füllung klappen, so daß ein glatter Abschluß entsteht. Mehrmals kräftig auf ein feuchtes, dickes Tuch stoßen und verschließen, im Wasserbad im vorgeheizten Ofen garen.
Die Crevetten in kochendes Kümmel-Salzwasser geben. Aufkochen, fünf Minuten ziehen und im Fond auskühlen lassen. Die Krusten und den Darm entfernen. Die Schwänze längs halbieren. Den Hummerfond mit dem Sherry bis zur Dickflüssigkeit (etwa 1,5 dl) einkochen. Die kalt eingeweichte, ausgedrückte Gelatine darin auflösen. Auskühlen lassen, den Cognac zufügen und abschmecken. Beginnt der Fond zu stocken, ⅓ des geschlagenen Rahmes mit dem Schneebesen unterrühren. Die restlichen ⅔ mit einem Gummispatel unterheben. Die fertige Mousse (etwa 1,5 Zentimeter hoch) auf ein Blech abfüllen und glattstreichen. Zum Stocken kalt stellen. Den Zucchino in 4 Zentimeter lange Stücke teilen und vierteln. Dann halbmondförmig zu-

schneiden, in Salzwasser knapp garen und kalt abschrecken. Die Pilze trockentupfen. Die Tomaten überbrühen, abziehen, achteln und entkernen. Den Friséesalat putzen, waschen und trockenschwenken. Die einzelnen Bestandteile des Salates kurz vor dem Anrichten, getrennt mit Salz, Pfeffer, Zucker und Sherryessig, würzen, mit dem Öl beträufeln und gut mischen.
Das Parfait aufschneiden. Die Sherrymousse halbmondförmig ausstechen. Beides zusammen mit den Salaten, den Crevetten und den Kerbelzweigen anrichten.

Beilagen Buchweizenblinis (s. S. 349) und Butter

Salat
1 Zucchino
90 g gekochte Black fungus (= 10 g getrocknete)
4 Tomaten zu 80 g
Friséesalat
Pfeffer, Salz, Zucker
Sherryessig, Haselnußöl
12 Kerbelzweige

Gänseleber vorbereiten

Bei frischen Enten- oder Gänselebern ist darauf zu achten, daß die Gallenflecke, die Haut und die Adern äußerst sorgfältig entfernt werden.

Zum Entfernen der Blutgefäße benötigt man Geduld; es können sowieso nur die Hauptadern herausgezogen werden. Am einfachsten gelingt dies, wenn man die Flügel der Leber auf der Höhe der Adern mit einem Längsschnitt versieht.

Das noch vorhandene Blut in den feinen Verästelungen kann durch das Einlegen in Milch (am besten über Nacht) herausgezogen werden. Die Milch ist dank ihrer Milchsäure gleichzeitig ein kurzfristiges Konservierungsmittel. Vor dem Marinieren müssen die Lebern mit kaltem Wasser gut gesäubert und anschließend trockengetupft werden.

Oft wird empfohlen, die Lebern in eine 20%ige Salzlösung einzulegen. Davon ist jedoch abzuraten, da danach das Salzen sehr schwer zu dosieren ist.

Ein Strudel mit einer exklusiven Füllung aus Geflügelparfait (eine Farce aus Pouletfleisch und Gänseleber) stellt eine delikate Überraschung dar. Dazu kann man Feigen als aparte Beilage servieren.

GEFLÜGELPARFAIT MIT GÄNSELEBER IM STRUDELTEIG

Arbeitsaufwand
etwa 60 Minuten
Backzeit
etwa 18 Minuten
Ofentemperatur
220—250 °C

Für 12 Personen
(Vorspeise)

Gänseleber
500 g frische, präparierte Gänseleber
Salz, weißer Pfeffer (Mühle), Zucker
5 EBl. Armagnac
6 EBl. weißer Portwein

Farce
200 g Pouletbrust (Hähnchen) ohne Haut und Knochen
Salz, weißer Pfeffer (Mühle)
1 Eiweiß
60 g frische Gänseleberreste
2,7 dl gefrorener Rahm
200 g Strudelteig (s. S. 365)
1 Eigelb
1 EBl. Rahm

Feigen
Garzeit rund 3 Minuten
6 Feigen
Salz, weißer Pfeffer (Mühle)
1 EBl. Butter
1,2 dl roter Portwein
½ Teel. Kartoffelstärke

Die Häute und die Blutgefäße von der Gänseleber entfernen. Mit Salz, Pfeffer, Zucker, dem Armagnac und dem Portwein etwa drei Stunden marinieren, danach trockentupfen. Anschließend als schlanke Rolle fest in Klarsichtfolie einwickeln und kalt stellen. Sie sollte der Länge des Strudels entsprechen.

Das haut- und sehnenfreie, in Würfel geschnittene, gekühlte Geflügelfleisch würzen. In der Küchenmaschine zerkleinern. Zunächst das Eiweiß und die passierten Gänseleberreste einarbeiten, dann den angefrorenen Rahm. Die Farce durch ein feines Holzrahmensieb drücken. Auf Klarsichtfolie (in den Abmessungen der Gänseleberrolle) aufstreichen. Die Rolle fest darin einwickeln und zum Anfrieren in den Tiefkühlschrank stellen.

Den Strudelteig von Hand strecken. Auf das mit Mehl bestäubte Tuch legen und rechteckig ausrollen. Dann, über die Handrücken gelegt, hauchdünn ausziehen. Die von der Klarsichtfolie befreite Gänseleber-Geflügelparfait-Rolle auf den Teig legen. Mit Hilfe des Tuches in den Teig einrollen. Dabei die einzelnen aufeinander kommenden Teigschichten mit der Butter bestreichen. Die äußere Teigschicht mit der Eigelb-Rahm-Mischung einpinseln. Danach backen und den Garungsgrad durch Nadelprobe feststellen: Die Nadel muß, hält man sie an die Unterlippe, in der Mitte warm sein. Nach dem Bakken erkalten lassen.

Die geschälten Feigen salzen und pfeffern. In der Butter rundherum goldgelb anbraten. In ein passendes Gefäß setzen. Mit dem Portwein auffüllen und aufkochen. Dann im Gefäß zum Auskühlen beiseite stellen. Kurz vor dem Servieren die Feigen halbieren. Den Portwein-Feigen-Fond mit der kalt angerührten Kartoffelstärke mischen und kochen, bis er klar und gebunden ist. Die Feigen damit überziehen. Zusammen mit dem abgekühlten, aufgeschnittenen Strudel anrichten. Mit dem Eichblattsalat, den Feldsalatblättern und dem Portweingelee garnieren.

Garnitur
Eichblattsalat
Feldsalatblätter
120 g Portweingelee
(s. S. 345)

Beilage Traubensauce (s. S. 340)

Tips
MK: Die Gänseleber kann durch helle Leber von Suppenhühnern ersetzt werden.
FWE: Dieser Strudel ist eines meiner Lieblingsgerichte. Die Herstellung hört sich schwerer an, als sie es ist. Er kann sowohl kalt wie auch warm gegessen werden. Das gilt auch für die Portweinfeigen. Eine warme Portweinsauce rundet das Gericht ab. Den Strudel können Sie bereits am Morgen herstellen, jedoch erst abends bakken.

Parfait

Unter Parfait wurden jahrzehntelang nur Produkte aus Enten- und Gänselebern verstanden. Heute sind die Abgrenzungen nicht mehr ganz so klar umrissen, und manche Terrine erhält die Bezeichnung Parfait.
Jetzt werden auch Terrinen aus Geflügel-, Krustentier- oder Fischfleisch, die mit Rahm hergestellt werden, als Parfait bezeichnet. Das Augenmerk sollte unbedingt darauf gerichtet sein, daß die sogenannten Parfaits aus besten Zutaten zubereitet werden und von zartem Schmelz sind.

Eine klassische einfache Gänseleberterrine, die mit Portwein und Cognac zubereitet wird. Schnell gemacht und trotzdem delikat.

GÄNSELEBERTERRINE

Arbeitsaufwand
etwa 30 Minuten
Garzeit
etwa 20 Minuten
Wassertemperatur
etwa 80 °C
Ofentemperatur
etwa 140 °C

Für 5 Personen
500 g frische Gänseleber
Salz
1,5 dl alter Portwein (weiß oder rot)

Variation für die Marinade (je 500 g Leber)
½ EBl. Salz
½ Teel. weißer Pfeffer (Mühle)
2 EBl. weißer oder roter Portwein
2 EBl. Cognac

Die Gänseleber mit der Hand in Stücke teilen. Das Häutchen, das sie umgibt, abziehen und die Adern (Blutgefäße), die sie durchziehen, entfernen. Die Außenflächen mit der Hand aufrauhen.

Die Leberstücke mit einer spitzen Gabel oder Nadel mehrmals einstechen und in eine Schüssel legen. Mit Salz bestreuen und mit dem Portwein begießen. Mit Klarsichtfolie hermetisch abschließen und zwischen 12 und 24 Stunden im Kühlschrank marinieren lassen.

Die Leber aus dem Portwein nehmen, diesen bis auf etwa einen Eßlöffel Flüssigkeit einkochen lassen und durch einen Kaffeefilter passieren. Mit der Leber in einer Schüssel mischen und in eine passende Terrinenform drücken. Es dürfen dabei keine Hohlräume entstehen.

Die Terrine mit einem Deckel verschließen und in einem Wasserbad in den vorgeheizten Ofen schieben. Das Wasser sollte knapp bis unter den oberen Rand der Terrine reichen. Nach dem Schließen des Ofens die Temperatur auf 80 °C reduzieren.

Die gegarte Terrine erst im Wasserbad auskühlen, dann im Kühlschrank richtig kalt werden lassen.

Vor dem Servieren die Gänseleber aus der Terrinenform stürzen und mit einem schmalen (zuvor in heißes Wasser getauchten) Messer in Scheiben schneiden.

Beilagen Brioche oder Toast

Tips
MK: Für diese Zubereitungsart ist auch Entenleber geeignet.
Es ist kein Fehler, wenn sich an der Oberfläche der Terrine eine dünne Fettschicht bildet, sie hält im Gegenteil fremde Einflüsse fern.
FWE: Die Gänseleberterrine entwickelt ihren ausgeprägtesten Geschmack erst nach einigen Tagen ihrer Herstellung.

Dieses Parfait verdankt sein hübsches Aussehen den schwarzen Pilzen. Durch diese chinesische Note entsteht eine ganz neue Geschmacksrichtung.

GEFLÜGELPARFAIT MIT CHINESISCHEN PILZEN UND GEFLÜGELLEBER

Das Geflügelfleisch kleinschneiden und kalt stellen. Die Pilze in kaltem Wasser einweichen, anschließend sauber waschen. In der leicht gesalzenen Bouillon etwa 25 Minuten kochen und darin auskühlen lassen. Die Hühnerleber in Würfel schneiden, mit dem Pastetensalz und dem Pfeffer würzen, zum Marinieren mit dem Cognac und Portwein beträufeln.

Das Fleisch mit dem Pastetensalz und dem Pfeffer würzen. Im Cutter (Küchenmaschine) fein zerkleinern. Zunächst das Eiweiß, dann den gefrorenen Halbrahm einarbeiten und durch ein feines Sieb streichen.

Die gekochten Mu Err kleinschneiden und trockentupfen. Die Hühnerleber zum Abtropfen auf Küchenpapier legen. Zusammen mit den Pilzen unter die Farce ziehen.

In eine mit Klarsichtfolie ausgelegte Terrinenform füllen und verschließen. Im Ofen im Wasserbad garziehen und anschließend im Wasserbad auskühlen lassen.

Beilagen Salat von Äpfeln, Sellerie, Traubenbeeren und Frisée, Mangosauce (s. S. 339)

Tips
MK: Zur Abwechslung kann die Parfaitmasse in kleinen Portionsförmchen gegart werden. Nach dem Auskühlen auf Teller stürzen und wie beschrieben garnieren.

FWE: Die Geflügelleber oder die Pilze können durch gegarte Gemüse ersetzt werden. Auch gehackte Kräuter sowie Spinatblätter sind als Einlage geeignet.

Arbeitsaufwand
etwa 50 Minuten

Für 1 Terrine von 500 g Inhalt

Parfait
Garzeit
etwa 32 Minuten
Ofentemperatur
etwa 120 °C
150 g Geflügelfleisch
(Poulet, Truten usw.)
Pastetensalz (s. S.50),
weißer Pfeffer (Mühle),
1 Eiweiß
1,8 dl Halbrahm

Einlagen
10 g getrocknete chinesische Pilze (Mu Err)
Salz
¼ l Geflügelbouillon
(s. S. 325)
120 g helle Hühnerleber
Pastetensalz, Pfeffer
je 1 EBl. Cognac und Portwein

Geflügelparfait
mit chinesischen Pilzen
und Geflügelleber

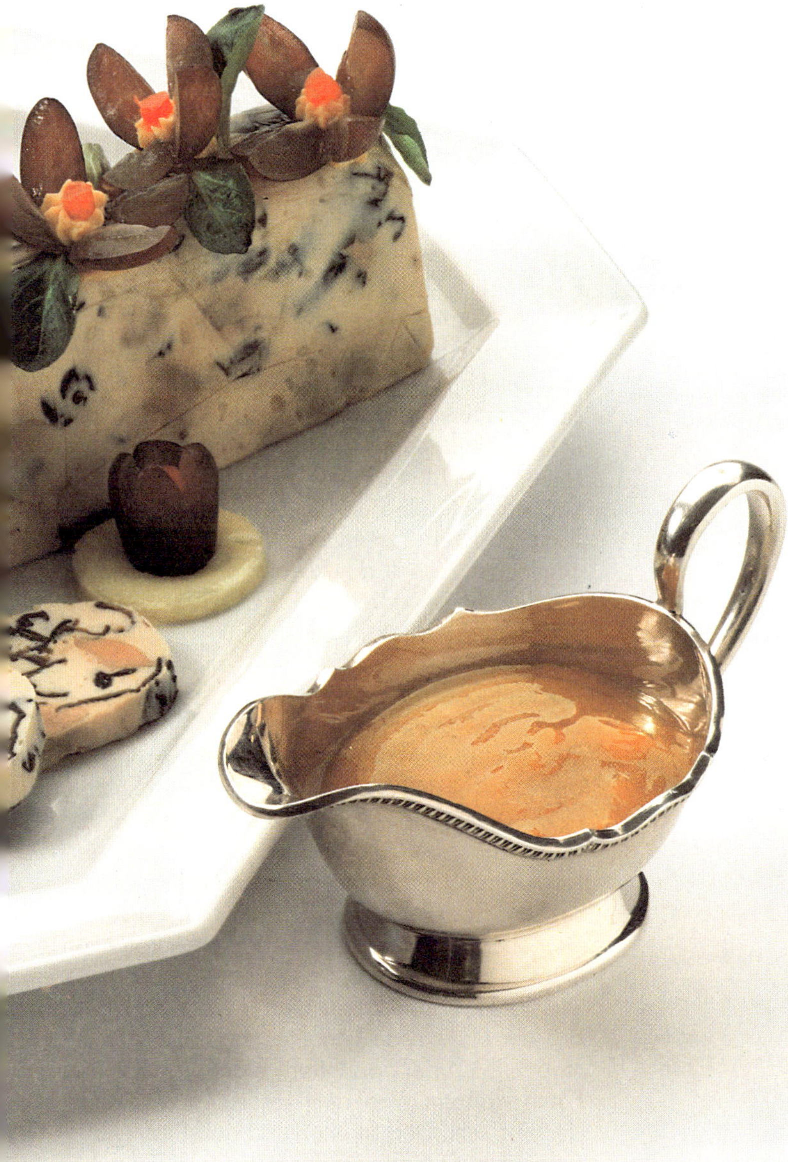

Eine feine Pastete mit schön dekorierter Teigkruste sieht auf einem kalten Büffet besonders schön aus. Auch in Scheiben als Vorspeise serviert, ist sie äußerst attraktiv.

GEFLÜGELPASTETE MIT HÜHNERLEBER UND EIERSCHWÄMMEN

Arbeitsaufwand etwa 65 Minuten
Backzeit
38—40 Minuten;
15 Minuten bei 250 °C anbacken, bei 200 °C fertig backen

Für eine Pastetenform zu 1000 g Inhalt

Einlagen
200 g Hühnerleber (helle)
weißer Pfeffer (Mühle), Salz
je 4 EBl. Weinbrand und weißer Portwein
200 g ausgesuchte kleine Eierschwämme (Pfifferlinge); als Rohware 250 g
1 Teel. Butter
1 EBl. glatte, gehackte Petersilie

Farce
200 g Geflügelfleisch (Truten- oder Pouletbrust)
weißer Pfeffer (Mühle), Salz
1 Eiweiß
2,3 dl gefrorener Rahm
600 g Pastetenteig (s. S. 364)
1 Eigelb
1 EBl. Rahm
3 dl Portweingelee (s. S. 345)

Sorgfältig die Gallen von der Hühnerleber entfernen und in Stücke schneiden. Pfeffern und salzen, mit dem Weinbrand und Portwein beträufeln. Abdecken und kalt stellen. Etwa 60 Minuten marinieren lassen.

Die geputzten und gewaschenen Eierschwämme abtropfen lassen. In der erhitzten Butter schnell anziehen, pfeffern und salzen. Den entstehenden Fond einkochen; die Pilze sollen ganz trocken sein.

Das gekühlte, in Stücke geschnittene Geflügelfleisch würzen und im Cutter (Küchenmaschine) zerkleinern. Zuerst das Eiweiß, dann den gefrorenen Rahm einarbeiten. Durch ein feines Sieb streichen.

Die Leber aus der Marinade nehmen und gut trockentupfen. Mit den Pilzen und der Petersilie unter die Farce mischen.

Den Pastetenteig etwa 3 bis 4 Millimeter stark ausrollen. In den Maßen der Form zuschneiden. Leicht mit Mehl bestäuben, zusammenfalten und in die ausgebutterte Form legen. Auseinanderklappen und mit einem gemehlten Teigrest fest an den Boden und die Seitenwände drücken. Den überstehenden Teig bis auf einen Rand von 1 cm abschneiden.

Die Farce lückenlos einfüllen. Mehrmals kräftig auf ein dick zusammengelegtes, feuchtes Tuch stoßen. Die überlappenden Teigränder über die Farce klappen. Von dem restlichen Teig einen dünnen, schmalen Streifen und den Deckel ausschneiden. Die Teigränder mit der Ei-Rahm-Mischung bestreichen. Den Deckel auflegen und fest andrücken, auch an den Seitenwänden. Zwei «Kaminöffnungen» ausstechen, mit der Eimasse bepinseln und mit Teigringen versehen.

Die Pastete mit ausgestochenen Teigresten verzieren und nochmals mit der Eimischung bestreichen.
Die Pastete — im vorgeheizten Backofen — bei den vorgeschriebenen Temperaturen backen. Danach auskühlen lassen und kalt stellen. Sollte beim Backen in der Pastete ein freier Raum zwischen Füllung und Teigmantel entstehen, kann dieser mit temperiertem Portweingelee ausgegossen werden. Danach die Pastete kalt stellen. Wenn das Gelee gestockt ist, kann die Pastete aus der Form genommen werden. Bei Bedarf in Scheiben schneiden, nicht zu kalt servieren.

Beilagen Apfel-Sellerie-Sauce (s. S. 338), Salat aus Sellerie, Feldsalat, Traubenbeeren, Baumnußkernen und Apfelscheiben, Portweingelee

Pasteten

Eine knusprige Teighülle umgibt die Füllung der Pasteten. Diese Hülle kann aus geriebenem Teig, Hefe- oder Blätterteig bestehen.
Die Zusammensetzung der Pastetenfüllung ist unterschiedlich; sie kann aus einer Farce zu 50 % Fleisch und 50 % fettem grünem Speck oder aus 50 % Fleisch und 50 % Rahm bestehen. Das sind Faustregeln, die von Fall zu Fall in ihrer Zusammensetzung voneinander abweichen können.
Die Einlagen können aus den verschiedensten Zutaten bestehen, nur sollten sie harmonieren miteinander. Eines haben alle Pasteten gemeinsam: die Teigkruste, die sie umgibt und so attraktiv macht.
Bereits die Römer beherrschten die Kunst des Pastetenbackens. Im Mittelalter waren diese Zubereitungen ebenfalls sehr beliebt. In späteren Jahrhunderten wurden Pasteten gerne bedeutenden Persönlichkeiten wie Königen, Kirchenfürsten und Staatsmännern gewidmet.

Trutenparfait
mit Gemüsen

Der Sellerie gibt diesem feinen Trutenparfait die besondere Würze und die Gemüseeinlage die Farbe.

TRUTENPARFAIT MIT GEMÜSEN

Das Trutenfleisch in kleine Stücke schneiden und kalt stellen.

Die kleinen Gemüsewürfel in Salzwasser weich kochen und darin erkalten lassen. Zum Abtropfen in ein Sieb schütten, dann mit Küchenpapier ganz trocknen.

Das Trutenfleisch mit dem Pfeffer und dem Salz würzen. Im Cutter (Küchenmaschine) fein zerkleinern. Zunächst das Eiweiß, dann den angefrorenen Rahm einarbeiten. Durch ein feines Sieb streichen.

Die Gemüsewürfel unter die Farce mischen. Lükkenlos in eine mit Klarsichtfolie ausgelegte Form füllen. Vor dem Verschließen mehrmals kräftig auf ein feuchtes Tuch stoßen.

Im Wasserbad im Ofen garziehen lassen. Zum Auskühlen beiseite stellen.

Vor dem Anrichten das Trutenparfait in Scheiben schneiden.

Beilagen Toast und Butter, Joghurt-Kräutersauce, Salate

Tips
MK: Werden 1 bis 2 Scheiben von diesem Parfait mit einem einfachen Salat angerichtet, ergibt dies schon eine feine Vorspeise.
FWE: Zur Herstellung dieses Parfaits ist auch das Fleisch anderer Geflügelarten geeignet. Auch das Gemüse kann durch andere gleichwertige Sorten ersetzt werden.

Arbeitsaufwand
etwa 50 Minuten
Garzeit
etwa 32 Minuten
Ofentemperatur 120 °C

Für 12 Personen (Vorspeise)
1 Terrine mit 500 g Inhalt

Parfait
150 g Trutenfleisch
weißer Pfeffer, Salz
1 Eiweiß
170 g gefrorener Rahm

Einlagen
Gemüsewürfel
40 g Lauch
70 g Karotten
70 g Sellerie
Salz

Eine Galantine nach klassischem Vorbild mit neuen Ideen, gefüllt mit Dörraprikosen und Pinienkernen.

PERLHUHNGALANTINE MIT APRIKOSEN UND PINIENKERNEN

Arbeitsaufwand
60 Minuten
Garzeit
etwa 52 Minuten bei
80 °C Wassertemperatur

Für etwa 15 Personen (Vorspeise)
Rohgewicht der Galantine etwa 1300 g

Farce
200 g Perlhuhn- oder Geflügelfleisch
Salz, weißer Pfeffer (Mühle)
1 Eiweiß
2,5 dl angefrorener Rahm

Einlagen
130 g Perlhuhn- oder Geflügelleber
Pasteten Gewürzmischung (s. S. 50)
je 2 EBl. Cognac und roter Portwein
50 g getrocknete Aprikosen
4 EBl. Aprikosenlikör oder -brandy
20 g Pinienkerne
1 junges Perlhuhn (zu 1000 g)
weißer Pfeffer (Mühle), Salz

Das gekühlte Perlhuhnfleisch kleinschneiden. Mit dem Pfeffer und dem Salz würzen, in der Küchenmaschine fein zerkleinern. Zuerst das Eiweiß, dann den Rahm einarbeiten. Durch ein feines Sieb streichen und kalt stellen.
Von der Leber die Galle und die Gefäßzugänge entfernen. In gleich große Stücke schneiden und mit dem Pastetensalz würzen. Mit dem Cognac und dem Portwein marinieren.
Die getrockneten Aprikosen in kleine Würfel schneiden. In dem Aprikosenlikör aufkochen und darin auskühlen lassen.
Das Perlhuhn vom Rücken her auslösen. Das sehnige Fleisch der Unterschenkel entfernen. Das übrige Fleisch durch geschicktes Einschneiden so verteilen, daß alle freien Hautpartien damit bedeckt sind (s. S. 70 f.). Mit dem Pfeffer und dem Salz würzen.
Die Aprikosenwürfel, die Pinienkerne und die Leber unter die Farce ziehen. Als Streifen quer über das Perlhuhn verteilen. So vom Bürzel zum Hals hin aufrollen, daß ein walzenförmiges Gebilde entsteht. Straff in Klarsichtfolie einwickeln. An den Enden fest abbinden und mit Schnur locker umschlingen (s. S. 146).
In gewürztem Wasser oder Bouillon garziehen und darin erkalten lassen. Vor dem Aufschneiden die Schnur und die Folie entfernen.
Die Eierschwämme und die Feldsalatsträußchen putzen, waschen und abtropfen lassen. Die Aprikosen reinigen und filetieren. Die Pilze mit Pfeffer und Salz würzen. Schnell in der erhitzten Butter anziehen lassen und auf ein Sieb schütten. Kurz vor dem Servieren die Feldsalatsträußchen und die Aprikosenfilets mit dem Pfeffer, dem Salz und dem Zitronensaft marinieren, mit dem Öl beträufeln. Die Galantine in Scheiben

schneiden. Mit den Bestandteilen des Salates anrichten.
Beilagen Melonensauce mit Senffrüchten (s. S. 340), Buchweizenblinis (s. S. 349) und Butter
Tips
MK: Wie das Perlhuhn kunstgerecht ausgebeint wird, ist auf S. 70 f. ausführlich beschrieben.
FWE: Auch anderes Dörrobst wie Rosinen, Pflaumen oder Papayas ist als Einlage geeignet. Man sollte stets darauf achten, daß die Früchte nicht geschwefelt sind (Reformhaus).

Salate
250 g ausgesucht kleine Eierschwämme
15 Feldsalatsträußchen
10 frische Aprikosen (oder Orangen)
weißer Pfeffer (Mühle), Salz
1 Eßl. Butter
Zitronensaft, Baumnußöl (Walnuß)

So werden die Farcen feiner

Das Durchstreichen von Farcen und Füllungen hat viele Gründe. Es trägt wesentlich zur qualitativen Aufwertung des Gerichts bei. Die Farcen werden in ihrer Konsistenz feiner und geschmeidiger. Alle Bindegewebsteile, die sonst nicht entfernt werden können, bleiben im Holzrahmensieb hängen. Für eine Farce ist es ein Nachteil, wenn diese Bindegewebsteile nicht entfernt werden: Es leidet nicht nur die Feinheit darunter, sondern sie können auch eine Galantine oder Pastete zum Platzen bringen.

Bindegewebsteile wie Sehnen und Häute haben das Bestreben, Feuchtigkeit aufzunehmen und quellen dadurch auf, was das Volumen der Farce beim Garen vergrößert. Das Durchstreichen ist also kein überflüssiger Arbeitsgang, sondern trägt maßgebend zur Herstellung von Spitzenprodukten bei.

Die Holzrahmensiebe sind in allen Größen in Geschäften für Hotelbedarf erhältlich.

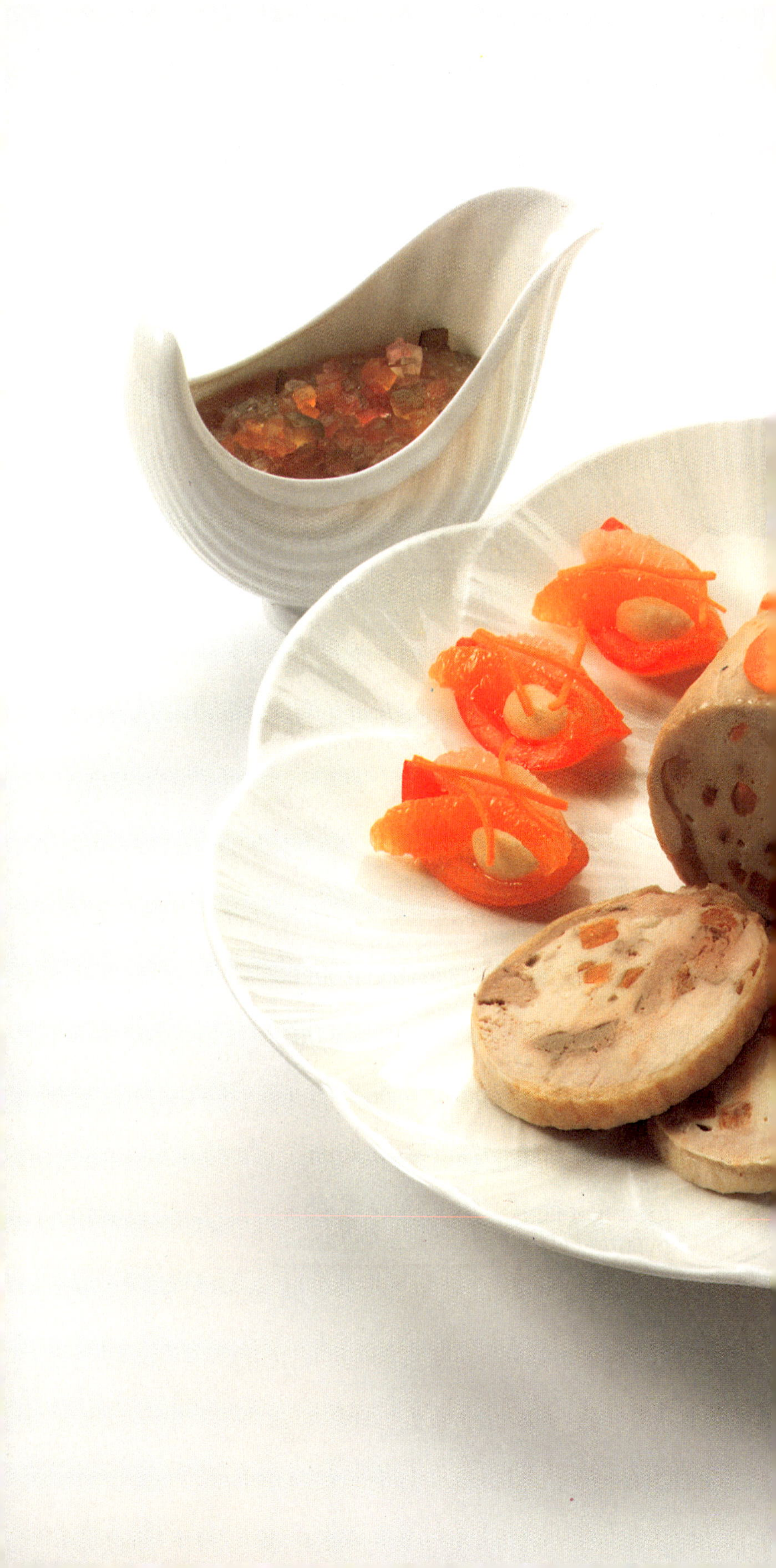

Perlhuhngalantine mit Aprikosen und Pinienkernen

AUSLÖSEN EINER GALANTINE

Mit einem schweren Messer beide Flügel am Ellbogengelenk durchtrennen.

Das Geflügel auf die Brust legen. Von beiden Seiten dem Rückgrat entlang die Haut durchschneiden. Den Geflügelknochen am Gelenk wegschneiden. Das Fleisch und die Haut bis zum Schenkel vom Knochengerüst trennen und im Hüftgelenk durchschneiden.

Das Fleisch am Knochengerüst entlang sorgfältig bis zum Brustbein lösen.

Das Brustbein mit der Hand vom Brustfleisch abziehen.

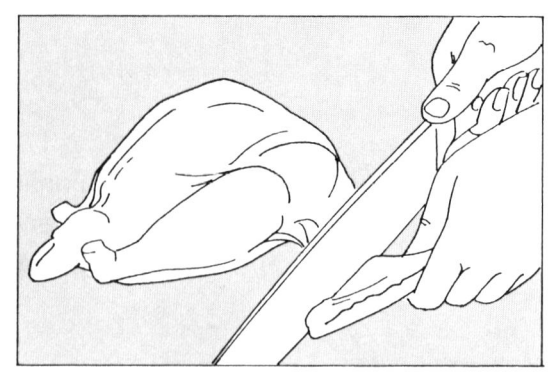

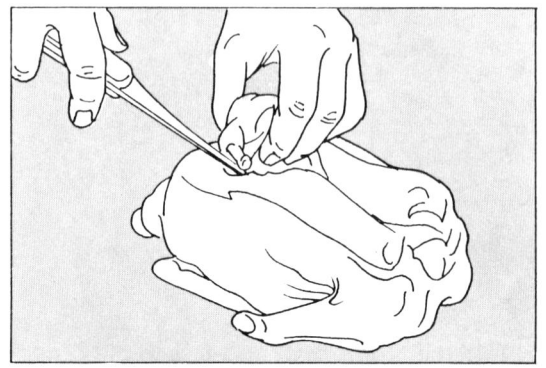

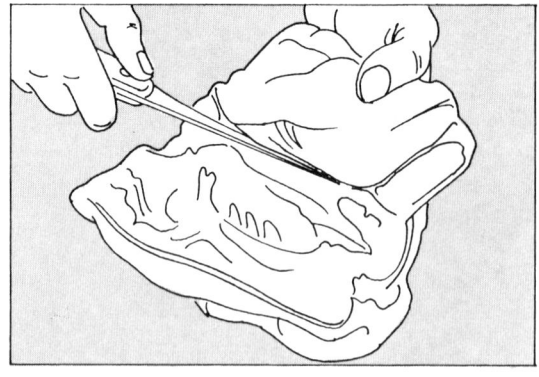

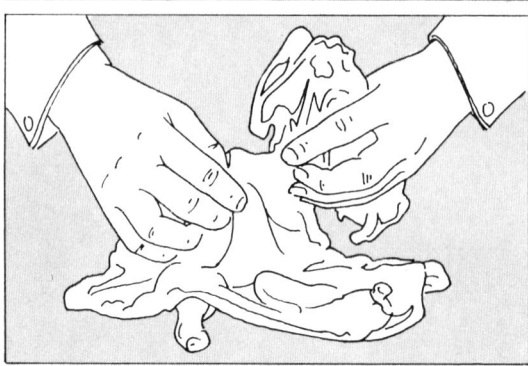

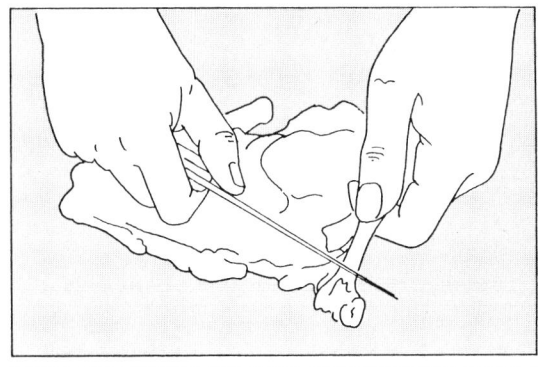

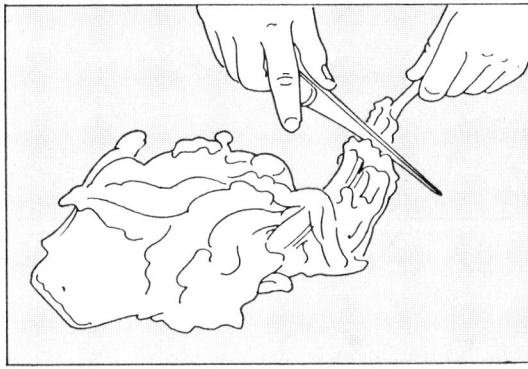

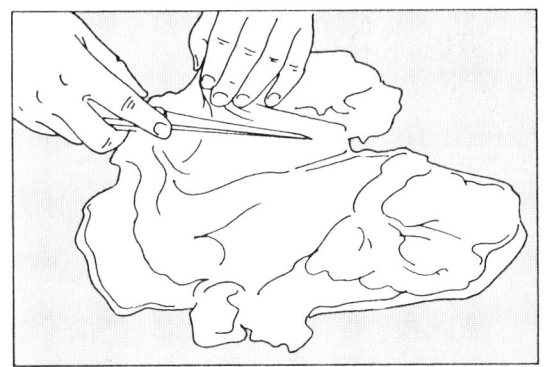

Den Flügel aufschneiden und den Knochen herausschaben.

Das Fleisch vom Ober- und Unterschenkelknochen abschaben. Die sichtbaren Sehnen entfernen und Fleisch und Haut nach innen ziehen.

Die Filets entfernen. Das Brustfleisch so einschneiden, daß die freien Hautteile bedeckt werden. Das Fleisch leicht plattieren und die beiden Filets auf die Halshaut legen.

FÜLLEN EINER GALANTINE

Das Fleisch würzen. Die Füllung in einem Streifen quer aufhäufen.

Die Galantine vom Bürzel her bis zum Hals hin aufrollen, so daß die Füllung vollständig mit Haut umgeben ist.

Die gefüllte Galantine straff in Klarsichtfolie einwickeln.

An den Enden mit Küchenschnur fest umbinden und locker umschlingen.

In gesalzenes Wasser mit Bouquet garni legen und bei einer Temperatur von 75—80 °C garziehen lassen.

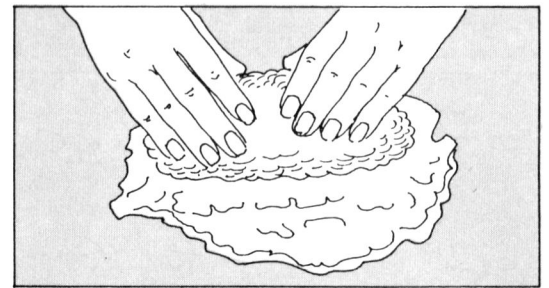

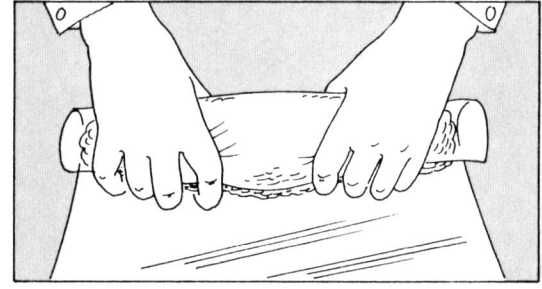

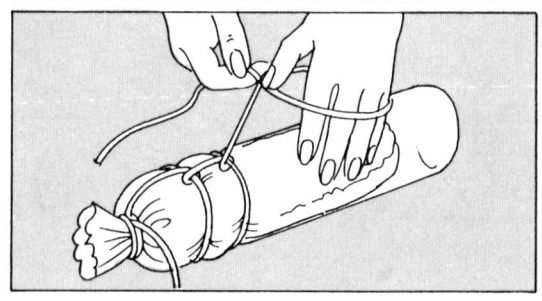

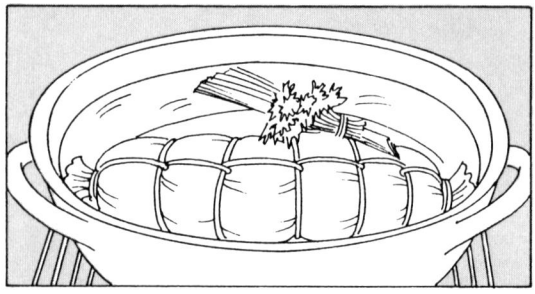

Das Taubenparfait ist eine Delikatesse, die man nur für Feinschmecker zubereiten sollte. Dann aber lohnt sich der Aufwand.

PARFAIT VON TAUBEN UND SCAMPI

Das klein geschnittene, gekühlte Taubenfleisch würzen und in der Küchenmaschine zerkleinern. Zuerst das Eiweiß, dann den Rahm einarbeiten. Die Farce von den Scampi in gleicher Weise herstellen. Getrennt durch ein feines Sieb streichen.

Unter die Scampifarce das gehackte Basilikum mischen. Eine Schablone aus Karton (oder Pergamentpapier) in den Innenmaßen der Form ausschneiden. Auf den Tisch legen, ein größeres Stück Klarsichtfolie faltenlos darüber ausbreiten und mit der Scampifarce bestreichen. In der Mitte die Taubenfarce als Längsstreifen so aufhäufen, daß sie nach Einhängen in der Form ganz von Scampifarce umgeben ist. Mehrmals kräftig auf ein feuchtes Tuch stoßen und verschließen.

Im vorgeheizten Ofen im Wasserbad garen. Danach auskühlen lassen.

Die Scampisauce mit einem Gummispachtel unter die Crème fraîche heben. Würzen, den Portwein und das gehackte Basilikum zufügen.

Den Fenchel schälen und in feine Streifen schneiden. Mit Pfeffer, Salz und etwas Himbeeressig würzen, gut mischen und mit dem Öl beträufeln. Die Mango schälen, das Fleisch mit einem spitzen Messer vom Kern trennen und in Schnitze schneiden. Diese in der erhitzten Butter braten.

Das abgekühlte Parfait aufschneiden, mit der Sauce, dem marinierten Fenchel und den gebratenen Mangofilets anrichten. Mit dem Eichblattsalat garnieren

Beilagen Getoastete Brioche (s. S. 363), Butter

Tip MK: Die Scampi können durch Riesencrevetten oder Rocklobster ersetzt werden.

Arbeitsaufwand
etwa 40 Minuten
Garzeit
etwa 32 Minuten
Ofentemperatur
etwa 120 °C

Für 12 Personen (Vorspeise)
Terrinenform mit 500 g Inhalt

Parfait
125 g Taubenfleisch
Pfeffer (Mühle), Salz
1 Eiweiß
125 g angefrorener Rahm
125 g Scampifleisch (Kaisergranat)
Cayennepfeffer, Pfeffer (Mühle), Salz
1 Eiweiß
150 g angefrorener Rahm
1 Teel. gehacktes Basilikum

Sauce
60 g Crème fraîche
120 g Scampisauce (s. S. 332)
1½ Eßl. roter Portwein
Cayennepfeffer
1 Teel. gehacktes Basilikum

Salat
1 kleiner Fenchel
Pfeffer (Mühle), Salz
Himbeeressig, Baumnußöl (Walnuß)
1 Mango
Pfeffer (Mühle), Salz
1 Eßl. Butter
Eichblattsalat, Fenchelkraut

Auch eine einfache, rustikale Terrine kann sehr gut schmecken.

GEFLÜGELLEBERTERRINE MIT ORANGEN

Arbeitsaufwand
etwa 60 Minuten

Für 1 Terrine mit 1 Liter Inhalt

Einlage
Marinierzeit
etwa 60 Minuten
100 g ganze Geflügelleber
1 Orange
Salz, weißer Pfeffer (Mühle)
5 Eßl. Cognac

Füllung
Garzeit
etwa 45 Minuten
Ofentemperatur
etwa 140 °C
150 g Pouletbrüste
350 g Geflügelleber
400 g frischer, nicht gesalzener Magerspeck
1 feingeriebene Zwiebel
½ Teel. Butter
Salz, weißer Pfeffer (Mühle)
½ Teel. Salbeipulver
1 Ei
200 g Spickspeckscheiben

Von der Orange einen halben Teelöffel Schale abreiben, eine Hälfte der Orange auspressen. Die ganze Geflügelleber mit Salz und Pfeffer würzen, in den Cognac und den Orangensaft einlegen. Eine Stunde ziehen lassen.
Die Zwiebel in der Butter leicht dünsten, zum Auskühlen auf einen Teller geben.
Die Pouletbrüste und die Geflügelleber in Stücke, den Magerspeck in Würfel schneiden. Das Fleisch und die Leber kalt stellen, den Speck anfrieren.
Das Geflügelfleisch und die Leberstücke mit der Orangenschale, Salz, Pfeffer und Salbeipulver würzen. Durch die mittelfeine Scheibe des Fleischwolfes treiben oder in der Küchenmaschine zerkleinern. Dann den Speck würzen und ebenfalls zerkleinern. Das Geflügelfleisch mit der Leber, dem Speck, den Zwiebeln, der Lebermarinade und dem Ei zusammenarbeiten.
Die Terrine mit den Spickspeckscheiben auslegen. Die Hälfte der Masse einfüllen. Die marinierte Geflügelleber trockentupfen und über die Füllung verteilen. Mit der restlichen Masse auffüllen. Mit dem Deckel schließen.
Im Wasserbad garziehen und danach auskühlen lassen. Vor dem Servieren mindestens zwei Tage in den Kühlschrank stellen.

Beilagen Salat aus Chicorée und Orangenfilets, Toast und Butter

Tip MK: Diese Terrine läßt sich auch tiefkühlen: Die Terrine in der Form erkalten lassen, dann den Speck wegziehen und die Masse in Aluminiumfolie einpacken. Im Kühlschrank oder bei Küchentemperatur auftauen lassen und sie dann wieder in die Terrinenform legen. Mit Sülze auffüllen. Die Sülze kann vorher mit etwas Cognac und Orangensaft verfeinert werden.

Diese Geflügelterrine läßt sich ohne Probleme zwei bis drei Tage im voraus zubereiten und schmeckt dann sogar noch besser.

GEFLÜGELTERRINE MIT PISTAZIEN

Das Geflügel- und das Schweinefleisch in Stücke, den Speck in Würfel schneiden. Das Fleisch kalt stellen, den Speck anfrieren. Die Schalotten in der Butter farblos dünsten und erkalten lassen.

Für die Einlage die Pouletbrüste und den Schinken in Würfel schneiden. Die Pouletbrustwürfel mit Salz und Pfeffer würzen, mit dem Cognac begießen und kalt stellen.

Das Geflügel-, das Schweinefleisch und den Speck mit Salz, Pfeffer, Majoran, Rosmarin und Salbei würzen. Die Schalotten zufügen und durch die mittelfeine Scheibe des Fleischwolfes treiben oder im Cutter (Küchenmaschine) zerkleinern. Das Kalbsbrät, die marinierten Pouletbrustwürfel, die Pistazien und die Petersilie untermischen.

Die Terrinenform mit den Spickspeckscheiben auslegen und mit der Masse lückenlos füllen. Vor dem Garen 60 Minuten im Kühlschrank ruhen lassen; dann im Wasserbad im vorgeheizten Ofen garziehen lassen. Die Terrine etwa 2 Tage lang im Kühlschrank ruhen lassen, bevor sie aufgeschnitten wird.

Beilagen Salat von Äpfeln, Staudensellerie und Pfirsichen, Toast und Butter

Tips

MK: Auch diese Terrine läßt sich gut tiefkühlen (s. Tip S. 74)

FWE: Bei dieser Terrine können nicht nur Pistazien als Einlage verwendet werden; auch Nüsse, Mandeln, Pinien- und Kürbiskerne sind hierfür geeignet.

Arbeitsaufwand
etwa 60 Minuten
Garzeit
etwa 45 Minuten
Ofentemperatur
etwa 140 °C

Für 1 Terrine mit 1 Liter Inhalt

Füllung
200 g Geflügelfleisch (ohne Haut und Sehnen)
100 g Schweinefleisch
250 g Spickspeck
Salz, weißer Pfeffer (Mühle)
je 1 Prise Majoran, Rosmarin, Salbei
80 g feingehackte Schalotten
1 Teel. Butter
100 g Kalbsbrät

Einlagen
200 g Pouletbrust
Salz, weißer Pfeffer (Mühle)
2 Eßl. Cognac
100 g gekochter, magerer Schinken
60 g geschälte Pistazien
1 Eßl. feingehackte Petersilie
200 g Spickspeck zum Auslegen der Form

Diese delikate Geflügelmousse wird durch die Beigabe von Traubensauce und einem Sellerie-Apfel-Salat zu einer großen Vorspeise, die auch als leichte Mahlzeit serviert werden kann.

GEFLÜGELMOUSSE MIT CHARDONNAY-TRAUBENSAUCE

Arbeitsaufwand
etwa 50 Minuten

Für 12 Personen (Vorspeise)
1 Terrinenform mit 500 g Inhalt

Mousse
200 g Geflügelbrust, ohne Haut, Knochen
Salz, weißer Pfeffer
3 Blatt Gelatine
1,2 dl Geflügelrahmsauce (s. S. 329)
1 Eßl. Armagnac
1 Eßl. weißer Portwein
½ Teel. geh. Estragon
2 dl geschlagener Rahm

Sauce
200 g weißes Traubengelee (s. S. 342)
1½ Eßl. weißer Portwein
1 Eßl. Armagnac
½ Teel. Zitronensaft
Cayennepfeffer
12 Traubenbeeren ohne Haut und Kerne

Salat
½ Sellerie, klein
1 säuerlicher Apfel
1½ Eßl. Zitronensaft
Salz, weißer Pfeffer
2—3 Eßl. Baumnußöl (Walnußöl)
36 blaue und weiße Traubenbeeren
12 Baumnußkerne (Walnußkerne)
wenig Eichblattsalat
6 Pflänzchen Nüßlisalat (Feldsalat)

Die Geflügelbrust in kleine Stücke schneiden und in der Küche bei Raumtemperatur stehenlassen. Die Gelatine in kaltem Wasser einweichen.
In der Küchenmaschine (Cutter) das mit Salz und Pfeffer gewürzte Geflügelfleisch zerkleinern. Die Gelatine ausdrücken und in der heißen Geflügelrahmsauce auflösen. Kochendheiß zu dem Fleisch in den Cutter gießen und schnell einarbeiten. Anschließend den Armagnac und den weißen Portwein zufügen. Die Masse durch ein feines Rahmensieb streichen und in eine Schüssel geben. Den gehackten Estragon und den geschlagenen Rahm nach und nach unterheben. In eine mit Klarsichtfolie ausgeschlagene Terrinenform füllen, dann etwa 3 Stunden durchkühlen lassen.
Das Traubengelee durch ein feines Sieb drücken. Den weißen Portwein, den Armagnac und den Zitronensaft mit einem Holzlöffel unterrühren. Mit dem Cayennepfeffer abschmecken. Die Traubenbeeren für die Einlage vierteln, zufügen und die Sauce kalt stellen.
Den Sellerie und den Apfel schälen und in feine Streifen schneiden. Mit dem Zitronensaft mischen, mit Salz und Pfeffer würzen und mit dem Baumnußöl beträufeln. Die Traubenbeeren enthäuten, halbieren und entkernen. Zusammen mit den Walnußkernen zu dem Salat geben. Den Eichblattsalat putzen, waschen und zum Abtropfen auf ein Tuch legen.
Die Geflügelmousse in 24 Scheiben schneiden. Mit dem Salat und der Sauce portionsweise auf Tellern anrichten. Mit dem Nüßlisalat garnieren.

Beilagen Toast oder Waffeln, frische Butter

Tip MK: Am besten wird das Gelee, wenn es aus Chardonnaytrauben hergestellt wird. Leider sind sie nicht immer erhältlich. Bei der Verwendung von süßeren Traubensorten sollte man den Anteil des Zitronensaftes für das Gelee erhöhen.

Mousse

Die Mousse ist das zarteste Produkt in der Familie der Pasteten, Terrinen und Galantinen.
Nach ihrer Zubereitung kann die Mousse sowohl portionsweise oder auch in größeren Formen abgefüllt werden. Oft werden die Formen für die Mousse zuerst mit einem Gelee ausgekleidet.
Die Mousse kann in vielen Formen präsentiert werden. Sie eignet sich zum Aufspritzen, Aufschneiden wie zum Ausstechen mit einem Löffel gleich gut.
Bei der Zubereitung der Mousse sind die Gelatine, der Rahm, die Velouté und die Gewürze feste Bestandteile. Zusammen mit den Grundzutaten entsteht eine Mousse. Die Gelatine garantiert bei aller Zartheit und Geschmeidigkeit die Stabilität der Mousse.
Die Mousse kann aus den verschiedensten Zutaten hergestellt werden. Von der Pouletbrust bis zur Gänseleber eignen sich die meisten Geflügelteile und Geflügelarten für ihre Zubereitung.

Galantine

Die Füllung einer Galantine kann aus einer Fleisch-Speck-Farce oder aus einer Fleisch-Rahm-Farce bestehen. Nicht sie gibt der Galantine aber ihren Namen, sondern die sie umgebende Hülle (d. h. das Geflügel). Die meisten klassischen Galantinen sind eigentlich Geflügelgalantinen.

Besteht die Hülle aus einer Ente, so ist es eine Entengalantine. Besteht die Hülle aus einer Poularde, so trägt sie den Namen Poulardengalantine, auch wenn die Füllung nicht nur aus Poulardenfleisch besteht. Eingeschlagen in Klarsichtfolie (oder wie früher in Tücher), wird sie schwimmend in Flüssigkeit (Bouillon, Wasser) auf dem Herd gegart.

Terrine

Obwohl die Terrinen meistens im Ofen, mit und ohne Wasserbad, gegart werden, bleiben sie Terrinen und werden dadurch nicht zu Pasteten.

Die Farce und die Einlagen können mit denen einer Pastete identisch sein. Der Terrine fehlt aber die knusprige Hülle, was sie grundsätzlich von der Pastete unterscheidet. Sie wird durch die Terrinenform aus Ton, Porzellan oder Metall ersetzt. Die Formen gibt es in unterschiedlichen Größen und Dessins.

Die «Terrine» verdankt ihren Namen dem runden, ovalen oder rechteckigen Gefäß aus Keramik oder Porzellan, in welchem sie in Frankreich zubereitet wird.

Die Formen aus Metall sind praktischer, jene aus Ton und Porzellan attraktiver. Terrinen können je nach Konsistenz der Farce aufgeschnitten oder mit einem Eßlöffel ausgestochen werden.

SUPPEN UND EINTÖPFE

Früher, vor allem in der Zeit der klassischen Küche, bildete die Suppe stets den 1. Gang eines Mahles. Sie war in ihrem Stil richtungweisend für das nachfolgende Menü. Heute ist man da freier, und die Suppen haben dadurch mehr Eigenleben erhalten. Nach allen Regeln der Kochkunst zubereitet, können sie zusätzlich durch eine Vielzahl von Variationen auf interessante Weise abgeändert werden. Dadurch bilden sie nicht nur einen obligaten Bestandteil einer Speisenfolge, sondern können sogar zur Attraktion derselben werden.

Die nachfolgenden Seiten enthalten Grundrezepte für die technisch einwandfreien Zubereitungen von Consommés oder Essenzen mit vielen originellen Variationen. Dasselbe gilt auch für die samtige Geflügelcrèmesuppe, deren neutraler, sanfter Charakter mit wenig Aufwand, beispielsweise durch Klößchen oder andere Beigaben, interessanter wird. Solche Suppen werden in kleinen Portionen serviert.

Wer kennt nicht den Ausspruch von Heinrich IV., dessen Lebensziel es war, jedem Bauern seines Reiches sonntags ein Huhn in den Topf legen zu können. Solch eine kräftige Suppe ist auch heute nicht zu verachten und bildet die Basis zu besonders schmackhaften Eintöpfen. Zusammen mit einem kleinen Salat als Vorspeise und einem Dessert als süßem Abschluß, kann sie durchaus als Hauptmahlzeit serviert werden. Bleibt noch etwas Bouillon übrig, ist diese zur Herstellung von Saucen, Risottos und vielen anderen Zubereitungen sehr geeignet.

Eine nach allen Regeln der Kunst zubereitete Consommé sieht klar und fettlos aus, schmeckt gut und kann je nach Geflügelsorte immer wieder variiert werden.

GEFLÜGELCONSOMMÉ
(-KRAFTBRÜHE)

Die Geflügelknochen im erhitzten Öl anrösten, zum Abtropfen und Auskühlen auf ein grobmaschiges Sieb schütten.
Die Gemüse, das Klärfleisch und das Eiweiß mit vier Eßlöffeln kaltem Wasser solange vermischen, bis eine kompakte Masse entsteht. Mit der Bouillon auffüllen und unter häufigem Rühren zum Kochen bringen. Abschäumen und bei geringerer Hitze ziehen lassen. Nicht mehr umrühren.
Die Geflügelknochen, die Knoblauchzehen, die gewaschenen Petersilienstiele, die Salbeiblätter, die Rosmarinnadeln und die Pfefferkörner zugeben. Sollte zuviel Flüssigkeit verdunsten, diese durch kaltes Wasser ersetzen.
Etwa zehn Minuten vor dem Passieren vom Herd nehmen, damit sich die Consommé setzen kann. Dann vorsichtig durch ein Passiertuch oder einen Kaffeefilter laufen lassen. Vorhandene Fettaugen sorgfältig entfernen (s. S. 219 f.). Mit Salz abschmecken.

Einlagen Grieß-, Pistazien- oder Geflügelklößchen (s. S. 98 bis 101); feine Nudeln, Reis oder Gemüse

Tips
MK: Es lohnt sich, die Consommé in doppelter Menge zu kochen. Sie kann heiß in Gläser mit Bügelverschluß abgefüllt werden. Sofort verschlossen, kann sie nach dem Auskühlen bis zu zwei Wochen im Kühlschrank aufbewahrt werden. Sie läßt sich auch tiefkühlen; eventuell in Joghurtbechern oder in Eiswürfelbehältern, damit jederzeit eine kleine Portion zur Hand ist.
Ganz festlich wirkt eine Consommé oder Essenz mit einer Blätterteighaube gekrönt.
FWE: In gleicher Weise können Consommés von Poularden, Perlhühnern usw. hergestellt werden.

Arbeitsaufwand
etwa 30 Minuten
Kochzeit
90—120 Minuten

Für 1 l Consommé (Kraftbrühe)
1 Teel. Öl
500 g Geflügelknochen
120 g geputztes, kleingewürfeltes Gemüse (Lauch, Karotten und Sellerie)
200 g grobgehacktes Klärfleisch (mageres Rindfleisch von Haxe oder Hals)
1—2 Eiweiß
1,5 l gelierte Geflügelbouillon (s. S. 325)
2 zerquetschte Knoblauchzehen
8 Petersilienstiele
2 Salbeiblätter
5 Rosmarinnadeln
10 weiße, zerdrückte Pfefferkörner
Salz

Das Klärfleisch

Klärfleisch ist meist mageres, sehnenreiches Rindfleisch von der Hachse oder vom Hals. Alle Fetteile sorgfältig entfernen. Anschließend das Fleisch grobhacken. Es sollte nicht länger als drei Tage zuvor geschlachtet sein. Nur so ist bei den Consommés (Kraftbrühen) ein frischer Geschmack gewährleistet. Abgehangenes Fleisch hat diesen frischen Geschmack eingebüßt und ist deshalb hierfür nicht mehr geeignet.
Durch seinen hohen Eiweißgehalt und die kollagenhaltigen Stoffe (Sehnen, Bindegewebe) ist das Rindfleisch zum Klären sehr gut geeignet. Es verleiht den geklärten Consommés (Kraftbrühen) und Gelees einen frischen und kräftigen Eigengeschmack.
Das Klärfleisch sorgt in Verbindung mit Gemüsen und Würzstoffen dafür, daß eine Bouillon klar wird und eine teeähnliche Farbe erhält.

Aus einer Geflügelconsommé entsteht eine kräftige, klare Tomatensuppe, die sich durch besondere Einlagen festlich präsentieren läßt.

TOMATIERTE GEFLÜGELCONSOMMÉ

Die Geflügelknochen in dem Öl goldbraun anbraten, danach gut abtropfen lassen.
Das Klärfleisch mit den Gemüsen (Lauch, Karotten, Staudensellerie) und dem Eiweiß gut zusammenkneten. Nach und nach das Tomatenpüree, den -saft und die gewaschenen, kleingeschnittenen Tomaten unterarbeiten. Mit der kalten Bouillon auffüllen und unter öfterem Rühren zum Kochen bringen. Sorgfältig abschäumen, die Geflügelknochen sowie die geschälten, zerquetschten Knoblauchzehen und die zerdrückten Pfefferkörner zufügen. Bei geringerer Hitze fertig ziehen lassen.
Zu starkes Verdunsten der Flüssigkeit durch Zugaben von kaltem Wasser ausgleichen
Die Consommé durch ein Passiertuch (Etamine) oder eine Filtertüte (Kaffeefilter) laufen lassen, mit dem Zucker, dem Salz und dem Pfeffer würzen. Nochmals aufkochen und heiß servieren.

Einlagen Tomaten- oder Geflügelfleisch, Fadennudeln, Reis, mit Ziegenkäse gefüllte Teigtaschen (Ravioli) oder Quarklößchen (-gnocchi) mit Basilikum

Tips
MK: Als Einlage eignen sich nur Würfel von vollreifen Tomaten. Außerhalb der Saison werden am besten die kleinen Cherrytomaten verwendet.
FWE: Beim Einkauf darauf achten, daß das Tomatenpüree doppelt konzentriert ist, dadurch entsteht die schöne rubinrote Farbe.

Arbeitsaufwand
etwa 30 Minuten
Garzeit
90—120 Minuten

Für 1 l Consommé (Kraftbrühe)
300 g Geflügelknochen
1 EBl. Öl
200 g grobgehacktes Klärfleisch (s. S. 82)
3 EBl. Lauchwürfel
je 2 EBl. Karotten- und Staudenselleriewürfel
2 Eiweiß
250 g doppelt konzentriertes Tomatenpüree
¼ l Tomatensaft
250 g vollreife Fleischtomaten
1,5 l Geflügelbouillon (s. S. 325)
2 mittelgroße Knoblauchzehen
8 zerdrückte Pfefferkörner
1 Teel. Zucker
Salz, Pfeffer (Mühle)

Diese Consommé wird durch die unterschiedlichsten Einlagen zu etwas Besonderem.

PERLHUHNCONSOMMÉ
(-KRAFTBRÜHE)

Arbeitsaufwand
etwa 30 Minuten
Garzeit
90—120 Minuten

Für 1 l Consommé (Kraftbrühe)
400 g Perlhuhnknochen
1 EßI. Öl
200 g grobgehacktes Klärfleisch (mageres Rindfleisch aus der Wade oder vom Hals)
je 2 EßI. Lauch-, Karotten- und Selleriewürfel
1 EßI. kleingeschnittene Petersilienwurzel oder -stiele
1 Eiweiß
1,5 l Perlhuhn- oder Geflügelbouillon (s. S. 325)
1 Knoblauchzehe
8 weiße, zerdrückte Pfefferkörner
Salz, weißer Pfeffer (Mühle)

Die Perlhuhnknochen in dem Öl goldbraun braten, danach gut abtropfen lassen.

Das Klärfleisch zusammen mit dem Lauch, der Karotte, dem Sellerie, der Petersilienwurzel und dem Eiweiß zu einer kompakten Masse zusammenarbeiten und mit der kalten Bouillon auffüllen. Unter häufigem Rühren zum Kochen bringen. Sorgfältig abschäumen und die Hitzezufuhr so weit drosseln, daß die Flüssigkeit nicht mehr kocht. Die angerösteten Knochen, die geschälte Knoblauchzehe und die zerdrückten Pfefferkörner zufügen und ziehen lassen. Zu starke Verdunstung der Flüssigkeit durch die Zugabe von kaltem Wasser ersetzen.

Die Consommé durch ein feines Passiertuch (Etamin) oder eine Filtertüte (Kaffeefilter) laufen lassen. Sorgfältig entfetten, nochmals aufkochen und mit Salz und Pfeffer nachwürzen. Sehr heiß mit einer beliebigen Einlage servieren.

Einlagen Pistazien-, Mandel- oder Geflügelleberklößchen (s. S. 98 bis 101), Streifen von Perlhuhnfleisch oder Gemüsen

Tips
MK: In der warmen Jahreszeit kann die Consommé auch kalt serviert werden.
FWE: Diese Consommé kann auch aus den Knochen von Wachteln oder Tauben hergestellt werden. Dann muß die Bezeichnung dementsprechend geändert werden.

Chinesische Spezialitäten werden immer beliebter. Deshalb hier ein einfaches, aber gehaltvolles Süppchen mit Geflügelfleisch, chinesischen Pilzen und Gemüsen.

CHINESISCHE PILZSUPPE

Die Pouletkeulen und Knochen blanchieren (s. S. 145). Die chinesischen Pilze zum Quellen etwa 30 Minuten in kaltes Wasser legen.

Die Lauchstange putzen, längs halbieren, waschen und in kleine Stücke schneiden. Zusammen mit den blanchierten Keulen und den Knochen, mit kaltem Wasser (etwa 1 Liter) bedeckt, zum Kochen bringen. Abschäumen und in 30 Minuten garziehen lassen. Die Bouillon durch ein feines Sieb passieren. Von den Keulen die Häute und die Knochen entfernen und das Fleisch in kleine Würfel schneiden. Mit Bouillon bedecken und warm halten.

Die Pilze zum Abtropfen auf ein Sieb schütten. Die Bouillon aufkochen, den Schinken, die Schalotten und die Pilze zufügen. Etwa 30 Minuten kochen lassen, dann die Erbsen und den zerdrückten Szetschuanpfeffer zufügen, garziehen lassen. Die Erbsen sollten jedoch noch knackig sein. Mit der Sojasauce, wenig Salz, Pfeffer, einer Prise Zucker und dem Ingwer abschmecken. Die Pouletfleischwürfel in der Suppe erwärmen.

Die Suppe in chinesischen Suppentassen mit Porzellanlöffeln servieren.

Tips

MK: Die Suppe läßt sich je nach Saison variieren. Es können auch andere Gemüse sowie Glasnudeln zugefügt werden. Anstelle von Ingwer kann man einige Tropfen Austernsauce zugeben.

FWE: Austernsauce gibt es in den großen Kaufhäusern, die in ihrer Lebensmittelabteilung asiatische Produkte führen. Aber auch einschlägige Fachhändler asiatischer Produkte halten sie für Sie bereit.

Arbeitsaufwand
20 Minuten
Kochzeit
etwa 60 Minuten

Für 4 Personen
500 g Pouletschenkel mit Knochen
10 g getrocknete chinesische Pilze (Black fungus)
½ Lauchstange
2 Schalotten **oder**
1 feingehackte Zwiebel
50 g Schinkenwürfel
75 g frische oder tiefgekühlte Erbsen
2—3 Szetschuanpfefferkörner
1 EBl. Sojasauce
Salz, weißer Pfeffer (Mühle)
1 Prise Zucker
1 Teel. frischgeriebener Ingwer **oder**
1 Prise Ingwerpulver

Eine einfache Geflügelrahmsuppe, die durch die Beigabe von etwas Curry und Mandeln einen fernöstlichen «touch» erhält.

CURRYSUPPE NACH INDISCHER ART

Arbeitsaufwand
etwa 10 Minuten

Für 4 Personen
300 g gekochtes oder gebratenes Geflügelfleisch (ohne Haut)
Salz, weißer Pfeffer (Mühle)
1 EBl. Butter
1 EBl. Currypulver
3 dl Geflügelrahmsuppe
4 EBl. Rahm
1 EBl. geröstete Mandelblättchen

Das Geflügelfleisch leicht salzen und pfeffern und in der Butter kurz anziehen lassen. Vom Herd nehmen, mit dem Currypulver bestreuen und mehrmals wenden.
Die Geflügelrahmsuppe (s. unten) zusammen mit dem Rahm erhitzen.
Das Geflügelfleisch in heiße Suppentassen verteilen und mit der Suppe auffüllen. Mit gerösteten Mandelblättchen bestreuen.

Tips
MK: Die Suppe kann mit einer Schlagrahmhaube bedeckt und mit Currypulver bestreut oder bei Oberhitze überbacken serviert werden.
FWE: Mandelklößchen oder Mangostücke als Einlage erhöhen den Reiz dieser Suppe.

Wer mag diese feine samtene Suppe nicht? Sie ist nicht nur köstlich in ihrer einfachen Grundform, sie läßt sich auch hundertfach variieren.

GEFLÜGELRAHMSUPPE

Arbeitsaufwand
25 Minuten
Kochzeit
30—35 Minuten

Für etwa 1 l Suppe
1½ EBl. Butter
1 Stück weißer Lauch
1 EBl. Stangensellerie (Staudensellerie)
30 g Weizenmehl
1,2 l Geflügelbouillon (s. S. 325)
300 g Geflügelknochen
1,5 dl Rahm
Salz
1 EBl. Butter

Die Butter erwärmen, ohne daß sie braun wird. Den Lauch und den Stangensellerie kleinschneiden, zufügen und mitdünsten. Mit dem Mehl bestäuben und «anschwitzen». Vom Herd nehmen, mit der heißen, nicht kochenden Bouillon auffüllen und glattrühren. Zum Kochen bringen. Die Geflügelknochen in kochendem Wasser überbrühen und kalt abschrecken. In die Suppe geben und bei verminderter Hitze weiterkochen.
Später den Rahm zufügen und noch einige Minuten kochen lassen. Die Suppe passieren und mit Salz abschmecken. Mit einem Eßlöffel Butter aufmixen und nochmals erhitzen.

Einlagen Geflügel-, Mandel-, Pistazien- oder Trüffelklößchen (s. S. 98—101); Gemüsestreifen oder Royale (Eierstich, s. S. 101)

Tips
FWE: Wird das Weizenmehl durch Grünkern-, Dinkel- oder Hafermehl ersetzt, verändert sich der Charakter dieser Suppe. Sie verliert aber nicht ihren Reiz.

Aus diesen Mehlarten oder deren Grieß können auch Klößchen zubereitet werden; sie unterstützen den jeweiligen Geschmack und machen die Suppe noch interessanter. Ein Rezept für Grünkernklößchen finden Sie auf S. 100.

Eine Suppe, die auch ohne die Zugabe von Salz ihren vollen Geschmack entfaltet.

GEFLÜGELRAHMSUPPE MIT GEMÜSEN UND KRÄUTERN

Die Zwiebel, die Karotte, den Lauch und den Sellerie putzen, waschen und in kleine Stücke schneiden. Zwei Eßlöffel Butter zerlaufen lassen, das Gemüse zufügen und farblos darin dünsten. Mit dem Mehl bestäuben und etwas «mitschwitzen» lassen. Vom Herd nehmen, mit der warmen, nicht kochenden Hühnerbouillon auffüllen, glattrühren und zum Kochen bringen. Den zerdrückten Knoblauch und das Lorbeerblatt zufügen. Bei geringer Hitze fertig kochen, dabei öfters abschäumen. Den Rahm zufügen, nochmals aufkochen und mit Salz und Muskatnuß würzen. Mit der restlichen Butter mixen.

Die in der Zwischenzeit gewaschenen und gehackten Kräuter zur Suppe geben. Die Kräuter können auch mitgemixt werden, was Farbe und Geschmack der Suppe verändert. Heiß servieren.

Beilage Geröstete Brotwürfel

Tip FWE: Je nach Jahreszeit und Angebot können die Kräuter auch ausgetauscht werden.

Arbeitsaufwand
etwa 30 Minuten
Kochzeit
etwa 25 Minuten

Für etwa 1 l Suppe
1 mittelgroße Zwiebel
1 Karotte
¼ Lauchstange
¼ Sellerieknolle
2½ Eßl. Butter
1 Eßl. Weizenmehl
9 dl Geflügelbouillon
(s. S. 325)
1 geschälte Knoblauchzehe
1 kleines Lorbeerblatt
1 dl Rahm
Salz, Muskatnuß

Kräuter
je 1 Eßlöffel:
Petersilie, Kerbel, Kresse, Sauerampfer, Basilikum, Estragon, Thymian und Schnittlauch.

Eine Suppe, die, ob sie nun warm oder kalt genossen wird, immer gut ankommt.

GEFLÜGELRAHMSUPPE MIT FRISCHEN GURKEN

Arbeitsaufwand
etwa 25 Minuten
Kochzeit
etwa 25 Minuten

Für etwa 1 l Suppe
2 frische Gurken
(zu 600 g)
2½ EßI. Butter
5 EßI. feingehackte Zwiebeln
3 EßI. Weißmehl
(Weizenmehl)
9 dl Geflügelbouillon
(s. S. 325)
Salz, weißer Pfeffer
(Mühle), Muskatnuß
1,5 dl Rahm

Die Gurken schälen, längs halbieren und die Kerne entfernen. ⅔ des Gurkenfleisches für die Suppe in Scheiben und ⅓ für die Einlage in Würfel schneiden. 1½ Eßlöffel Butter erwärmen und die Zwiebeln und die Gurkenscheiben darin farblos dünsten.

Einen Eßlöffel Butter erhitzen, das Mehl zufügen und farblos «anschwitzen». Mit der warmen (nicht kochenden) Hühnerbouillon auffüllen und glattrühren. Zum Kochen bringen und die gedünsteten Gurken zufügen. Die Suppe abschäumen, würzen und bei geringer Hitze fertig kochen.

Den Rahm zufügen und nochmals durchkochen. Die Suppe in einen Mixer geben, abschmecken und fein pürieren. Die Suppe kann durch ein feines Sieb passiert werden, was aber in den meisten Fällen nicht nötig sein wird.

Die Suppe wieder in den Topf zurückgießen und die Gurkenwürfel für die Einlage zufügen; das Ganze aufkochen und heiß servieren.

Tip FWE: In der warmen Jahreszeit kann die Suppe auch kalt serviert werden. Dann sollten die Gurkenwürfel für die Einlage roh bleiben. Die angerichtete Suppe anschließend mit gehacktem Dill bestreuen.

Der Lauch gibt dieser Geflügelrahmsuppe außer ihrer hellgrünen Farbe auch das «gewisse Etwas», und sie wird mit einer entsprechenden Einlage zu einer regelrechten Spezialität.

GEFLÜGELRAHMSUPPE MIT LAUCH

Von dem Lauch die äußeren harten Blätter entfernen. Den Lauch längs halbieren und sorgfältig waschen. 1 Lauchstange für die Suppe in kleine Stücke, die ½ Stange für die Einlage in feine Streifen schneiden.
2 Eßlöffel Butter erhitzen, den Lauch und den Sellerie zufügen und farblos dünsten. Mit dem Mehl bestäuben und farblos andünsten.
Vom Herd nehmen und mit der Hühnerbouillon aufgießen, glattrühren und zum Kochen bringen. Abschäumen und bei geringer Hitzezufuhr fertig kochen. Den Rahm zufügen, mit Salz und Muskatnuß würzen. Im Mixer pürieren und die restliche Butter einarbeiten. Die Lauchstreifen zufügen und die Suppe nochmals 2 bis 3 Minuten kochen lassen. Heiß servieren.

Tips
MK: Zur Abwechslung läßt sich der Lauch durch feingeschnittene Fenchelknollen ersetzen.
FWE: Als Einlage eignen sich auch Geflügelleberklößchen (s. S. 98) mit Schnittlauch sowie gekochtes Geflügelfleisch.

Arbeitsaufwand
etwa 25 Minuten
Kochzeit
etwa 25 Minuten

Für etwa 1 l Suppe
1½ Lauchstangen
(400 g)
2½ Eßl. Butter
1 Eßl. Knollenselleriewürfel
3 Eßl. Weizenmehl
1 l Geflügelbouillon
(s. S. 325)
1,5 dl Rahm
Salz, Muskatnuß

Diese besonders schöne Variante der Geflügelrahmsuppe mit roten Peperoni wird durch den Paprika geschmacklich abgerundet.

GEFLÜGELRAHMSUPPE MIT PAPRIKASCHOTEN

Arbeitsaufwand
etwa 15 Minuten
Garzeit
etwa 12 Minuten

Für 4 Personen
4 Paprikaschoten (große, rote Peperoni)
1 EßI. Butter
1 EßI. Zucker
2 EßI. feingehackte Zwiebeln
1 EßI. edelsüßes Paprikapulver
1 EßI. Tomatenpüree
2 EßI. Zitronensaft
2,5 dl Geflügelbouillon (s. S. 325)
1,5 dl Rahm
je 1 Petersilien-, Rosmarin- und Thymianzweig
1 zerquetschte Knoblauchzehe
Salz, weißer Pfeffer (Mühle)

Einlage
3—4 Pouletbrustfilets (Hähnchen)
Salz, weißer Pfeffer (Mühle)
4 Dillsträußchen

Die Paprikaschoten waschen, achteln, die Kerne und das Weiße im Innern entfernen. Anschließend in feine Streifen schneiden.
In der erwärmten Butter den Zucker karamelisieren. Die Zwiebeln und die Paprikastreifen zugeben und mitdünsten. Vom Feuer nehmen, etwas abkühlen lassen, das Paprikapulver einstreuen und gut mit den anderen Zutaten mischen. Das Tomatenpüree zufügen, einige Augenblicke mitangehen lassen und mit dem Zitronensaft ablöschen.
Die Geflügelbouillon zufügen und zum Kochen bringen. Nach etwa 6 Minuten Kochzeit den Rahm, die Petersilie, den Rosmarin, den Thymian (gebündelt) sowie den Knoblauch zugeben und fertig garen.
Die Kräuter und den Knoblauch entfernen. Die Suppe im Mixer fein pürieren, mit Salz und Pfeffer würzen und durch ein feines Sieb passieren.
Die Brustfilets in hauchdünne Scheiben schneiden, salzen und pfeffern. Die Suppe nochmals erhitzen und die Filetscheibchen hineingeben. Sofort anrichten, mit den Dillsträußchen garnieren und servieren.

Tips
MK: Noch feiner wird die Suppe, wenn die Paprika vorher geschält werden: zuerst im Backofen so lange rösten, bis die Haut dunkle Flecke bekommt, dann in eine Schüssel legen, zudecken und nach dem Abkühlen schälen.
Geschälte Paprika sind in guter Qualität auch in Dosen erhältlich (Pimientos morrones).
FWE: Die Suppe kann im Sommer auch kalt serviert werden. Dann empfiehlt es sich, sie etwas dünner zu halten. Als Einlage passen auch feine Paprikawürfel oder Streifen von geräucherter Trutenbrust.

Eine besonders fein abgestimmte Geflügelrahmsuppe, die mit verschiedenen Einlagen variiert werden kann.

GEFLÜGELRAHMSUPPE MIT STAUDENSELLERIE

Den Lauch und den Sellerie in kleine Würfel schneiden und in der erwärmten Butter farblos dünsten. Mit dem Maismehl bestäuben und 1 bis 2 Minuten farblos andünsten. Vom Herd nehmen und etwas abkühlen lassen. Mit der warmen (nicht kochenden) Bouillon auffüllen, glattrühren und zum Kochen bringen. Unter öfterem Umrühren und Abschäumen fertig kochen. Den Rahm zufügen und kräftig durchkochen. Mit Muskatnuß und Salz würzen. Im Mixer pürieren und die Butter einarbeiten. Die Suppe durch ein Sieb streichen und warm halten.

Einlagen Klößchen von Geflügel, Garnelen, Kaisergranat, Hummer oder Languste (s. S. 98 bis 101); Gemüseperlen, Hummermedaillons, Geflügel- oder Staudenselleriestreifen

Beilagen Blätterteiggipfel(-hörnchen), gefüllt mit geräucherter Trutenbrust (s. S. 26)

Tip MK: Je nach Einlage (z. B. Klößchen) sollte diese Suppe, wenn sie als Vorspeise gedacht ist, in kleinen Tassen serviert werden.

Arbeitsaufwand
etwa 30 Minuten
Kochzeit
etwa 25 Minuten

Für 1 l Suppe
2 Eßl. Butter
40 g grüner Lauch
500 g grüner Staudensellerie
2 Eßl. Maismehl
1 l Geflügelbouillon (s. S. 325)
1 dl Rahm
Muskatnuß, Salz
1 Eßl. Butter

Eine Consommé, die durch die Beigabe von Scampi und Curry eine besonders interessante Note bekommt.

ESSENZ VON GEFLÜGEL UND SCAMPI MIT CURRY

Arbeitsaufwand
etwa 35 Minuten
Kochzeit
90—120 Minuten

Für etwa 1 l Suppe
300 g grobgehacktes Klärfleisch (s. S. 82)
100 g Gemüse (weißer Lauch, Karotten, Sellerie)
1 EBl. Mango Chutney
1 Teel. Currypulver
3 EBl. trockener Sherry
1 Eiweiß
1,5 l Geflügelbouillon (s. S. 325)
300 g angeröstete Geflügelknochen
300 g Scampikrusten
1 mittelgroße Knoblauchzehe
Petersilienstiele
Salz

Das grobgehackte Klärfleisch mit dem in kleine Würfel geschnittenen Gemüse, dem Mango Chutney, dem Currypulver, dem Sherry und dem Eiweiß zusammenarbeiten. Mit der Geflügelbouillon auffüllen. Unter wiederholtem Umrühren zum Kochen bringen. Warten, bis die Bouillon klar wird, dann abschäumen. Die Geflügelknochen, die Scampikrusten, den Knoblauch und die Petersilienstiele zufügen. Unter dem Siedepunkt ziehen lassen. Zu starke Verdunstung der Essenz durch kaltes Wasser ersetzen. Durch ein feines Passiertuch (Etamine) seihen. Mit Salz abschmecken und vor dem Servieren nochmals erhitzen.

Einlagen Geflügel- oder Scampifleisch, Gemüseperlen oder Glasnudeln; Klößchen mit Mandeln oder Pistazien (s. S. 99)

Tips
MK: Das Mango-Chutney kann durch wenig feingeriebene Ingwerwurzel ersetzt werden.
FWE: Diese Essenz ist eine Zufallskreation. Auf der Suche nach einem Fond zum Pochieren einer Krustentiergalantine wurde Geflügelbouillon verwendet. Der Fond schmeckte so vorzüglich, daß daraus diese Essenz entstand.

Ein rustikales Gericht, das als Eintopf serviert werden sollte.

GRÜNES HUHN

Die Kohlblätter vom Strunk lösen, etwa 10 Minuten in reichlich Salzwasser kochen und danach kalt abschrecken.

Die Zwiebel schälen und fein hacken. Zusammen mit der durchgepreßten Knoblauchzehe und der Petersilie in der Butter dünsten. Zum Auskühlen auf einen Teller geben. Das Brötchen kleinschneiden, in etwas lauwarmem Wasser einweichen und dann gut ausdrücken. Das Hackfleisch in eine Schüssel geben, die Zwiebel-Knoblauch-Petersilien-Mischung, das Ei, den Thymian und den Majoran zufügen. Mit Salz und Pfeffer würzen und zusammenarbeiten.

Die großen Kohlblätter abtropfen lassen und übereinandergelegt auf dem Tisch ausbreiten. Die Hackmasse zu einer Rolle formen, sorgfältig in die Kohlblätter einrollen und mit Schnur umbinden.

Das gesalzene Schweinefleisch in der Bouillon kochen lassen und abschäumen.

Die Karotten, die Kohlrabi, die Kartoffeln, den Sellerie und die Zwiebel schälen und nach 20 Minuten zufügen. Den Lauch putzen, längs halbieren, waschen und zusammen mit den anderen Gemüsen, einer Knoblauchzehe, den Pfefferkörnern und den restlichen Kohlblättern in die Bouillon geben. Das «Grüne Huhn» zufügen und in etwa 45 Minuten garen lassen.

Das «Grüne Huhn» und das Schweinefleisch in Tranchen schneiden und zusammen mit den Gemüsen und der abgeschmeckten Brühe anrichten.

Tip MK: Eine pikante Senfsauce paßt gut dazu.

Arbeitsaufwand
etwa 50 Minuten

Für 6 Personen

Kohlrolle
Garzeit
etwa 45 Minuten
1 grüner Krautkopf oder Wirsing
500 g gehacktes Geflügelfleisch
1 mittelgroße Zwiebel
1 Knoblauchzehe
1 Eßl. Butter
3 Eßl. gehackte Petersilie
1 Brötchen (50 g)
1 Ei
1 Teel. Thymian
1 Teel. Majoran
Salz, Pfeffer (Mühle)

Bouillon
3 l Geflügelbouillon
(s. S. 325)
250 g gesalzenes Schweinefleisch oder Speck
6 mittelgroße Karotten
2 Kohlrabi
6 mittelgroße Kartoffeln
1 kleiner Sellerie
1 Zwiebel
1 Lauchstange
1 Knoblauchzehe
6 Pfefferkörner

Auch in China sind Hühnersuppen mit Nudeln beliebt. Hier wird eine attraktive Variante dieser Spezialität vorgestellt.

HÜHNERSUPPE MIT NUDELN NACH CHINESISCHER ART

Arbeitsaufwand
etwa 35 Minuten

Für 4—6 Personen
Geflügelfleisch
Kochzeit
10—15 Minuten
400 g Pouletfleisch
1½ EBl. Erdnußöl
1,2 l Geflügelbouillon
(s. S. 325)

Gemüse
Garzeit 2 bis 3 Minuten
1 grüner Peperone
100 g Chinakohl
100 g Bambussprossen
50 g Crevetten
1 EBl. Sojasauce
1 Msp. Sambal Oelek
Salz, Pfeffer (Mühle)
200 g chinesische Glasnudeln

Das Pouletfleisch kleinschneiden und im Öl 5 Minuten dünsten. Danach in der Bouillon 2 bis 3 Minuten kochen.

Den Peperone, den Chinakohl und die Bambussprossen in feine Streifen schneiden. Die Peperoni, den Kohl und die Sprossen im Öl farblos dünsten. Die Crevetten zufügen und mit anziehen lassen. Kurz bevor das Fleisch in der Suppe gar geworden ist, die anderen, farblos angedünsteten Zutaten zugeben. Mit der Sojasauce, dem Sambal Oelek, wenig Salz und Pfeffer abschmecken.

Die chinesischen Nudeln in leicht gesalzenem Wasser 2 Minuten kochen, abgießen und erst jetzt in die Suppe geben.

Tip MK: Die Crevetten können weggelassen oder durch Schinkenwürfelchen ersetzt werden. Wirklich gut schmeckt diese Suppe nur, wenn sie mit hausgemachter Bouillon zubereitet wird.

Das Huhn im Topf

«La poule au pot» gilt seit der Renaissance als typisch französischer Eintopf. Was man gerne vergißt, ist der Umstand, daß Katharina von Medici mit König Heinrich II. und Maria von Medici mit Heinrich IV. vermählt wurden. Beiden Frauen aus dem florentinischen Geschlecht verdankt Frankreich den Aufschwung und die Verfeinerung der französischen Küche. So brachte Katharina unter anderem die «Minestrone» mit, die von den Franzosen zum «Pot-au-feu» abgewandelt wurde. Sie kochten in der Suppe nicht nur Gemüse, sondern auch allerlei andere gute Sachen wie Fleisch, Geflügel und Kräuter. So wurde dieses Gericht zum beliebten Eintopf. Der Schwiegersohn von Katharina wünschte sich für seine ländlichen Untertanen jeden Sonntag ein Huhn im Topf. Böse Zungen behaupten zwar heute, der legendär gewordene Ausspruch sei ein ausgezeichneter Werbeslogan gewesen für den Anbauplan von Olivier de Serres, einem berühmten Agronomen aus dem 16. Jahrhundert, der seinen Plan Sully, dem Minister von Henri IV., zur Genehmigung vorgestellt hatte. Sei dem, wie es wolle — der gehaltvolle Eintopf trägt heute noch den Namen dieses Königs und schmeckt genausogut wie damals. Später wurde das Rezept von Curnonsky, dem Prinzen unter den Gastronomen, durch eine gehaltvolle Füllung für das Huhn bereichert. Nach diesem Rezept und den dafür benötigten drei Kochstunden soll man sogar einen Toten wieder zum Leben erwecken können.

Dieses Huhn im Topf ist ein Rezept ganz besonderer Art mit kleinen, gefüllten Wirsingköpfchen, die mit Kräutern aromatisch gewürzt sind.

HUHN IM TOPF MIT WIRSINGKÖPFCHEN

Arbeitsaufwand
etwa 35 Minuten

Für 4—6 Personen

Huhn
Kochzeit
etwa 2½ Stunden
1 Suppenhuhn zu 2 kg
3 l Bouillon (s. S. 325)
2 Karotten
1 große Lauchstange
1 Zwiebel
1 kleine Sellerieknolle
1 Lorbeerblatt
2 Nelken
3 Wacholderbeeren
Salz, weißer Pfeffer
(Mühle)

Wirsing
Garzeit
40 bis 45 Minuten
1 kleiner Wirsing
300 g gehacktes Geflügelfleisch
Salz, weißer Pfeffer
(Mühle)
1 Brötchen
1 gehackte Zwiebel
1 Knoblauchzehe
1 Eßl. Butter
1 Petersiliensträußchen
1 Teel. gehackter Majoran und Thymian
1 Eigelb oder Eiweiß

Das Suppenhuhn blanchieren (s. S. 145). Das Huhn herausnehmen und mit der Bouillon zum Kochen bringen. Die Karotten, den Lauch, die Zwiebel und die Sellerieknolle für die Suppe schälen, putzen und waschen. Die Zwiebel halbieren und auf dem Herd anrösten. Das Gemüse und die Gewürze vorerst noch nicht zum Huhn geben.

Aus dem Wirsingkopf den Strunk großzügig herausschneiden. Den Kopf in kochendes Salzwasser geben und die weichgewordenen äußeren Blätter nach und nach entfernen. Eventuell die Blätter vor dem Kochen entfernen. In kaltem Salzwasser abschrecken und zum Abtropfen auf Tücher legen.

Das Brötchen kleinschneiden und in lauwarmes Wasser legen. Die Zwiebel zusammen mit dem durchgepreßten Knoblauch in der Butter anziehen. Die gewaschene und gehackte Petersilie kurz mitdünsten. Zum Auskühlen auf einen Teller geben. Das Brötchen gut ausdrücken und dem Fleisch zufügen, mit Salz, Pfeffer, Majoran und Thymian würzen. Die Zwiebel, den Knoblauch und das Ei zugeben und zusammenarbeiten. Die Masse in 8 Portionen teilen und zu Kugeln formen. Die Wirsingblätter auf einem Tisch ausbreiten, salzen und pfeffern. Die Fleischkugeln darauf verteilen, in die Blätter einrollen und mit Küchenfaden umwickeln.

Etwa 1¾ Stunde nach Beginn der Kochzeit das Gemüse, die Gewürze (Lorbeerblatt, Nelken und Wacholderbeeren) und die Wirsingköpfchen zum kochenden Huhn geben. Beim Gemüse und beim Huhn den Garungsgrad öfter kontrollieren. Das gegarte Gemüse und das Suppenhuhn herausnehmen und das Gemüse etwas kleinschneiden. Vom Suppenhuhn die Haut und die Knochen entfernen. In 8 Stücke teilen, zusammen mit dem Gemüse und den Wirsingköpfchen in die passierte, mit Salz und Pfeffer gewürzte Bouillon geben und erhitzen. Heiß servieren, grobes Meersalz in einer Mühle dazureichen.

Tip MK: Es lohnt sich, etwas mehr Brühe zuzubereiten, da sie sich tiefkühlen und für viele Zwecke verwenden läßt.

Ein bäuerlicher Eintopf mit vielen Gemüsen, die je nach Saison variiert werden können.

EINTOPF MIT POULET UND GEMÜSE

Die Pouletschenkel in zwei Stücke teilen.
Die Zwiebel schälen und in feine Würfel schneiden. In der Butter andünsten, die Schenkelteile zufügen und mit der Bouillon auffüllen.
Den Lauch längs halbieren, die Karotten, den Sellerie und die weißen Rüben schälen. Die Gemüse sorgfältig waschen, in 4 Zentimeter lange und 1½ Zentimeter breite Streifen schneiden. Zu dem Fleisch geben; das Lorbeerblatt und den Rosmarinzweig zufügen. Mit Salz und Pfeffer würzen und fertig kochen.
Die Gemüse auf Suppenteller verteilen, die Pouletschenkel obenauf legen, mit der Bouillon begießen und mit der gehackten Petersilie bestreuen.

Beilagen Salzkartoffeln oder knuspriges Bauernbrot

Tip FWE: Schenkel eignen sich für dieses Gericht besonders gut, da ihr Fleisch saftiger ist als das anderer Teile.

Arbeitsaufwand
etwa 45 Minuten
Kochzeit
etwa 25 Minuten

Für 4 Personen
4 Pouletschenkel
zu 180 g
1 kleine Zwiebel
1 Teel. Butter
8 dl Geflügelbouillon
(s. S. 325)
½ Lauchstange
2 mittelgroße Karotten
½ Sellerieknolle
2 kleine, weiße Rüben
¼ Lorbeerblatt
1 kleiner Rosmarinzweig
Salz, Pfeffer
1 Eßl. gehackte Petersilie

Eine ganze Palette attraktiver Klößchen (kleiner Gnocchi), mit deren Hilfe Consommés und auch Crèmesuppen gehaltvoll und festlich werden.

GÄNSELEBERKLÖSSCHEN

Arbeitsaufwand
etwa 15 Minuten
Garzeit etwa 3 Minuten

Einlage für 1 l Suppe
70 g Geflügelfleisch
Salz, weißer Pfeffer (Mühle)
1 Eiweiß
40 g Gänseleberreste (oder Parfait)
70 g angefrorener Rahm
½ Teel. Cognac oder Weinbrand

Das gut gekühlte Geflügelfleisch in kleine Stücke schneiden, mit Salz und Pfeffer würzen. In der Küchenmaschine (Cutter) zerkleinern. Zunächst das Eiweiß, danach die Leber und schließlich den Rahm einarbeiten.
Den Cognac unter die Farce mischen und diese durch ein feines Sieb streichen.
Mit einem Teelöffel kleine Klößchen von der Farce abstechen und in der gewürzten Consommé garziehen lassen.

Tip FWE: Die Gänseleber kann durch Geflügelleber ersetzt werden. Dann die Farce noch mit einer Prise Majoran würzen.

GEFLÜGELLEBER-GNOCCHI
(-KLÖSSCHEN)

Garzeit etwa 2 Minuten

Einlage für 1 l Suppe oder Consommé
60 g Geflügelfleisch
Salz, weißer Pfeffer (Mühle)
½ Eiweiß
40 g Geflügelleber
80 g angefrorener Rahm
½ Teel. frischer, gehackter Majoran
2 dl gewürzte Bouillon (s. S. 325)

Das gekühlte Geflügelfleisch in kleine Stücke schneiden. Mit Salz und Pfeffer würzen und im Cutter (Küchenmaschine) pürieren. Zunächst das Eiweiß, dann die kleingeschnittene, gekühlte Leber und zum Schluß den Rahm einarbeiten. Die Farce durch ein feines Sieb (Holzrahmen) streichen und dann den gehackten Majoran untermischen.
Mit einem Mokka- oder Teelöffel kleine Klößchen abstechen und in der Bouillon oder in Salzwasser garziehen lassen.

Tips
MK: Die Gnocchi zur Abwechslung mit etwas Salbei oder Thymian würzen.
FWE: Die Klößchen können zum Garziehen auch direkt in die Suppe gegeben werden. Bei einer Consommé ist das jedoch nicht ratsam, denn es könnte dadurch trüb werden.

MANDELGNOCCHI
(-KLÖSSCHEN)

Die Mandelblättchen in der zuvor aufgekochten, passierten Milch weichkochen. Dann im Mixer pürieren und kalt werden lassen.

Das gekühlte Geflügelfleisch kleinschneiden und würzen. In der Küchenmaschine (Cutter) pürieren. Zunächst das Eiweiß, danach die kalte Mandelmasse und den Rahm einarbeiten. Das Kirschwasser zufügen und durch ein feines Sieb streichen.

Von der Farce kleine Klößchen abstechen und in der gewürzten Brühe garziehen lassen.

Tip MK: Die Mandeln lassen sich durch Walnüsse (Baumnüsse) oder Haselnüsse ersetzen.

Arbeitsaufwand
etwa 15 Minuten

Einlage für 1 l Suppe
20 g Mandelblättchen
6 Eßl. Milch
60 g Geflügelfleisch (ohne Haut und Knochen)
Salz, weißer Pfeffer (Mühle)
Cayennepfeffer
1 Eiweiß
60 g angefrosteter Rahm
1 Teel. Kirschwasser
¼ l Geflügelbouillon

PISTAZIENKLÖSSCHEN

Die Pistazien mit der Milch im Mixer (Cutter oder Mörser) fein pürieren.

Das gekühlte Geflügelfleisch kleinschneiden, mit Salz und Pfeffer würzen. In der Küchenmaschine (Cutter) zerkleinern. Zunächst das Eiweiß, danach das Pistazienmus und den Rahm einarbeiten. Das Kirschwasser untermischen und durch ein feines Sieb streichen.

Von der Farce mit einem Teelöffel kleine Klößchen abstechen, in der gewürzten Brühe oder im Salzwasser garziehen lassen.

Tips
MK: Sind keine geschälten Pistazien erhältlich, kann man ungeschälte mit kochendem Wasser überbrühen, wonach sich die Haut mühelos abziehen läßt.
FWE: Wenn kein Mixer vorhanden ist, die Pistazien von Hand fein hacken. Dann jedoch die Milch weglassen und den Anteil des Rahmes erhöhen.

Arbeitsaufwand
etwa 15 Minuten
Garzeit etwa 3 Minuten

Einlage für 1 l Consommé oder Suppe
20 g enthäutete Pistazien
4 Eßl. Milch
60 g Geflügelfleisch
Salz, weißer Pfeffer (Mühle)
1 Eiweiß
60 g angefrorener Rahm
1 Teel. Kirschwasser
2 dl gewürzte Geflügelbouillon

GRÜNKERNKLÖSSCHEN

Einlage für 1 l Suppe
oder Consommé

Klößchen
Garzeit etwa 3 Minuten
¼ l Milch
1½ EBl. Butter (40 g)
Salz, Muskatnuß
5 EBl. Grünkerngrieß
(50 g)
1 Eigelb
1 Ei

Die Milch mit der Butter, dem Salz und der Muskatnuß zum Kochen bringen. Wenn die Butter zerlaufen ist, den Grünkerngrieß einlaufen lassen und etwa 2 Minuten kochen. Vom Herd nehmen, das einzelne Eigelb einarbeiten und wieder erhitzen. Danach folgt das ganze Ei, wobei der Vorgang wiederholt wird. Die Masse erkalten lassen. Mit einem Teelöffel kleine Klößchen abstechen und in der fertigen Suppe garziehen lassen.

WACHTELGNOCCHI
(-KLÖSSCHEN)

Arbeitsaufwand
etwa 15 Minuten
Garzeit etwa 2 Minuten

Einlage für 1 l Consommé (Kraftbrühe)
100 g Wachtelfleisch
mit Haut
weißer Pfeffer (Mühle),
Salz
½ Eiweiß
1,2 dl angefrorener
Rahm
2 dl gewürzte Geflügelbouillon (s. S. 325)
oder Salzwasser

Das Wachtelfleisch würfeln und gut durchkühlen. Mit Pfeffer und Salz würzen und in der Küchenmaschine (Cutter) zerkleinern. Zunächst das Eiweiß, dann in mehreren Etappen den angefrorenen Rahm einarbeiten. Durch ein feines Sieb streichen.
Von der Farce mit einem Mokka- oder Teelöffel kleine Klößchen abstechen. In der gewürzten Bouillon garziehen lassen.

Tips
MK: Wenn von den gekauften ganzen Wachteln nur die Brüstchen für ein Gericht verwendet werden, so können aus den Schenkeln Klößchen zubereitet werden.
FWE: Die Klößchen können durch verschiedene Beigaben abgeändert werden. Hierfür eignen sich Enten-, Gänse- oder Geflügelleberreste, aber auch alle Nuß- und Mandelarten, und zwar püriert oder gehackt. Auch einzelne Pilzsorten können feingeschnitten oder -gehackt beigefügt werden.

TRÜFFELKLÖSSCHEN

Das gekühlte Geflügelfleisch in kleine Stücke schneiden und mit Pfeffer und Salz würzen. Im Cutter (Küchenmaschine) fein zerkleinern. Zunächst das halbe Eiweiß, dann nach und nach den angefrorenen Rahm und den Trüffelfond einarbeiten. Die Farce durch ein feines Sieb streichen und die Trüffelwürfel untermischen.
Von der Farce mit einem Mokka- oder Teelöffel kleine Klößchen abstechen. In der gewürzten Bouillon garziehen lassen.

Tips
MK: Anstelle von frischen oder eingemachten Trüffeln kann für die Klößchen Trüffelöl verwendet werden, ein italienisches Produkt aus dem Piemont, das in sehr guten Qualitäten in Comestible-(Feinkost-)Geschäften erhältlich ist.
FWE: Die Klößchen können zum Garziehen gleich in die abgeschmeckte Consommé oder in die Suppe gegeben werden.

Arbeitsaufwand
etwa 15 Minuten
Garzeit etwa 2 Minuten

Einlage für 1 l Suppe oder Consommé
90 g Geflügelfleisch (ohne Haut und Knochen)
weißer Pfeffer (Mühle), Salz
½ Eiweiß
1,1 dl angefrorener Rahm
1 Teel. Trüffelfond
¼ Teel. feingehackte Trüffeln
2 dl gewürzte Geflügelbouillon (s. S. 325) oder Salzwasser

Der Eierstich aus Großmutters Küche heißt in der klassischen Küche «Royale». Heute kommt diese Einlage wieder zu Ehren.

EIERSTICH

Das Ei mit der Milch, dem Salz, dem Pfeffer und der Muskatnuß würzen. Ein Förmchen ausbuttern und die Ei-Milch-Masse einfüllen. Im vorgeheizten Ofen im Wasserbad garziehen lassen. Nach dem Auskühlen stürzen und in Stücke schneiden.

Tips
MK: Die Royale läßt sich auch färben, zum Beispiel grün mit Spinatmatte (s. S. 346) oder rot mit Tomaten. In einer Consommé können zwei- oder dreifarbige Eierstiche serviert werden. Eine Attraktion für Ihre Gäste!
FWE: Die Zubereitung geht schneller, wenn der Eierstich mit heißer Milch angefertigt wird. Er kann auch vor dem Stocken passiert werden.

Arbeitsaufwand
etwa 5 Minuten
Garzeit
etwa 40 Minuten
Ofentemperatur
etwa 140 °C

Für 4 Personen
1 Ei zu 80 g
8 cl Milch
Salz, Pfeffer, Muskatnuß

GULASCHSUPPE

Arbeitsaufwand
etwa 30 Minuten

Für 4 Portionen

Suppe
Garzeit
45—50 Minuten
200 g Truthahnfleisch (Ober- oder Unterschenkel)
1 EBl. edelsüßes Paprikapulver
je ½ grüne und rote Peperone
2 geschälte, entkernte Tomaten
2 mittelgroße, feingehackte Zwiebeln
1½ EBl. Bratbutter
Salz, Pfeffer
1 durchgepreßte Knoblauchzehe
¼ Teel. Kümmel
1 Mesp. gehackter Majoran
250 g geschälte Kartoffeln

Das Truthahnfleisch, die Peperoni und die Tomaten in kleine Würfel schneiden.
Die Zwiebeln in der Bratbutter hellbraun rösten. Die Fleischwürfel mit Salz und Pfeffer würzen. Zu den Zwiebeln geben und mitschwitzen lassen. Den sich bildenden Fond unter Rühren verdampfen lassen. Mit dem Paprikapulver bestreuen und die Tomaten zugeben, später die Peperoniwürfel, und einige Minuten mitdünsten. Mit 1 l Wasser auffüllen, den Knoblauch, den Kümmel und den Majoran zufügen und zum Kochen bringen. Bei geringer Hitze etwa 45 Minuten köcheln lassen. Inzwischen die Kartoffeln in Würfel schneiden und 20 Minuten vor Beendigung der Garzeit zur Suppe geben.
Die Suppe mit Salz, Pfeffer und Paprika abschmecken und heiß servieren.

Tip Die Gulaschsuppe kann mit saurem Rahm und Teigflecken (Csipetke) verfeinert werden. Sie eignet sich gut als mitternächtliche Mahlzeit nach einem fröhlichen Beisammensein.

WARME VORSPEISEN

Wer das Kochen zu seinem Hobby gemacht hat, wird von diesem Kapitel besonders erfreut sein. Er wird entdecken, wie phantasievoll sich Geflügelfleisch mit anderen Zutaten kombinieren läßt und wie dabei ganz neue Geschmacksnuancen entstehen.

Da gibt es zum Beispiel die Geflügelleber oder die besonders von Gourmets gepriesene Enten- und Gänseleber, welche zusammen mit Äpfeln, Lauch, Pilzen oder raffinierten Saucen serviert werden können. Aus ihnen kann eine herrliche Mousse oder ein verführerisch duftender Strudel zubereitet werden. Ebenso all die vielen Variationen aus Geflügelfleisch, die Füllung für zarte Crêpes oder in einer gewagten, raffinierten Kombination mit Krustentieren: alles Gerichte, die nicht alltäglich schmecken.

Allerdings verlangen diese Kreationen etwas Zeit und Liebe. Oft ist es so, daß die dazu passende, besonders aparte Sauce erst in allerletzter Minute fertiggestellt werden kann. Aber die wirklichen Feinschmecker unter Ihren Gästen wird es nicht stören, wenn Sie für einen Moment in der Küche verschwinden, um danach eine Spezialität präsentieren zu können, die man nicht überall findet. Meistens sind ja Leute, die gerne gut essen, auch unterhaltsam, so daß interessante Gespräche die kleine Wartezeit überbrücken können.

Aus diesen warmen Vorspeisen lassen sich bei der Verwendung größerer Zutatenmengen auch Hauptgerichte zubereiten. Aus einer Folge von mehreren Vorspeisen läßt sich leicht ein attraktives Mahl zusammenstellen. Diese Vorspeisen können auch als einzelne Gänge in einem Gourmetmenü serviert werden, das ja aus einer Folge von Speisen in kleinen Portionen besteht.

Äpfel und Geflügelleber passen gut zusammen, weshalb diese leichte und aromatische Vorspeise immer Erfolg hat. Außerdem ist sie sehr einfach in der Zubereitung.

GEFLÜGELLEBER MIT ÄPFELN

Die Äpfel schälen, quer halbieren und das Kerngehäuse ausstechen. Den Apfelwein aufkochen, die Äpfel sofort hineingeben und darin knapp garen. In der Kochflüssigkeit belassen.
Von der Geflügelleber alle Blutgefäße und die Gallerückstände entfernen, ohne die Leber stark zu beschädigen.
Die Äpfel in der Flüssigkeit nochmals kurz erwärmen. Die Leber in Scheiben schneiden, salzen, pfeffern und in der Butter rasch anbraten. Aus der Bratpfanne nehmen und warm stellen. Den Bratsatz mit 3 Eßlöffeln vom Kochsud der Äpfel ablöschen. Den Marsala zufügen. Um die Hälfte einkochen. Von der Herdplatte nehmen, die Butter in kleinen Flöckchen unterschwingen. Mit Salz, Pfeffer und Cayennepfeffer würzen.
Die heißen Äpfel aus dem Sud nehmen und gut abtropfen lassen. Auf warmen Tellern anrichten, mit den Geflügelleberscheiben belegen und mit der konzentrierten Sauce begießen.

Tips
MK: Noch feiner wird das Gericht, wenn die Äpfel in Marsala gegart werden und der Leber noch Thymian zugefügt wird.
FWE: Die Kochzeit der Äpfel richtet sich nach der Sorte. Deshalb sollten sie beim Garen öfter kontrolliert werden; am besten mit einer Nadel (oder Gabel) prüfen, ob sie gar sind.

Arbeitsaufwand
etwa 25 Minuten

Für 4 Personen (Vorspeise)

Äpfel
Kochzeit
4—6 Minuten
2 Äpfel (feste Sorte)
4,5 dl Apfelwein

Leber
Bratzeit etwa 2 Minuten
300 g Geflügelleber
Salz, weißer Pfeffer (Mühle)
1 Eßl. Butter
1,5 dl Marsala
1½ Eßl. Butter
1 Prise Cayennepfeffer

Quiches in jeder Form passen vorzüglich zum Aperitif, besonders, wenn sie warm serviert werden.

GEFLÜGEL-KRESSE-QUICHE

Arbeitsaufwand
etwa 35 Minuten
Backzeit
15 bis 20 Minuten
Ofentemperatur
etwa 200 °C

Für 6—8 Quiches
3 Pouletbrüste zu 80 g,
Salz, Pfeffer (Mühle)
200 g Gartenkresse
4 Eigelb
300 g Rahmquark, Salz,
Pfeffer (Mühle)
4 Eiweiß
1 Prise Salz
1—2 EBl. Butter
350 g geriebener Teig
(s. S. 363)

Die Pouletbrüste in kleine, hauchdünne Scheiben schneiden. Die Kresse sehr gut waschen, auf einem Tuch sorgfältig abtropfen lassen und grob hacken.
Die Eigelbe mit dem Rahmquark verrühren und die Kresse daruntermischen. Mit Salz und Pfeffer würzen. Die Eiweiße mit einer Prise Salz zu Schnee schlagen und diesen Löffel um Löffel unter die Quarkmasse ziehen.
Den geriebenen Teig dünn ausrollen und in der Größe passend zu den Förmchen ausstechen. Diese damit auslegen und mit einer Gabel einstechen. Blind (d. h. den mit Hülsenfrüchten beschwerten Teig im Förmchen) vorbacken.
Die Pouletbrustscheibchen salzen und pfeffern, unter die Quarkmasse mischen und in die Förmchen füllen. Die Oberfläche glattstreichen und mit Butterflöckchen belegen. Im vorgeheizten Ofen backen. Die heißen Quiches zu einem Glas Wein servieren.

Tips
MK: Besonders wichtig ist bei dieser Quiche das Abschmecken. Der Guß sollte kräftig gewürzt sein. Die Kresse läßt sich, je nach Jahreszeit, durch andere Kräuter ersetzen. Die Zugabe von gehackten Schalotten erhöht den Geschmack.
FWE: Den Teig sollte man nicht lange kneten, damit er nicht zäh wird.

Ein interessantes Küchlein, das zu einem kräftigen Wein serviert werden kann.

LAUCHQUICHE MIT TRUTHAHNBRUST

Die geräucherte Truthahnbrust in kleine Würfel schneiden. Den Lauch putzen, längs halbieren und waschen. Erst in etwa 2 Zentimeter lange Stücke und dann in Streifen schneiden. In der Butter etwa 5 Minuten dünsten und mit dem Weißwein (oder der Bouillon) auffüllen. Den Lauch zugedeckt dämpfen, bis er fast weich und die Flüssigkeit verdampft ist. Zum Erkalten beiseite stellen. Die Truthahnbrustwürfel in der Butter leicht anbraten.

Die Eigelbe und das ganze Ei mit dem Rahm sowie dem Käse vermischen, mit Salz, Pfeffer und Muskat würzen. Diese Masse mit dem Lauch mischen.

Den Teig dünn ausrollen, die Förmchen damit auslegen, mit einer Gabel einstechen, mit Hülsenfrüchten beschweren und blind backen.

Den vorgebackenen Teig mit den Truthahnwürfeln bestreuen und mit der Lauchmasse auffüllen.

Im vorgeheizten Ofen backen. Die heißen Quiches zu einem Glas Wein servieren.

Tips
MK: Beim Abschmecken der Füllung beachten, daß die Truthahnbrust bereits gesalzen ist.
FWE: Der Lauch bleibt schön grün, wenn anstelle von Weißwein Bouillon verwendet wird. Alle Flüssigkeiten mit gewissem Säuregehalt dagegen lassen die Grünfärbung nach einiger Zeit verblassen.

Arbeitsaufwand
etwa 45 Minuten
Backzeit
etwa 25 Minuten
Ofentemperatur
etwa 200 °C

Für 6—8 Quiches
250 g geräucherte Truthahnbrust
1 EBl. Butter
400 g Lauch
2 EBl. Butter
6—8 EBl. Weißwein oder Geflügelbouillon
3 Eigelb
1 Ei
100 g geriebener Greyerzer
2 dl Rahm
Salz, Pfeffer (Mühle), Muskatnuß
350 g geriebener Teig (s. S. 363)

Crêpes mit Geflügel

Diese kleinen Pfannkuchen kommen gut an — erst recht, wenn sie, wie in diesem Rezept beschrieben, mit zartem Geflügelfleisch und Lebern gefüllt sind.

CRÊPES MIT GEFLÜGEL

Von dem Teig 8 Crêpes in ausgebutterten, kleinen Pfannen ausbacken und übereinanderlegen.
Die Bratbutter in einer Bratpfanne erhitzen. Das Geschnetzelte und die Geflügelleber salzen und pfeffern. Rasch in der Bratbutter anbraten, herausnehmen und warm halten. Die übrige Butter aus der Pfanne gießen. Den Bratsatz mit dem Madeira ablöschen und mit dem Fond auffüllen, dann bis zur Dickflüssigkeit reduzieren. Den Rahm zufügen und solange kochen, bis die Sauce sämig wird. Den Majoran, den Thymian und die Petersilie zufügen und abschmecken. Das Geschnetzelte und die Lebern zugeben.
Die Crêpes auslegen, die Füllung darauf verteilen und zusammenrollen. In ein ausgebuttertes, feuerfestes Geschirr setzen und im Ofen erwärmen, sofort servieren.

Tips

MK: Mit dieser Füllung können auch Blätterteigpastetchen gefüllt werden. Ein grüner Salat schmeckt ausgezeichnet dazu.
FWE: Die Crêpes können im voraus zubereitet werden. In eine feuerfeste, mit Butter ausgestrichene Form setzen. Die Oberflächen der Crêpes mit Butter bestreichen und dann im vorgeheizten Ofen erwärmen. Die Füllung mit Blattspinat anreichern, die Crêpes mit Parmesan bestreuen und anschließend überbacken.

Arbeitsaufwand
etwa 25 Minuten

Für 4 Personen
Crêpeteig (s. S. 365)
1 Eßl. Butter

Füllung
250 g Geflügelgeschnetzeltes
150 g feingeschnittene Geflügelleber
Salz, weißer Pfeffer (Mühle)
1 Eßl. Bratbutter (Butterschmalz)
5 Eßl. Madeira
1 dl Perlhuhnfond (s. S. 333)
1 dl Rahm
1 Teel. feingehackter Majoran und Thymian
1 Eßl. gehackte Petersilie

Eine eher ungewohnte Zusammenstellung sind Lauch und Geflügelleber. Wenn der Lauch zart und grün ist, schmeckt dieses Gericht ausgezeichnet und sieht sehr gut aus.

GEFLÜGELLEBER MIT LAUCH

Arbeitsaufwand
etwa 35 Minuten

Für 4 Personen

Leber
Bratzeit etwa 3 Minuten
300 g frische Geflügelleber
Salz, Pfeffer (Mühle)
1 Eßl. Butter

Lauch
Garzeit
3—4 Minuten
300 g zarter, grüner Lauch
(oder Gemüselauch)
1 Eßl. Butter
Salz
1,2 dl Madeira
1 Teel. Butter
1 Prise Cayennepfeffer

Von der Geflügelleber sorgfältig die Galle und die Gefäßzugänge entfernen. Die Lebern in Stücke schneiden.

Den Lauch längs halbieren, waschen und in 1½ Zentimeter lange Stücke schneiden. 1 Eßlöffel Butter mit einer Prise Salz erhitzen und die Lauchstücke darin anziehen lassen. Der Lauch soll leicht knackig bleiben und darf seine Farbe nicht verlieren. Den Lauch in 4 Portionsschalen verteilen. Auf einem Kerzenrechaud warm stellen.

Die Butter erhitzen, die Geflügelleber sehr rasch darin braten. Herausnehmen, salzen und pfeffern und auf dem Lauch verteilen. Die Butter aus der Pfanne gießen, den Bratsatz mit dem Madeira ablöschen und einkochen. Vom Feuer nehmen und die Butter in Flöckchen und mit kreisförmigen Bewegungen unter die Sauce schwenken. Mit Salz und Cayennepfeffer abschmecken. Den Lauch und die Lebern damit umgießen.

Tip MK: Hübsch sieht es aus, wenn das Gericht in kleinen, vorgewärmten Kupfer- oder Eierpfännchen serviert wird. Es gibt auch Pfännchen oder kleine attraktive Teller aus Porzellan, die für diesen Zweck geeignet sind.

Eine besonders delikate Vorspeise, die etwas Aufmerksamkeit bei der Zubereitung erfordert. Die Flans lassen sich gut vorbereiten.

GEFLÜGELLEBER MIT APFELFLAN UND CALVADOSSAUCE

Die Äpfel in feine Scheiben schneiden. Die Butter in einer kleinen Kasserolle schmelzen. Die Apfelscheiben zufügen und mitdünsten lassen. Mit dem Rahm auffüllen, mit dem Zucker, Salz und Pfeffer würzen. So lange kochen, bis alle Flüssigkeit verdunstet ist. Zusammen mit den Eiern im Mixer pürieren.

Die Förmchen lückenlos mit der Butter ausstreichen und die Apfelflanmasse einfüllen. Im Wasserbad im vorgeheizten Ofen garziehen lassen.

In der Zwischenzeit von den Geflügelebern die Gallen entfernen, dann in Stücke schneiden. Wenn der Flan gestockt ist, die Lebern in der Butter rasch rosa braten. Danach mit Salz und Pfeffer bestreuen und zum Abtropfen auf ein grobes Sieb geben.

Jeden Apfelflan auf einen heißen Teller stürzen. Die Leber daneben anrichten und mit der Calvadossauce umgießen.

Beilage: Knuspriges Brot oder Brioche (s. S. 363)

Tips
MK: Die Leber mit Calvados abschmecken.
FWE: Versuchen Sie dieses Gericht einmal mit Trutenleber.

Arbeitsaufwand
etwa 35 Minuten

Für 4 Personen
(warme Vorspeise)

Apfelflan
Garzeit
25—30 Minuten
Ofentemperatur
160 bis 170 °C
4 Förmchen
mit 0,8 dl Inhalt
200 g säuerliche
geschälte und entkernte
Äpfel
1 Teel. Butter
1 dl Rahm
1 Teel. Zucker
Salz, weißer Pfeffer
(Mühle)
2 Eier (zu 65 g mit der Schale)
½ Eßl. Butter für die Förmchen

Geflügelleber
Bratzeit etwa 4 Minuten
200 g Geflügelleber
Salz, Pfeffer (Mühle)
1 Eßl. Butter
1,2 dl Calvadossauce
(s. S. 329)

Geschmacklich apart ist Fenchelpüree zu Leber.
Die feine Rotweinsauce rundet das Ganze ab.

GEBRATENE ENTENLEBER MIT FENCHELPÜREE UND ROTWEINSAUCE

Arbeitsaufwand
etwa 40 Minuten

Für 4 Personen
(warme Vorspeise)

Fenchel
Garzeit
etwa 20 Minuten
½ Teel. Butter
1 kleine Karotte
1 kleine Zwiebel
1 kleiner Fenchel
5 Eßl. Bouillon (s. S. 325)
Salz

Sauce
Kochzeit
etwa 12 Minuten
½ Teel. Butter
1 Teel. feingehackte Zwiebeln
½ Teel. Zucker
4 Eßl. gehaltvoller Rotwein
0,8 dl gelierter Geflügeljus (s. S. 326)

Entenleber
Bratzeit etwa 3 Minuten
200 g Entenleber
Salz, weißer Pfeffer (Mühle)
½ Teel. Butter

Eine passende Kasserolle mit dem ½ Teelöffel Butter ausstreichen. Die Karotte und die Zwiebel schälen, in ½ Zentimeter dicke Scheiben schneiden und auf den Boden der Kasserolle legen. Den Fenchel putzen, halbieren und auf das Gemüse legen. Mit der Bouillon auffüllen, das Ganze salzen und zugedeckt im Ofen gut weich dünsten. Den Fenchel mit dem noch vorhandenen Fond, aber ohne die Karotte und die Zwiebel, im Mixer pürieren, durch ein feines Sieb streichen und warm halten.

Für die Sauce ½ Teelöffel Butter in einer Kasserolle erhitzen. Die Zwiebel und den Zucker zufügen und hellbraun karamelisieren. Mehrmals mit dem Rotwein ablöschen, dann mit dem Jus auffüllen. Einkochen, bis die Sauce sämig wird; passieren und warm halten.

Von der Entenleber die Häute und Blutgefäße entfernen (s. S. 58) und sie dann in Scheiben schneiden. Mit Salz und Pfeffer würzen und in der Butter kurz rosa braten. Zum Abtropfen auf ein Gitter setzen. Zusammen mit dem Fenchelpüree anrichten und mit der Sauce umgießen.

Beilage Pariser Brot

Tips
MK: Auch Geflügelleber kann auf diese Art zubereitet werden.
FWE: Nicht nur die Leber paßt gut zu dem Püree und der Sauce. Eine willkommene Ergänzung ist hier gebratene Entenbrust.

Aus einer feinen Masse, die für Terrinen und ähnliche Gerichte verwendet wird, lassen sich delikate Galetten zubereiten. Mit der Estragonsauce werden sie zu einer Spezialität.

GEFLÜGELGALETTEN MIT ESTRAGONSAUCE

Das gut gekühlte Geflügelfleisch klein schneiden, mit Salz, Pfeffer und Cayennepfeffer würzen. Im Cutter (Küchenmaschine) fein zerkleinern. Zunächst das Eiweiß, dann den angefrorenen Rahm einarbeiten. Durch ein feines Sieb streichen. Aus Pergamentpapier 9 mal 9 Zentimeter große Quadrate schneiden und buttern. Mittels eines Ringes (von rund 7 Zentimetern Durchmesser und etwa 1,2 Zentimeter Höhe) Plätzchen aufstreichen und kalt stellen.

In der Zwischenzeit die Schalotten in der Butter goldgelb dünsten, mehrmals mit dem Estragonessig und dem Weißwein ablöschen. Mit der Bouillon und dem Jus auffüllen. Um etwa die Hälfte reduzieren. Den Rahm in die dickflüssige Sauce geben und kochen, bis sie sämig wird. Mit Salz und Pfeffer würzen, passieren, den Estragon zufügen und warm halten.

Ein flaches Blech mit der Butter ausstreichen. Die Geflügelgaletten mit der freien Fläche nach unten daraufsetzen, das Pergamentpapier abziehen und die Oberfläche mit der restlichen Butter bestreichen. In den vorgeheizten Ofen in die mittlere Rille einsetzen und garziehen lassen. Es sollte sich keine Haut bilden. Zusammen mit der Sauce anrichten.

Tips

MK: Estragonessig kann leicht selbst hergestellt werden. Die Estragonstiele oder -zweige waschen und trockentupfen. In eine leere, verschließbare Flasche geben, mit Weißweinessig auffüllen und dann mehrere Tage stehen lassen. — Ich mag die Galetten ohne Sauce.

FWE: Mir schmecken sie noch besser, wenn ein Teil des Fleisches durch Leber ersetzt wird. Mit Thymian gewürzt und mit einer Thymiansauce serviert, gewinnen sie noch an Exklusivität.

Arbeitsaufwand etwa 35 Minuten

Für 6 Personen (warme Vorspeise)

Galetten
Garzeit etwa 6 Minuten
Ofentemperatur 120 °C
150 g Geflügelfleisch (Poulet, Poularde oder Truten)
Salz, weißer Pfeffer (Mühle), Cayennepfeffer
1 Eiweiß
1,7 dl angefrorener Rahm
2 EßI. Butter

Sauce
Kochzeit etwa 20 Minuten; ergibt rund 2 dl Sauce
½ EßI. Butter
1 EßI. feingehackte Schalotten
2 EßI. Estragonessig
2 EßI. Weißwein
2 dl gelierte Geflügelbouillon (s. S. 325)
1 dl gelierter Geflügeljus (s. S. 326)
3 dl Rahm
Salz, weißer Pfeffer (Mühle)
1 EßI. frischer, feingehackter Estragon

Die rasch gebratene Gänseleber auf Briochescheiben wird durch das Überziehen mit der delikat abgeschmeckten Sauce auf schonende Weise überbacken.

ÜBERBACKENE GÄNSELEBER AUF BRIOCHE

Arbeitsaufwand
etwa 35 Minuten

Für 6 Personen
(Vorspeise)

Sauce
Kochzeit
etwa 20 Minuten
3 EBl. Béchamelsauce
(s. S. 327)
2 dl Rahm
1 Eigelb
1½ EBl. Rahm
Cayennepfeffer, Salz
1 EBl. Madeira
1 EBl. Cognac
1 EBl. geschlagener Rahm

Gänseleber
Bratzeit etwa 3 Minuten
12 Gänseleberscheiben zu 30 g
Salz, weißer Pfeffer (Mühle)
½ EBl. Cognac
½ EBl. Madeira
1 EBl. Butter
6 Briochescheiben
(s. S. 363)

Die Bechamelsauce und den Rahm so lange zusammen einkochen, bis eine dicke Sauce entsteht. Das Eigelb mit 1½ Eßlöffeln Rahm verrühren und die Sauce damit legieren. Mit Cayennepfeffer und Salz abschmecken, den Madeira und den Cognac zufügen. Die Sauce warm halten.
Von der Gänseleber die Haut und die Adern entfernen (s. S. 58). Mit Salz und Pfeffer würzen, dann mit dem Cognac und dem Madeira beträufeln. Einige Minuten marinieren lassen.
In der Zwischenzeit die Briochescheiben toasten.
Die Gänseleberscheiben trockentupfen und in der Butter schnell rosa braten. Zum Abtropfen auf ein Gitter setzen.
Jede Briochescheibe mit zwei Gänseleberscheiben belegen. Den geschlagenen Rahm unter die Sauce ziehen und die Leber damit bedecken. Im vorgeheizten Ofen auf der obersten Rille (bei 250 °C) überbacken und sofort heiß servieren.

Tips
MK: Wer keine Bechamelsauce machen will, kann den Rahm mit wenig Mehlbutter (s. S. 327) binden.
Man kann die Sauce auch weglassen, die gebratene Gänseleber auf die Briochescheiben legen und mit wenig, sehr konzentrierter Madeirasauce beträufeln.
FWE: Für dieses Gericht kann auch Gänse- oder Entenleberparfait sowie frische Geflügelleber verwendet werden.

Eine besonders schöne Vorspeise, für welche nur die besten Artischocken gut genug sind.

GEFLÜGELLEBER UND FRISCHE EIERSCHWÄMME IM ARTISCHOCKENBODEN

Von den Artischocken die Stiele abbrechen und die Blätter entfernen. Das «Heu» mit einem Pariser Ausstecher oder einem scharfen Löffel sehr sorgfältig entfernen. Wasser mit dem Zitronensaft zum Kochen bringen und die Artischockenböden darin garen.
Die Eierschwämme (Pfifferlinge) putzen, waschen und abtropfen lassen; zu große Pilze vierteln.
In der Butter die Schalotten goldgelb dünsten und mit dem Madeira ablöschen. Mit dem Geflügeljus auffüllen und um etwa die Hälfte reduzieren. Den Rahm zugeben und kurz weiterkochen. Die Sauce mit Salz und Pfeffer abschmekken, durch ein feines Sieb passieren und warm halten.
In der Zwischenzeit von den Geflügelebern die Gallen entfernen und in Stücke schneiden.
Die Eierschwämme (Pfifferlinge) salzen und pfeffern. Die Bratbutter erhitzen und die Pilze bei starker Hitze schnell garen, damit sich keine Flüssigkeit bildet. Auf ein Sieb geben.
Die Geflügeleber rasch in der erhitzten Butter braten. Mit Salz und Pfeffer würzen. Zu den Pilzen geben. Beides mit der Sauce mischen.
Etwa fünf Eßlöffel Artischockenkochwasser mit einem Eßlöffel Butter einkochen, bis sich ein heller Schleim bildet. Die Artischockenböden darin glasieren, mit Salz würzen. Das Geflügeleber-Pilz-Ragout in den Böden anrichten. Mit dem Schnittlauch bestreuen und mit den Kerbelzweigen garnieren.

Beilage Pariser Brot

Arbeitsaufwand
etwa 40 Minuten

Für 4 Personen
(warme Vorspeisen)

Böden
Kochzeit
etwa 20 Minuten
4 große Artischocken
1 Zitrone für Saft
1 Eßl. Butter
Salz

Eierschwämme
Kochzeit
etwa 3 Minuten
250 g Eierschwämme
(Pfifferlinge)
Salz, weißer Pfeffer
1 Eßl. Bratbutter (Butterschmalz)

Sauce
Kochzeit
etwa 20 Minuten
½ Eßl. Butter
1 Eßl. feingehackte
Schalotten
2 Eßl. Madeira
2,5 dl gelierter Geflügeljus (s. S. 326)
2 dl Rahm
Salz, weißer Pfeffer

Geflügeleber
Bratzeit etwa 3 Minuten
250 g Geflügeleber
Salz, weißer Pfeffer
1 Eßl. Butter
1 Teel. feingeschnittener
Schnittlauch
6 Kerbelzweige

Eine feine Mousse, die ihren Geschmack der Geflügelleber und der Majoransauce verdankt.

GEFLÜGELLEBER-MOUSSELINE MIT MAJORANSAUCE

Arbeitsaufwand
etwa 35 Minuten

Für 6 Personen
(warme Vorspeise)
6 Förmchen zu 60 g
Inhalt

Mousseline
Garzeit
etwa 10 Minuten
Ofentemperatur 120 °C
120 g Geflügelfleisch
80 g Geflügelleber
Salz, weißer Pfeffer
(Mühle)
Majoran
1 Eiweiß
1,8 dl angefrorener Rahm
1 Teel. streichfähige Butter

Sauce
Kochzeit
etwa 20 Minuten
1 Teel. Butter
½ EBl. feingehackte Zwiebeln
1,5 dl Geflügelbouillon
(s. S. 325)
1 dl. Geflügeljus
(s. S. 326)
2 dl Rahm
Majoranstiele
Salz, weißer Pfeffer
(Mühle)
1 Teel. Butter
1 Teel. frischer, gehackter Majoran

Das gekühlte Geflügelfleisch und die Leber in kleine Stücke schneiden, mit Salz, Pfeffer und Majoran würzen. Das Fleisch in der Küchenmaschine (Cutter) zerkleinern. Zunächst das Eiweiß, dann die Leber und zum Schluß den Rahm einarbeiten. Durch ein feines Sieb streichen. Die Förmchen sorgfältig mit der Butter ausstreichen und die Mousselinefarce (das Mus) einfüllen.

Die Butter für die Sauce erhitzen und die Zwiebeln darin goldgelb dünsten. Mit der Geflügelbouillon und dem Jus auffüllen. Die Majoranblätter abzupfen und die Stiele in die Sauce geben und diese dickflüssig einkochen. Den Rahm zufügen und die Sauce kochen, bis sie sämig wird. Die Sauce mit Salz und Pfeffer würzen, durch ein feines Sieb passieren. Die Butter einarbeiten, mit dem gehackten Majoran vollenden, danach die Sauce warm halten.

In der Zwischenzeit die Geflügelmousselines in einem Wasserbad im vorgeheizten Ofen garziehen lassen.

Die fertigen Mousselines auf Vorspeisenteller stürzen und mit der Sauce umgießen, heiß servieren.

Beilage Pariser Brot

Tips

MK: Die Sauce schmeckt auch sehr gut mit Basilikum.

FWE: Die Geflügelmousseline kann auch lauwarm als kalte Vorspeise serviert werden. Dazu paßt dann ein kleiner Salat und eine Apfel-Sellerie-Sauce (s. S. 338)

Diese kleinen Ringe aus Geflügel- und Scampimousse sehen attraktiv und festlich aus.

GEFLÜGEL- UND SCAMPIMOUSSE MIT SCAMPISAUCE

Drei bis vier Scampischwänze schälen. Die Krusten aufheben für die Sauce. Das Geflügel- und Scampifleisch kleinschneiden und kalt stellen. Das durchgekühlte Fleisch mit Cayennepfeffer, Pfeffer und Salz würzen. In der Küchenmaschine (Cutter) zerkleinern. Zunächst das Eiweiß, dann nach und nach den angefrorenen Rahm einarbeiten. Durch ein Sieb streichen. Die Savarinförmchen mit der Butter ausstreichen und die Farce einfüllen. Kurz vor dem Servieren im vorgeheizten Ofen in einem Wasserbad garziehen lassen.

Die restlichen Scampi mit der Kruste in sprudelndes Kümmel-Salz-Wasser werfen. Aufkochen und etwa fünf Minuten ziehen und im Sud abkühlen lassen.

Die Brokkoliröschen in kochendes Salzwasser geben. Aufkochen, kalt abschrecken und beiseite stellen.

Die gekochten Scampi aufbrechen, die Schwänze aus den Krusten nehmen und den Darm entfernen. Das Scampifleisch in Stücke schneiden und in der Scampisauce vorsichtig erwärmen.

Die Geflügel-Scampi-Ringe stürzen und auf heißen Tellern anrichten. Die Scampi mit der Sauce in die Ringöffnung füllen. Die Brokkoliröschen mit Salz und geriebener Muskatnuß würzen, zusammen mit etwas Brokkolifond und der Butter erwärmen. Die Ringe damit garnieren.

Beilage Wilder Reis (s. S. 354) oder Pariser Brot

Tip MK: Die Sauce nach dem Aufbrechen der Krusten zubereiten und die Mousse erst anschließend garen.
Als Garnitur passen auch Zuckerschoten (Kefen) ganz ausgezeichnet.

Arbeitsaufwand
etwa 40 Minuten

Für 6 Personen
(warme Vorspeise)
6 Savarinförmchen
zu 60 g Inhalt

Ringe
Garzeit etwa 8 Minuten
Ofentemperatur
etwa 120 °C
120 g Geflügelfleisch
3—4 Scampischwänze
(80 g Scampifleisch)
Cayennepfeffer, weißer
Pfeffer (Mühle), Salz
1 Eiweiß
2 dl angefrorener Rahm
½ Eßl. Butter zum Ausstreichen der Förmchen

Scampi
Garzeit etwa 5 Minuten
6 Scampischwänze zu
90 g
Kümmel, Salz

Garnitur
6 Brokkoliröschen
Salz, Muskatnuß
1 Teel. Butter
2 dl Scampisauce
(s. S. 332)

Strudel einmal anders — mit einem zarten Parfait und Hühnerleber. Eine Überraschung für verwöhnte Gäste.

GEFLÜGELSTRUDEL MIT MADEIRASAUCE

Backzeit
18—20 Minuten
Backofentemperatur
220—250 °C
Arbeitsaufwand
etwa 55 Minuten

Für 12 Personen
(warme Vorspeise)

Einlagen
300 g helle, fette Hühnerleber
weißer Pfeffer (Mühle), Salz, Selleriesalz
3 EßI. Weinbrand oder Cognac
4 Eßl. weißer Portwein
je 120 g Karotten- und Selleriewürfel
80 g feine Lauchwürfel
Salz

Parfait
200 g Geflügelfleisch (Poulet- oder Trutenbrust)
weißer Pfeffer, Salz, Selleriesalz
1 Eiweiß
2,7 dl gefrorener Rahm

250 g Strudelteig (s. S. 365)
2 EßI. Butter
1 Eigelb
1 EßI. Rahm
3 dl Madeirarahmsauce (s. S. 335)

Die Galle und Gallenflecken von den Hühnerlebern entfernen. Die Lebern in Stücke schneiden, mit Pfeffer, Salz und Selleriesalz würzen. Mit dem Weinbrand und dem Portwein beträufeln. Mit Klarsichtfolie abgedeckt einige Zeit im Kühlschrank marinieren lassen.
Die Karotten-, Sellerie- und Lauchwürfel in wenig gesalzenem Wasser kochen. Zum Auskühlen beiseite stellen. Abschütten und gut trocknen.
Das gekühlte Geflügelfleisch klein schneiden, mit Pfeffer, Salz und Selleriesalz würzen. Im Cutter (Küchenmaschine) zerkleinern. Zunächst das Eiweiß, dann den gefrorenen Rahm einarbeiten. Durch ein feines Rahmensieb streichen.
Die trockenen Gemüsewürfel und die gut abgetropften Hühnerleberstücke unter die Farce ziehen.
Zuerst den Strudelteig von Hand strecken. Auf ein mit Mehl bestäubtes Tuch legen und ausrollen. Über die Handrücken gelegt hauchdünn ausziehen.
Die Farce mit der Einlage als Streifen ohne Hohlräume auf den Strudelteig aufhäufen. Mit Hilfe des Tuches zusammenrollen. Die einzelnen aufeinanderkommenden Teigschichten mit der zerlassenen Butter bestreichen.
Den Strudel auf ein Backblech setzen und mit der Masse aus Eigelb und Rahm bepinseln. Mit dick mit Butter bestrichenen Backhölzern den Strudel seitlich abgrenzen, um ein Auseinanderlaufen zu verhindern. In den vorgeheizten Backofen schieben. Nach acht Minuten Backzeit die Hölzer entfernen. Die Temperatur etwas verringern und fertig backen. Durch eine Nadelprobe (s. S. 56) die Garstufe feststellen. Vor dem Aufschneiden einige Minuten ruhen lassen.
Zusammmen mit der Madeirarahmsauce auf Teller anrichten.

Tips
MK: Nicht immer findet man helle Hühnerleber, die besonders zart und gut ist. Sie kann dann durch die etwas dunklere Geflügelleber ersetzt werden.
FWE: Die Farce mit der Einlage in Klarsichtfolie zu einer Rolle formen und im Tiefkühler anfrieren. Die Farce läßt sich dann leichter in den Teig einschlagen.

Strudel

In den meisten Strudelrezepten soll der ausgezogene Teig mit der Füllung bestrichen und dann aufgerollt werden.
In diesem Buch wird eine andere Art der Zubereitung vorgestellt, und nicht ganz ohne Grund.
Um bei dem Strudel zu vermeiden, daß sich in der Mitte nichtgebackener Teig befindet, wird im vorgängig beschriebenen Rezept die Füllung nur in zwei übereinanderliegenden Teigschichten eingerollt. Diese Teigschichten werden sorgfältig mit Butter bestrichen, damit die Hitze besser geleitet wird. So ist einigermaßen gewährleistet, daß der Teig durchgebacken ist.

Knusprige Flügelchen

In Frankreich schätzt man auch Geflügelteile, die in vielen Ländern achtlos weggeschnitten und bestenfalls für Suppen und Saucenfonds verwendet werden. Zum Beispiel die Ailerons, die in diesem Lande als Delikatesse serviert werden. Es handelt sich dabei um den vorderen Teil des Flügels, von welchem die Flügelspitze entfernt wird. Diese Flügelchen werden auf verschiedene Arten zubereitet, gefüllt, gebraten, gebacken oder grilliert. Am besten schmecken sie mit einer chinesisch anmutenden Honigglasur, knusprig gebacken. In Frankreich und in der Westschweiz gibt man die Ailerons kurz in kochendes Wasser und drückt dann die Knöchelchen heraus vor der weiteren Zubereitung. Dann werden die Ailerons besonders delikat und können von Hand bequem gegessen werden.

HERAUSDRÜCKEN DER FLÜGELKNOCHEN

Die Mittelflügel blanchieren und den dünneren der beiden Knochen herausziehen.

Den stärkeren der beiden Knochen mit dem Daumen herausdrücken.

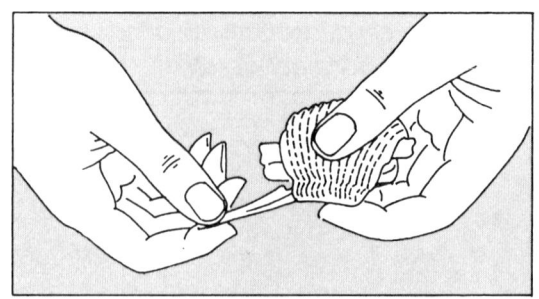

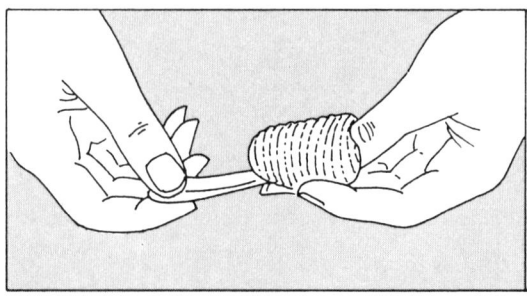

Diesen pikant gewürzten Pouletflügel kann man bei verschiedenen Gelegenheiten servieren, zum Beispiel als aparte Vorspeise, zum Apéro oder als Beilage zu einem einfachen Salat.

GRILLIERTE POULETFLÜGEL

Die Pouletflügel in kaltem Wasser waschen, anschließend mit Küchenpapier gut trockentupfen.
Die Ingwerwurzel schälen und fein reiben. Die Knoblauchzehen schälen und durchpressen. Die Ingwerwurzel, den Knoblauch, den Honig, das «5 Gewürzpulver», die Pfefferpaste (Sambal Ölek) und die Sojasauce miteinander mischen. Die Zwetschgenkonfitüre durch ein Sieb streichen und unter die Marinade rühren.
Die Pouletflügel mit Salz und Pfeffer würzen. Mit der Marinade bedecken und 1 bis 2 Stunden marinieren lassen.
Das Gitter aus dem Ofen mit Alufolie bespannen und mit dem Öl bestreichen. Die Pouletflügel darauflegen und unter die Grillschlange in den vorgeheizten Ofen schieben. Nach 5 bis 6 Minuten wenden, mit der noch vorhandenen Marinade einstreichen und weitergrillieren. Die Flügel dabei beobachten und, wenn es nötig ist, öfters wenden.
Die Pouletflügel können auch im Freien gegrillt werden; auch hier empfiehlt es sich, den Grillrost mit Alufolie zu bespannen.
Die Pouletflügel sollen goldbraun und knusprig sein.

Beilage Rustikales Brot
Tip MK: «Chinesisches 5 Gewürz» ist eine Mischung aus schwarzem Pfeffer, Sternanispulver, Fenchelsamen, Nelken- und Zimtpulver. Die Pouletflügel, also das Mittelstück, ganz kurz in Salzwasser blanchieren, dann lassen sich die Knochen herausdrücken (s. S. 120).

Arbeitsaufwand
etwa 25 Minuten
Grillierzeit
10—12 Minuten
Ofentemperatur
etwa 220 °C

Für 4 Personen
1 kg Pouletflügel
(Mittelstücke)

Marinade
1 Stück Ingwerwurzel
4 Knoblauchzehen
2 Eßl. Honig
1 Eßl. «Chinesisches
5 Gewürzpulver»
(siehe Tip)
2 Eßl. Sojasauce
1 Eßl. Zwetschgenkonfitüre
oder Pflaumenmus
1 Msp. rote, scharfe
Pfefferpaste
(zum Beispiel Sambal Ölek)
Salz, Pfeffer
1 Eßl. Erdnußöl

Etwas ganz besonderes ist dieses Soufflé, das mit der Malvoisie-Trüffel-Sauce bestens ergänzt wird.

TAUBENSOUFFLÉ MIT MALVOISIESAUCE

Arbeitsaufwand etwa 45 Minuten

Für 4 Personen

Soufflés
Garzeit
15—20 Minuten
Ofentemperatur
etwa 140 °C
120 g Taubenbrüste
80 g Geflügelbrüste
(beides ohne Haut und Knochen)
Salz, weißer Pfeffer (Mühle)
½ Eiweiß
40 g Champignonköpfe
10 g Trüffel
4 EBl. Madeira
2,5 dl Rahm

Sauce
Kochzeit etwa 12 Minuten
½ Teel. Butter
1 EBl. feingehackte Schalotten
¼ Teel. Thymian
1 dl Malvoisie oder lieblicher Weißwein
3 dl Geflügeljus
(s. S. 326)
Trüffeljus (wenn vorhanden)
1 EBl. Butter
Salz, weißer Pfeffer (Mühle)
4 Kerbelzweige

Die gut gekühlten Tauben- und die Pouletbrüste in kleine Würfel schneiden. In den Cutter geben, mit Salz und Pfeffer würzen und fein zerkleinern; das Eiweiß zufügen und unterarbeiten. Durch ein feines Sieb streichen und kalt stellen.
Die Champignons und die Trüffel putzen und waschen. In kleine Würfel schneiden und im Madeira kurz dünsten. Zum Auskühlen in ein flaches Gefäß schütten.
In der Zwischenzeit den Rahm steif schlagen. Die kalten Pilze unter die Taubenfarce mischen. Dann nach und nach mit einem Holzlöffel den geschlagenen Rahm unterheben. Die Souffléförmchen ausbuttern und die Masse einfüllen.
Für die Sauce die Schalotten mit dem Thymian in der Butter anziehen lassen. Mit dem Malvoisie (Weißwein) 2- bis 3mal ablöschen, mit dem Geflügeljus auffüllen und um etwa die Hälfte reduzieren. Die Butter unter die Sauce schwenken, mit Salz und Pfeffer abschmecken. Passieren und warm halten.
Inzwischen die Soufflés im Wasserbad im vorgeheizten Ofen garziehen lassen. Sofort auf Teller anrichten, mit der Sauce umgießen, mit den Kerbelzweigen garnieren und servieren.

Beilage Pariser Brot oder Butterreis

Tips
MK: Weniger vornehm, aber auch sehr gut wird das Soufflé mit anderem Geflügel, zum Beispiel mit Coquelets, Perlhuhn oder Ente.
FWE: Die Trüffel können auch durch etwas Trüffelöl ersetzt werden.
Eine Madeira- oder Portweinsauce würde ebenfalls sehr gut dazu passen.

GANZES GEFLÜGEL

Gibt es etwas Festlicheres auf dem Tisch als ein schön braun gebratenes und sogar noch gefülltes Geflügel — egal, ob es sich um ein Hähnchen, eine Ente, einen Truthahn oder eine Gans handelt? Voraussetzung ist natürlich, daß das Geflügel nach allen Regeln der Kunst gebraten ist. Enthält es eine Füllung, dann sollte diese etwas ganz Besonderes sein. Allerdings geht es dabei nicht einmal nur um die Wahl der Zutaten, die natürlich harmonieren müssen. Ebenso wichtig ist das Würzen. Eine fade, langweilige Füllung ist dem schön gebratenen Geflügel abträglich und für die Tischgäste enttäuschend. Deshalb muß man der Zubereitung der Farce seine ganze Aufmerksamkeit schenken. Es lohnt sich, denn eine Füllung ist nicht bloß ein nebensächlicher Zusatz, sondern kann Beilagen ersetzen, wenn man sie bei Tisch mit dem tranchierten Geflügel gerecht an die Gäste verteilt. Enthält eine Füllung Brot, kann man auf Stärkebeilagen verzichten. Dann genügt eine Gemüsegarnitur.

Das richtige Geflügelbraten ist eine Technik, die man erlernen und üben kann. Die Füllung hingegen zeugt bereits von Können und oft auch von der Kreativität und der Kunst des Abschmeckens.

In diesem Kapitel sind verschiedene Füllungen aufgeführt, die sich für alle hier erwähnten Geflügelarten eignen.

Fast haben wir vergessen, wie ein einfach zubereitetes Coquelet schmeckt. Vielleicht sollten wir es wieder einmal versuchen. Natürlich mit der besten Qualität, die wir finden können.

COQUELETS NACH GROSSMUTTERART

Die Coquelets pfannenfertig herrichten und binden (s. S. 146). Mit Salz und Pfeffer würzen, in den Bauchraum einige Estragonblätter schieben.
Die Kartoffeln schälen und in kleine Stäbchen schneiden. Die Champignons putzen, waschen und vierteln. Den Speck in Streifen schneiden.
Die Coquelets in der heißen Bratbutter im vorgeheizten Ofen goldbraun anbraten. Herausnehmen und mit dem Senf bestreichen, danach wieder zurück in die Pfanne legen.
Die vorbereiteten Kartoffeln, die Champignons und den Speck zufügen. Die Hitze auf 180 °C reduzieren und fertigbraten. Die Coquelets ab und zu wenden und die Garnitur durchrühren. Löffelweise etwas Geflügeljus zugeben.
Die fertigen Coquelets und die Garnitur aus der Pfanne nehmen. Den Bratensatz mit dem restlichen Jus loskochen und passieren, mit Salz und Pfeffer abschmecken.
Die Coquelets halbieren, jede Hälfte mit etwas Gemüsegarnitur anrichten. Die Sauce separat dazu reichen.

Arbeitsaufwand
etwa 50 Minuten
Bratzeit
etwa 25 Minuten
Ofentemperatur
180—220 °C

Für 4 Personen
4 Coquelets
Salz, weißer Pfeffer (Mühle)
2 Estragonzweige
2—3 Eßl. Bratbutter (Butterschmalz)
1—2 Eßl. Senf
500 g Kartoffeln
100 g frische Champignons
50 g Magerspeck
2 dl Weißwein
4 dl Geflügeljus
(s. S. 326)

Was ist ein Poulet — eine «Sie» oder ein «Er»?

In Frankreich oder auch in der Schweiz verlangt man ein Poulet, wenn man ein Brathähnchen will. Früher verlangte man ausdrücklich einen «Coq», also ein Hähnchen, denn die Hühner waren meistens schon zu alt, um zart zu sein. Heute, bei der Aufzucht im großen Stil, macht man keinen Unterschied mehr. Ob Hähnchen oder Hühnchen, sie kommen als Poulets in den Verkauf. Unterschiede gibt es noch bei kleineren Betrieben, welche die Spitzengastronomie beliefern können. Oder bei Mastpoularden, die unter strengen Bedingungen produziert werden. Immer mehr werden schwere Poulets als Ersatz für die teuren Poularden angeboten. Allerdings erreichen sie nie deren Qualität, obwohl sie sich für die Zubereitung von vielen Poulardenrezepten gut eignen.

Beliebt sind heute auch die «Coquelets». Übersetzt wären dies kleine, junge Hähnchen mit einem Gewicht von 500 bis 600 g. Meistens werden aber kleine Poulets unter dieser Bezeichnung angeboten. Sie haben zartes, delikates, aber unausgereiftes Fleisch. Sie sind auch in der Restaurantküche sehr beliebt, weil sie als Portionen serviert werden können und weil die Bratzeit dank ihrem leichten Gewicht kürzer ist.

In Gegenden, wo es noch Nußbäume gibt, zum Beispiel in Italien und in Frankreich, liebt man gekonnt zubereitete Nußsaucen.

COQUELETS MIT NUSSSAUCE

Die Bratbutter bei Küchentemperatur weich werden lassen. Mit Salz, Pfeffer, dem Senf und der abgeriebenen Orangenschale mischen. Die Coquelets innen und außen mit dieser Masse bestreichen und im vorgeheizten Ofen rundherum goldbraun braten.

Den Spinat ausdrücken und in der Butter dünsten, bis alle Flüssigkeit verdampft ist. Zum Erkalten auf einen Teller geben. Den Spinat mit den gehackten Nüssen und dem Rahm im Mixer pürieren. Den Orangensaft dazugeben, in einer Kasserolle aufkochen lassen und den durchgepreßten Knoblauch zufügen.

Die Coquelets aus der Kasserolle nehmen und das Bratfett abgießen. Den Bratsatz mit dem Marsala ablöschen und loskochen. Den entstandenen Fond zur Spinatnußsauce geben und mit Salz, Pfeffer, Cayennepfeffer und Origano würzen.

Die Coquelets beim Anrichten mit den halben Baumnußkernen garnieren; die Sauce extra reichen.

Beilage Gekochter Reis oder Kartoffelkroketten

Tips
MK: Wenn ganz frische Baumnußkerne verwendet werden, besteht die Gefahr, daß sich die Sauce dunkel färbt. Am besten werden dann die Nüsse und der Rahm erst kurz vor dem Servieren zur Sauce gegeben.
FWE: Die Coquelets können auch am Spieß gebraten werden, dann nach Möglichkeit den herabtropfenden Saft auffangen.

Arbeitsaufwand
etwa 30 Minuten

Für 4 Personen

Coquelets
Bratzeit
etwa 25 Minuten
Ofentemperatur 250 °C
2 Coquelets zu 600 g
2 EßI. Bratbutter (Butterschmalz)
Salz, weißer Pfeffer (Mühle)
1 Teel. Dijonsenf
1 Teel. abgeriebene Orangenschale

Sauce
Kochzeit
etwa 12 Minuten
80 g blanchierter Blattspinat
1 EßI. Butter
120 g gehackte Baumnußkerne
2,5 dl Rahm
2 EßI. Orangensaft
1 Knoblauchzehe
2 EßI. Marsala
Salz, weißer Pfeffer (Mühle)
1 Prise Cayennepfeffer
½ Teel. Origano
8 halbe Baumnußkerne

TRAN-CHIEREN EINER GEBRATENEN ENTE

Die gebratene Ente auf den Rücken legen. Den Flügelknochen mit der Gabel festhalten und mit einem starken Messer durchschlagen.

Die Keule mit der Gabel leicht anheben und die Haut zwischen Schenkel und Brust durchtrennen. Den Schenkel von der Karkasse lösen.

Die Schenkel am Gelenk zwischen Ober- und Unterschenkel so durchtrennen, daß ¼ des Oberschenkelfleisches am Unterschenkel bleibt.

Die Ente auf den Rücken setzen, mit der Gabel festhalten und mit dem Messer das Brustfleisch von der Karkasse herausschneiden.

Die Brust mit der Gabel festhalten und schräg von der Brustspitze zum Flügel hin mit einem scharfen Messer in Scheiben schneiden.

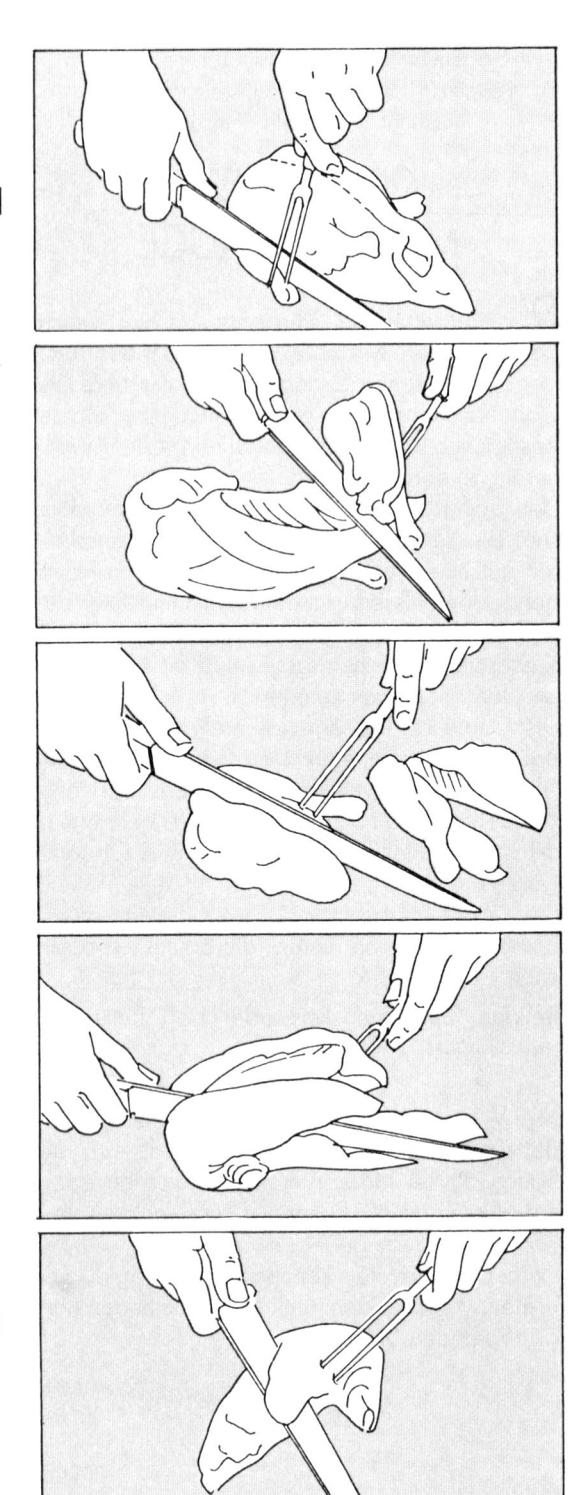

Eine zarte, junge Ente nach südlich-bäuerlicher Art zubereitet — das schmeckt ausgezeichnet.

JUNGE ENTE MIT CHAMPIGNONS UND OLIVEN

Die küchenfertige Ente binden, innen und außen mit Salz und Pfeffer würzen. Im heißen Öl rundherum anbraten. Dann in eine mit Butter ausgestrichene Auflaufform geben und im vorgeheizten Ofen fertigbraten.

Den Speck in kleine Würfel schneiden, glasig dünsten und zur Ente geben.

Die Perlzwiebeln schälen. Die Champignons putzen, waschen und in Scheiben schneiden. In einer heißen Bratpfanne in der Butter leicht anbraten. Die Oliven entsteinen, klein schneiden, zufügen und gut mischen. Kurz vor Beendigung der Bratzeit das Salbeiblatt, die gespickte Zwiebel, die Karotte und den Knoblauch zugeben. Die fertiggebratene Ente herausnehmen und warm halten. Mit der Bouillon auffüllen, den Madeira zufügen, einkochen lassen und abschmecken. Die Ente anrichten und die Sauce separat dazu servieren.

Beilagen Glasierte weiße Rüben, Bratkartoffeln

Tip MK: Die Karotten können durch kleine, zarte, weiße Rüben (Navets) ersetzt werden. In diesem Fall die Oliven weglassen.

Arbeitsaufwand
45 Minuten

Für 4 Personen

Ente
Bratzeit
etwa 70 Minuten
Ofentemperatur
220—250 °C
1 junge Ente zu 2 kg
Salz, weißer Pfeffer (Mühle)
1 EBl. Öl
1½ EBl. Butter
100 g Magerspeck
20 g Perlzwiebeln
100 g Champignons
100 g grüne Oliven

Sauce
Kochzeit
etwa 10 Minuten
1 Salbeiblatt
1 kleine Zwiebel
½ Lorbeerblatt
2 Gewürznelken
1 mittelgroße Karotte
1 durchgepreßte Knoblauchzehe
2 dl Bouillon
1 dl Madeira

Das Rezept dieses klassischen Gerichts darf in diesem Buch wirklich nicht fehlen.

ENTE À L'ORANGE

Arbeitsaufwand
etwa 50 Minuten

Für 6 Personen

Ente
Bratzeit
75—80 Minuten
1 Ente zu 2,5 kg (Barbarie)
Salz, weißer Pfeffer (Mühle)
Wasser

Entenjus
Kochzeit
etwa 60 Minuten
Hals- und Flügelknochen der Ente
2 EBl. grobe Zwiebelwürfel
1 EBl. große Karottenwürfel
1 l gelierter Jus

Sauce
Kochzeit
etwa 15 Minuten
1 EBl. Butter
1 EBl. feingehackte Zwiebel
1 Teel. Zucker
1 EBl. Tomatenpüree
6 EBl. Grand Marnier oder Orangen-Brandy
1 dl Orangensaft
5 dl Entenjus
1 Teel. abgeriebene Orangenschale
1 Teel. Kartoffelstärke
Salz, weißer Pfeffer (Mühle)
1 EBl. frische Butter

Garnitur
3 Orangen zum Filetieren (oder für Scheiben)

Von der pfannenfertigen Ente den Hals und die Flügel abschlagen und klein hacken. Die Ente sorgfältig reinigen, trockenreiben, binden, salzen und pfeffern. In einem passenden Schmortopf etwa 1 Zentimeter hoch Wasser einfüllen. Im Ofen heiß werden lassen. Die Ente einlegen und sofort drehen. Die gehackten Knochen zufügen. Die Ente seitlich liegend etwa 60 Minuten unter häufigem Beschöpfen und Wenden braun und knusprig braten. Während der letzten 15 Minuten der Bratzeit sollte sie auf dem Rücken liegen. Das Gemüse zufügen und mitrösten. Die fertige Ente auf ein Abtropfgitter setzen und einige Minuten ruhen lassen. Das Fett aus der Pfanne entfernen, den Bratsatz mit dem Jus auffüllen, loskochen und um ungefähr die Hälfte reduzieren.

Die Zwiebel in der erhitzten Butter goldbraun werden lassen. Den Zucker und das Tomatenmark zufügen und mitdünsten. Mit drei EBlöffeln Grand Marnier und dem Orangensaft mehrmals ablöschen. Mit dem passierten Entenjus auffüllen und die abgeriebene Orangenschale zufügen. Einige Zeit köcheln lassen. Die Kartoffelstärke mit dem restlichen Grand Marnier anrühren und die Sauce damit binden. Eventuell nachwürzen, passieren, die Butter unterschwenken und warm halten.

In der Zwischenzeit die Orangen mit einem Messer schälen und die Filets zwischen den Häuten herausschneiden. Den Saft zum Erwärmen der Filets auffangen.

Jede Entenbrust in sechs Scheiben, die Keulen in je drei Teile schneiden. Das Brustfleisch auf die Keulen legen und mit etwas Bratfett bestreichen. Im Ofen erhitzen, anrichten, mit den Orangenfilets garnieren und mit der Sauce umgeben. Die Sauce kann auch separat gereicht werden.

Beilagen Grüne Erbsen, Herzoginkartoffeln (s. S. 356)

Tips
MK: Wenn ich die Ente mit der Leber erhalte, püriere ich diese mit wenig Orangensaft und abgeriebener Orangenschale, würze sie mit Salz, Pfeffer und wenig Thymian und gebe das Ganze zur Sauce oder streiche es auf Buttercroûtons, die rasch überbacken werden. Das paßt zum Aperitif oder als Beilage zur Ente.
FWE: Für die oben beschriebene Zubereitungsart eignen sich am besten Erpel (männliche Enten).

Der Erpel

Der Erpel ist die männliche Ente. Bei einigen Rassen, wie zum Beispiel den Barbarie-Enten, sind sie größer und fleischiger als die weiblichen Tiere.

Der Erpel ist hervorragend geeignet für alle herkömmlichen Gerichte, wo die Enten noch durchgebraten werden.

Viele Rezepturen schreiben vor, die Enten mit Fett zu braten. Das ist bei fetten Enten nicht immer ratsam. Es ist besser, sie mit Wasser anzusetzen und das zum Braten benötigte Fett aus der Haut austreten zu lassen. Die Enten bleiben auf diese Weise saftig und werden trotzdem knusprig.

Die Haut des Geflügels ist nicht nur Schutz, sondern auch Geschmacksträger. In ihr ist aber auch sehr viel Fett gespeichert, was bei den Zubereitungen berücksichtigt werden sollte.

Ente à l'orange

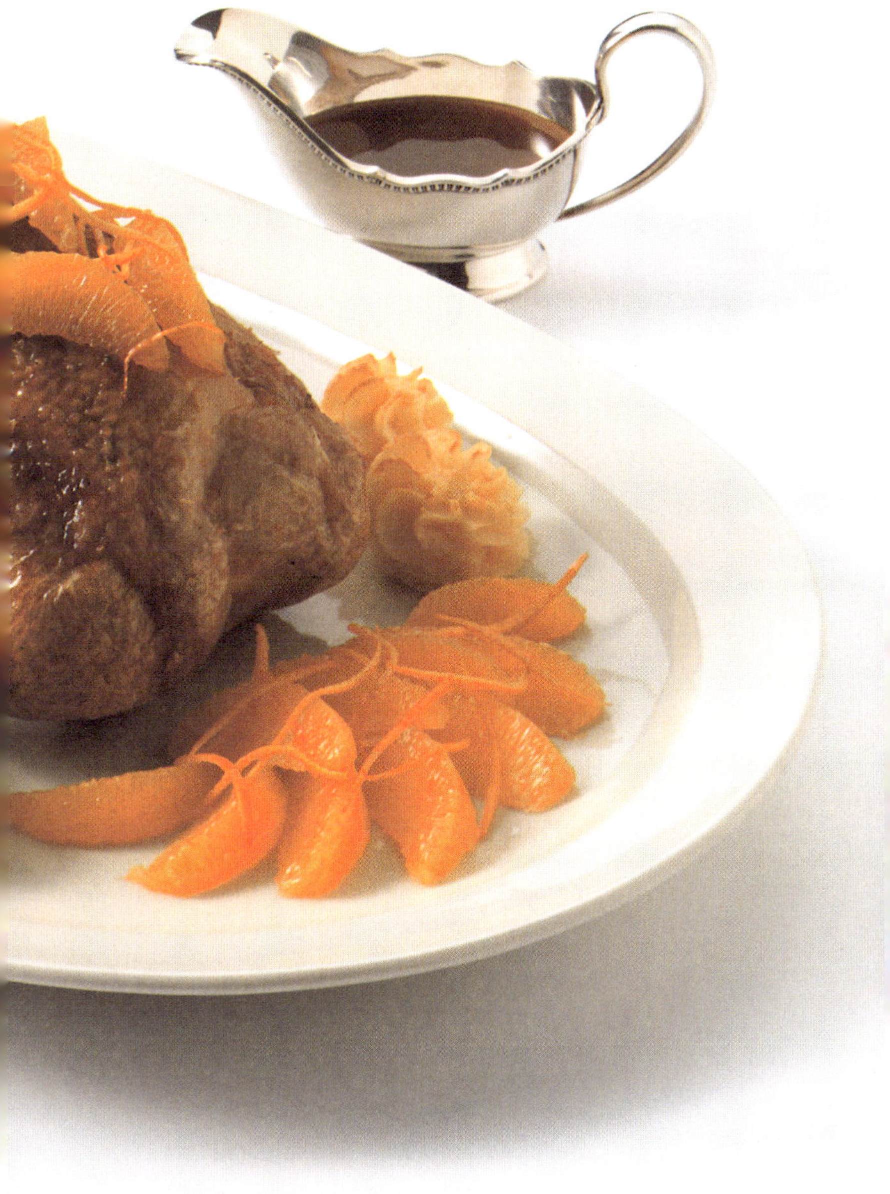

Ein traditionelles, aber immer gutes Gericht, wenn die Gans, wie hier beschrieben, nach allen Regeln der Kunst zubereitet wird.

GANS MIT APFELSAUCE UND GLASIERTEN MARONEN

Arbeitsaufwand etwa 45 Minuten

Für 6 Personen

Gans
Bratzeit
120—130 Minuten
Ofentemperatur
200—220 °C
1 junge Gans zu 3 kg
Salz, weißer Pfeffer (Mühle)
1 Apfel
3 Majoranzweige

Maronen
Garzeit
etwa 25 Minuten
50 g Zucker
40 g Butter
300 g geschälte Maronen
100 g Sellerieknolle

Sauce
Kochzeit
etwa 10 Minuten
500 g säuerliche Äpfel
1 dl Weißwein
1 dl Wasser
¼ Zimtstange
Zucker (je nach Geschmack)

Bei der Gans mit einer dicken Nadel oder einer Gabel die Fettpolster anstechen. Die Gans mit einem starken Küchenfaden binden, innen und außen mit Salz und Pfeffer einreiben. In den Bauchraum den gewaschenen, in Stücke geschnittenen Apfel und den Majoran geben. In einen Bräter etwa 3 Zentimeter hoch heißes Wasser einfüllen, die Gans einlegen und sofort einmal im Wasser drehen. In den vorgeheizten Ofen schieben und unter häufigem Begießen und Wenden braten. Nach einiger Zeit tritt das Fett aus und das Wasser verdunstet, dann kann es sein, daß die Temperatur zurückgeschaltet werden muß. Am Ende der Bratzeit soll die Gans schön braun und knusprig sein. Vor dem Aufschneiden sollte sie mindestens 10 Minuten ruhen.

Den Zucker für die Maronen in einer flachen Kasserolle hellbraun karamelisieren. Zuerst die Butter, dann die Maronen zufügen. Mit Wasser auffüllen, bis sie bedeckt sind, aufkochen und den Sellerie zufügen. Etwa 20 Minuten zugedeckt kochen lassen. Den Deckel abnehmen und den Sellerie entfernen. Unter Schwenken weiterkochen, bis die Maronen einen glänzenden Überzug bekommen.

Inzwischen die Äpfel schälen, achteln und das Kerngehäuse entfernen. Mit dem Wein, dem Wasser und der Zimtstange weichkochen. Den Zimt entfernen und die Äpfel durch ein Sieb streichen, mit Zucker abschmecken und warm halten.

Die Gans aufschneiden und zusammen mit den Maronen anrichten; die Sauce separat servieren.

Beilagen Rotkraut, Kartoffelpüree

Tips

MK: Der Majoran kann durch Beifuß oder Thymian ersetzt werden.

Es können sowohl frische wie auch tiefgekühlte glasierte Maronen verwendet werden.

FWE: Nur Mastgänse können auf die oben beschriebene Weise gebraten werden. Magere Gänse müssen mit Fett gebraten werden.

Diese besonders zarten Perlhühnchen sind seit einiger Zeit auch bei uns erhältlich. Die delikate Wermutsauce paßt ausgezeichnet dazu.

PERLHUHNKÜKEN AUF DEM LAUCHBETT
MIT WERMUTSAUCE

Die bereits küchenfertigen Perlhuhnküken binden (s. S. 146), salzen, pfeffern und in der Bratbutter im vorgeheizten Ofen goldbraun braten. Die Schalottenwürfel in der Butter farblos dünsten, mit dem Wermut mehrmals ablöschen und dem Perlhuhnfond auffüllen. Die Sauce um etwa die Hälfte einkochen und passieren. Mit Salz und Pfeffer abschmecken, die Butter in kleinen Flöckchen unterschwenken und warm halten.

Den Lauch längs halbieren und waschen. Zuerst in etwa 3 Zentimeter lange Stücke, dann längs in nicht zu schmale Streifen schneiden. In Salzwasser blanchieren, kalt abschrecken und abtropfen lassen. Die Butter zerlaufen lassen, den Lauch zufügen und mit Salz, Pfeffer und Muskatnuß würzen. Den Wermut zufügen und 2 bis 3 Minuten dünsten.

Den Lauch auf einer Platte anrichten und die Perlhuhnküken obenauf setzen. Die Wermutsauce extra reichen.

Beilage Rösti

Tip MK: Anstelle von Perlhuhnküken eignen sich auch Coquelets/kleine Hähnchen oder Perlhuhnbrüste für dieses Gericht.

Arbeitsaufwand
50 Minuten

Für 4 Personen

Perlhuhn
Bratzeit
10—12 Minuten
2 Perlhuhnküken
Salz, weißer Pfeffer
1 EßI. Bratbutter

Sauce
Kochzeit
etwa 15 Minuten
1 Teel. Butter
1 EßI. Schalottenwürfel
1 dl Wermut (Noilly Prat)
5 dl Perlhuhnfond
(s. S. 333)
Salz, weißer Pfeffer
2 EßI. Butter

Lauch
Garzeit
3—4 Minuten
1 kg zarter Lauch
2—3 EßI. Butter
Salz, weißer Pfeffer
geriebene Muskatnuß
6 EßI. Wermut (Noilly Prat)

Hier passen das Geflügel und der Wein für die Sauce ganz besonders gut zusammen. In der Drôme, der Gegend von Montélimar, gibt es viele Perlhühner, und der Wein aus Châteauneuf-du-Pape gefiel schon den Päpsten als Begleitung zu diesem edlen Geflügel.

PERLHUHN MIT CHÂTEAUNEUF-DU-PAPE

Arbeitsaufwand
etwa 35 Minuten

Für 6 Personen

Perlhuhn
Garzeit
etwa 10 Minuten
2 Perlhühner
Salz, Pfeffer (Mühle)
2 Eßl. Butter

Sauce
Kochzeit
etwa 20 Minuten
3 Schalotten
150 g Champignons
2,5 dl Châteauneuf-du-Pape blanc
0,5 dl Geflügelfond
Salz, weißer Pfeffer (Mühle)
3 Eßl. Butter
200 g weiße Traubenbeeren (Weinbeeren)

Die Perlhühner in je 8 Stücke zerteilen und die Haut abziehen.
Die Schalotten schälen und fein würfeln. Die Champignons waschen und in Scheiben schneiden.
Die Perlhühner salzen und pfeffern, in der Butter kurz dünsten. Die Schalotten zufügen und ebenfalls anziehen lassen. Dann die Champignons zugeben und mitdünsten. Mit insgesamt 2 Dezilitern Wein mehrmals ablöschen und mit dem Geflügelfond auffüllen. Die Perlhühner darin garziehen lassen. Die gegarten Fleischstücke herausnehmen und warm halten.
Den restlichen Wein in die Sauce geben und diese etwas einkochen. Vom Feuer nehmen, zwei Eßlöffel Butter in kleinen Flöckchen unterschwenken, mit Salz und Pfeffer nachwürzen.
Die Traubenbeeren halbieren, entkernen und in einem Eßlöffel Butter erwärmen.
Die Perlhühner ohne die Unterschenkel auf einer heißen Platte anrichten, mit der Sauce bedecken und zusammen mit den Traubenbeeren garnieren.

Beilage Hausgemachte grüne Nudeln (S. 353)

Tips
MK: In Frankreich und auch bei uns in der Schweiz werden die Unterschenkel bei den «Pintades» (große fleischige Perlhühner) mitserviert.
FWE: Die Unterschenkel von Laufvögeln, zu denen das Perlhuhn und der Fasan gehören, sind stark mit Sehnen durchzogen. Aus diesem Grunde sollten sie nicht mitserviert werden. Für

die Herstellung der Sauce sind sie dagegen sehr geeignet.
Das beschriebene Rezept kann auch mit Fasanen oder Rebhühnern zubereitet werden.

Ein typisches Perlhuhnrezept aus einer Weingegend, wo Marc gebrannt wird. Ebensogut schmeckt die Sauce mit Grappa.

PERLHUHN MIT MARCSAUCE

Das küchenfertige Perlhuhn binden (s. S. 146), innen und außen würzen. In den Bauchraum einen Teil des Salbeis stecken.
In einer Kasserolle die Butter erhitzen. Das Perlhuhn darin rundherum anbraten. Den Speck, den restlichen Salbei und den Knoblauch zufügen. Das Perlhuhn unter häufigem Beschöpfen fertigbraten, dann herausnehmen und zum Servieren warm halten.
Den Bratsatz mit dem Marc ablöschen, mit dem Jus auffüllen und um etwa die Hälfte reduzieren. Den Rahm zufügen und die Sauce solange kochen, bis sie sämig ist. Passieren und mit Salz und Pfeffer abschmecken.

Beilagen Frische Steinpilze, hausgemachte Nudeln

Tips
MK: Wachteln können auch auf diese Art zubereitet werden.
FWE: Fügen Sie der Sauce während des Kochens einige frische Traubenbeeren zu, und Sie werden von dem Ergebnis überrascht sein. Verwenden Sie anstatt Marc Madeira, und schon haben Sie eine raffinierte Variante.

Arbeitsaufwand
etwa 30 Minuten

Für 4 Personen

Perlhuhn
Bratzeit
etwa 22 Minuten
Ofentemperatur
180—200 °C
1 junges Perlhuhn zu 1 kg
Salz, weißer Pfeffer (Mühle)
1 Salbeizweig
1 EBl. Butter
1 EBl. Magerspeckwürfel
1 durchgepreßte Knoblauchzehe

Sauce
Kochzeit
etwa 10 Minuten
4 EBl. Marc
2 dl Perlhuhn- oder Geflügeljus (s. S. 326)
2,5 dl Rahm
Salz, weißer Pfeffer (Mühle)

Mit einem jungen Perlhuhn (Pintadeau) zubereitet, schmeckt dieses Gericht mit der interessanten Sauce besonders gut.

PERLHUHN MIT NÜSSEN

Arbeitsaufwand
40 Minuten
Garzeit
20—25 Minuten
Ofentemperatur
200—220 °C

Für 4 Personen
1 junges Perlhuhn zu 1 kg
Salz, weißer Pfeffer (Mühle)
1½ EBl. Butter
1 gehackte Zwiebel
150 g halbe Baumnußkerne (Walnüsse)

Sauce
250 g Trauben
2 dl Blutorangensaft
3 dl Weißwein
Salz, Cayennepfeffer

Das Perlhuhn längs halbieren, mit Salz und Pfeffer einreiben und zusammen mit der Butter und den Zwiebeln in eine Auflaufform geben. Im vorgeheizten Ofen Farbe annehmen lassen.
Die Trauben waschen und auspressen. Den Traubensaft zum Perlhuhn geben. Nach etwa 10 Minuten den Orangensaft und den Weißwein zufügen. Das Perlhuhn unter Begießen im Ofen fertig garen, es dann aus der Form nehmen und zusammen mit den Nüssen warm halten.
Den entstandenen Fond kochen, bis er sämig wird und mit Salz und Cayennepfeffer abschmecken. Die Sauce passieren und separat zum Perlhuhn reichen.

Beilage Kartoffelkroketten

Tip MK: Die Nüsse dürfen nicht in der Sauce gekocht werden, sie könnte sich sonst schwarz verfärben.

Das einfachste Geflügelrezept der Welt, aber auch eines der besten. Das Perlhuhnfleisch kommt bei dieser Kochart überaus gut zur Geltung. Damit das Gericht gelingt, braucht man keine Kochkenntnisse. Das genaue Lesen genügt.

PERLHUHN IN DER SALZKRUSTE

Das Perlhuhn mit dem Rosmarin und den Salbeiblättern füllen. Mit Küchenschnur binden, außen und innen mit dem Pfeffer würzen.

Das Eiweiß leicht verquirlen, nicht schlagen. Das Salz in eine Schüssel geben, mit dem Eiweiß und dem Wasser gut zusammenarbeiten. Den Boden einer Form — die der Größe des Perlhuhns entspricht — mit einem Teil der Salzmasse (etwa 1 Zentimeter dick) bedecken. Das Perlhuhn daraufsetzen und mit der restlichen Salzmasse großzügig einpacken. Darauf achten, daß das Salz überall gleichmäßig stark aufgetragen ist. Die Schicht sollte auch hier 1 Zentimeter Dicke nicht unterschreiten. Das Perlhuhn in den vorgeheizten Ofen schieben und die Temperaturen und Garzeiten genau einhalten.

Vor dem Servieren mit einem starken, spitzen Gegenstand (Austernmesser oder Stechbeutel) die Salzkruste rundherum losbrechen. Den Deckel noch nicht abheben. Das Perlhuhn in der Kruste auf den Tisch bringen, erst jetzt den Deckel entfernen. Am Tisch oder in der Küche aufschneiden (tranchieren). Auf einer heißen Platte anrichten und servieren.

Beilagen Junges Gemüse in Rahm, neue Petersilienkartoffeln

Tip MK: Für dieses Gericht eignen sich auch Poulets, Poularden oder Kapaune. Je nach Gewicht die Garzeit des Geflügels verkürzen oder verlängern.

Arbeitsaufwand
etwa 20 Minuten
Garzeit
20 Minuten
bei 300 °C
Ofentemperatur
30 Minuten bei 250 °C
Ofentemperatur

Für 3—4 Personen
1 Perlhuhn zu 1 kg
Pfeffer (Mühle)
1 Rosmarinzweig
4 Salbeiblätter
2 kg grobes Salz
2 Eiweiß
3—4 Eßl. Wasser

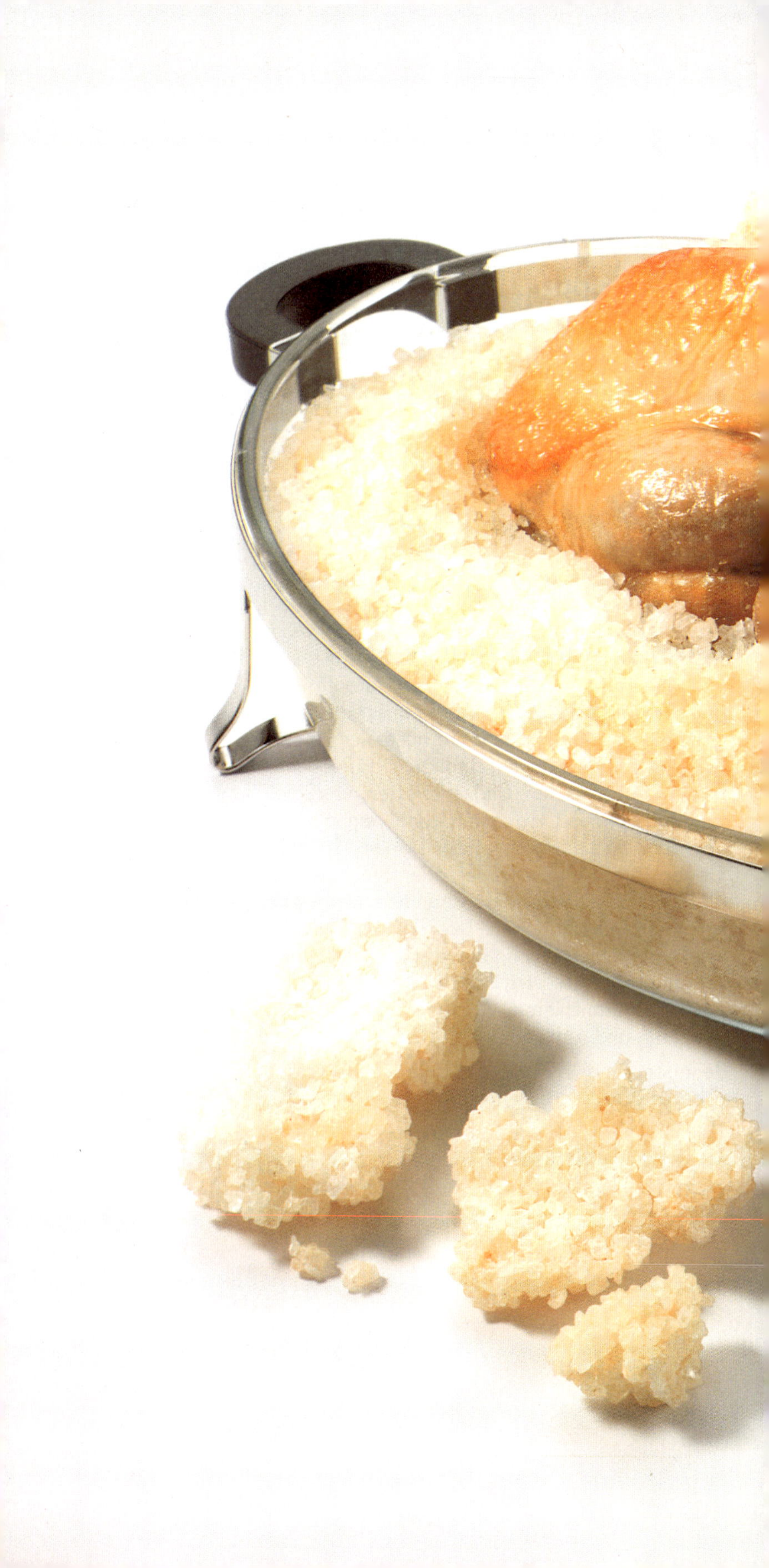

Perlhuhn
in der Salzkruste

Daß Geflügel und Krustentiere gut zusammenpassen, weiß man in verschiedenen Gegenden Frankreichs und Spaniens schon lange. Allerdings waren es früher meist Krebse und Langusten, die zusammen mit dem Geflügel gegart wurden. In diesem Rezept sind es Crevetten.

PERLHUHNKÜKEN MIT SCAMPI UND SAFRANSAUCE

Arbeitsaufwand
55 Minuten

Für 4 Personen

Perlhuhn
Bratzeit
10—12 Minuten
Ofentemperatur
200—220 °C
2 Perlhuhnküken
Salz, weißer Pfeffer
(Mühle)
1 Eßl. Bratbutter

Safransauce
Kochzeit
etwa 20 Minuten
1 Teel. Butter
1 feingehackte
Schalotte
4 Eßl. Weißwein
1 Prise Safranpulver
3 dl Perlhuhnfond oder
Geflügelbouillon
(s. S. 325)
2 dl Rahm
Salz, weißer Pfeffer
(Mühle)
Safranfäden nach Belieben

Crevetten
Garzeit 2—3 Minuten
8 Riesencrevetten
Salz, Pfeffer (Mühle)
1 Prise Cayennepfeffer
1 Eßl. Olivenöl
Kerbelzweige oder
glatte Petersilie

Die küchenfertigen Perlhuhnküken binden (s. S. 146), salzen und pfeffern. In der heißen Bratbutter im vorgeheizten Ofen rundherum, unter öfterem Wenden, goldbraun braten.
Die Schalotten in der Butter goldgelb dünsten und mit dem Weißwein ablöschen. Das Safranpulver beifügen und mit der Bouillon auffüllen. Kochen, bis der Fond dickflüssig wird. Den Rahm zufügen und weiterkochen, bis die Sauce sämig ist. Mit Salz und Pfeffer abschmecken und passieren. Die Safranfäden zugeben und die Sauce warm halten.
Von den Crevetten die Krusten und den Darm entfernen. Mit Salz, Pfeffer und Cayennepfeffer würzen und ganz kurz im Olivenöl dünsten. Die Perlhuhnküken auf einer Platte anrichten. Mit den Crevettenschwänzen und dem Kerbel garnieren. Die Safransauce separat dazu servieren.

Beilage Trockenreis

Tips
MK: Die Crevetten passen ebenfalls sehr gut zu einem Coquelet.
FWE: Ich liebe es, Krustentiere mit Geflügel in den verschiedensten Kreationen zu kombinieren. Mir gefällt die Harmonie von Farbe und Geschmack besonders gut.

Wer gerne gefülltes Geflügel hat, kommt bei diesem Gericht auf seine Rechnung. Dazu paßt die Currysauce ausgezeichnet. Die Zubereitung in der Folie ist sehr praktisch.

GEFÜLLTE POULARDE IN DER BRATFOLIE

Den Reis in reichlich Salzwasser kochen. Die Aubergine in Würfel schneiden, mit Salz bestreuen, 10 Minuten stehenlassen, abwaschen und mit Küchenpapier trockentupfen. Von den Peperoni die Kerne entfernen und in kleine Würfel schneiden. Die Auberginen- und die Peperoniwürfel mit den Zwiebeln in der erhitzten Butter etwa 4 Minuten dünsten. Mit Salz, Pfeffer, dem Curry, dem Koriander, dem Zimt und der geriebenen Muskatnuß würzen. Den Mango Chutney durch ein Sieb streichen und mit den Erbsen zum gedünsteten Gemüse geben. Dann die Hälfte des Gemüses unter den gekochten Reis mischen.

Die Poularde innen salzen und pfeffern und mit der Reis-Gemüse-Masse füllen. Mit einem Küchenfaden zunähen, binden (s. S. 146) und außen würzen. In den Folienschlauch legen, dann den Sherry und die restliche Gemüsemischung zugeben. Die Enden vorschriftsmäßig umlegen und mit den Papierdrähten verschließen. Im vorgeheizten Backofen garen. Die Poularde sollte schön goldbraun werden.

Inzwischen die Rosinen in dem Sherry aufquellen lassen und die Sauce zubereiten. In der erwärmten Butter den Curry und das Mehl farblos andünsten. Mit der Hühnerbouillon auffüllen, mit einem Schneebesen glattrühren und auf kleiner Flamme kochen. Die Rosinen, den Apfel, das Zwiebelsalz und den passierten Saft aus der Folie zugeben.

Den Joghurt mit der Sauce vermischen, nochmals abschmecken und vorsichtig erwärmen.

Tip FWE: Die Poularde am Tisch tranchieren. Die Füllung aus der Folie kann dazu und die Sauce separat serviert werden.

Arbeitsaufwand
etwa 35 Minuten

Für 4 Personen

Poularde
Bratzeit 70 Minuten
Ofentemperatur 200 °C
1 Poularde oder großes Poulet zu 1,4 kg
Salz, weißer Pfeffer
Bratschlauch, endlos

Reis
Kochzeit
12—15 Minuten
100 g Langkornreis
Salz

Füllung
1 Aubergine zu 200 g
100 g rote, grüne und gelbe Peperoni (Paprika)
2 EBl. feingehackte Zwiebeln
1 EBl. Butter
Salz, weißer Pfeffer
1 EBl. Curry
½ Teel. Koriander
½ Teel. Zimt
¼ Teel. Muskatnuß
2 EBl. Mango Chutney
2—3 EBl. Erbsen
3 EBl. Sherry

Sauce
Kochzeit 15 Minuten
1 EBl. Rosinen
3 EBl. Sherry
1 EBl. Butter
2 EBl. Curry
2 Teel. Mehl
2,5 dl Geflügelbouillon
30 g geriebener Apfel
½ Teel. Zwiebelsalz
1,2 dl Joghurt

Geflügel muß nicht immer gebraten werden. Der Beweis dafür ist dieses Poulet, das dank dem fein gewürzten Sherrysud sehr aromatisch wird.

GEDÄMPFTES POULET IM SHERRYSUD

Arbeitsaufwand
etwa 40 Minuten
Kochzeit
40—45 Minuten

Für 4 Personen
1 großes Poulet zu 1,4 kg
Salz, weißer Pfeffer (Mühle)
2 l Geflügelbouillon (s. S. 325)
1 dl Sherry
1 Lorbeerblatt
1 Zwiebel
4 Gewürznelken
1 Thymianzweig
1 halbierter Kalbsfuß
8 Karotten
8 weiße Rüben

Die Bouillon, den Sherry, das Lorbeerblatt, die gespickte Zwiebel, den Thymian und den Kalbsfuß zusammen in den Kochtopf geben. Zum Kochen bringen, dann abschäumen.

Die Karotten und die weißen Rüben schälen, waschen und in Würfel schneiden.

Das küchenfertige Poulet innen und außen mit Salz und Pfeffer würzen. Die Bauchlappen mit Einschnitten versehen und die Beine durchstecken (s. S. 145).

Das Gemüse in die Bouillon geben, das Poulet obenauf setzen und garziehen lassen.

Das Poulet auf eine vorgewärmte Platte setzen und rundherum das Gemüse beifügen.

Das Poulet am Tisch aufschneiden.

Beilagen Meerrettichrahm (s. unten), knuspriges Pariser Brot

Tip MK: Die Bouillon kann stark reduziert und in Suppentellern mit dem Gemüse serviert werden. Sie kann auch als Basis für eine feine Sauce, zum Beispiel eine Champagner- oder Weißweinsauce, dienen, welche zum Poulet serviert werden kann.

MEERRETTICHRAHM

Arbeitsaufwand
15 Minuten

Für 4 Personen
100 g Meerrettich
2,5 dl Rahm
1 Teel. Zitronensaft
1 Msp. Zucker
Salz, weißer Pfeffer (Mühle)

Den Meerrettich schälen und auf einer Reibe fein raffeln. Den Rahm steif schlagen, den Meerrettich darüber verteilen, mit dem Zitronensaft, dem Zucker, Salz und Pfeffer würzen. Alles mit einem Gummispachtel vorsichtig unter den Rahm heben.

EINSTECKEN DER BEINE EINER POULARDE ODER EINES SUPPENHUHNES ZUM KOCHEN

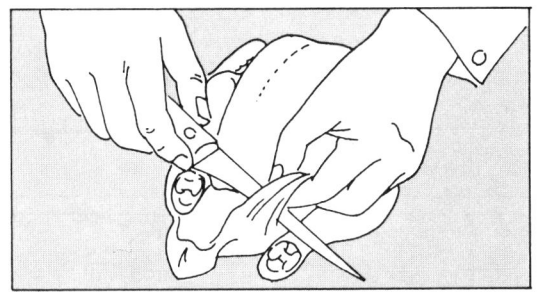

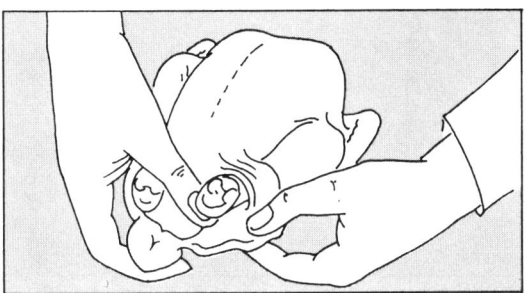

Die Flügel einschlagen. Jeden Bauchlappen der Poularde mit einem Einschnitt versehen.

Den Unterschenkel von außen nach innen durch den Einschnitt des Bauchlappens stecken.

Blanchieren

Blanchieren bedeutet Überbrühen in kochendem Wasser. Danach erfolgt das Abschrecken in kaltem Wasser, bei grünen Gemüsen in kaltem Salzwasser. Warum wird blanchiert? — Um Lebensmittel in einen verarbeitungsfähigen Zustand zu bringen. Das Blanchieren erfolgt, um von den Nahrungsmitteln zum Beispiel unerwünschte Fett- und Schmutzstoffe zu entfernen. Diese können sich nachteilig auf die weitere Verarbeitung auswirken, beispielsweise auf den Geschmack oder das Trübwerden der Bouillon.

BINDEN VON GEFLÜGEL

Die Unterschenkel zwischen den beiden Gelenken mit einer Nadel durchstechen.

Die Küchenschnur durchziehen.

Die Flügelspitzen nach innen legen. Mit der Nadel die Mitte der verschränkten Flügelknochen so durchstechen, daß gleichzeitig die zurückgelegte Halshaut am Rückgrat befestigt wird.

Die Schnur durchziehen und an der Keulenseite verknoten.

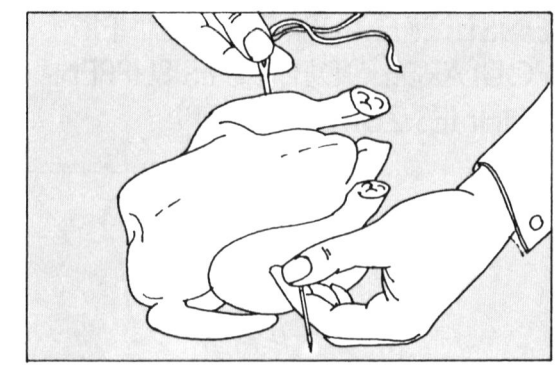

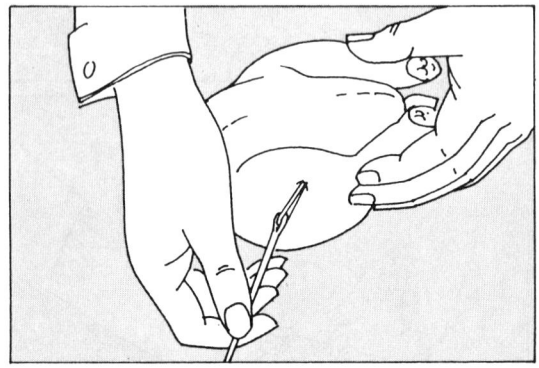

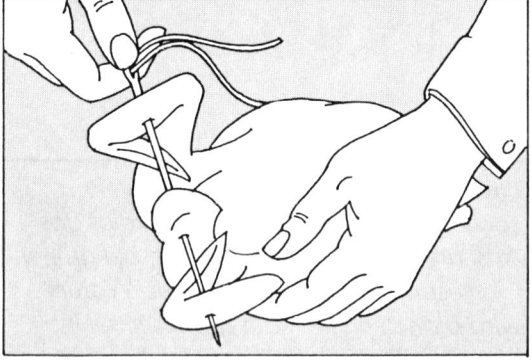

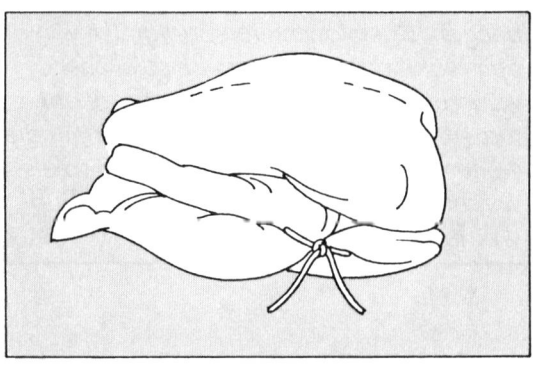

Gut und klassisch ist diese Poularde. Ein richtiges Festtagsgericht, das bei allen Gästen gut ankommt.

POULARDE MIT TRÜFFELSAUCE

Die Poularde binden (s. S. 146), mit Salz und Pfeffer einreiben. In den heißen Schmortopf mit der Bratbutter legen und sofort wenden. Im vorgeheizten Ofen unter häufigem Wenden und Begießen goldbraun braten. Vor dem Servieren mindestens 10 Minuten ruhen lassen.

Die Schalotten in der erwärmten Butter goldgelb dünsten, mit insgesamt etwa ⅔ des Sherrys mehrmals ablöschen. Mit dem Jus auffüllen und bei schwacher Hitze kochen lassen. Die Speisestärke mit dem restlichen Sherry anrühren und die Sauce damit binden. Mit Salz und Pfeffer abschmecken und die Butter mit einer flachen Saucenkelle unterrühren. Die feingehackten Trüffel und deren Fond zufügen.

Den Kohlrabi und die Karotten schälen und in Stäbchen schneiden. In der Hälfte der erwärmten Butter und dem Zucker farblos dünsten, salzen und mit dem Wasser auffüllen. Zugedeckt schnell zum Kochen bringen, dann ohne Deckel weiterkochen. Wenn die Gemüse gar sind, sollte nur noch wenig Flüssigkeit vorhanden sein. Die restliche Butter zufügen und zusammen mit der gehackten Petersilie unterschwenken.

Die Zucchetti waschen und in Stäbchen schneiden. In kochendem Salzwasser etwa 1 Minute sprudeln lassen und dann kalt abschrecken. Wie die anderen Gemüse zubereiten — nur mit weniger Wasser.

Die Poularde kann ganz oder geschnitten angerichtet werden. Mit den Gemüsen umlegen, und die Sauce separat dazu reichen.

Beilage Schloßkartoffeln

Tips

MK: Auf diese Weise kann auch ein Perlhuhn zubereitet werden. Mit frischen Trüffeln schmeckt die Sauce noch besser.

FWE: Für dieses Gericht paßt auch ein kleiner Truthahn (Babyputer) ausgezeichnet.

Arbeitsaufwand
etwa 50 Minuten

Für 4 Personen

Poularde
Bratzeit
45 bis 50 Minuten
Ofentemperatur
200—250 °C
1 Poularde zu 1,3 kg (bratfertig)
Salz, weißer Pfeffer
1½ EßI. Bratbutter

Sauce
Kochzeit
etwa 12 Minuten
1 Teel. Butter
1 feingehackte Schalotte
1,2 dl Sherry
4 dl Geflügeljus (s. S. 326)
1 Teel. Speisestärke
Salz, weißer Pfeffer
½ EßI. Butter
ein kleines Glas Trüffel

Gemüse
Garzeit
etwa 12 Minuten
300 g Kohlrabi
300 g Karotten
40 g Butter
2 Teel. Zucker
eine Prise Salz
3—4 dl Wasser
1 Teel. gehackte Petersilie

Zucchetti
Garzeit etwa 3 Minuten
300 g Zucchetti
20 g Butter
1 Teel. Zucker
1 dl Wasser
Salz

TRANCHIEREN AM TISCH

Die Poularde auf den Rücken legen. Die Flügelknochen mit der Gabel vom Rumpf abdrücken und mit dem Messer abschlagen.

Die Poularde auf die Seite legen. Mit der Gabel die Keule leicht anheben. Die Haut zwischen Brust und Schenkel durchtrennen und den Schenkel von der Karkasse lösen.

Die Schenkel am Gelenk zwischen Unter- und Oberschenkel so durchtrennen, daß ¼ des Oberschenkelfleisches am Unterschenkel bleibt.

Den Unterschenkel mit der Gabel festhalten und das unterste Gelenk mit dem Messer abschlagen.

Die Poularde auf den Rücken setzen. Mit der Gabel festhalten und das Brustfleisch in Scheiben von der Karkasse schneiden.

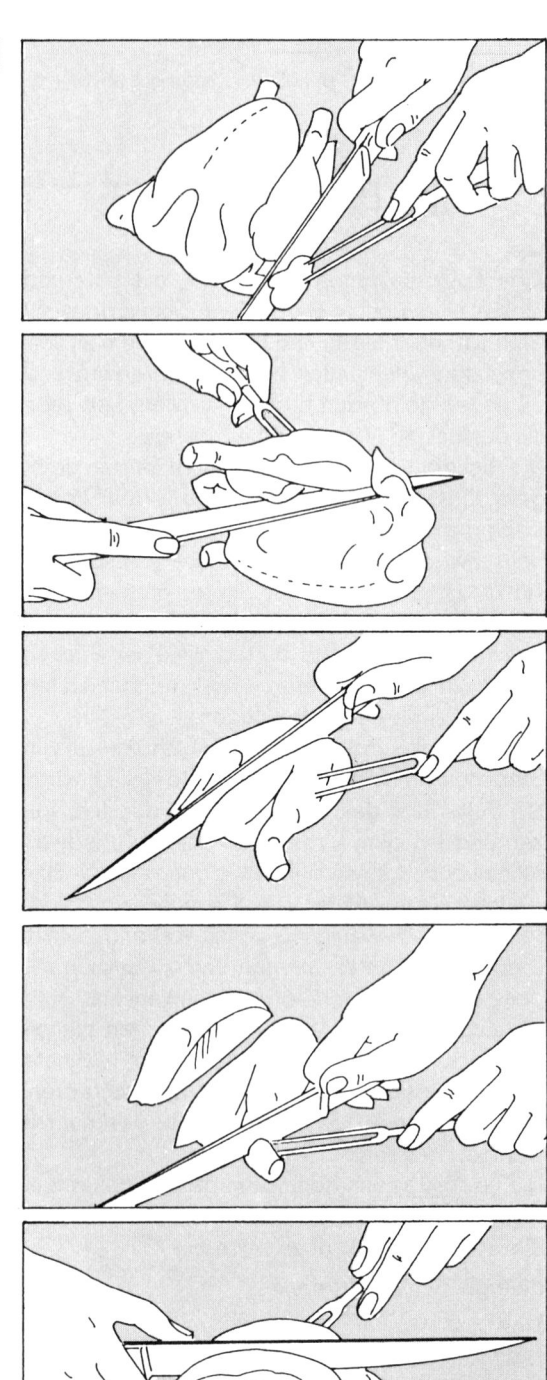

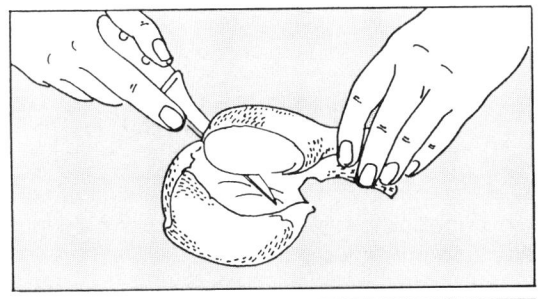

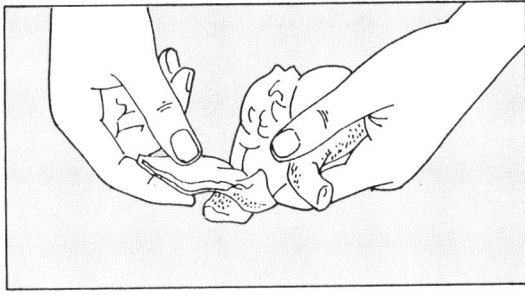

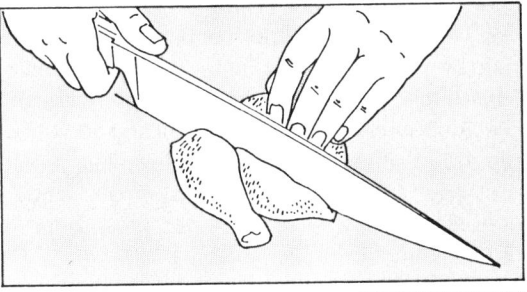

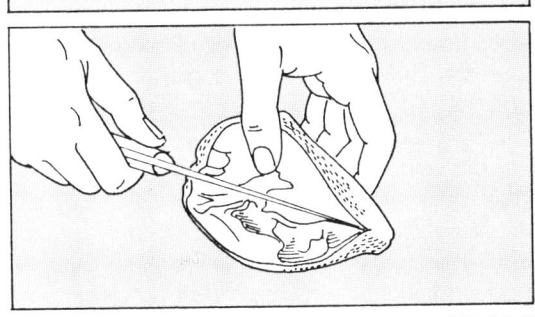

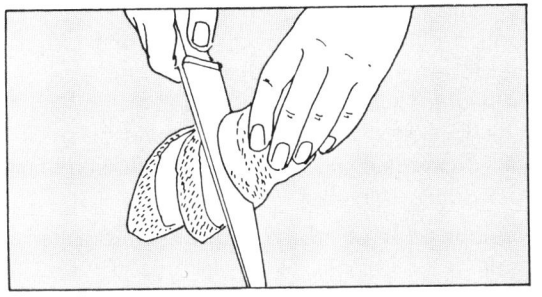

TRANCHIEREN IN DER KÜCHE

Die Poularde längs halbieren. Die Haut mit einem Ausbeiner zwischen Schenkel und Brust einschneiden und den Schenkel vom Knochengerüst lösen.

Den Beckenknochen vom Schenkel entfernen und das Gelenk am Unterschenkel abschlagen.

Die Schenkel am Gelenk zwischen Unter- und Oberschenkel so durchtrennen, daß ¼ des Oberschenkelfleisches am Unterschenkel bleibt.

Das Brustfleisch mit dem Ausbeiner vom Knochengerüst herausschneiden.

Die Brust flach auf das Tranchierbrett legen und schräg von der Brustspitze zum Flügel hin in vier Scheiben schneiden.

Ein Täubchen kauft man nicht alle Tage, und deshalb lohnt sich auch der Aufwand.

GEFÜLLTE TAUBEN

Arbeitsaufwand
40 Minuten

Für 4 Personen

Taube
Bratzeit
20—25 Minuten
Ofentemperatur 220 °C
4 Tauben
Salz, weißer Pfeffer
(Mühle)
4 Spickspeckscheiben
(10 x 15 cm)
1 ½ EBl. Bratbutter
(Butterschmalz)

Füllung
1 Brötchen
1,2 dl Geflügelbouillon
(s. S. 325)
150 g Geflügellebern
(mit Herzen und Lebern
der Tauben)
50 g Magerspeck (Dörrfleisch)
3 gehackte Schalotten
1 EBl. Butter
1 EBl. gehackte Petersilie
1 EBl. gehackte Kräuter
(Basilikum, Majoran,
Thymian)
1 EBl. abgezogene,
gehackte Pistazien
1 Ei
Salz, weißer Pfeffer
(Mühle)

Sauce
Kochzeit
12—15 Minuten
1 Teel. Butter
1 feingehackte Schalotte
1,5 dl Madeira
2,5 dl Geflügeljus
(s. S. 326)

Bei den pfannenfertigen Tauben den Hals und die Flügel abschlagen. Vom Hals her die Haut über die Brüste lösen.
Das Brötchen kleinschneiden, mit der warmen Bouillon übergießen und, nachdem es aufgeweicht ist, ausdrücken. Die Lebern (und Herzen) säubern und halbieren. Den Speck in feine Würfel schneiden, mit der Butter, den Lebern und den Schalotten in eine Pfanne geben und anziehen lassen. Die Petersilie und die gehackten Kräuter zugeben und kurz mitdünsten. Die Hälfte der Lebern aus der Pfanne nehmen und mit dem Brötchen im Mixer pürieren. Die restlichen Lebern in kleine Würfel schneiden und mit den verbliebenen Kräutern und Schalotten, den Pistazien und dem Ei unter die Leber-Brot-Masse mischen. Mit Salz und Pfeffer würzen.
Die Tauben innen würzen. Die Füllung sowohl in die Bauchöffnung als auch unter die gelöste Brusthaut füllen. Mit Schnur zunähen, binden und die Speckscheiben auf der Brust fixieren, außen würzen. In der heißen Bratbutter unter häufigem Wenden und Beschöpfen rundherum goldbraun braten. Nach Beendigung der Bratzeit das Fett aus der Pfanne gießen, den Bratsatz mit 4 Eßlöffeln Wasser loskochen und zur Sauce geben.
Für die Sauce die Schalotte in der Butter goldgelb dünsten, mehrmals mit dem Madeira ablöschen. Mit dem Jus auffüllen. Die anfallenden, zuvor angerösteten Taubenknochen zufügen und stark einkochen. Das Parfait durch ein Sieb streichen und unter die Sauce arbeiten. Die Sauce passieren, mit Salz, Pfeffer und Cayennepfeffer würzen, die Kräuter zufügen.
Von den Tauben die Speckscheiben entfernen. Das Geflügel danach in Keulen und Brüste teilen. Zusammen mit der Füllung anrichten und mit der Sauce umgießen.

Beilagen Grüne Erbsen, gebratene Kartoffelkugeln

Tips
MK: Die Tauben nach dem Anrichten mit Trüffelscheiben belegen.
Die Tauben vor dem Füllen auslösen (s. S. 70 f.); sie können gut schon einige Stunden vor dem Braten gefüllt werden.
FWE: Beim Einkauf darauf achten, daß die Tauben wirklich jung sind.

1 EßI. Gänseleberparfait
Salz, weißer Pfeffer (Mühle)
1 Prise Cayennepfeffer
1 EßI. gehackte Kräuter (Basilikum, Majoran, Thymian)

Einfach, aber köstlich. Diese mit Salbei gewürzten Tauben machen sich gut auf dem grünen Wirsing in der delikaten Sauce. — Ein apartes Gericht und doch so simpel.

TAUBEN AUF RAHMWIRSING

Die pfannenfertigen Tauben außen und innen mit Salz und Pfeffer einreiben, in jede Bauchhöhle ein Salbeiblatt legen. Die Tauben binden (s. S. 146), in die heiße Bratbutter legen und sofort drehen. Im vorgeheizten Ofen unter öfterem Wenden und Begießen braten. Die fertigen Tauben herausnehmen und den Bratsatz mit dem Weißwein etwa zweimal ablöschen. Den Jus zufügen und stark einkochen.

Die Blätter des Wirsings lösen und die dicken Rippen heraustrennen. Die Blätter in kleine Quadrate schneiden. Die Schalotten in der Butter farblos dünsten. Den Wirsing zufügen, mit der Bouillon begießen und zugedeckt garen. Den Rahm separat um etwa die Hälfte einkochen. Den Wirsing, sobald er gar ist, herausnehmen. Den Fond reduzieren und zusammen mit dem Rahm kochen, bis er sämig wird. Den Wirsing zufügen, mit Salz, Pfeffer und Muskatnuß würzen. Nochmals erwärmen und mit dem Bratenfond der Tauben mischen.

Die Tauben halbieren und auf dem Wirsing anrichten.

Beilage Neue Kartoffeln oder Maisschnitten mit Sesam

Arbeitsaufwand etwa 30 Minuten

Für 2 Personen (Hauptgericht) oder
für 4 Vorspeisen

Tauben
Bratzeit
15—20 Minuten
Ofentemperatur 220 °C
2 junge Tauben
Salz, weißer Pfeffer (Mühle)
2 Salbeiblätter
1 EßI. Bratbutter
5 EßI. Weißwein
6 EßI. Geflügeljus (s. S. 326)

Wirsing
Garzeit
etwa 15 Minuten
1 kleiner, junger Wirsing
2 feingehackte Schalotten
1 EßI. Butter
4 EßI. Geflügelbouillon (s. S. 325)
1,5 dl Rahm
Salz, weißer Pfeffer (Mühle), geriebene Muskatnuß

FÜLLEN EINER TAUBE

Die Halshaut zurückziehen und die Stränge, die die Haut und das Brustfleisch verbinden, lösen.

Mit dem Daumen die Haut vom Brustfleisch bis zu den Schenkeln lösen.

Einen Teil der Füllung mit dem Löffel in den Bauch geben.

Die Bauchöffnung mit der Nadel und Küchenschnur zunähen.

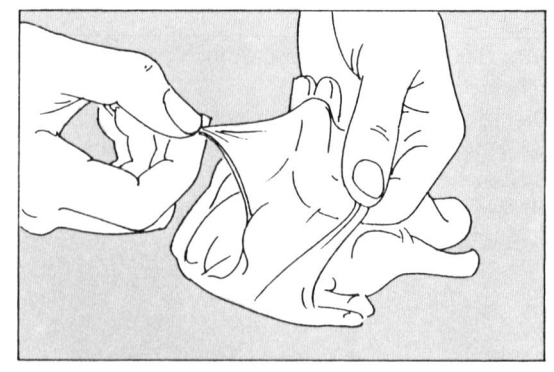

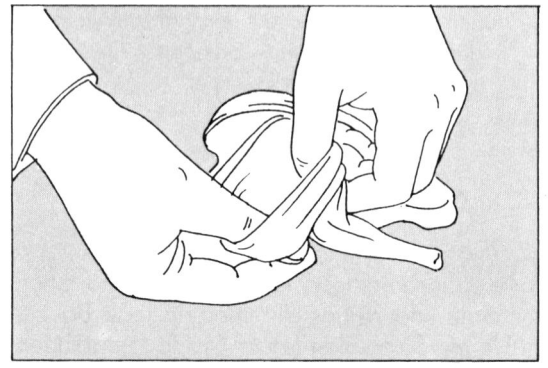

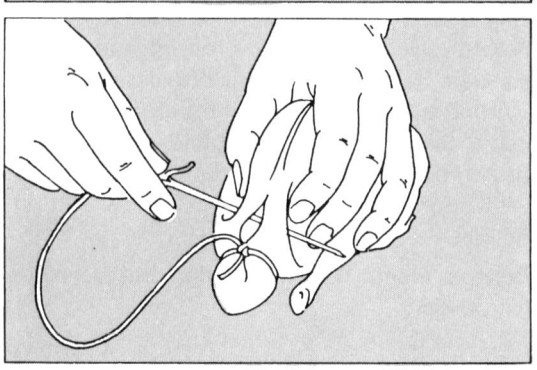

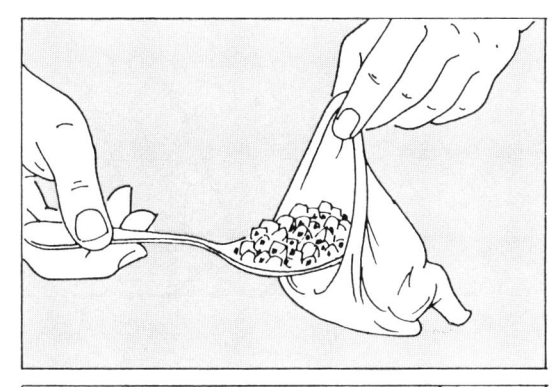

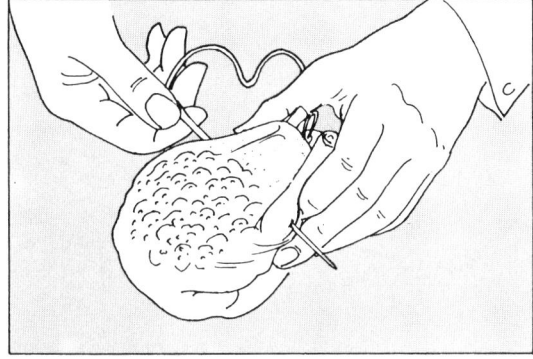

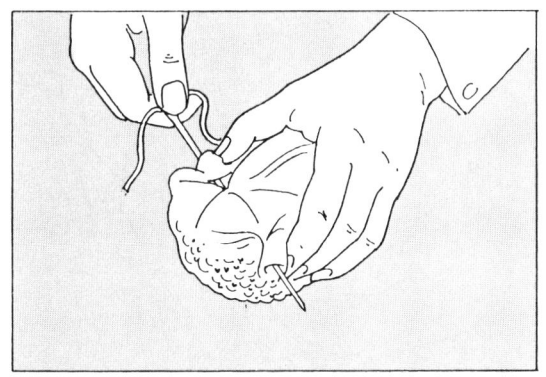

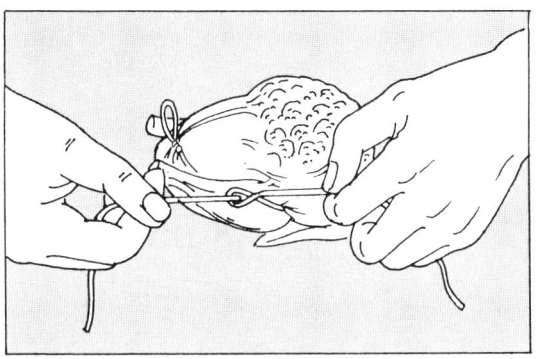

Die restliche Füllung zwischen Brustfleisch und Haut verteilen.

Die Keulen mit der Nadel durchstechen und die Schnur durchziehen.

Die Schnur so weiterziehen, daß die zurückgelegte Halshaut am Rückgrat befestigt wird.

Die Schnur durchziehen und an der Keulenseite verknoten.

BARDIEREN EINER TAUBE

Die Speckscheibe zum Bardieren in der Mitte 2—3mal einschneiden, damit beim Braten die Hitze besser an das Fleisch gelangt.

Die gefüllte Brust der Taube mit der Speckscheibe belegen.

Die Speckscheibe mit der Küchenschnur locker an die Taube befestigen.

Die natürliche Form der Taube sollte beim Umbinden der Schnur nach Möglichkeit nicht verändert werden.

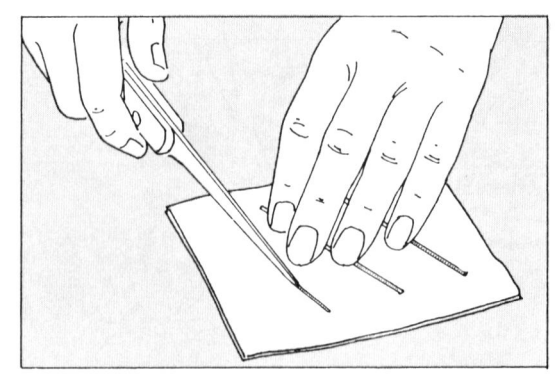

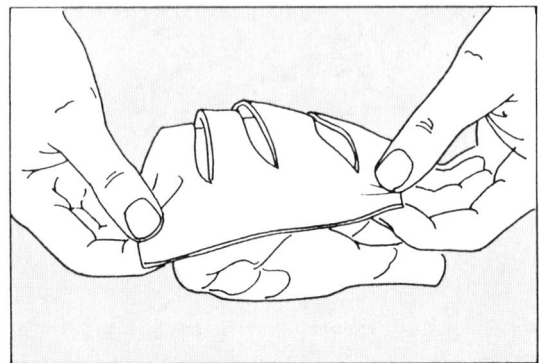

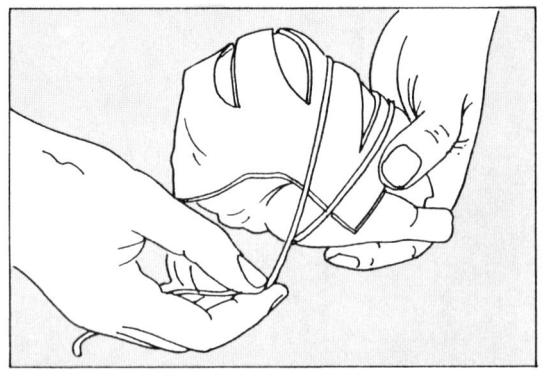

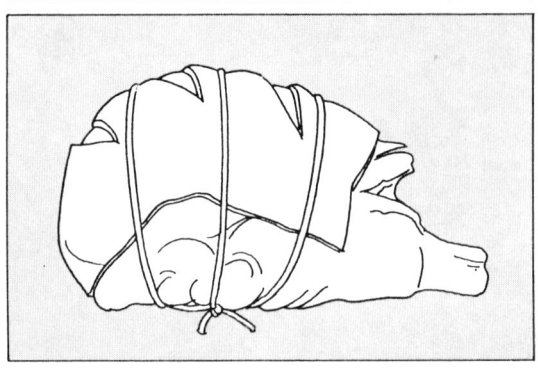

Die Taube — vielseitig begabt

Die Taube begann ihre kulinarische Karriere weder am Bratspieß noch auf dem Teller: Im Altertum wurde sie als Kellnerin eingesetzt. Im Olymp hatte sie die ehrenvolle Aufgabe, Jupiter zu bedienen und ihm täglich bei allen Mahlzeiten einen Teller mit Ambrosia auf den Tisch zu stellen. Daneben war sie für Orakelsprüche verantwortlich, die als verbindlich galten. In späteren Zeiten wurden sie bei der Post, bei der Presse und dem Militär als Briefboten eingesetzt. Dies alles konnte nicht verhüten, daß die Menschen gebratene Tauben als Leckerbissen entdeckten. Ob es wohl wirklich eine Zeit gab, da sie einem bereits gebraten ins Maul flogen, ist allerdings zu bezweifeln, auch wenn dies Goethe und Hans Sachs in Gedichten erwähnen:

Auch fliegen uns (möget ihr glauben)
Gebratne Hähner, Gäns' und Tauben
Wer sie nicht fängt, und ist so faul
Dem fliegen sie selber in das Maul.
                                   Hans Sachs (1536)

Wer aber recht bequem ist und faul,
Flög dem eine gebratne Taube ins Maul,
Er würde höchlich sich 's verbitten,
Wäre sie nicht auch geschickt zerschnitten.
                          Johann Wolfgang von Goethe (1814)

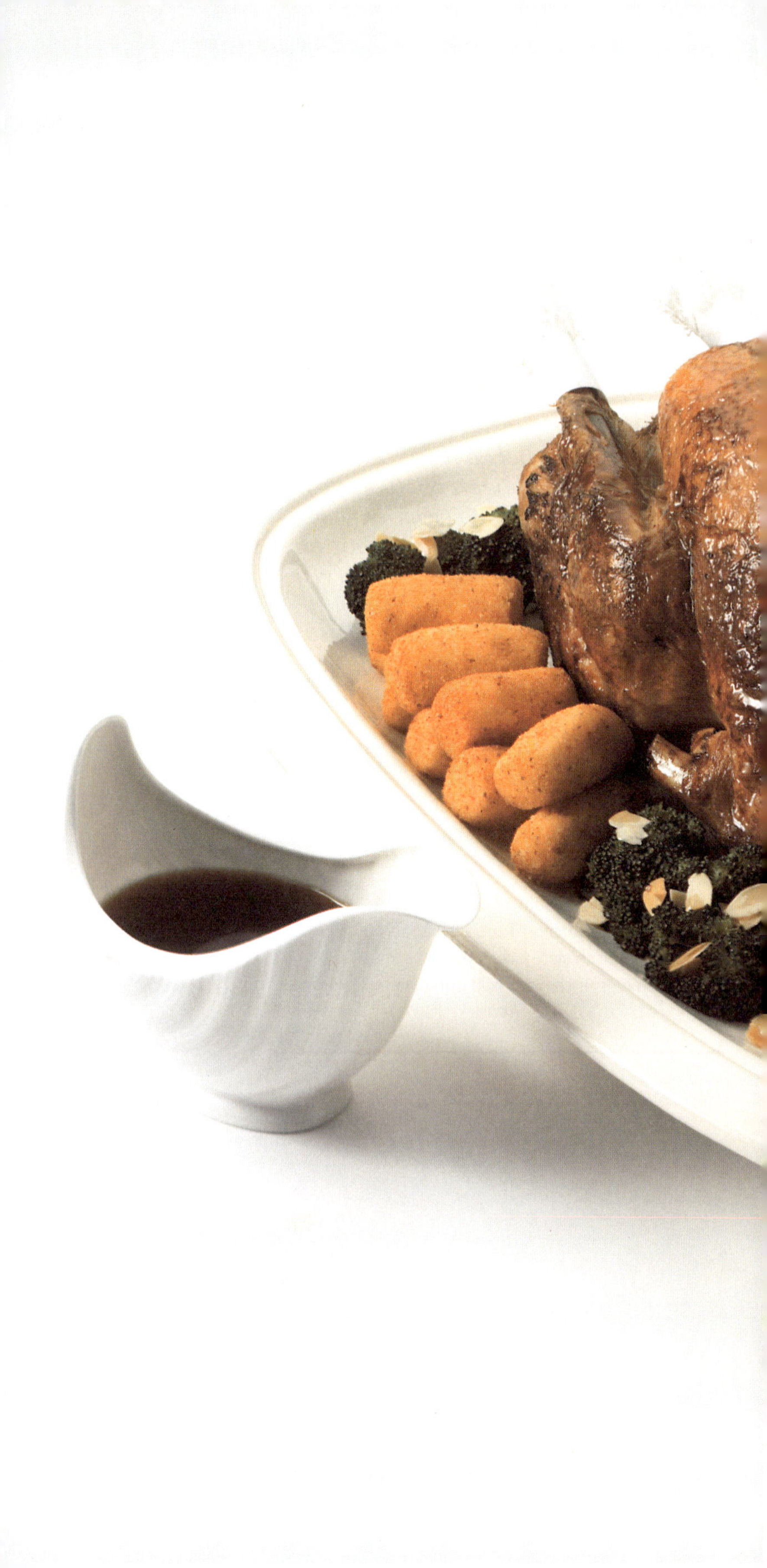

Truthahn
mit Birnenfüllung

Meistens werden Äpfel für die Füllung eines Truthahnes verwendet. Birnen sind aber ebenso gut geeignet und oft noch feiner im Geschmack. Das Ausprobieren lohnt sich.

TRUTHAHN MIT BIRNENFÜLLUNG

Arbeitsaufwand
etwa 30 Minuten

Für 6—8 Personen

Truthahn
Bratzeit
1½—2 Stunden
Ofentemperatur 220 °C
1 pfannenfertiger Truthahn zu 3 kg
Salz, weißer Pfeffer (Mühle)
1 EBl. flüssige Butter
1 EBl. Bratbutter (Butterschmalz)

Füllung
80 g Magerspeck (Dörrfleisch)
4 große Birnen
reichlich Pfeffer (Mühle)
1 Teel. gehackter Thymian

Sauce
Kochzeit 12 Minuten
1 EBl. feingehackte Zwiebeln
2 dl Weißwein
4 dl Geflügeljus oder -fond (s. S. 326)
3 EBl. Williams Birnenbrannt (Birnenbranntwein)
Salz, Cayennepfeffer

Den Truthahn innen und außen mit Salz und Pfeffer einreiben.
Den Magerspeck in ganz feine Würfel schneiden. Die Birnen schälen, vierteln und die Fliege (Blütenansatz) sowie das Kerngehäuse entfernen. In kleine Würfel schneiden, mit den Speckwürfeln und dem Thymian mischen. Den vorbereiteten Truthahn damit füllen. Mit Küchenfaden zunähen und binden (s. S. 146). Außen mit der flüssigen Butter bestreichen. In einem Schmortopf die Bratbutter erhitzen, den gefüllten Truthahn einlegen und sofort wenden. Im vorgeheizten Ofen unter häufigem Wenden und Beschöpfen fertigbraten. Sollte das Bratfett zu heiß werden, mit etwas Weißwein ablöschen. Wird die Farbe zu braun, mit Alufolie abdecken. Den gebratenen Truthahn herausnehmen und etwa 10 Minuten ruhen lassen.
Inzwischen die Sauce zubereiten, das Bratfett aus dem Schmortopf gießen. Die Zwiebeln hineinlegen und goldgelb dünsten. Mit dem restlichen Weißwein mehrmals ablöschen und mit dem Jus auffüllen. Um mindestens die Hälfte einkochen, den Birnenbranntwein zufügen und mit Salz und Cayennepfeffer abschmecken. Vor dem Servieren die Sauce passieren.
Den Truthahn am Tisch zerlegen, mit der Füllung servieren und die Sauce separat reichen.

Beilagen Brokkoli mit Mandelbutter, Kartoffelkroketten

Tips
MK: Diese Füllung kann auch für Enten und Gänse verwendet werden. Statt Thymian paßt auch Beifuß oder Majoran. Sollte der Truthahn zu groß gewesen sein, so schmeckt er auch kalt ausgezeichnet.

FWE: Es ist nicht nötig, die Birnenwürfel mit Zitronensaft zu beträufeln, hingegen passen einige Tropfen Birnenbranntwein gut dazu. Sie dürfen nur nicht zu lange stehengelassen werden, damit sie sich nicht verfärben.

Die USA lassen grüßen. Dort ist der Truthahn sehr beliebt, vor allem zu den Festtagen. Der Ahornsirup und der Whisky in der Sauce wurden durch ein amerikanisches Gericht inspiriert.

TRUTHAHNBRATEN MIT WHISKY-AHORN-SAUCE

Die Truthahnbrust salzen und pfeffern, in der heißen Bratbutter von allen Seiten goldbraun anbraten. Im vorgeheizten Ofen unter öfterem Wenden und Begießen mit der heißen Butter fertigbraten und zum Ruhen auf ein Abtropfgitter setzen.

Die Zwiebel im Bratfett goldgelb dünsten, den Ahornsirup zufügen und leicht karamelisieren. Mit 4 Eßlöffeln Whisky ablöschen, mit dem Jus oder der Bouillon auffüllen und reduzieren. Den Rahm getrennt einkochen und zur Sauce geben. Mit der Mehlbutter binden (s. S. 327), mit wenig Salz und Pfeffer abschmecken und passieren. Den restlichen Whisky zufügen und die Butter in kleinen Flöckchen unterschwenken.

Den Truthahnbraten aufschneiden, anrichten und die Sauce separat dazu servieren.

Beilagen Maiskörner mit Butter, Kartoffelkrapfen

Tips
MK: Wer das Süßliche der Sauce nicht mag, läßt einfach den Ahornsirup weg.
FWE: Gerade der Ahornsirup gibt der Sauce ihren Reiz und nimmt ihr etwas die Härte. Sie wird dadurch weicher und sehr angenehm im Geschmack; ein Versuch lohnt sich.

Arbeitsaufwand
etwa 35 Minuten

Für 6 Personen

Truthahnbraten
Bratzeit
30—35 Minuten
1 Trutenbrust zu 1,2 kg
Salz, weißer Pfeffer
(Mühle)
2 Eßl. Bratbutter (Butterschmalz)

Sauce
Kochzeit
etwa 20 Minuten
2 Eßl. feingehackte
Zwiebeln
1—2 Eßl. Ahornsirup
6 Eßl. Whisky
4 dl Truthahnjus oder
Geflügelbouillon
(s. S. 325)
3 dl Rahm
1 Teel. Mehlbutter
(s. S. 327)
Salz, weißer Pfeffer
(Mühle)
1 Eßl. Butter

GLASUREN FÜR GEFLÜGEL

Amerikanische Truthahnglasur
2 EBl. Bienenhonig
1 EBl. Orangensaft
2—3 Spritzer Tabasco
1 Mokl. Maisstärke
1 EBl. Öl
½ Mokl. Salbeipulver
1 Prise Rosmarinpulver

Honigglasur für Poularden
2 EBl. Bienenhonig
1 EBl. mittelscharfer Senf
1 Prise Cayennepfeffer
1 Teel. Zitronensaft
1 durchgepreßte Knoblauchzehe
2 EBl. Erdnußöl
½ Teel. Rosmarinpulver

Chinesische Honigglasur für Enten
3 EBl. Bienenhonig
2 EBl. Weißweinessig
2 EBl. Sojasauce
1 EBl. Maisstärke
2 durchgepreßte Knoblauchzehen
1 Prise Cayennepfeffer
1 Teel. Mey Yen (chinesisches Würzpulver)

Diese Grundrezepte lassen sich durch besondere Geschmacksnuancen wie Salbei, Rosmarin, Estragon usw. beliebig abwandeln und verändern.

Die Maisstärke mit 2 Eßlöffeln Wasser und Orangensaft kochen, bis die Sauce gebunden ist. Honig, Öl, Salbei und Rosmarin zufügen. Den gesalzenen Truthahn im Ofen anbraten. Öfter mit Glasur bestreichen.

Alle Zutaten mischen und gut verrühren. Das gesalzene Geflügel damit während des Bratens mehrmals bestreichen. Diese Glasur eignet sich auch für Truthahnbrust und Poulets.

Die Maisstärke mit 2 Eßlöffeln Wasser kochen bis zur sirupartigen Konsistenz. Alle andern Zutaten darin auflösen. Die Ente während des Bratens öfter mit der Glasur bestreichen. Diese Glasur eignet sich auch zum Grillieren von Pouletflügeln, Enten- und Pouletbrüsten und -schenkeln sowie für Grillwürste.

Bestreichen Sie den Festtagsbraten oder das Weihnachtsgeflügel einmal mit einer Honigglasur: Die Kruste, die durch die Einwirkung der Hitze entsteht, schmeckt köstlich!

So wird es gemacht: Alle Zutaten gut mischen und eine Weile stehenlassen. Wird das Fleisch offen grilliert, sollte man es von Anfang an öfter mit der Glasur bestreichen. Wird es im geschlossenen Ofen gebraten, sollte man es in der letzten halben Stunde mehrmals bepinseln.

Die restliche Glasur kann mit dem Bratsatz und mit der Bouillon vermischt oder mit saurem Rahm verfeinert werden. Die Sauce, die dann entsteht, schmeckt ausgezeichnet.

Nach dem Braten zum Ruhen auf ein Abtropfgitter setzen ...

Gebratenes Geflügel sollte nach Beendigung des Garprozesses nicht sofort aufgeschnitten werden. Es sollte erst einige Minuten stehengelassen werden, damit sich die Fleischsäfte beruhigen.
Gebratenes Geflügel sollte zu diesem Zweck auf ein Gitter, fern jeglicher Wärmequelle gesetzt werden.
Der Garprozeß wird dadurch unterbrochen, und die Fleischsäfte können sich setzen. Wird ofenheißes Geflügel oder Fleisch aufgeschnitten, treten die meisten Fleischsäfte aus. Gebratenes Geflügelfleisch kann ohne weiteres wieder erhitzt werden. Das gebratene Geflügel in Brüste und Keulen zerlegen, mit Butter bestreichen und im Ofen bei mittlerer Hitze (etwa 160—180 °C) langsam erwärmen. Soll die Haut schön knusprig sein, muß die Oberhitze erhöht werden. Wenn hier mit Sorgfalt gearbeitet wird, bleibt das Fleisch saftig, und beim Aufschneiden tritt weniger Saft aus.
Wenn diese Erkenntnisse in die Tat umgesetzt werden, hat man mehr Zeit für seine Gäste, da mehr Vorarbeit geleistet werden kann.

Die italienisch anmutende Sauce bekommt der zarten Trutenbrust ganz ausgezeichnet. Liebhaber der südlichen Küche werden dieses Gericht besonders mögen.

TRUTHAHNBRUST MIT AUBERGINEN

Arbeitsaufwand
etwa 35 Minuten
Schmorzeit
etwa 35 Minuten

Für 4 Personen
1 Truthahnbrust
zu 0,75 kg
Salz, weißer Pfeffer
(Mühle)
1 Eßl. Bratbutter (Butterschmalz)

Garnitur
2 Auberginen
Salz
1½ Eßl. Bratbutter
Pfeffer

Sauce
2 kleine, gehackte Zwiebeln
2 Knoblauchzehen
6 reife, geschälte Fleischtomaten
1 dl Geflügelbouillon (s. S. 325)
½ Teel. frischer, gehackter Origano
Salz, weißer Pfeffer (Mühle)
5—6 Basilikumblätter

Die Auberginen waschen, aber nicht schälen. Quer in 1 Zentimeter dicke Scheiben schneiden. Auf ein Gitter legen und beidseitig mit Salz bestreuen. Etwa 30 Minuten abtropfen lassen. Kalt abspülen und auf Küchenpapier trockentupfen. Die Truthahnbrust salzen und pfeffern, in der heißen Bratbutter rundherum goldbraun anbraten. Die Zwiebeln und den zerquetschten Knoblauch zufügen und mit anziehen lassen. Die Tomaten halbieren, auspressen, zusammen mit dem Zucker zugeben und mitdünsten. Mit der Bouillon auffüllen und mit dem Origano würzen. Die Brust zugedeckt garschmoren, dabei öfter wenden. Bei Bedarf das Gericht mit Salz und Pfeffer nachwürzen.

Kurz vor Ende der Garzeit des Fleisches die Auberginen in der restlichen Butter leicht anbraten. Das Basilikum in feine Streifen schneiden. Mit zu den Auberginen geben und etwa 2 Minuten mitdünsten. Mit Pfeffer bestreuen und 5 Minuten vor Ende der Garzeit auf das Fleisch legen.

Das Gericht in der Bratpfanne oder in einem rustikalen Topf servieren.

Beilage Reis oder frisches Brot

Tip MK: Die Auberginen müssen fest und klein sein, nur dann sind sie wirklich frisch. Durch das Bestreuen mit Salz und das Abspülen mit kaltem Wasser verlieren sie ihren bitteren Geschmack.

Der Truthahn

Der Ursprung des Truthahns ist umstritten. Die einen behaupten, daß Meleagre, der König von Mazedonien, diesen Vogel nach Griechenland brachte. Die anderen wiederum meinen, daß er amerikanischer Herkunft sei, was auch wahrscheinlicher ist. Die Spanier unter Cortez sollen ihn dort 1519 vorgefunden haben, weshalb sein Name auch «Indisches Huhn» war.

In Frankreich wurde der Truthahn nach seiner Entdeckung mit einer Kruste aus Brot, Zucker, Orangensaft und Rosenwasser gebraten.

Die Akklimatisierung des Truthahns soll den Jesuiten zu verdanken sein, die ihn in ihren Klöstern hegten und pflegten.

Für die Römer war der Truthahn ein besonders kostbares Geflügel, und er wurde in Käfige gesperrt, damit er nicht entweichen konnte. Das feine und delikate Fleisch war schon damals bei Gourmets sehr geschätzt. Dem Truthahn wurde auch besonders viel Dummheit nachgesagt. So soll ein junger Truthahn allein unfähig gewesen sein, sich zu ernähren. Ihm wurde ein Küken, quasi als Kinderfrau, beigegeben, das ihm Lebenstüchtigkeit beibringen sollte. Er war zudem sehr empfindlich und anfällig für Krankheiten und äußere Einflüsse. Junge Truthähne durften nur bei schönem Wetter ins Freie gelassen werden.

Im 17. Jahrhundert war Truthahnfleisch in Frankreich besonders beliebt. Der Truthahn wurde sowohl warm wie auch kalt serviert, am liebsten mit einer pikanten Zwiebelsenfsauce.

In den bürgerlichen Häusern wurden vor allem die Schenkel des Truthahns sehr geschätzt. Wenn sie nicht gleich verzehrt wurden, kamen sie am nächsten Tag mit Zwiebeln geschmort auf den Tisch.

Die Wachtel von Louhans — eine kleine wahre Geschichte

Vor kurzem konnte ich eine Wachtelzucht in der Bresse besuchen. In einer großen Halle tummelte sich eine Unzahl von winzigen eintägigen Wachteln. Sie sahen so niedlich aus mit ihrem gestreiften Rücken und waren so quicklebendig, daß ein ebenfalls anwesender Freund eine davon in die Hand nahm und streichelte. Etwas später fuhren wir mit dem Auto wieder ins Dorf. Auf einmal piepste es ganz zaghaft. Der Fahrer schaute erstaunt auf sein Armaturenbrett. Wenig später piepste es wieder, diesmal aber in den höchsten Tönen. Da gab es kein Entrinnen mehr. Der Freund mit dem weichen Herz zog ganz verlegen die kleine Wachtel aus der Tasche und beichtete dem Direktor des Geflügelbetriebes seine Tat. Er hatte die niedliche Wachtel mit etwas Futter eingepackt. Im Städtchen angekommen, stieg er aus, flanierte durch die Hauptstraße und entdeckte eine Tierhandlung. Gerade wurden Körbe, Käfige und andere ausgestellte Produkte ins Innere getragen. Ein schöner leerer Käfig hing noch vor dem Fenster. Flugs setzte er die Wachtel und das Futter hinein und schloß das Türchen. Der Käfig wurde hereingeholt. Groß war nun das Staunen des Besitzers und seiner Familie. Sie schauten zum Himmel hinauf und konnten sich das Wachtelwunder nicht erklären. Der kleine Sohn nahm das Vögelchen liebevoll in die Hand und freute sich königlich über das unverhoffte Geschenk. Eine von tausend war dem Kochtopf entronnen.

Das Feinste vom Feinen — zarte Wachteln, delikat an einer Champagnersauce. Allein schon die Lektüre des Titels macht Appetit.

WACHTELN MIT GÄNSELEBER AUF MORCHELN

Die pfannenfertigen Wachteln pfeffern und salzen. Im vorgeheizten Bratofen in der Bratbutter unter mehrmaligem Wenden blutig anbraten. Zum Abkühlen auf ein Abtropfgitter setzen. Später die Brüste und die Keulen vom Knochengerüst lösen. Die Knochen kleinhacken.

Für die Sauce die Schalotten in der Butter goldgelb dünsten. Die Wachtelknochen zufügen und farblos dünsten. Mehrmals mit insgesamt ⅔ des Champagners ablöschen und mit dem Geflügeljus und der Bouillon auffüllen. Bei geringer Hitze um etwa die Hälfte einkochen. Öfter abschäumen. Den Rahm getrennt reduzieren. In die Sauce passieren und würzen (eventuell mit Mehlbutter binden); den restlichen Champagner zufügen, nochmals erhitzen.

Die servierbereiten Gänseleberscheiben mit Pfeffer und Selleriesalz würzen. In der erhitzten Butter rasch rosa braten. Zum Auskühlen auf ein Abtropfgitter setzen.

In einem (mit Deckel verschließbaren) Serviergeschirr die gekochten Morcheln, die Gänseleberscheiben und die Sauce anrichten. Obenauf die Wachteln setzen und mit dem Deckel zudecken. Den Nudelteig nicht zu dünn ausrollen, aus dem Teig einen Streifen formen, diesen mit einer Eigelb-Rahm-Mischung bestreichen und damit das Gefäß hermetisch verschließen. Das Eigelb mit dem Rahm mischen und den Teig damit einstreichen. Mit einem Löffel oder einer Gabel verzieren. Im vorgeheizten Ofen backen und sofort servieren. Den Deckel erst am Tisch entfernen, so bleibt das ganze Aroma erhalten.

Beilagen Kefen (Zuckerschoten), Nußkartoffeln

Arbeitsaufwand
etwa 50 Minuten
Einbackzeit
etwa 5 Minuten
Ofentemperatur etwa
220—250 °C

Für 4 Personen

Wachtelbrust
Anbratzeit
etwa 5 Minuten
4 Wachteln
weißer Pfeffer, Salz
1 Eßl. Bratbutter

Sauce
Kochzeit 20 Minuten
½ Eßl. Butter
½ Eßl. feingehackte Schalotten
4 zerdrückte Pfefferkörner
Wachtelknochen
1 dl Champagner
1 dl Geflügeljus (s. S. 326)
2 dl Geflügelbouillon, geliert (s. S. 325)
2 dl Rahm
weißer Pfeffer, Salz

Garnituren
4 Gänseleberscheiben zu 25 g
weißer Pfeffer (Mühle), Selleriesalz
½ Eßl. Butter
100 g frische, gekochte Morcheln (s. S. 358)
200 g Nudelteig (zum Einbacken) (s. S. 364)
1 Eigelb
1 Eßl. Rahm

Klein, aber fein ist dieses Gericht.
Ein Hauptgericht, das besonders gut
in ein Gourmet-Menü paßt.

WACHTELN MIT GLASIERTEN GEMÜSEN

Arbeitsaufwand
etwa 35 Minuten

Für 4 Personen

Wachteln
Bratzeit etwa 8 Minuten
Ofentemperatur
etwa 250 °C
4 große Wachteln
Salz, weißer Pfeffer
(Mühle)
1½ Eßl. Bratbutter (Butterschmalz)

Gemüse
Garzeit
etwa 11 Minuten
300 g Karotten
300 g Navets (weiße Rübchen)
40 g Butter
15 g Zucker
Salz
3—4 dl Wasser
1 Teel. gehackte Petersilie

Sauce
Kochzeit
etwa 12 Minuten
1 Teel. Butter
1 Eßl. gehackte Schalotten
6 Eßl. Madeira oder Portwein
3 dl Geflügeljus
(s. S. 326)
Salz, weißer Pfeffer
(Mühle)
20 g feingehackte Trüffeln
1 Teel. Butter

Die pfannenfertigen Wachteln mit Küchenfaden binden (s. S. 146).
Die Karotten und die Navets schälen, waschen und kegelförmig zuschneiden (tournieren). Die Karotten und die Navets in der Hälfte der Butter und dem Zucker farblos dünsten. Mit dem Salz würzen und dem Wasser auffüllen. Zugedeckt schnell zum Kochen bringen und ohne Deckel langsam weiterkochen. Wenn die Gemüse gar sind, sollte nur noch wenig Flüssigkeit vorhanden sein. Kurz vor dem Anrichten die restliche Butter und die Petersilie unterschwenken.
Die Wachteln innen und außen salzen und pfeffern. Im vorgeheizten Ofen in der heißen Bratbutter unter häufigem Wenden und Beschöpfen braten. Vor dem Servieren einige Minuten ruhen lassen. Den Bratsatz aufbewahren.
Die Schalotten in der Butter goldgelb dünsten. Mehrmals mit dem Madeira ablöschen und reduzieren. Mit dem Jus auffüllen und einkochen lassen. Den Bratsatz mit etwa 2 Eßlöffeln Madeira oder Jus loskochen und zur Sauce geben. Die eingekochte Sauce passieren, mit Salz und Pfeffer abschmecken. Die Trüffeln mit ihrem Fond zugeben, aufkochen und die Butter in kleinen Flöckchen unterschwenken.
Die Wachteln vom Küchenfaden befreien. Zusammen mit den Gemüsen anrichten, die Trüffelsauce extra reichen.

Beilage Gebratene neue Kartoffeln

Tips
MK: Die anfallenden Gemüsereste eignen sich ausgezeichnet zur Herstellung von Suppen. Die Trüffeln können durch wenig Trüffelöl oder durch einen preiswerteren Pilz ersetzt werden.
FWE: Anstelle der Navets können auch Sellerie oder Kohlrabi verwendet werden.

Eine Wachtel mit einer einfachen Füllung und einer delikaten Sauce.

GEFÜLLTE WACHTELN MIT PORTWEINSAUCE

Das gekühlte Fleisch für die Füllung in kleine Stücke schneiden. Mit Salz und Pfeffer würzen, im Cutter (Küchenmaschine) zerkleinern. Nach und nach den Rahm unterarbeiten. Durch ein feines Holzrahmensieb streichen und die Pinienkerne unterziehen.

Die Wachteln erst innen, später auch außen salzen und pfeffern. Die Füllung in den Bauchraum geben. Die Öffnung mit Küchenfaden zunähen, die Wachteln binden (s. S. 146) und außen würzen. Im vorgeheizten Ofen in der heißen Bratbutter rundherum goldbraun braten. Vor dem Servieren einige Minuten ruhen lassen.

Inzwischen für die Sauce die Schalotten in der Butter goldgelb dünsten. Mehrmals mit dem Portwein ablöschen, mit dem Jus auffüllen und um etwa die Hälfte einkochen. Den Rahm zugeben und die Sauce weiterkochen, bis sie sämig wird; mit Salz und Pfeffer würzen. Die Sauce passieren und die Butter unterrühren.

Die Wachteln anrichten und die Sauce separat servieren.

Beilagen Artischockenböden in Butter, Kartoffelkrapfen

Tips
MK: Als Einlage für die Füllung eignen sich auch Pistazien, Kräuter oder verschiedene Pilzarten.
FWE: Wird für die Füllung Wachtelfleisch verwendet, so kann die Haut daran bleiben. Sie erhöht den Geschmackswert der Füllung. Vom Geflügelfleisch ist am besten die Brust ohne Haut geeignet.

Arbeitsaufwand
etwa 50 Minuten

Für 4 Personen

Wachteln
Bratzeit
8—10 Minuten
Ofentemperatur
etwa 250 °C
4 Wachteln (pfannenfertig)
Salz, weißer Pfeffer (Mühle)
1½ EBl. Bratbutter (Butterschmalz)

Füllung
100 g Wachtel- oder Geflügelfleisch
Salz, weißer Pfeffer (Mühle)
1,3 dl angefrorener Rahm
2 EBl. geröstete Pinienkerne

Sauce
Kochzeit
etwa 20 Minuten
1 Teel. Butter
½ EBl. gehackte Schalotten
1,2 dl roter Portwein
2,5 dl Wachtel- oder Geflügeljus (s. S. 326)
2 dl Rahm
Salz, weißer Pfeffer (Mühle)
½ EBl. Butter

Einfach, aber gut ist dieses Gericht. Die Wachtel erhält das «gewiße Etwas» durch den Salbei und die Sauce durch den Marsala.

WACHTELN MIT SALBEI

Arbeitsaufwand
25 Minuten
Bratzeit
8—10 Minuten
Ofentemperatur
220—250 °C

Für 4 Personen
4 pfannenfertige Wachteln
Salz, weißer Pfeffer (Mühle)
1½ EßI. Butter
12 Salbeiblätter
1 EßI. Bratbutter
2 dl Marsala (oder Weißwein)
1 dl Wachtel- oder Geflügeljus (s. S. 326)

Die Wachteln innen und außen mit Salz und Pfeffer würzen. Je ein Salbeiblatt und ein kleines Stück Butter in den Bauchraum der Wachteln legen und diese dann binden (s. S. 146).
Die Wachteln in der heißen Bratbutter rundherum goldbraun anbraten. Die restlichen Salbeiblätter zufügen und kurz mitbraten. Mit insgesamt 4 bis 5 Eßlöffeln Marsala mehrmals ablöschen.
Die gebratenen Wachteln aus der Pfanne nehmen. Den Bratsatz mit dem restlichen Marsala und dem Jus auffüllen und stark einkochen. Die Sauce passieren, wenn nötig mit Salz und Pfeffer nachwürzen.
Die Wachteln anrichten und mit der Sauce umgießen.

Beilagen Kefen (Zuckerschoten), gebratene Kartoffeln

Tip MK: Eine Polenta paßt gut dazu.

GEFLÜGELTEILE

In letzter Zeit wird uns das Zubereiten von Geflügel leicht gemacht. Wer keine ganzen Poulets, Enten oder Truten zubereiten will und eventuell auch das Tranchieren fürchtet, kann Geflügelteile in den verschiedensten Variationen kaufen. Damit kommt der Handel auch Einzelpersonen und Kleinhaushalten sowie Personen mit wenig Zeit entgegen. Wie schnell ist doch ein Poulet- oder Entenbrüstchen zubereitet. Mit einer interessanten Sauce oder Beilage serviert, eignet es sich auch für den anspruchsvollsten Besuch. Mit Schenkeln lassen sich feine Ragouts im Handumdrehen herzaubern, und Spezialitäten wie Brustfilets, Flügelchen und «Sot-l'y-laisse» (s. S. 174) sind besonders originell und nicht alltäglich. Praktisch und erst noch preiswert sind Poulet- und Trutenschnitzel, die nur ganz schnell in der Pfanne gewendet werden müssen.

Viele Teile sind auch tiefgekühlt erhältlich. Ein kleiner Vorrat davon in der Tiefkühltruhe hilft bei überraschendem Besuch und anderen Situationen, wo improvisiert werden muß.

Die Nachfrage nach diesen Teilen wird immer größer. Deshalb wird auch das Sortiment laufend erweitert. Auf den Seiten 370—372 sind die heute erhältlichen Geflügelteile kurz beschrieben. Und damit man richtig disponieren und einkaufen kann, haben wir auch noch das benötigte Gewicht je Person angegeben.

Saucengerichte mit Geflügel

Ein großer Gastrosoph Frankreichs hat einmal gesagt, das Geflügel sei für den Koch, was für den Maler die Leinwand. Damit meinte er bestimmt die Variationsmöglichkeiten der Zubereitungen. Zartes Geflügelfleisch läßt sich in der Tat mit unzähligen Saucen zubereiten und servieren. Von der delikaten Champagnersauce bis hin zum rustikalen, südlichen oder bäuerischen Gericht schmeckt alles herrlich zu diesem Fleisch. Helles, zartes Geflügel wie Poulet und Truthahn schmeckt gut in weißen, delikaten Saucen und nicht minder gut mit Gemüse-, Tomaten- oder Pilzsaucen. Unerschöpflich sind auch exotisch anmutende Saucen oder kalte Zubereitungen wie «Tacchino tonnato» oder ähnliche kalte Gerichte, die auch im Kapitel «Kalte Vorspeisen» zu finden sind.

Die Ente mit ihrem ausgeprägten, interessanten Geschmack erträgt süß-saure oder sehr pikant gewürzte Saucen. Dabei nicht zu vergessen sind Saucen auf Basis von Zitrusfrüchten als Abwandlungen der bekannten «Ente à l'orange». Die Gans verlangt mehr nach klassischen braunen Saucen, als einfacher Jus oder in gebundener Form.

Was jedoch bei Saucengerichten immer beachtet werden muß, ist die Rücksichtnahme auf das verwendete Produkt. Zarte Pouletbrüstchen, Perlhühner, Enten oder Wachteln müssen ihren Eigengeschmack behalten können, um Gaumenfreuden zu bereiten. Ein Überwürzen ist deshalb zu vermeiden.

Trutenfleisch ist ideal für ein Curry. Es ist leicht und zart, und wenn die Currysauce, wie in diesem Rezept, aromatisch ist, ergibt sich ein feines Gericht, das nach Belieben garniert werden kann.

TRUTHAHN-GESCHNETZELTES IN CURRYSAUCE

Die Truthahnschnitzel in Streifen schneiden; die Zwiebel und den Apfel schälen. Die Zwiebel in feine Würfel und den Apfel in feine Scheiben schneiden. Beides in der erwärmten Butter dünsten, vom Feuer nehmen und das Curry- und das Paprikapulver darüberstreuen. Gut durchrühren, mit dem Sherry ablöschen und mit der Bouillon auffüllen. Das Mango Chutney zufügen und um etwa die Hälfte reduzieren. Dann den Rahm zugeben und kochen, bis die Sauce sämig wird. Mit Salz und Pfeffer abschmecken, den Honig zufügen und passieren.

Das Geschnetzelte salzen und pfeffern, in der heißen Bratbutter schnell anbraten und zum Abtropfen auf ein Sieb schütten. Den Saft auffangen und zur Sauce geben, dann nochmals aufkochen. Das Fleisch zugeben, aber nicht mehr kochen. Anrichten und mit den Mandeln bestreuen.

Beilagen Gebratene Früchte: Ananas, Bananen, Mangos oder Kiwis; Pilawreis

Tips
MK: Der Rahm läßt sich durch Joghurt ersetzen. Allerdings sollte er, mit ½ Teelöffel Maisstärke gebunden, erst zum Schluß beigegeben und nur noch aufgekocht werden.
FWE: Ein guter Ersatz für den Rahm wäre die in einschlägigen Fachgeschäften erhältliche Kokosmilch

Arbeitsaufwand
etwa 40 Minuten

Für 4 Personen

Geschnetzeltes
Bratzeit 2—3 Minuten
500 g Truthahnschnitzel
Salz, weißer Pfeffer (Mühle)
2 Eßl. Bratbutter (Butterschmalz)

Sauce
Kochzeit
etwa 20 Minuten
1 kleine Zwiebel
1 kleiner Apfel
1 Eßl. Butter
2 Eßl. Currypulver
½ Teel. Paprikapulver
6 Eßl. trockener Sherry
4 dl Geflügelbouillon (s. S. 325)
2 Eßl. Mango Chutney
2 dl Rahm
Salz, weißer Pfeffer (Mühle)
1 Teel. Bienenhonig
1 Eßl. geröstete Mandelblättchen

Dieses Gericht ist beliebt bei groß und klein.
Ein einfaches Geschnetzeltes, aber abgeschmeckt
mit trockenem Wermut.

GEFLÜGELGESCHNETZELTES MIT WERMUTSAUCE

Arbeitsaufwand
etwa 35 Minuten

Für 4 Personen

Geschnetzeltes
Bratzeit etwa 3 Minuten
500 g Poulet- oder Trutenbrust ohne Haut und Knochen
Salz, weißer Pfeffer (Mühle)
1 Eßl. Bratbutter (Butterschmalz)

Sauce
Kochzeit
etwa 20 Minuten
1 Teel. Butter
1 Eßl. feingehackte Zwiebeln
8 Eßl. trockener Wermut (Noilly Prat)
3,5 dl Geflügeljus (s. S. 326)
2 dl Rahm
Salz, weißer Pfeffer (Mühle)
1 Teel. Butter
1 Schnittlauchsträußchen

Die Geflügelbrüste in dünne Scheiben schneiden.
Die Zwiebelwürfel in der Butter goldgelb werden lassen, mehrmals mit 6 Eßlöffeln Wermut ablöschen. Mit dem Geflügeljus auffüllen und bis zur Dickflüssigkeit reduzieren. Den Rahm zufügen und so lange weiterkochen, bis die Sauce sämig wird. Mit Salz und Pfeffer abschmecken. Die Sauce passieren und im Mixer (oder mit dem Mixstab) die Butter einarbeiten. Den feingeschnittenen Schnittlauch und den restlichen Wermut zufügen, warm halten.
Das Geschnetzelte salzen und pfeffern. In der heißen Bratbutter in einer großen Bratpfanne rasch anbraten. Auf ein Abtropfsieb schütten, den ablaufenden Fond auffangen. Wenn er nicht zu fettig ist, in die Sauce geben. Das Geschnetzelte unterschwenken und sofort heiß servieren.

Beilage Rösti oder Nudeln

Tips
MK: Dieses Gericht läßt sich mit Kerbel oder Estragon variieren.
FWE: Rahmsaucen bekommen durch Aufmixen eine bessere Konsistenz, da sich die Zutaten besser miteinander verbinden. Außerdem gerinnen sie nicht so schnell.

Schnell gemacht,
aber delikat und mit besonderer Note.

GESCHNETZELTES GEFLÜGELFLEISCH MIT ORANGENSAUCE

Das Geflügelfleisch fein schneiden, salzen und pfeffern. In der heißen Bratbutter rasch anbraten. So warm stellen, daß der Fond abtropfen und aufgefangen werden kann.

Den Rosmarin und den Knoblauch im Bratfett anziehen lassen, mit dem Orangensaft und dem Jus auffüllen. Die abgeriebene Orangenschale und den Zucker zufügen. Den aufgefangenen Fond dazugeben und etwas einkochen lassen. Mit der kalt angerührten Maisstärke binden und passieren. Die Sauce mit Salz und Cayennepfeffer abschmecken.

Die Orangen mit einem Messer schälen und die Filets zwischen den Trennhäuten herausschneiden. Den Saft auffangen und die Filets darin erwärmen. Das Geschnetzelte in der Sauce erhitzen, aber nicht kochen, anrichten und mit den Orangenfilets sowie der Zitronenmelisse garnieren.

Beilagen Bambussprossen in Butter, gekochter Reis

Tip MK: Zur Abwechslung können die Orangen durch Sweeties oder Grapefruits ersetzt werden. Dann wird die Sauce etwas herber.

Arbeitsaufwand
etwa 20 Minuten

Für 4 Personen

Geschnetzeltes
Bratzeit 2—3 Minuten
500 g Geflügelfleisch (ohne Haut und Knochen)
Salz, weißer Pfeffer (Mühle)
1½ EßI. Bratbutter

Sauce
Kochzeit
6—8 Minuten
½ Teel. feingehackter Rosmarin
1 durchgepreßte Knoblauchzehe
1 dl Orangensaft
1,5 dl Geflügeljus
(s. S. 326)
½ Teel. abgeriebene Orangenschale
½ Teel. Zucker
1 Teel. Maisstärke
Salz
1 Prise Cayennepfeffer
2 Orangen
Zitronenmelisse

Getrocknete Steinpilze haben sehr viel Aroma. Das kommt bei diesem einfachen Geflügelgericht gut zur Geltung.

GEFLÜGEL-GESCHNETZELTES MIT STEINPILZSAUCE

Arbeitsaufwand
etwa 35 Minuten
Bratzeit 2—3 Minuten

Für 4 Personen
600 g Geflügelfleisch (Truten- oder Pouletbrust)
Salz, Pfeffer (Mühle)
2—3 Eßl. Bratbutter

Sauce
Kochzeit
etwa 20 Minuten
30 g getrocknete Steinpilze
1 Teel. Butter
1 feingehackte Schalotte
1 geschälte Tomate
3 dl Geflügelbouillon (s. S. 325)
2 dl Rahm
¼ durchgepreßte Knoblauchzehe
Salz, Pfeffer (Mühle)
½ Teel. gehackte Salbeiblätter

Das Geflügelfleisch in feine Scheiben schneiden.
Die Steinpilze in kaltem Wasser einweichen. Später sauber waschen, ausdrücken und in Stücke schneiden. Die Schalotten in der Butter goldgelb dünsten, die Steinpilze zufügen. Die Tomate entkernen und kleinschneiden, zu den Pilzen geben und mit anziehen lassen. Mit der Bouillon auffüllen und weich kochen. Den Rahm getrennt einkochen und zur Sauce geben, sobald die Bouillon um etwa die Hälfte reduziert ist. Weiterkochen, bis die Sauce sämig ist. Mit dem Knoblauch, Salz und Pfeffer würzen. Die Salbeiblätter zufügen und warm halten.
Das Geschnetzelte mit Salz und Pfeffer würzen. In der heißen Bratbutter schnell anbraten, zur Sauce geben und portionenweise anrichten.

Beilage Hausgemachte Nudeln

Tip MK: Sehr gut passen gebratene Maisschnitten zu diesem Gericht.

Der Dummkopf läßt es stehen

«Sot-l'y-laisse» wird in der französischsprachigen Schweiz und in Frankreich das Poulet-Rückenfilet genannt, das sich oberhalb des Schenkels befindet. Meistens wird es beim Abtrennen des Schenkels einfach durchschnitten. Das ist sehr schade, denn dieses kleine runde Fleischstück ist besonders zart. Perfekte Gastgeber lösen es beim Tranchieren des Poulets heraus und offerieren es als Geste dem Ehrengast —

genauso wie es mit den Fischbäckchen gemacht wird. Feinschmecker legen es oft ganz diskret auf ihren eigenen Teller oder stellen sich gut mit dem Geflügelhändler, um die «Sots-l'y-laisse» in größeren Mengen zu beziehen.
Diese kleinen Filets eignen sich gut für kleine Vorspeisen und für Geschnetzeltes. Dazu werden sie rasch bei kleiner Hitze gebraten oder im Dampf gegart.

Das zarteste Pouletfleisch, die Brustfilets, verdient es, an einer feinen Champagnersauce serviert zu werden.

POULETBRUSTFILETS MIT CHAMPAGNERSAUCE

Die Pouletbrustfilets in Streifen schneiden. Für die Sauce die Butter erhitzen und die Schalotten darin farblos dünsten. Mehrmals mit dem Champagner ablöschen und reduzieren. Mit der Bouillon auffüllen und dickflüssig einkochen. Den Rahm zufügen, kochen, bis die Sauce sämig wird, und mit dem Zitronensaft, dem Salz und dem Pfeffer abschmecken. Die Sauce passieren und warm halten.
Die Brustfiletstreifen salzen und pfeffern. In der heißen Bratbutter rasch anbraten und auf einem Sieb abtropfen lassen. Den austretenden Saft auffangen, zur Sauce geben und nochmals erhitzen.
Das Fleisch anrichten und mit der Sauce bedecken.

Beilage Hausgemachte Nudeln

Tips
MK: Pouletbrustfilets werden einzeln im Handel angeboten.
FWE: Für dieses Gericht kann auch geschnetzelte Pouletbrust verwendet werden.

Arbeitsaufwand
etwa 25 Minuten

Für 4 Personen

Brustfilets
Bratzeit 2—3 Minuten
600 g Pouletbrustfilets
Salz, weißer Pfeffer (Mühle)
2 Eßl. Bratbutter (Butterschmalz)

Sauce
Kochzeit
15—20 Minuten
1 Teel. Butter
2 Eßl. feingehackte Schalotten
1 Piccoloflasche Champagner
2 dl Geflügelbouillon (s. S. 325)
2 dl Rahm
einige Tropfen Zitronensaft
Salz, weißer Pfeffer

Zartes Pouletfleisch läßt sich gut mit Spargel zu einem delikaten Gericht zubereiten. Für die Sauce ist der beste Weißwein gerade gut genug.

POULETBRUSTFILETS MIT SPARGELN

Arbeitsaufwand
25 Minuten

Für 4 Personen

Brustfilets
Garzeit 3—4 Minuten
500 g Brustfilets
Salz, weißer Pfeffer (Mühle)
1½ Eßl. Kochbutter

Spargeln
Kochzeit
etwa 12 Minuten
500 g grüne Spargeln
10 g Salz
5 g Zucker

Sauce
Kochzeit
6—8 Minuten
1 dl Weißwein
2 dl Rahm
1 Teel. gehackter Kerbel
4 Kerbelzweige

Den unteren Teil der Spargeln vorsichtig schälen und sie dann in 1 Liter Wasser mit dem Salz und Zucker knapp garkochen. Jeweils das untere Drittel der Spargelstangen abschneiden und mit etwa 3 Eßlöffeln Spargelsud im Mixer pürieren.
Die Pouletfilets mit Salz und Pfeffer würzen und in der Butter beidseitig rasch anbraten. Den Wein zufügen und die Filets darin halb zugedeckt garziehen lassen. Die Filets herausnehmen und warm halten. Den Fond auf die Hälfte einkochen, das Spargelpüree und den Rahm zufügen. Gut durchkochen, bei Bedarf nachwürzen und den gehackten Kerbel dazugeben.
Die Spargelspitzen in etwas Sud erhitzen. Die Brustfilets anrichten, mit der Sauce umgießen und mit den Spargelspitzen sowie dem Kerbel garnieren.

Beilage Neue Kartoffeln

Tips
MK: Am besten wird derselbe Weißwein, der zu diesem Gericht getrunken wird, für die Sauce verwendet. Riesling, Pinot gris oder Gewürztraminer passen ausgezeichnet dazu.
FWE: Für dieses Gericht eignen sich auch weiße Spargeln. Anstelle von Weißwein kann auch ein trockener Wermut verwendet werden.

Pflaumen, in gewürztem Rotwein gekocht, passen ausgezeichnet zum Entenfleisch und der gut abgeschmeckten Rotweinsauce.

ENTENBRUST MIT ROTWEINPFLAUMEN

Die Butter erhitzen und darin die Schalotten goldbraun werden lassen. Den Zucker einstreuen, das Tomatenpüree zufügen und mitrösten. Mehrmals mit dem Rotwein ablöschen. Mit dem Jus auffüllen und zum Kochen bringen. Abschäumen, am Kochpunkt halten und mit je einer Spur Knoblauch und Beifuß aromatisieren. (Hat die Sauce nicht die gewünschte Konsistenz, mit etwas Mehlbutter binden.) Die Sauce mit Pfeffer und Salz würzen. Durch ein feines Sieb passieren, die Butter in Flöckchen unterrühren und warm halten.

In eine erhitzte Kasserolle langsam den Zucker einstreuen und hell karamelisieren, mit dem Rotwein auffüllen und loskochen. Die Orangenschalenstreifen, die Nelken, die zerdrückten Pfefferkörner und die Zimtstange zugeben. Einige Minuten kochen lassen und passieren. Mit einem Messer das Pflaumenfleisch in Schnitze vom Stein schneiden, kurz im Sud aufkochen und beiseite stellen.

Die Entenbrüste auf der Hautseite gitterartig einschneiden, pfeffern und salzen. Mit der Hautseite nach unten in die erhitzte Bratpfanne legen und unter häufigem Wenden rosa braten. Zum Ruhenlassen auf ein Gitter setzen. Kurz vor dem Servieren schräg in dünne Scheiben schneiden. Zusammen mit den Rotweinpflaumen und der Sauce anrichten.

Beilagen Grüne Bohnen oder Kartoffelgnocchi (s. S. 357)

Tips
MK: Man kann auch Zwetschgen oder Aprikosen verwenden.
FWE: Den Pflaumen-Rotwein-Fond stark reduzieren und der Sauce zufügen. Dadurch bekommt die Sauce einen aparten Charakter.

Arbeitsaufwand
etwa 40 Minuten

Für 4 Personen

Sauce
Kochzeit
etwa 10 Minuten
½ EBl. Butter
1 EBl. feingehackte Schalotten
½ Teel. Zucker
1 EBl. doppelt konzentriertes Tomatenpüree
1 dl Rotwein (Burgunder)
3,5 dl Entenjus (s. S. 326)
je eine Spur Knoblauch und Beifuß
(Mehlbutter nur bei Bedarf) (s. Tip)
weißer Pfeffer (Mühle),
Salz
1 EBl. Butter

Pflaumen
1½ EBl. Zucker
1,5 dl Rotwein (Burgunder)
Orangenschale (1 Streifen)
3 Nelken
4 zerdrückte Pfefferkörner
⅓ Zimtstange
6 Pflaumen

Entenbrust
Bratzeit
8—10 Minuten
2 Entenbrüste zu 300 g, mit Haut, ohne Knochen
weißer Pfeffer (Mühle),
Salz

Es muß nicht eine ganze Ente sein. Die fleischige Brust ist schnell gebraten und die Blutorangensauce raffiniert und dank dem grünen Pfeffer pikant.

ENTENBRUST MIT BLUTORANGENBUTTER UND GRÜNEM PFEFFER

Für 4 Personen

Orangenbutter
Kochzeit
etwa 25 Minuten
3 dl Blutorangensaft (etwa 3 Orangen)
2 Eßl. abgeriebene Blutorangenschale
1 Teel. Zucker
3 dl gelierter Entenjus (s. S. 326)
4 cl Campari Bitter
120 g Butter
1 Eßl. grüne Pfefferkörner (Madagaskarpfeffer)

Entenbrüste
Bratzeit
6—8 Minuten
4 Entenbrüste zu 150 g
weißer Pfeffer (Mühle), Salz
1 Eßl. Bratbutter (Butterschmalz)

Garnitur
2 Blutorangen

Von den gewaschenen Blutorangen die Schale abreiben und den Saft auspressen. Den Saft zusammen mit der Schale, dem Zucker und dem Entenjus sirupartig einkochen. Den Campari zufügen und aufkochen. Den Extrakt durch ein Spitzsieb drücken. Mit einem Schneebesen die Butter unterarbeiten. Die grünen Pfefferkörner zufügen und warm halten.

Die Entenbrüste pfeffern und salzen. In der heißen Bratbutter unter öfterem Wenden rosa braten. Die Brüste vor dem Servieren etwa 5 Minuten auf einem Gitter ruhen lassen.

Die Blutorangen für die Garnitur gut waschen. Die Schalen dünn abschälen, mit einem Messer (oder Julienneeißer) in feine Streifen schneiden. In Wasser weich kochen. Die verbliebene dicke Schale mit einem Messer sauber abschälen. Die Filets zwischen den Häuten herausschneiden. Den Saft auffangen und die Filets darin erwärmen.

Die Entenbrüste schräg in dünne Scheiben schneiden. Mit der Blutorangenbutter, den warmen Orangenfilets und den -streifen anrichten.

Beilagen Braisierter Chicorée, Orangenpfannkuchen (s. S. 350)

Tip MK: Werden Entenbrüste mit Haut verwendet, sollte diese vor dem Braten gitterförmig eingeschnitten werden, um Bratbutter zu sparen. Die Entenbrüste mit der Hautseite nach unten in die heiße Pfanne legen, damit das Fett austreten kann. Im eigenen Fett gebraten schmeckt das Fleisch viel besser.

Anstelle von Blutorangen können auch andere Orangen verwendet werden.

Entenbrust
mit
Blutorangenbutter

Eine mit Sauterneswein zubereitete Sauce läßt sich mit keiner anderen Weinsauce vergleichen. Sie paßt gut zu Geflügel, wie hier zur Entenbrust.

ENTENBRUST MIT SAUTERNESSAUCE

Arbeitsaufwand
etwa 20 Minuten

Für 4 Personen

Entenbrust
Bratzeit
8—10 Minuten
2 Entenbrüste zu 300 g
oder
4 Entenbrüste zu 150 g
(ohne Haut und Knochen)
Salz, weißer Pfeffer
(Mühle)

Sauce
Kochzeit
etwa 12 Minuten
1 EBl. feingehackte Schalotten
1 dl Sauternes
1,5 dl Enten- oder Geflügeljus (s. S. 326)
2 EBl. Butter
Salz, Pfeffer (Mühle), Cayennepfeffer

Die Haut der Entenbrüste gitterartig einschneiden. Darauf achten, daß das Fleisch nicht verletzt wird. Mit Salz und Pfeffer einreiben, mit der Hautseite nach unten in eine nicht zu heiße Pfanne legen. Das Fett ausbraten lassen und die Brüste darin unter öfterem Wenden goldbraun braten. Die Entenbrüste vor dem Aufschneiden einige Minuten ruhen lassen. Den abtropfenden Saft auffangen und später zur Sauce geben.

Das Bratfett aus der Pfanne gießen, im verbleibenden Rest die Schalotten goldgelb dünsten. Mehrmals mit dem Sauternes ablöschen und wieder reduzieren. Dann den Jus zufügen und stark einkochen. Durch ein feines Sieb passieren und die Butter in kleinen Flöckchen unterschwenken. Mit wenig Salz, Pfeffer und Cayennepfeffer abschmecken.

Die Entenbrüste schräg in dünne Scheiben schneiden. Die Sauce auf warmen Tellern verteilen und das Fleisch fächerförmig darauf anrichten.

Beilagen Blattspinat, Schupfnudeln (eine badische Spezialität)

Tip MK: Dazu empfehle ich ganz neutrale Beilagen, wie weißen Reis, Kartoffelpüree oder Nudeln.

Momentan ist dies wohl eines der beliebtesten Entengerichte. Die süß-pikante Sauce gefällt wegen ihres exotischen Geschmackes. Sie ergänzt sich mit dem Entenfleisch auf das beste.

ENTENBRUST MIT HONIGESSIGSAUCE

Die Haut der Entenbrüste gitterartig einschneiden. Darauf achten, daß das Fleisch nicht verletzt wird. Mit Salz und Pfeffer einreiben, mit der Hautseite nach unten in eine nicht zu heiße Pfanne legen. Das Fett ausbraten lassen und die Brüste darin unter öfterem Wenden goldbraun braten. Die Entenbrüste vor dem Aufschneiden einige Minuten ruhen lassen. Den abtropfenden Saft auffangen und später zur Sauce geben.

Den größten Teil des Bratfettes aus der Pfanne gießen. Im verbleibenden Rest die Schalotten goldgelb dünsten. Mehrmals mit dem Honigessig und dem Weißwein ablöschen und reduzieren. Mit dem Jus auffüllen, den durchgepreßten Knoblauch zufügen und einkochen. Durch ein feines Sieb passieren, den Honig und den Fleischsaft zufügen, nochmals aufkochen. Die Butter in kleinen Flöckchen unterschwenken. Mit wenig Salz, Pfeffer, Cayennepfeffer und, falls nötig, mit etwas Honigessig abschmecken.

Die Entenbrüste schräg in dünne Scheiben schneiden und auf warmen Tellern anrichten, mit der Sauce umgießen.

Beilagen Glasierte Navets oder Kohlrabi, Kartoffelkrapfen (s. S. 357)

Tips
MK: Ist kein Honigessig vorhanden, kann guter Rotweinessig verwendet und etwas mehr Honig zugefügt werden.
FWE: Bei den Saucen, bei denen der Bratsatz mitverwendet wird, muß das beim Abschmecken berücksichtigt werden. Der Bratsatz bringt bereits eine gewisse Schärfe mit, denn er besteht nicht nur aus verkrustetem Fleischsaft, sondern auch aus Gewürzen.

Arbeitsaufwand etwa 20 Minuten

Für 4 Personen

Entenbrust
Bratzeit
8—10 Minuten
2 Entenbrüste zu 300 g
oder
4 Entenbrüste zu 150 g
(mit Haut, ohne Knochen)
Salz, weißer Pfeffer
(Mühle)

Sauce
Kochzeit
etwa 12 Minuten
1 EBl. feingehackte Schalotten
3—4 EBl. Honigessig
6 EBl. Weißwein
1,2 dl Enten- oder Geflügeljus (s. S. 326)
1 Knoblauchzehe
1 Teel. Honig
2 EBl. Butter
Salz, weißer Pfeffer
(Mühle), Cayennepfeffer
Honigessig, bei Bedarf

Gebratene Pouletbrust
mit Gemüsesauce

Eine zarte Poulardenbrust, schnell gebraten und mit einer Gemüsesauce versehen, ist ein neues, leichtes Gericht.

GEBRATENE POULETBRUST MIT GEMÜSESAUCE

Die Zwiebel schälen, die Gemüse putzen und waschen. Die Zwiebel in feine Würfel, die Karotte und den Sellerie in Scheiben und den Lauch in Streifen schneiden. Die Butter zerlaufen lassen. Das Gemüse zufügen und bei schwacher Hitze fast weich dünsten. Dann mit dem Sherryessig und dem Weißwein ablöschen. Mit der Geflügelbouillon auffüllen und zum Kochen bringen. Die Kräuter in das Lauchblatt einwickeln und zusammen mit dem geschälten Knoblauch zugeben. Noch einige Minuten kochen, bis das Gemüse ganz weich ist. Das Kräuterbündel wieder entfernen. Das Gemüse im Mixer sehr fein pürieren. Den Rahm und die Butter zufügen und gut einarbeiten. Mit frischgemahlenem weißen Pfeffer und Salz abschmecken. Die Gemüsepüreesauce durch ein feines Sieb streichen und warm halten.

Die Pouletbrüste mit Pfeffer und Salz würzen. Im vorgeheizten Ofen in der Bratbutter goldbraun und saftig braten. Zum Ausruhen auf ein Abtropfgitter setzen. Die Knochen entfernen. Die Brüste in Scheiben schneiden und mit der Gemüsepüreesauce anrichten.

Beilagen Glasierte Gemüse (Karotten, Kohlrabi, Zucchini), grüne Kräuternudeln (s. S. 353)

Tips
MK: Für die Sauce können Gemüseabschnitte verwendet werden, wenn zur Brust Gemüsestengelchen serviert werden.
FWE: Die Pouletbrüste können durch Poulardenbrüste ausgetauscht werden. Bei Geflügelbrüsten, die mit Haut und Knochen gebraten werden, bleibt das Fleisch saftiger, denn beides ist ein natürlicher Schutz für das Fleisch.

Arbeitsaufwand
etwa 30 Minuten

Für 4 Personen

Püreesauce
Kochzeit
etwa 50 Minuten
1 mittelgroße Zwiebel
1 mittelgroße Karotte
¼ Sellerie
¼ mittelgroße Lauchstange
2 Eßl. Butter
2 Eßl. Sherryessig
2 Eßl. trockener Weißwein
3 dl Geflügelbouillon (s. S. 325)

Kräuter
Knoblauch, Thymian
Lorbeerblatt (Bruchstück)
Lauchblatt
1,5 dl Rahm
2 Eßl. frische Butter
Salz, Pfeffer

Brüste
Bratzeit
etwa 12 Minuten
4 große Pouletbrüste (Hähnchen) mit Haut und Knochen
Pfeffer (Mühle), Salz
1 Eßl. Bratbutter (Butterschmalz)

Pouletbrüste und -schenkel, interessant zubereitet und versehen mit einer Spargelgarnitur

POULET MIT SCAMPI-WHISKY-SAUCE

Arbeitsaufwand
etwa 40 Minuten

Für 4 Personen

Pouletteile
Bratzeit
12—15 Minuten
Ofentemperatur
etwa 250 °C
4 Pouletbrüste (Hähnchen) und
4 ganze Pouletschenkel, jeweils mit Haut und Knochen
weißer Pfeffer (Mühle), Salz
1 EßI. Bratbutter (Butterschmalz)

Sauce
Kochzeit
etwa 25 Minuten
½ EßI. Butter
1 EßI. feingehackte Schalotten
100 g Scampikrusten
¾ EßI. doppelt konzentriertes Tomatenpüree
8 EßI. Whisky
3 dl gelierte Geflügelbouillon
2 dl Rahm
½ EßI. Butter
Cayennepfeffer, Salz

Garnitur
Garzeit der Spargelspitzen
etwa 10 Minuten
Garzeit der Scampi
etwa 5 Minuten
8 kleine, grüne Spargeln
4 Scampi
Salz, Zucker
⅛ Teel. Kümmel
Kerbelzweige

Ganze Scampi kaufen und die Schwänze abtrennen. Die restlichen Scampiteile (Kruste und Scheren) werden für die Sauce verwendet.
In der Butter die Schalotten farblos dünsten. Die Scampischeren und die Krusten zerkleinern, zugeben und so lange mitdünsten, bis sich ihre Farbe verändert; dann das Tomatenpüree zufügen. Mehrmals mit insgesamt etwa ¾ des Whisky ablöschen und mit der Geflügelbouillon auffüllen. Aufkochen und bei verminderter Hitze um etwa die Hälfte reduzieren. Den Rahm zugeben und so lange weiterkochen, bis die Sauce sämig wird. Durch ein feines Sieb passieren und die Butter untermixen. Mit Cayennepfeffer und Salz abschmecken, den restlichen Whisky zugießen. Die Sauce nochmals erhitzen und warm stellen.
Die Pouletteile mit dem Pfeffer und dem Salz würzen und (parallel zur Sauce) im vorgeheizten Ofen in der erhitzten Bratbutter unter häufigem Wenden goldbraun braten. Herausnehmen und einige Minuten zum Ruhen auf ein Abtropfgitter setzen.
Salzwasser zum Kochen bringen, etwas Zucker zufügen und die Spargeln darin knackig (bißfest) kochen. Im Sud belassen.
Salzwasser mit dem Kümmel zum Kochen bringen. Die Scampischwänze hineingeben, einmal kräftig aufkochen und zum Garziehen vom Feuer nehmen.
Die Knochen aus den Brüsten entfernen, lediglich die Flügelknochen verbleiben. Von den Scampischwänzen die Krusten und Därme entfernen.
Die Pouletteile im Ofen nochmals erhitzen. Zusammen mit den grünen Spargeln, den Scampischwänzen und der heißen Sauce anrichten. Mit dem Kerbel garnieren.

Beilagen Brokkoliröschen, wilder Reis

Tips
MK: Natürlich können auch nur Brüste oder Schenkel, aber auch Poulet- oder Trutenschnitzel auf diese Art zubereitet werden.
FWE: Dieses Gericht erhält durch die Scampi-Whisky-Sauce seine Attraktivität.

Ein besonderer Genuß für die Sommerzeit.
Pouletschenkel, chinesisch mariniert
und von Hand zu essen.

GRILLIERTE POULETSCHENKEL

Für die Marinade den Honig mit der Sojasauce verrühren. Die Knoblauchzehen schälen und durchpressen, zusammen mit dem Reiswein und Senf zu der Honig-Soja-Mischung geben. Gut miteinander vermischen.
Die Pouletschenkel in ein flaches Gefäß legen, mit der Marinade begießen, zugedeckt in den Kühlschrank stellen, ab und zu wenden.
Den Grill mit einer Aluminiumfolie bespannen. Die Pouletschenkel aus der Marinade nehmen, mit Salz und Pfeffer würzen.
Nochmals mit der Marinade bestreichen, auf die Folie legen und bei mittlerer Hitze grillieren. Immer wieder mit Marinade bestreichen und wenden.
Zu diesem Gericht passen ausgezeichnet grillierte Zucchettischeiben: Die Zucchetti waschen und in Scheiben schneiden. Salzen, mit Öl bestreichen und ebenfalls beidseitig grillieren.

Tip MK: Pouletflügel können auch auf diese Art zubereitet werden.

Arbeitsaufwand
etwa 20 Minuten

Für 4 Personen

Pouletschenkel
Grillzeit
12—15 Minuten
Marinierzeit
etwa 12 Stunden
4 Pouletschenkel
zu 250 g
Salz, weißer Pfeffer
(Mühle)

Marinade
1 EßI. Bienenhonig
1 EßI. Sojasauce
2 Knoblauchzehen
2 EßI. Reiswein oder Sherry
1 EßI. Senf

Zucchetti
Grillzeit 3—4 Minuten
2 große Zucchetti
Salz
5—6 EßI. Erdnußöl

Pouletbrüstchen, am Knochen gebraten und an einer aromatischen Limettensauce serviert.

POULETBRÜSTCHEN MIT LIMETTENSAUCE

Für 4 Personen

Limettensauce
Kochzeit
etwa 25 Minuten
1 dl Limettensaft (etwa 2 bis 3 Limetten)
½ EBl. Zucker
1 Teel. abgeriebene Limettenschale
3,5 dl Geflügelbouillon
2,5 dl Rahm
1 EBl. Butter, Salz
Schalenstreifen von 2 Limetten

Brüstchen
Bratzeit
etwa 12 Minuten
Ofentemperatur
etwa 250 °C
4 Pouletbrüstchen (Hähnchen) mit Haut und Knochen
weißer Pfeffer (Mühle), Salz
1 EBl. Bratbutter (Butterschmalz)
Zitronenmelisse

Von den Limetten die Schale abreiben. Den Saft frisch pressen und mit dem Zucker, der abgeriebenen Schale und der Geflügelbouillon sirupartig einkochen. Den Rahm um etwa die Hälfte reduzieren. Später in den Saucenansatz passieren, nochmals aufkochen und abschäumen. Durch ein feines Sieb drücken, im Mixer die Butter einarbeiten, mit Salz würzen und abschmecken. Die Sauce warm halten, die in Wasser weichgekochten Limettenschalenstreifen kurz vor dem Anrichten zufügen.

Die Pouletbrüstchen (Hähnchen) pfeffern und salzen. In der Bratbutter — im vorgeheizten Ofen — unter öfterem Wenden so braten, daß sie außen goldbraun und innen saftig sind. Kurz auf ein Abtropfgitter setzen. Die Knochen bis auf den Flügelknochen entfernen und die Brüste schräg in Scheiben schneiden. Anrichten, mit der Limettensauce umgießen und mit Zitronenmelisse garnieren.

Beilage Hausgemachte Nudelflecken mit Zitronenmelisse (s. S. 351)

Tips
MK: Wenn das Gericht besonders leicht sein soll, kann auch Halbrahm verwendet und die Sauce mit wenig Maisstärke gebunden werden.
FWE: Alles Geflügel, das mit den Knochen gebraten wird, bleibt schöner saftig und behält seine natürliche Form. Zitronen eignen sich selbstverständlich auch für diese Sauce.

Pouletbrüstchen
mit Limettensauce

Sesam hat nun auch in unseren Küchen Einzug gehalten. Dünne Pouletschnitzel, darin gewendet und kurz gebraten, werden zu einer Spezialität, welche durch eine delikate Limettensauce ergänzt wird.

POULETSCHNITZEL MIT SESAM UND LIMETTENSAUCE

Arbeitsaufwand etwa 25 Minuten

Für 4 Personen

Pouletschnitzel
Bratzeit etwa 2 Minuten
8 sehr dünne Pouletschnitzel (ohne Haut)
1 EBl. Sojasauce
Salz, weißer Pfeffer (Mühle)
100 g Sesamsamen
2 EBl. Bratbutter (Butterschmalz)

Sauce
Kochzeit etwa 12 Minuten
1 feingehackte Schalotte
4 EBl. Limettensaft
2 EBl. Weißwein
1 dl Geflügelbouilllon (s. S. 325)
5 EBl. Rahm
Salz, Pfeffer (Mühle)
2 EBl. Butter
1 Limette für die Garnitur

Die Schalotte mit dem Limettensaft, dem Weißwein und der Bouillon einkochen. Durch ein feines Sieb passieren, den Rahm zufügen und kochen, bis die Sauce sämig wird. Mit Salz und Pfeffer würzen, die Butter in kleinen Flöckchen unterschwenken. Die Sauce warm halten, bis die Schnitzel gebraten sind.

Die Pouletschnitzel mit der Sojasauce bestreichen, salzen und pfeffern. Die Sesamkörner auf einen flachen Teller schütten und die Schnitzel darin auf einer Seite panieren. Mit der nicht panierten Seite nach unten auf einen Tisch legen und die Sesamkörner fest andrücken. In einer Pfanne die Bratbutter erhitzen. Die Schnitzel zuerst auf die panierte Seite in die Pfanne legen. Darauf achten, daß die Samen nicht zu dunkel werden, dann wenden und fertig braten. Die heiße Limettensauce auf vorgewärmte Teller verteilen. Die Schnitzel mit der panierten Seite nach oben darauf setzen und mit Limettenscheiben garnieren.

Beilage Reis mit Erbsen

Tips
MK: Für dieses Gericht eignen sich nur ganz dünn plattierte Schnitzel.
FWE: Die Sesamkörner können mit frisch geriebenem Weißbrot (Mie de pain) gemischt werden. Dann vor dem Panieren durch Mehl und Ei ziehen.

Etwas Feines zum Knabbern. Die Haselnußkruste ist sehr aromatisch, und die Pouletschenkel werden im Ofen sehr knusprig.

POULETSCHENKEL IN DER NUSSKRUSTE

Die Haselnüsse mit dem Paniermehl mischen; das Ei mit dem Öl verklopfen.
Die Pouletschenkel mit Salz, Pfeffer und Paprika würzen. Im Mehl wenden, durch das Ei ziehen und anschliessend mit der Nussmischung panieren. Die Panierung gut andrücken und die überflüssige Nussmischung abschütteln.
Die panierten Pouletschenkel in der heissen Bratbutter goldgelb ausbacken.

Beilagen Currysauce, Kreolenreis mit Gemüsestreifen und Rosinen

Tip MK: Die Mittelteile der Pouletflügel lassen sich auch so zubereiten. In diesem Fall werden sie vorher blanchiert (s. S. 145) und die Knochen entfernt.

Arbeitsaufwand etwa 20 Minuten
Bratzeit 12—15 Minuten

Für 4 Personen
4 Pouletschenkel zu 200 g
Salz, Pfeffer (Mühle), Paprika
6—8 gemahlene Haselnüsse
5—6 EBl. Paniermehl
1 Ei
1 EBl. Öl
2 EBl. Mehl
2—3 EBl. Bratbutter

Truthahn — groß und klein

Der Truthahn wird auch in unseren Breitengraden immer mehr geschätzt, vor allem zu Weihnachten. Heute werden die Truthähne in den unterschiedlichsten Gewichtsklassen angeboten — von etwa 2,5 kg an aufwärts, ja vereinzelt sogar schon ab 1,5 kg. So ist niemand mehr gezwungen, einen zu großen Truthahn zu kaufen. Besonders beliebt ist die zarte Truthahnbrust, die einzeln erhältlich ist und praktisch wie ein Braten behandelt wird. Andere ziehen wiederum die saftigen Schenkel vor, die als Ganzes gebraten werden können. Aus ihnen können aber auch Ragouts oder weiße Voressen (Blanketts) zubereitet werden.

Truthahn-Piccata

Trutenschnitzel, die durch Käseteig gezogen
und in Butter gebraten werden,
dazu eine Champignon-Schinken-Garnitur,
passen gut auf ein Risotto.

TRUTHAHN-PICCATA

Die Schnitzel in kleine Plätzchen schneiden und flachklopfen.

Die Eier mit dem Öl und dem geriebenen Käse verquirlen. Die Champignons putzen, waschen und in feine Scheiben schneiden. Den Schinken in Streifen schneiden.

Die Truthahnplätzchen salzen, pfeffern und im Mehl wenden. Durch die Ei-Käse-Masse ziehen und in der Butter goldgelb braten.

Die Champignons in der Butter anziehen lassen, mit Salz und Pfeffer würzen. Die Schinkenstreifen zufügen und durchschwenken.

Die Piccata anrichten, mit den Champignonscheiben und den Schinkenstreifen belegen und mit der Petersilie bestreuen.

Beilagen Tomatensauce, Spaghetti oder Risotto

Tips
MK: Wenn diese Schnitzel zu Spaghetti serviert werden, eignet sich eine Tomatensauce dazu.
FWE: Auf die gleiche Art können Pouletbrüste oder Brustfilets zubereitet werden.

Arbeitsaufwand
etwa 25 Minuten
Bratzeit 4—5 Minuten

Für 4 Personen
400 g Truthahnschnitzel
2 Eier
2 EBl. Olivenöl
3 EBl. geriebener Parmesan oder Sbrinz
150 g frische Champignons
50 g gekochter Schinken
Salz, weißer Pfeffer (Mühle)
2 EBl. Mehl
2 EBl. Butter
1 EBl. Butter
1 EBl. gehackte Petersilie

Zur Grillzeit sind Spießchen immer gefragt. Diese hier sind farbenfroh und werden durch eine pikante Tomatensauce ergänzt, die sehr schnell auf der Glut erwärmt werden kann.

TRUTHAHNSPIESSE MIT PEPERONISAUCE

Arbeitsaufwand
40 Minuten

Für 4 Personen

Spieße
Bratzeit 5—6 Minuten
500 g Truthahnfleisch (Brust oder Schenkel)
1 durchgepreßte Knoblauchzehe
½ Teel. feingehackter Rosmarin
2 EBl. Olivenöl
schwarzer Pfeffer
Salz
2 EBl. Olivenöl
1 roter Peperone
1 mittelgroßer Zucchino
1 Zwiebel
8 Magerspeckscheiben

Sauce
Kochzeit
etwa 20 Minuten
300 g Tomaten
1 großer, roter Peperone
1 EBl. Butter
1 EBl. Zwiebelwürfel
1 EBl. Delikateß-Paprikapulver
Provencekräuter
2 Knoblauchzehen
Salz, Pfeffer (Mühle)

Das Truthahnfleisch in nicht zu dünne Scheiben schneiden. Den Knoblauch mit dem Rosmarin, dem Olivenöl und viel schwarzem Pfeffer mischen. Das Fleisch damit marinieren.
Den Peperone vierteln, die Kerne entfernen und in der Größe passend zu den Fleischscheiben in Stücke schneiden. Den Zucchino in Scheiben schneiden. Die Zwiebeln schälen, vierteln und die einzelnen Schichten voneinander trennen. Die Peperoni- und Zwiebelstücke in Salzwasser kurz blanchieren und kalt abschrecken. Die Magerspeckscheiben in 3 Zentimeter lange Stücke schneiden.
Das Fleisch, die Peperonistücke, die Zucchinischeiben, die Zwiebeln und den Speck abwechselnd auf den Spieß stecken.
Die geschälten Tomaten halbieren, die Kerne ausdrücken und zerkleinern. Den Peperone entkernen und würfeln. Die Zwiebelwürfel in der Butter goldgelb dünsten und vom Feuer nehmen. Das Paprikapulver darüberstreuen und durchrühren. Die Tomaten und den Peperone zugeben. Zusammen mit den Provencekräutern und dem Knoblauch zu Mus kochen. Durch ein Sieb streichen und mit Salz und Pfeffer würzen.
Die Spieße salzen und im heißen Olivenöl rundherum goldbraun braten oder grillieren.
Die Spieße anrichten und die Peperonisauce separat dazu reichen.

Beilage Risotto oder Pilawreis (s. S. 355)

Tip MK: Wenn man im Freien grilliert und keine Sauce mitnehmen will, kann man Hot-Ketchup dazu servieren oder die Spieße vor dem Grillieren mit etwas Kreuzkümmel bestreuen. Durch dieses Gewürz erhalten sie einen Hauch von nordafrikanischer Küche.

Eine Überraschung aus dem Ofen und fast ein ganzes Menü, wenn eine kleine Beilage dazu kommt.

TRUTENSTEAK, MIT BLATTSPINAT UND CHAMPIGNONS ÜBERBACKEN

Die Champignons putzen, waschen und in Scheiben schneiden. Die Butter erwärmen und die Scheiben darin anziehen lassen, mit einigen Tropfen Zitronensaft beträufeln. Den Rahm aufkochen und passiert dazugießen, wenn der Champignonfond verdampft ist. So weit einkochen, bis die Champignons gut gebunden sind. Mit Pfeffer und Salz abschmecken.

Die Trutensteaks plattieren (klopfen), mit Pfeffer und Salz würzen. In der Bratbutter vorbraten und auf ein Abtropfgitter setzen.

Den Bratsatz mit dem Jus loskochen. Die Maisstärke mit einem Eßlöffel kaltem Wasser anrühren, zur Sauce geben und unter Rühren weiterkochen, bis die Sauce gebunden ist, dann passieren.

Kurz vor dem Servieren die Trutensteaks in der Butter nachbraten.

In der Zwischenzeit die Spinatblätter putzen, waschen, mit Muskatnuß, Pfeffer und Salz würzen. Die Butter braun werden lassen, den Spinat zufügen, mit dem Jus ablöschen und zusammenfallen lassen.

Den Blattspinat auf die Trutensteaks verteilen. Die holländische Sauce unter die Rahmchampignons ziehen. Den Blattspinat und die Steaks damit bedecken und das Ganze 1 bis 2 Minuten bei 250 °C überbacken.

Anrichten und mit dem Jus umgießen.

Beilage Darphinkartoffeln

Tip MK: Für dieses Gericht kann fertig gekaufte Sauce hollandaise verwendet werden. Das Vorbraten der Steaks erspart einem das lange Stehen in der Küche.

Arbeitsaufwand
etwa 35 Minuten

Für 4 Personen

Champignons
Kochzeit
etwa 10 Minuten
200 g frische Champignons
1 Teel. Butter
einige Tropfen Zitronensaft
1,5 dl Rahm
weißer Pfeffer (Mühle), Salz
1½ Eßl. holländische Sauce (s. S. 330)

Trutensteak
Bratzeit etwa 5 Minuten
4 Trutensteaks zu 140 g
(von der Brust)
weißer Pfeffer (Mühle), Salz
1 Eßl. Bratbutter
2,5 dl Geflügeljus
(s. S. 326)
½ Teel. Maisstärke
1 Eßl. Butter

Blattspinat
300 g Blattspinat
Muskatnuß, Pfeffer (Mühle), Salz
1 Eßl. Butter
4 Eßl. Geflügeljus

Pouletschenkel
in Kurkumasauce

Neu ist diese Kurkumasauce. Sie ist dank der Beigabe der Kurkumawurzel attraktiv gelb, aber mild im Geschmack, und paßt so gut zum zarten Pouletfleisch.

POULETSCHENKEL IN KURKUMASAUCE

Die Pouletschenkel so zusammenbinden, daß der Unterschenkel am Oberschenkel liegt (s. S. 146).

Die Schenkel salzen, pfeffern und im Mehl wenden. In der heißen Bratbutter rundherum goldbraun anbraten und auf ein Abtropfgitter setzen.

Die Bratbutter aus der Pfanne entfernen. Die Butter hineingeben und erhitzen. Die Zwiebelwürfel darin goldgelb werden lassen. Den Apfel schälen, klein schneiden und zu den Zwiebeln geben. Vom Herd nehmen, mit dem Kurkuma und dem Paprika bestäuben und gut durchrühren. Mit dem Portwein ablöschen, mit dem Jus und der Bouillon auffüllen. Aufkochen, die Schenkel einlegen und garziehen lassen.

Die fertigen Schenkel vom Herd nehmen, beiseite stellen und etwa 10 Minuten ruhen lassen. Dann zum Abtropfen auf ein Gitter legen.

Die Sauce zum Kochen bringen, sehr sorgfältig entfetten (s. S. 219 f.) und einkochen. Mit der Mehlbutter binden (s. S. 327). Den Halbrahm zufügen und reduzieren, bis die Sauce sämig ist. Mit dem Bienenhonig, Salz und Pfeffer abschmecken. Die Sauce passieren, das gehackte Mango Chutney und die Schenkel ohne Schnur zufügen, nochmals aufkochen.

Die Banane schälen, in Scheiben schneiden und in der Butter braten. Die Pouletschenkel mit der Sauce anrichten, mit den Bananenscheiben garnieren und mit den gehackten Pistazien bestreuen.

Beilage Butterreis mit Mandarinenfilets

Tip MK: Der Portwein kann durch Weißwein oder trockenen Sherry ersetzt werden.

Arbeitsaufwand
etwa 40 Minuten

Für 4 Personen

Schenkel
Garzeit
etwa 12 Minuten
Ofentemperatur
etwa 220 °C
4 Pouletschenkel (Hähnchen) zu 250 g
Salz, weißer Pfeffer (Mühle)
1 Eßl. Mehl
½ Eßl. Bratbutter (Butterschmalz)

Sauce
Kochzeit
etwa 20 Minuten
1 Teel. Butter
1 Eßl. feingehackte Zwiebeln
½ kleiner, säuerlicher Apfel
1 Teel. Kurkumapulver
½ Teel. edelsüßer Paprika
6 Eßl. weißer Portwein
3 dl Geflügeljus
2 dl Geflügelbouillon (s. S. 325)
1 Teel. Mehlbutter
2,5 dl Halbrahm
1 Teel. Bienenhonig
Salz, weißer Pfeffer (Mühle)
1 Eßl. Mango Chutney

Garnitur
1 mittelgroße Banane
1 Eßl. Butter
1 Teel. gehackte Pistazien

Schön anzusehen sind die fleischigen Truthahnschenkel, die im Ofen knusprig gebraten und mit einer Cognacsauce serviert werden.

GEBRATENE TRUTHAHNSCHENKEL

Arbeitsaufwand
etwa 30 Minuten

Für 4 Personen

Trutenschenkel
Bratzeit
40—45 Minuten
Ofentemperatur
220—250 °C
2 Trutenschenkel
zu 400 g
Salz, weißer Pfeffer (Mühle)
1 EBl. Bratbutter (Butterschmalz)

Morcheln
Kochzeit
20—25 Minuten
10 g getrocknete Morcheln

Sauce
Kochzeit
etwa 20 Minuten
1 Teel. Butter
1 EBl. gehackte Schalotten
5 EBl. Cognac oder Weinbrand
2,5 dl Geflügeljus (s. S. 326)
2 dl Rahm
Salz, Pfeffer (Mühle)
1 EBl. Butter

Die Morcheln zum Quellen in kaltes Wasser legen.
Die Truthahnschenkel salzen und pfeffern. In der heißen Bratbutter im vorgeheizten Ofen unter stetigem Wenden goldbraun braten.
Von den Morcheln den unteren Teil der Stiele abschneiden und sauber waschen. Das Einweichwasser der Morcheln sorgfältig filtrieren und die Morcheln darin kochen.
Die Schalotten in der Butter farblos dünsten. Mit dem Cognac ablöschen, mit dem Geflügeljus auffüllen und dickflüssig einkochen. Den Rahm zufügen und kochen, bis die Sauce sämig wird. Das Kochwasser der Morcheln stark reduzieren und zur Sauce geben. Diese mit Salz und Pfeffer abschmecken und passieren. Die Butter in kleinen Stücken unterrühren oder im Mixer einarbeiten. Die Morcheln je nach Größe ein- bis zweimal durchschneiden und der Sauce beifügen.
Aus den Truthahnschenkeln die Knochen entfernen, das Fleisch in Scheiben schneiden und auf heißen Tellern anrichten, mit der Sauce umgießen.

Beilagen Braisierter Chicorée, Herzoginkartoffeln (s. S. 356).

Tips
MK: Die Schenkel von Poularden oder Poulets eignen sich ebenfalls für diese Zubereitungsart. Dabei muß beachtet werden, daß die Bratzeit deutlich geringer ist. Das Einweichwasser der Morcheln läßt sich durch einen Kaffeefilter passieren.
FWE: Dieses Gericht kann wesentlich preiswerter zubereitet werden, wenn anstelle der Morcheln andere Pilze, wie zum Beispiel braune Champignons, Mu err (chinesische Trockenpilze) oder Steinpilze, verwendet werden.

Ein feines weißes Ragout, diskret mit Dill abgeschmeckt.

TRUTENBLANKETT MIT DILL

Das Fleisch der Trutenoberschenkel in etwa 50 Gramm schwere Würfel schneiden und blanchieren (s. S. 145).

Das Fleisch mit Wasser oder Bouillon auffüllen und zum Kochen bringen. Abschäumen, dann das Gemüsebouquet, die gespickte Zwiebel und etwas Salz zufügen. Das Fleisch unter dem Siedepunkt garziehen lassen.

In der Zwischenzeit die Butter und das Mehl zusammen farblos andünsten.

Das gegarte Fleisch aus dem Fond nehmen und zugedeckt mit einem feuchten Tuch warm halten. Den Fond auf die Mehlschwitze passieren und glattrühren. Den Weißwein zugeben und etwa 20 Minuten kochen lassen. Dann den Rahm zufügen und noch etwa 5 Minuten kochen. Mit Salz und Zitronensaft abschmecken. Die fertige Sauce über das Fleisch passieren, nochmals erhitzen und den Dill zugeben.

Beilagen Feine Erbsen, Butterreis

Tips

MK: Die Sauce verdankt ihr Aroma vor allem den mitgekochten Gemüsen.

FWE: Die Sauce vom Blankett kann auch mit einem Eigelb und einem Teil des Rahms gebunden werden. Durch Zugabe von Spargeln, Champignons oder Morcheln usw. kann das Blankett zudem bereichert werden.

Arbeitsaufwand
etwa 45 Minuten

Für 4 Personen

Blankett
Garzeit
40—45 Minuten
800 g Trutenoberschenkel, ohne Haut und Knochen
8 dl Wasser (oder Hühnerbouillon)
1 mittelgroße Karotte
¼ Lauchstange
1 Staudenselleriestange
kleine, gespickte Zwiebel (kleines Lorbeerblatt, 3 Gewürznelken)
Salz

Sauce
Kochzeit
etwa 25 Minuten
1 EßI. Butter
2—3 EßI. Mehl
1 dl Weißwein
1,5 dl Rahm
Salz
einige Tropfen Zitronensaft
1 Teel. gehackter Dill

Durch die Scampi und ihre Sauce werden die Truthahnschnitzel aufgewertet. Mit der empfohlenen Beilage sieht dieses Gericht attraktiv aus.

TRUTHAHNSCHNITZEL MIT SCAMPI

Arbeitsaufwand
etwa 35 Minuten

Für 4 Personen

Schnitzel
Bratzeit etwa 5 Minuten
Trutenschnitzel zu 150 g
Salz, weißer Pfeffer (Mühle)
1½ Eßl. Bratbutter (Butterschmalz)
4 ganze Scampi zu 100 g mit Krusten

Sauce
Kochzeit
etwa 35 Minuten
½ Eßl. Butter
1 kleine Karotte
1 kleines Selleriestück
¼ Lauchstange
2 Schalotten
Scampikrusten
1 Prise Zucker
1 vollreife, geschälte Tomate
1 Teel. Tomatenpüree
3—4 Eßl. Cognac oder Whisky
3 dl Geflügelbouillon (s. S. 325)
1,5 dl Rahm
Salz, weißer Pfeffer (Mühle), Cayennepfeffer
1 Teel. Butter (nach Belieben)

Die Truthahnschnitzel leicht klopfen, notfalls auch mit der Faust, wenn kein Küchenbeil vorhanden ist. Noch einfacher ist es, die Schnitzel gleich beim Einkauf plattieren zu lassen. Von den Scampis die Krusten entfernen, letztere etwas klein hacken und für die Sauce reservieren. Die Karotte, den Sellerie, den Lauch und die Schalotten schälen, putzen und waschen. Alle Gemüse in kleine Würfel schneiden. In der Butter farblos dünsten. Die Scampikrusten zufügen und ebenfalls anziehen lassen. Die kleingeschnittene Tomate und das Püree zugeben und kurz mitdünsten. Mehrmals mit dem Cognac ablöschen und mit der Bouillon auffüllen. Bei kleiner Hitze köcheln lassen.

Den Fond passieren und aufkochen, die Scampischwänze einlegen und 5 Minuten darin ziehen lassen. Die Truthahnschnitzel salzen und pfeffern, in der Butter goldbraun braten. Aus der Pfanne nehmen und zusammen mit den Scampi warm halten.

Den Bratsatz mit dem Scampifond auffüllen und loskochen. Zur Hälfte reduzieren, den Rahm zugeben und kochen, bis die Sauce die gewünschte Bindung hat. Mit Salz, Pfeffer und Cayennepfeffer abschmecken. Nochmals passieren und nach Wunsch die Butter unterschwenken. Die Schnitzel anrichten, mit den Scampi garnieren und mit der Sauce umgießen.

Beilagen Glasierte Zucchini, Wildreis

Tips
MK: Anstelle der Scampi können auch Krebse oder Riesencrevetten verwendet werden. Basilikum, Estragon oder Kerbel sind nicht nur eine optische, sondern auch eine geschmackliche Ergänzung.
FWE: Die Scampikrusten niemals anrösten, sonst bekommt die Sauce einen braunen Farb-

ton. Die Färbung hängt von dem Rot der Tomaten ab.
Etwas Cognac oder Whisky kann am Schluß der Sauce zugefügt werden. Die Butter zum Unterschwenken verbessert den Geschmack, sie kann auch weggelassen werden.

Ein Schnellgericht an einer delikaten Estragonsauce, das weitgehend vorbereitet werden kann.

TRUTENSCHNITZEL MIT ESTRAGONSAUCE

Die Trutenschnitzel flachklopfen (plattieren). Die Zwiebeln in der Butter goldgelb dünsten und die Pfefferkörner zufügen. Mehrmals mit Estragonessig und Weißwein ablöschen. Mit dem Jus auffüllen und um etwa die Hälfte einkochen. Den Rahm getrennt reduzieren, dann in die Sauce passieren und kochen, bis sie sämig ist. Mit Salz und Pfeffer abschmecken und passieren. Zum Schluß den gehackten Estragon zufügen.
Die Trutenschnitzel pfeffern und salzen und in der heißen Bratbutter braten. Zusammen mit der Sauce anrichten.

Beilage Hausgemachte Nudeln (s. S. 352).

Tips
MK: Für dieses Gericht eignen sich auch Pouletbrüste ohne Haut oder Pouletschnitzel. Als kleine Garnitur passen Cherrytomaten dazu, die rasch erhitzt oder halbiert und mit der Schnittfläche nach unten in Butter kurz gedünstet werden.
FWE: Probieren Sie die Sauce einmal mit Basilikum oder Dill zubereitet.

Arbeitsaufwand etwa 30 Minuten

Für 4 Personen

Schnitzel
Bratzeit etwa 4 Minuten
4 Trutenschnitzel zu 130 g
weißer Pfeffer (Mühle), Salz
1 EBl. Bratbutter (Butterschmalz)

Sauce
Kochzeit etwa 20 Minuten
1 Teel. Butter
1 EBl. feingehackte Zwiebeln
4 zerdrückte Pfefferkörner
4 EBl. Estragonessig
6 EBl. Weißwein
3 dl Geflügeljus oder Geflügelbouillon (s. S. 325)
2 dl Rahm
Salz, weißer Pfeffer (Mühle)
½ Teel. gehackter Estragon

Ein Gericht, das ohne großen Aufwand zubereitet wird und das doch viel hermacht. Die Champagnersauce wirkt ausgesprochen festlich.

POULETRÖLLCHEN MIT SPARGEL UND CHAMPAGNERSAUCE

Arbeitsaufwand
etwa 20 Minuten

Röllchen
Garzeit etwa 5 Minuten
4 Pouletbrustschnitzel zu 120 g ohne Haut und Knochen
½ Schweinsnetz
Salz, weißer Pfeffer (Mühle)
1 EßI. Bratbutter

Spargel
Kochzeit (weißer) etwa 18 Minuten
Kochzeit (grüner) etwa 11 Minuten
12 weiße Spargel
12 grüne Spargel
2 Teel. Salz
1 Teel. Zucker
1 Teel. Butter

Sauce
Kochzeit etwa 20 Minuten
1 dl Champagner
2 dl Geflügelbouillon (s. S. 325)
2 dl Rahm
Salz, Pfeffer

Das Schweinsnetz zum Wässern in kaltes Wasser legen. Das Wasser öfter wechseln. Kurz vor dem Gebrauch das Netz auf Küchenpapier gut trockenmachen.
Die Pouletbrüste sehr dünn klopfen (plattieren). Den weißen Spargel sorgfältig schälen und die holzigen Teile abschneiden. Bei dem grünen Spargel nur die untere Hälfte schälen und den holzigen Teil entfernen. 1 Liter Wasser mit dem Salz, dem Zucker und der Butter zum Kochen bringen. Den weißen Spargel einlegen und langsam kochen. Etwa 7 Minuten später den grünen Spargel zufügen und weiterkochen. Den gegarten Spargel im Sud abkühlen lassen. Die Spargeln herausnehmen, die Spitzen in einer Länge von etwa 10 Zentimetern abschneiden. 4 weiße und 12 grüne untere Spargelhälften so zuschneiden, daß sie 1 Zentimeter kürzer sind als die Pouletschnitzel. Die grünen Hälften noch vierteln. Den restlichen weißen Spargel und den Sud beiseite stellen.
Die Pouletschnitzel salzen und pfeffern. Auf jedes Schnitzel 6 grüne, geviertelte Spargel und ½ weißen Spargel legen. Sorgfältig darin einrollen. Das Schweinsnetz in passende Stücke schneiden und die Röllchen darin einwickeln, salzen und pfeffern.
Die Bratbutter in einer Bratpfanne erhitzen und die Röllchen darin rundherum goldbraun anbraten. Das Fett abgießen, den Bratsatz mit der Hälfte des Champagners ablöschen und loskochen. Mit dem Geflügelfond auffüllen, die Röllchen einlegen und zugedeckt bei schwacher Hitze garziehen lassen.
Die Röllchen herausnehmen und warm stellen. Den Fond durch ein Sieb in eine flache Pfanne gießen und um die Hälfte einkochen. Den Rahm

zufügen und weiter reduzieren. Den restlichen Champagner zugießen und die Sauce kochen, bis sie sämig wird. Mit Salz und Pfeffer würzen. Inzwischen die Spargelspitzen in etwas Sud erwärmen.

Jedes Röllchen in drei gleich große Stücke schneiden. Die abgeschmeckte, passierte Sauce auf warme Teller verteilen und das Fleisch mit den Spargelspitzen darauf anrichten.

Tips
MK: Für die Rouladen werden nicht je 12 weiße und grüne Spargel benötigt. Es verbleiben noch einige Spargelhälften. Aus diesen läßt sich mit dem zurückbehaltenen Spargelsud eine herrliche Spargelsuppe bereiten. Sie kann nach Belieben mit Rahm und einem Eigelb gebunden werden. Die Spargel in kleine Stücke schneiden und in der Suppe servieren.
FWE: Die Sauce kann auch mit Sekt oder einem guten Weißwein zubereitet werden.

Etwas Pikantes für den Alltag und schnell zubereitet.

FEURIGE KRÄUTERSCHNITZEL

Die Schnitzel zwischen zwei geölten Folien klopfen (plattieren).
Die Kräuter mit dem durchgepreßten Knoblauch, dem Peperoncino und dem Brot mischen. Mit Salz und Pfeffer würzen.
Die Schnitzel von beiden Seiten salzen und pfeffern und kurz im Olivenöl anbraten. Mit der Kräuterbrotmischung bedecken und mit einem Eßlöffel Öl beträufeln. Bei Oberhitze überbakken.

Beilage Risotto

Tip MK: Vor diesem Gericht kann ein knackiger Salat serviert werden. Ein Glas Merlot ist eine ausgezeichnete Ergänzung.

Arbeitsaufwand
etwa 15 Minuten

Für 4 Personen
8 Pouletschnitzel **oder**
4 Trutenschnitzel
Salz, weißer Pfeffer (Mühle)
2 Eßl. gehackte Kräuter (Majoran, Rosmarin, Salbei, Thymian)
2 Knoblauchzehen
1 Teel. feingehackter Peperoncino (Pfefferschote)
2 Eßl. feingeriebenes Brot (vom Vortag)
3—4 Eßl. Olivenöl

Eine beliebte Schnitzelvariante: Trutenfleisch, gefüllt mit italienischem Blauschimmelkäse und Mascarpone.

GORGONZOLA-SCHNITZEL

Arbeitsaufwand etwa 35 Minuten

Für 3 Personen

Schnitzel
Bratzeit etwa 5 Minuten
6 Truthahnschnitzel zu 60 g
Salz, Pfeffer (Mühle)
1 Ei
1 EBl. Mehl
3—4 EBl. Paniermehl
1½ EBl. Bratbutter

Füllung
50 g Gorgonzola
1 EBl. Mascarpone oder Rahmquark
½ Teel. Mehl
1 EBl. gehackte Baumnußkerne
Salz, Pfeffer (Mühle)

Die Truthahnschnitzel flachklopfen.
Den Gorgonzola mit dem Mascarpone und ½ Teelöffel Mehl gut mischen. Die Baumnüsse daruntermischen und mit Salz und Pfeffer abschmecken.
3 Schnitzel mit der Gorgonzolamasse bestreichen, wobei ein schmaler Rand freibleiben sollte. Die restlichen 3 Schnitzel darüberlegen und fest andrücken. Das Ei verquirlen und die gesalzenen und gepfefferten Schnitzel zuerst durch das Mehl und dann durch das Ei ziehen. Im Paniermehl wenden und gut andrücken.
Die Schnitzel unter mehrfachem Wenden in der heißen Bratbutter goldgelb braten. Anrichten und heiß servieren.

Beilagen Gemüse

Tip MK: Noch delikater wird die Füllung, wenn «Fourme d'Ambert» (Blauschimmelkäse aus der Auvergne) verwendet wird.

Helle Hühnerleber

In einigen Rezepten finden Sie unter den Zutaten Enten- oder Gänseleber. Ein willkommener Ersatz dafür ist die helle Hühnerleber, wie sie oft bei älteren Tieren (Suppenhühnern) zu finden ist.

Diese helle Leber ist als Einlage für Füllungen, Pasteten, Terrinen und Galantinen sehr gut geeignet und zudem problemlos in der Verarbeitung.

Helle Hühnerleber ist optisch sicher ein Ersatz für Enten- oder Gänseleber. Sie verändert weder ihre Form noch ihre Farbe während des Garprozesses, und es tritt bei ihr auch kein Fett aus.

Taubenbrüstchen in einer Zubereitung der Haute Cuisine. Dazu braucht es frische Morcheln, die im Mai erhältlich sind.

GEBRATENE TAUBENBRÜSTCHEN MIT ENTENLEBER

Von den pfannenfertigen Tauben die Flügel abschlagen und die Keulen entfernen. Die Brüste würzen. In die erhitzte Bratbutter legen und sofort darin umdrehen. In den vorgeheizten Ofen schieben. Unter häufigem Wenden rosa und saftig braten. Zum Ruhen einige Minuten auf ein Abtropfgitter setzen.

Die Entenlebermedaillons würzen und mit einigen Spritzern Cognac beträufeln. In der Butter schnell rosa braten.

Die Taubenbrüste von dem Knochengerüst herunterschneiden, auf die Entenleber anrichten. Mit den gekochten Morcheln garnieren und mit der Cognacsauce umgießen. Sehr heiß servieren.

Beilagen Junge Gemüse, neue Kartoffeln, in Butter gebraten

Tips

MK: Frische Steinpilze können ebenfalls verwendet werden. Diese sind bei uns im Herbst auf dem Markt zu finden.

FWE: Das Keulenfleisch kann roh für Farcen und gebraten als Salat verwendet werden. Die Entenleber kann durch helle Hühnerleber ersetzt werden. Statt frischer Morcheln sind für dieses Gericht auch getrocknete geeignet. Beachten Sie aber, daß diese intensiver im Geschmack sind und eine längere Kochzeit benötigen.

Arbeitsaufwand
etwa 45 Minuten
Bratzeit etwa 9 Minuten
Ofentemperatur
etwa 250 °C

Für 4 Personen
4 Bresse-Tauben
weißer Pfeffer, Salz
1 EBl. Bratbutter (Butterschmalz)

Garnitur
8 Entenlebermedaillons
zu 20 g
weißer Pfeffer, Salz
Cognac (Weinbrand)
1 Teel. Butter
100 g frische, gekochte
Morcheln (s. S. 358)
2 dl Cognacsauce
(s. S. 328)

Ein raffiniertes Wachtelgericht für Kenner.

WACHTELBRÜSTCHEN AUF IHREM PARFAIT
MIT TRAUBENBEEREN UND GLASIERTEN MANDELN

Arbeitsaufwand
etwa 45 Minuten

Für 6 Personen

Sauce
Kochzeit
etwa 25 Minuten
1/2 EBl. Butter
1 EBl. feingehackte Schalotten
1 dl Cream Sherry
5 dl Wachtelsauce (s. S. 334)
2 dl Rahm
Salz, weißer Pfeffer (Mühle)
1 EBl. Butter

Mandeln
Garzeit
etwa 25 Minuten
20 g Zucker
15 g Butter
100 g geschälte Mandeln
Wasser

Wachtelbrüste
Bratzeit etwa 6 Minuten
6 Wachteln «Super» (zu 250 g)
weißer Pfeffer (Mühle), Salz
1 EBl. Bratbutter (Butterschmalz)

Traubenbeeren
12 weiße Traubenbeeren (Weinbeeren)
12 blaue Traubenbeeren (Weinbeeren)

1 EBl. Butter
400 g Wachtelparfait (s. S. 362)

In der erhitzten Butter die Schalotten goldgelb dünsten. Mehrmals mit insgesamt ¾ des Cream Sherrys ablöschen, mit dem Jus auffüllen und dickflüssig einkochen. Den Rahm zufügen und kochen, bis die Sauce sämig wird. Dann passieren, mit Pfeffer und Salz würzen. Durch ein feines Sieb geben, die Butter unterschwenken, den restlichen Sherry zufügen und warm halten. Inzwischen in einer passenden Kasserolle den Zucker goldbraun karamelisieren, die Butter und die Mandeln zufügen. Mit Wasser bedecken, zugedeckt weich kochen. In der letzten Phase der Garzeit den Deckel entfernen und unter Schwenken weiterkochen, bis die Mandeln glänzend überzogen sind.
Von den bratfertigen Wachteln die Keulen entfernen. Die Brüste salzen und pfeffern. In die erhitzte Bratbutter legen und im vorgeheizten Ofen unter häufigem Wenden fertig braten. Danach einige Minuten ruhen lassen. Die Brüste von den Knochen herunterschneiden, sie auf das in Scheiben geschnittene Wachtelparfait setzen und mit der Sauce umgießen. Mit den glasierten Mandeln und den geviertelten, entkernten und in der Butter erwärmten Traubenbeeren garnieren.

Bemerkung Rezept Wachtelparfait b) s. S. 362.

Beilagen Spargeln oder Kefen, Pariser Kartoffeln

Tip MK: Die Knochen der gebratenen Wachteln können einige Minuten in der Sauce mitgekocht werden, was den Geschmackswert wesentlich erhöht.
Die Wachtelschenkel können für die Zubereitung des Parfaits verwendet werden.

Ein neues «Fondue», das wie alle anderen mit dem Käsefondue nur gemeinsam hat, daß man etwas auf die Gabel steckt und in ein Caquelon taucht. Es ist ein besonders leichtes Gericht, angereichert durch eine feine Avocadosauce.

GEFLÜGELFONDUE MIT AVOCADO

Die Pouletbrüste in feine Scheiben schneiden. Die Zwiebel schälen und fein würfeln. Die Haut von der Avocado abziehen, dann die Avocado halbieren und ihren Kern entfernen. Durch ein feines Sieb streichen, zusammen mit dem Zitronensaft, den Zwiebelwürfeln und dem Quark glattrühren. Mit Salz, Pfeffer und einer Spur Cayennepfeffer pikant abschmecken.

Von der Lauchstange die äußeren Blätter entfernen, sie längs halbieren und gründlich waschen, dann in feine Streifen schneiden. Die Hühnerbouillon zusammen mit dem Lauch aufkochen und auf einem Rechaud zu Tisch bringen. Das Pouletfleisch und die Avocadocrème in Schälchen anrichten.

Am Tisch werden die Pouletscheiben auf Fonduegabeln gesteckt und in der heißen Bouillon gegart.

Zum Schluß kann die Bouillon in Tassen serviert werden.

Beilage Pariser Brot

Tips
MK: Schmeckt auch gut mit Truthahnbrust.
FWE: Zu diesem Fondue können auch andere Saucen oder Dips serviert werden. Auch frische Gurken- und Karottenstäbchen oder Tomatenachtel sind eine willkommene Ergänzung.

Arbeitsaufwand etwa 20 Minuten

Für 4 Personen
4 Pouletbrüste zu 130 g
1 mittelgroße Zwiebel
1 große Avocado
2 EBl. Zitronensaft
2—3 EBl. Quark
Salz, Pfeffer, Cayennepfeffer
1 Lauchstange
1½ l Geflügelbouillon
(s. S. 325)

Eine Variante des bekannten Paprikahuhnes, natürlich mit etwas Rahm verfeinert.

POULET IN PEPERONIRAHMSAUCE
(HÄHNCHEN IN PAPRIKARAHMSAUCE)

Arbeitsaufwand
etwa 50 Minuten

Für 4 Personen

Poulet
Garzeit
etwa 12 Minuten
Ofentemperatur 220 bis 250 °C
2 Poulets (Hähnchen) zu 800 g
Salz, weißer Pfeffer (Mühle)
1 EBl. Bratbutter (Butterschmalz)

Sauce
Kochzeit
etwa 30 Minuten
400 g rote Peperoni (Paprikaschoten)
1 EBl. Butter
3 EBl. feingehackte Zwiebeln
1½ EBl. edelsüßer Paprika
6 dl Geflügelbouillon
1 Knoblauchzehe
1,5 dl Rahm
1,5 dl saurer Halbrahm (Sauerrahm)
Salz, eventuell Pfeffer

Garnitur
1 grüne Peperone (Paprikaschote)
Salz
1 EBl. Butter

Die pfannenfertigen Poulets vierteln (s. S. 273). Die Pouletbrüste und -schenkel mit Salz und Pfeffer würzen. In der erhitzten Bratbutter rundherum goldbraun anbraten und auf ein Abtropfgitter setzen.
Die roten Peperoni waschen, vierteln, entkernen und kleinschneiden. Die Zwiebeln in der Butter farblos dünsten. Die Peperoni zusammen mit dem Paprika zu den Zwiebeln geben und mitdünsten. Mit der Bouillon auffüllen. Die Pouletteile und die zerdrückte Knoblauchzehe zufügen. Im vorgeheizten Ofen garziehen lassen. Die fertigen Poulets aus dem Ofen nehmen und einige Zeit stehenlassen, danach auf ein Abtropfgitter setzen. Die Sauce auf dem Herd einkochen und sorgfältig entfetten (s. S. 219 f.). Den Rahm zufügen und 5 Minuten weiterkochen. Den sauren Halbrahm zur Sauce geben und aufkochen. Im Mixer pürieren, mit Salz und Pfeffer abschmecken. Durch ein Sieb passieren.
In der Zwischenzeit den grünen Peperone waschen, entkernen und in feine Streifen schneiden. In Salzwasser aufkochen und in kaltem Wasser abschrecken. Vor dem Anrichten in der Butter erhitzen.
Von den Pouletteilen die Knochen entfernen. In der Sauce aufkochen und anrichten. Die Peperonistreifen darüberstreuen und heiß servieren.

Beilage Hausgemachte Nudeln (s. S. 352)

Tips
MK: Für dieses Gericht können auch andere Geflügelteile verwendet werden.
FWE: Pouletschenkel eignen sich hier ausgezeichnet.

Poulet
in Peperonirahmsauce

Diese Poularde wird an einer diskret mit Safran, Basilikum und Pernod gewürzten Gemüsesauce serviert. Ein leichtes und bekömmliches Gericht.

POULARDE MIT BASILIKUMSAUCE

Arbeitsaufwand
etwa 35 Minuten

Für 4 Personen

Poularde
Garzeit
etwa 20 Minuten
1 Poularde oder großes Poulet zu 1,4 kg
Salz, weißer Pfeffer (Mühle)
2 Eßl. Bratbutter (Butterschmalz)

Sauce
Kochzeit
etwa 20 Minuten
1 Zwiebel
150 g Lauch
1 Karotte
50 g Fenchelknolle
5 dl Geflügelbouillon (s. S. 325)
2 große reife Tomaten
1 Knoblauchzwiebel
Selleriekraut
1 kleines Lorbeerblatt
½ Teel. gehackter Thymian
2 Eßl. gehacktes Basilikum
eine Prise Safran
2 Eßl. Pernod
Salz, weißer Pfeffer (Mühle)
1 Eßl. Butter
4 Basilikumblätter

Die Poularde in acht Stücke zerlegen (s. S. 273), die Haut und die sichtbaren Knochen entfernen.
Die Zwiebel, den Lauch, die Karotte und den Fenchel putzen, gründlich waschen, in kleine Stücke schneiden und in der Hälfte der Bouillon weich kochen. Die gekochten Gemüse im Mixer fein pürieren.
Die Poulardenstücke salzen, pfeffern und in der Bratbutter rundherum goldbraun anbraten. Die ungeschälte, quer halbierte Knoblauchknolle mit der Poularde mitbraten. Die Tomaten klein schneiden und zusammen mit dem Selleriekraut, dem Lorbeerblatt, dem Thymian, einem Eßlöffel Basilikum und wenig Safran zur Poularde geben. Mit der restlichen Bouillon auffüllen und zugedeckt bei kleiner Hitze fertig garen. Die Poulardenstücke und den Knoblauch herausnehmen. Den Sud um die Hälfte einkochen, das pürierte Gemüse zufügen und aufkochen. Durch ein Sieb streichen und mit dem Pernod, dem Salz und dem Pfeffer abschmecken. Dann das restliche Basilikum und die Butter unterarbeiten.
Die Sauce in eine Schüssel geben, die Poulardenstücke darauf anrichten und mit den Basilikumblättern garnieren.

Beilage Salzkartoffeln

Tips
MK: Sie können die Gemüse auch in Stäbchen schneiden und auf das Pürieren verzichten. In diesem Fall den eingekochten Sud wie beschrieben abschmecken.
FWE: Die Sauce kann mit Cayennepfeffer noch pikanter gewürzt werden.

Einfach, gekonnt und zeitlos-klassisch ist dieses Rezept mit Geflügel an Champagnersauce

POULARDE MIT CHAMPAGNERSAUCE

Die Poularde zuerst halbieren und den Rückgratknochen abschlagen. Dann jede Keule und jede Brust in zwei Teile zerlegen. Die Häute und die sichtbaren Knochen entfernen und klein hacken. In einen Schnellkochtopf geben und mit Wasser bedecken. Das Lorbeerblatt und die geschälte und gewaschene Karotte zugeben. Den Topf verschließen und etwa 15 Minuten kochen lassen. Den Sud durch ein feines Sieb passieren und um mindestens die Hälfte reduzieren. Die Poulardenstücke salzen und pfeffern, in der Bratbutter bei schwacher Hitze anbraten. Die Schalotten zufügen und mitdünsten. Mit der Hälfte des Champagners mehrmals ablöschen, mit dem Sud auffüllen und fertigschmoren. Wenn die Poulardenstücke gar sind, herausnehmen und warm stellen. Den restlichen Champagner zugießen und die Sauce einkochen, bis sie dickflüssig wird. Den Rahm zufügen und kochen, bis die Sauce sämig ist, dann mit Salz und Pfeffer abschmecken. Vom Feuer nehmen und die Butter in kleinen Flöckchen unterschwenken. Die Sauce passieren und über die Poulardenstücke gießen, heiß servieren.

Beilage Gekochter Reis oder Kartoffelpüree

Tip MK: Die Sauce kann mit feingehackten Trüffeln angereichert werden. Für dieses Gericht kann auch Sekt oder Weißwein verwendet und die Poularde durch Poulets ersetzt werden. Dann muß die Bezeichnung des Gerichts entsprechend geändert werden.

Arbeitsaufwand
etwa 30 Minuten
Garzeit
20—25 Minuten

Für 4 Personen
1 Poularde zu 1,6 kg
oder
1 großes Poulet
1 kleines Lorbeerblatt
1 Karotte
Salz, weißer Pfeffer (Mühle)
2 EBl. Bratbutter (Butterschmalz)
2 EBl. gehackte Schalotten
1 Fl. Champagner (Piccoloflasche), brut oder sec
2 dl Rahm
2 EBl. Butter

Ein Currygericht, wie es in unseren Breitengraden geliebt wird. Ausgewogen abgeschmeckt und mit etwas Rahm verfeinert.

POULET IN CURRYRAHMSAUCE

Arbeitsaufwand
etwa 40 Minuten

Für 4 Personen

Poulet
Garzeit
12—15 Minuten
Ofentemperatur
220—250 °C
2 Poulets (Hähnchen)
zu 800 g
weißer Pfeffer (Mühle),
Salz
2 EßI. Weißmehl
(Weizenmehl)
1 EßI. Bratbutter (Butterschmalz)

Sauce
Kochzeit
etwa 30 Minuten
1 EßI. frische Butter
3 EßI. feingehackte
Zwiebeln
½ kleiner Apfel
1½ EßI. Currypulver
1 Teel. edelsüßer
Paprika
4 EßI. trockener Sherry
4 dl Geflügeljus
(s. S. 326)
2 dl Geflügelbouillon
(s. S. 325)
1½ EßI. Mango-Chutney
2 dl Rahm
1 Teel. Mehlbutter
(s. S. 327)
Salz
½ EßI. Bienenhonig

Garnitur
1 Banane
1 EßI. Butter
20 g geschälte Pistazien

Von den Poulets die Flügel abschlagen und die Keulen abschneiden. Entlang des Rückgrats die Poulets der Länge nach spalten. Am Brustbein leicht einschlagen und es damit herausdrücken (s. S. 263). An dieser Stelle die Brüste voneinander trennen. Die Keulen so mit Schnur umbinden, daß der Unter- und der Oberschenkel aneinanderliegen (s. S. 146).

Die Pouletteile salzen und pfeffern, im Mehl wenden. In der erhitzten Bratbutter von allen Seiten goldbraun anbraten und auf ein Abtropfgitter setzen. Die Bratbutter aus dem Schmortopf entfernen. Die Butter hineingeben, die Zwiebeln darin anschwitzen. Den halben Apfel schälen, in dünne Scheiben schneiden, zufügen und mit angehen lassen. Mit dem Curry- und dem Paprikapulver bestäuben, nicht zu stark erhitzen. Mit dem Sherry mehrmals ablöschen. Mit dem Geflügeljus und der Bouillon auffüllen. Das Mango-Chutney und die angebratenen Pouletteile zugeben und garziehen lassen. Nach Beendigung der Garzeit den Schmortopf mit den Poulets beiseitestellen. Diese nach zehn Minuten Ruhezeit herausnehmen und beiseitestellen. Den Fond um die Hälfte reduzieren, den Rahm zufügen und durchkochen. Abschäumen und sorgfältig entfetten, je nach Konsistenz der Sauce eventuell mit der Mehlbutter binden. Mit Salz und Bienenhonig abschmecken und durch ein feines Sieb drücken. Von Vorteil ist das Mixen der Sauce.

Von den Pouletteilen die Schnüre und Knochen entfernen. Die fertige Sauce darübergießen und auf dem Herd aufkochen. Die Banane schälen, in Scheiben schneiden und in der Butter braten. Die Poulets anrichten; mit den Bananenscheiben und den grobgehackten Pistazien garnieren. Heiß servieren.

Beilage Butterreis mit Jaffarinen- oder Mandarinenfilets

Tip FWE: Zwar ist der Geschmack von Hühnern wesentlich ausgeprägter, aber sie eignen sich nur zur Zubereitung von Bouillon oder Eintopf. Für mich gibt es zum Poulet oder zur Poularde bei diesem Gericht keine Alternative.

Schnell zubereitet und apart. Ein Gericht für Eilige, die ein anspruchsvolles Gericht servieren wollen.

POULET MIT SAFRANSAUCE

Das Poulet achteln, salzen und pfeffern. In der heißen Bratbutter rundherum goldbraun anbraten. Die feingehackte Zwiebel zufügen und mitdünsten. Mit dem Weißwein ablöschen, mit der Bouillon auffüllen und das Ganze zum Kochen bringen.
Für das Bouquet garni den Lauch, den Sellerie und die Karotte putzen, waschen und zusammenbinden. Zusammen mit dem Lorbeerblatt und der Nelke zu dem Poulet geben und alles langsam garziehen lassen. Die fertigen Pouletstücke aus dem Fond nehmen und warm halten. Den Fond mit der Mehlbutter binden (s. S. 327). Das Safranpulver (oder die Fäden) und den Rahm zufügen. Kräftig durchkochen, mit Salz und Pfeffer abschmecken. Die Pouletstücke zurück in die Sauce geben und erwärmen, heiß servieren.

Beilagen Pilawreis, Brokkoli mit Nußbutter

Tip MK: Die Sauce darf nur diskret mit Safran gewürzt werden!
Man kann die Mehlbutter weglassen; in diesem Fall den Fond sehr stark einkochen.

Arbeitsaufwand etwa 20 Minuten

Für 4 Personen

Poulet
Garzeit
etwa 20 Minuten
1 Poulet zu 1,2 kg
Salz, weißer Pfeffer (Mühle)
1 EßI. Bratbutter (Butterschmalz)
2 Eßl. feingehackte Zwiebeln
1 dl Weißwein
4 dl Geflügelbouillon (s. S. 325)

Bouquet garni
¼ Lauchstange
1 Selleriestange
1 kleine Karotte
¼ Lorbeerblatt
1 Gewürznelke
1 Teel. Mehlbutter (s. S. 327)
1,5 dl Rahm
½ g Safran (Pulver oder Fäden)
Salz, weißer Pfeffer (Mühle)

Frische Steinpilze sind eine Delikatesse, die den Charme dieses Gerichts ausmachen.

POULET IN BURGUNDERSAUCE MIT STEINPILZEN

Arbeitsaufwand
etwa 35 Minuten
Garzeit
12—15 Minuten
Ofentemperatur
etwa 250 °C

Für 4 Personen
4 ganze Pouletschenkel
4 Pouletbrüste
Pfeffer (Mühle), Salz
1 Eßl. Bratbutter (Butterschmalz)

Saucenansatz
1 Eßl. Butter
1 mittelgroße Zwiebel
½ Teel. Zucker
1½ Eßl. Tomatenpüree, doppelt konzentriert
2 dl roter Burgunderwein
5 dl Geflügeljus
(s. S. 326)
2 kleine Knoblauchzehen
Thymian, Rosmarin
1 Teel. Mehlbutter
(s. S. 327)
weißer Pfeffer (Mühle), Salz

Garnitur
250 g frische Steinpilze
4 Tomaten zu 80 g
1 Eßl. Bratbutter (Butterschmalz)
2 Eßl. Butter
Pfeffer (Mühle), Salz, Zucker
Petersilie, Thymian

Die Pouletkeulen und -brüste mit Pfeffer und Salz würzen und in der erhitzten Bratbutter goldbraun braten. Zum Abtropfen auf ein Gitter setzen.
Die Zwiebel in feine Scheiben schneiden und in der Butter goldgelb dünsten. Den Zucker und das Tomatenpüree zufügen und farblos dünsten. Mehrere Male mit dem Burgunder ablöschen. Die Pouletteile einlegen und mit dem Geflügeljus auffüllen, die Knoblauchzehen, den Thymian und den Rosmarin zufügen. Auf dem Herd aufkochen und im Ofen garziehen lassen. Die fertigen Poulets aus dem Ofen nehmen und noch etwa zehn Minuten in der Sauce ruhen lassen.
In der Zwischenzeit die Steinpilze putzen, waschen und in feine Scheiben schneiden. Die Tomaten mit kochendem Wasser überbrühen, schälen, vierteln und die Kerne entfernen. Die Steinpilze mit Pfeffer und Salz würzen und in der heißen Bratbutter vor- und in einem Eßlöffel frischer Butter nachbraten. Zum Abtropfen auf ein Sieb geben.
Die Pouletteile auf ein Abtropfgitter setzen. Die Sauce sorgfältig entfetten, wenn nötig noch reduzieren. Mit der Mehlbutter binden, mit Pfeffer und Salz würzen. Die Sauce passieren, die Pouletteile einlegen und nochmals aufkochen.
Die Tomaten mit Pfeffer, Salz und Zucker würzen, in der restlichen Butter erhitzen. Die Petersilie und den Thymian fein hacken. Die Keulen und die Brüste mit der Sauce anrichten. Die Steinpilze und Tomaten darauf anordnen und mit den Kräutern bestreuen.

Beilage Hausgemachte Eiernudeln (S. 352)

Tips
MK: Es gibt auch tiefgekühlte Steinpilze, die

nach dem Auftauen allerdings sofort verwendet werden müssen. Sie eignen sich aber sehr gut für ein solches Gericht.
FWE: Als Ersatz für frische Steinpilze (wenn auch kein vollwertiger) können Butter-, Mai- oder Maronenpilze dienen.

Das Garen im Ofen oder auf dem Herd

Warum werden Gerichte im Ofen gegart oder gebraten?
Die Hitzeverteilung im Ofen ist gleichmäßiger, da sie von allen Seiten auf das Gar- oder Bratgut einwirkt.
Voraussetzung dafür ist Kochgeschirr mit hitzebeständigen Griffen, das für diese Garmethode geeignet ist.
Garen ist aber auch auf dem Herd möglich; es muß nicht immer im Ofen stattfinden. Das Gar- oder Bratgut sollte dann möglichst oft gewendet werden, um ein gleichmäßiges Garen zu gewährleisten. Die Garzeit verlängert sich außerdem um einige Minuten.
Aber auch diese Garmethode hat einen Vorteil — bekanntlich haben die meisten Dinge zwei Seiten —: Die Garflüssigkeit brennt an den Rändern nicht so stark ein, und der Ofen bleibt sauber, was für Hausfrauen ein wesentliches Argument ist.

Ein Geflügelgericht mit einer pikanten Sauce für ein ungezwungenes Essen mit Freunden, das sich gut vorbereiten läßt.

POULET MIT CHAMPIGNONS UND TOMATEN

Garzeit
25—30 Minuten

Für 4 Personen
1 Poulet zu 1,4 kg
Salz, Pfeffer
2 EBl. Olivenöl
50 g Rohschinken
150 g Champignons
2 Knoblauchzehen
1 Teel. feingehackter Peperoncino
3 geschälte Tomaten
1 dl Weißwein
1 dl Geflügelbouillon
(s. S. 325)
je 1 Teel. Petersilie und Basilikum (gehackt)

Das Poulet vierteln, salzen und pfeffern und dann im heißen Olivenöl rundherum goldbraun braten.
Den Rohschinken in feine Streifen schneiden. Die Champignons putzen, waschen und in Scheiben schneiden. Das Poulet aus der Pfanne nehmen und im selben Öl den Schinken kurz anbraten, die Champignons zufügen und mitdünsten. Die durchgepreßten Knoblauchzehen und den Peperoncino zufügen.
Die Tomaten entkernen, in Würfel schneiden und in die Pfanne zu den anderen Zutaten geben. Mit dem Weißwein und der Geflügelbouillon auffüllen, kräftig durchkochen, dann die Pouletstücke zufügen und 15 bis 20 Minuten garschmoren lassen. Mit Salz und Pfeffer abschmecken und mit den gehackten Kräutern bestreuen.
Tip MK: Zu dieser Sauce passen Polentaschnitten besonders gut.

Ein Gericht, das durch die Brennesseln im Trend der Zeit liegt. Ausgefallen und trotzdem einfach.

TRUTHAHNRAGOUT MIT BRENNESSELN

Die Truthahnbrust in 2 mal 2 Zentimeter große Würfel schneiden.
Die Schalotten schälen, fein würfeln und in der Butter farblos dünsten. Mit dem Weißwein ablöschen und mit der Bouillon auffüllen; etwa auf die Hälfte einkochen. Den Noilly Prat und den Rahm zufügen und solange kochen, bis die Sauce sämig wird. Die Brennesseln grob hakken, zur Sauce geben und mit Salz und Pfeffer abschmecken. Im Mixer pürieren und passieren.
Inzwischen die Truthahnwürfel salzen und pfeffern, in der heißen Bratbutter außen goldbraun und innen saftig braten. Zum Abtropfen auf ein Sieb schütten, den austretenden Fond auffangen.
Die Sauce zusammen mit dem Fleischfond erwärmen. Die Truthahnwürfel zufügen und nicht mehr kochen lassen.
Die restlichen Brennesselblätter in Streifen schneiden, in Salzwasser blanchieren und kalt abschrecken. Unter das Ragout mischen, anrichten und heiß servieren.

Beilage Gemüsereis

Tip FWE: Die Brennesseln können durch Schnittlauch oder Bärlauch ersetzt werden.

Arbeitsaufwand
etwa 40 Minuten

Für 4 Personen

Truthahnbrust
Bratzeit etwa 5 Minuten
600 g Truthahnbrust
Salz, weißer Pfeffer
(Mühle)
1½ EBl. Bratbutter

Sauce
Kochzeit
etwa 20 Minuten
2 Schalotten
½ Teel. Butter
8 EBl. Weißwein
4 dl Geflügelbouillon
(s. S. 325)
4–5 EBl. Noilly Prat
2,5 dl Rahm
15 Brennesselblätter für die Sauce
Salz, Pfeffer
5 Brennesselblätter für Streifen

Eine traditionelle Zubereitung für Trutenfleisch, das in diesem Rezept noch mit Champignons ergänzt wird.

TRUTENFRIKASSEE MIT CHAMPIGNONS
(WEISSES VORESSEN)

Arbeitsaufwand etwa 35 Minuten
Garzeit 40—45 Minuten

Für 4 Personen
800 g Trutenoberschenkel
1 mittelgroße Zwiebel
1½ EBl. Butter
3—4 EBl. Mehl
1 dl Weißwein
6 dl Wasser

Gewürzbündel
je 1 Lauchblatt, 1 Knoblauchzehe, 1 Thymianzweig
6 Petersilienstiele
Salz
2 dl Rahm
½ Zitrone für Saft

Champignons
250 g Champignons
½ EBl. Butter

Das Trutenfleisch in etwa 50 Gramm schwere Würfel schneiden. Die Zwiebel schälen, halbieren, in feine Scheiben schneiden und in der erhitzten Butter farblos dünsten. Die Trutenwürfel zufügen und unter ständiger Bewegung anziehen lassen, bis sich die rosa Fleischfarbe hell verfärbt. Den sich bildenden Fond verdampfen lassen. Das Mehl darüberstäuben und mitdünsten lassen.

Mit dem Weißwein und dem Wasser auffüllen, bis das Ganze kocht, ständig rühren. Abschäumen und das Gewürzbündel einlegen. Öfter umrühren, damit sich am Boden kein Belag bildet und das Fleisch garziehen lassen.

Etwa 10 Minuten vor Beendigung der Garzeit das Frikassee würzen. Das gegarte Fleisch aus der Sauce nehmen und warm halten. Den Rahm zufügen und etwa 5 Minuten mitkochen lassen. Die Sauce passieren. Das Fleisch in die Sauce geben, nochmals aufkochen und abschmecken. In der Zwischenzeit die Champignons putzen und in Zitronenwasser waschen. Etwas Wasser mit der Butter und einigen Tropfen Zitronensaft zum Kochen bringen. Die Champignons zufügen und zugedeckt etwa 3 Minuten kochen lassen. Das Frikassee (Voressen) zusammen mit den Champignons anrichten, sehr heiß servieren.

Beilagen Grüne Erbsen, Trockenreis (Kreolenreis)

Tips
MK: Die Frikasseesauce kann vor dem Passieren mit einer Legierung verfeinert werden! Ein Eigelb mit der Hälfte vom Rahm aus dem Rezept vermischen. Etwas heiße Sauce zufügen und verrühren, zurückschütten und unter Rühren knapp vor das Kochen bringen.

FWE: Im Gegensatz zum Blankett wird das Frikassee in der Sauce gegart.

Trutenröllchen
mit Zucchino, Tomaten
und Oliven

Rouladen und Röllchen gehören zu den beliebtesten Gerichten. Hier eine nicht alltägliche Variante, würzig gefüllt mit einer Farce aus Schweinefleisch, Peperoni und Oliven. Dazu eine pikante Tomatensauce.

TRUTENRÖLLCHEN MIT ZUCCHINO, TOMATEN UND OLIVEN

Arbeitsaufwand
etwa 50 Minuten
Garzeit
etwa 35 Minuten

Für 4 Personen
8 Trutenschnitzel zu 60 g
Salz, weißer Pfeffer (Mühle)

Füllung
175 g gehacktes Schweinefleisch
30 g frisches Weißbrot
Salz, weißer Pfeffer (Mühle)
1 Eiweiß
25 g Roheßspeck (Dörrfleisch)
2 EBl. feingehackte Zwiebeln
¼ rote Peperone (Paprikaschote)
8 gefüllte Oliven
4 EBl. Olivenöl

Sauce
6 EBl. feingehackte Zwiebeln
2 EBl. doppelt konzentriertes Tomatenpüree
1,5 dl Weißwein
4 dl Geflügeljus (s. S. 326)
1 mittelgroße Knoblauchzehe
1 Thymianzweig
Salz, weißer Pfeffer (Mühle)

Das Weißbrot grob würfeln und in kaltem Wasser einweichen. Den Roheßspeck in feine Würfel schneiden, in einer Bratpfanne anbraten, die Zwiebeln zufügen und mitdünsten. Zum Abkühlen auf einen Teller geben.
Den Peperone fein würfeln, die Oliven grob hacken.
Das gehackte Schweinefleisch salzen und pfeffern, das Weißbrot ausdrücken und zusammen mit dem Eiweiß in das Fleisch einarbeiten.
Den Roheßspeck mit den Zwiebeln, den Peperoniwürfeln und den Oliven unter die Füllung mischen.
Die Trutenschnitzel möglichst flach und breit klopfen. Auf einem Tisch ausbreiten, salzen und pfeffern. Die Füllung gleichmäßig darauf verteilen. So zusammenrollen, daß die Röllchen allseitig geschlossen sind. Mit Küchenschnur paketartig binden. Salzen und pfeffern und in 2 EBlöffel heißem Olivenöl rundum goldbraun anbraten. Aus der Bratpfanne nehmen und zum Abtropfen auf ein Gitter legen.
Das Fett abgießen und den Bratsatz mit etwas Wasser loskochen.
Die Zwiebeln in 2 EBlöffeln Olivenöl goldgelb dünsten. Das Tomatenpüree hinzufügen und schmoren lassen. Mehrere Male mit insgesamt 1 Deziliter Weißwein ablöschen und reduzieren. Die Röllchen zufügen, mit dem restlichen Weißwein, dem Jus und dem Bratsatz auffüllen. Den Thymian und den durchgepreßten Knoblauch zufügen. Auf der Herdplatte aufkochen und fertig schmoren.
Die fertigen Röllchen herausnehmen, die Sauce

durch ein Sieb passieren. Wenn nötig, etwas einkochen. Die Röllchen zurück in die Sauce geben.
Die Tomaten überbrühen, die Haut abziehen und sie danach vierteln und entkernen.
Den Zucchino waschen und in etwa 5 Millimeter dicke Scheiben schneiden. Salzen und pfeffern und in der Hälfte der Butter rasch braten. Die Tomaten würzen und in der anderen Hälfte der Butter erwärmen.
Die Röllchen mit den Zucchinischeiben, den Tomaten und den Oliven anrichten. Mit der Petersilie bestreuen.

Beilage Spaghetti mit geriebenem Käse

Tips
MK: Einfacher wird dieses Gericht, wenn auf die Gemüsegarnitur verzichtet wird und nur gedünstete Zucchini dazu serviert werden.
FWE: Übrigens können Truthahnhachsen genauso zubereitet werden, dann jedoch ohne Füllung.

Garnitur
2 mittelgroße Tomaten
1 Zucchino
12 gefüllte Oliven
2 EBl. Butter
Salz, weißer Pfeffer (Mühle), Zucker
1 Teel. gehackte Petersilie

Die Sauce oder die Bouillon sorgfältig entfetten

Es heißt in den Rezepten, daß die Sauce oder die Bouillon sorgfältig entfettet werden soll. Wie geht man da am besten vor?
Während des Kochvorganges mit einer flachen Saucenkelle das Fett und den Schaum abschöpfen.
Der Schaum, der sich an der Oberfläche bildet, enthält Fett-, Eiweiß- und Schmutzstoffe.
Bei passierten Saucen, Bouillons oder Consommés können der Fettfilm oder die Fettaugen durch Auflegen und Darüberziehen einer Filtertüte von der Oberfläche entfernt werden.
Das Entfetten von kalten Flüssigkeiten ist relativ einfach: solange kalt stellen, bis das Fett fest ist, dann von der Oberfläche entfernen.

Das Entfetten der Saucen ist bei Gerichten, in denen das Geflügel in der Sauce gegart wurde, besonders wichtig. Denn unter der Haut des Geflügels sitzen nicht nur die meisten Geschmacksstoffe, sondern leider auch das meiste Fett.
Eine überfettete Sauce gerinnt unweigerlich; deshalb ist es unerläßlich, das Fett sorgfältig zu entfernen.

Ein Hit zur Zwetschgenzeit sind diese Röllchen. Die Brüstchen des Perlhuhnes werden mit dem Fleisch der Oberschenkel gefüllt. Die Zwetschgensauce wird mit Rotwein besonders gehaltvoll.

GEFÜLLTE PERLHUHNBRÜSTCHEN MIT ZWETSCHGENSAUCE

Arbeitsaufwand
etwa 45 Minuten

Für 3—4 Personen

Perlhuhnbrüste
Bratzeit
etwa 12 Minuten
1 Perlhuhn zu 0,9 kg
Salz, weißer Pfeffer
(Mühle)
½ Schweinsnetz
1 Eßl. Bratbutter

Füllung
100 g Perlhuhnfleisch von den Oberschenkeln
Salz, weißer Pfeffer
4 feingehackte Schalotten
1 Teel. Butter
½ Teel. abgeriebene Orangenschale
½ Teel. gehackter Thymian
1 dl angefrorener Rahm

Von dem küchenfertigen Perlhuhn die Brüste so auslösen, daß ein Teil der Haut von den Oberschenkeln an ihnen verbleibt (s. S. 70 f.). Von dem Oberschenkelfleisch 100 g für die Füllung reservieren und kalt stellen. Das Schweinsnetz wässern, das Wasser öfter wechseln. Die Schalotten in der Butter farblos dünsten und auskühlen lassen.
Das Perlhuhnfleisch mit Salz und Pfeffer würzen. Die Schalotten, die Orangenschale und den Thymian zufügen. Im Cutter (Küchenmaschine) fein zerkleinern und nach und nach den Rahm unterarbeiten.
Die Perlhuhnbrüstchen klopfen, salzen und pfeffern. Die Füllung gleichmäßig darauf verteilen. So zusammenlegen, daß die Füllung ganz mit Fleisch und Haut umgeben ist. Das Schweinsnetz trockentupfen und in der Größe passend zu den Brüsten zuschneiden. Diese außen würzen und in das Netz einschlagen. Im vorgeheizten Ofen oder auf dem Herd in der heißen Bratbutter braten.

Die Zwetschgen waschen, halbieren und entsteinen. 4 halbe Zwetschgen mit dem Zwetschgenwasser im Mixer pürieren. Den Zucker in einer Kasserolle schmelzen und leicht goldgelb werden lassen. Die restlichen Zwetschgen zugeben und bei schwachem Feuer allseitig karamelisieren. Nach und nach die Hälfte des Rotweins zugeben. Wenn die Zwetschgen gar sind — sie dürfen aber nicht zerfallen — beiseitestellen. Das Bratfett von den Brüsten aus der Pfanne gießen, den Bratsatz mit dem restlichen Rotwein mehrmals ablöschen. Den Jus, das Zwetschgenpüree und den Rotwein den Zwetschgen zufügen. Die Sauce einkochen, bei Bedarf nachwürzen und mit Cayennepfeffer abschmecken. Die Butter in kleinen Flöckchen unter die heiße Sauce schwenken.

Vor dem Anrichten die Perlhuhnbrüstchen in Scheiben schneiden. Die Hälfte der Sauce auf Tellern verteilen, die Brustscheiben darauf anrichten und mit den Rotweinzwetschgen garnieren. Die restliche Sauce extra reichen.

Beilage Gnocchis

Tip MK: Kartoffelpüree oder Nudeln sind einfache Beilagen, die auch gut passen.

Sauce
Kochzeit
etwa 12 Minuten
8 frische oder tiefgekühlte Zwetschgen
2 Eßl. Zwetschgenwasser
1 Eßl. Zucker
3 dl Rotwein
2 dl Geflügeljus
(s. S. 326)
Salz, weißer Pfeffer (Mühle)
Cayennepfeffer
1 Eßl. Butter

Wie die Brust zum «Kotelett» wird

Besonders attraktiv sieht ein Perlhuhnbrüstchen auf dem Teller aus, wenn man es entbeint, aber den sauber angeschabten Flügelknochen am Fleisch beläßt. Wie das gemacht wird, kann beim Rezept «Taubenkotelett» (s. S. 241) nachgelesen werden. Auf diese Art vorbereitet, sehen auch Coquelet- oder Pouletbrüstchen gut aus. Der Knochen beweist auch, daß das Gericht aus frischem Geflügel zubereitet wurde. Dies bringt natürlich mit sich, daß man Brüstchen mit Knochen kaufen muß und die Mühe des Ausbeinens nicht scheut.

Dank der Eierschwämme in der Füllung und in der Sauce ist dies ein festliches Gericht, das auch mit Pouletschenkeln zubereitet werden kann.

GEFÜLLTE PERLHUHNSCHENKEL

Arbeitsaufwand
etwa 40 Minuten

Für 4 Personen

Perlhuhn
Garzeit
20—30 Minuten bei
160 °C Ofentemperatur
4 große Perlhuhn-
schenkel
1 EBl. gehackte Kräuter
(Majoran, Petersilie,
Thymian)
3 EBl. Speiseöl
Salz, weißer Pfeffer
(Mühle)
½ Schweinsnetz

Füllung
1 Schalotte
100 g Eierschwämme
(Pfifferlinge)
100 g Champignons
50 g Lauch
1 EBl. Butter
1 Knoblauchzehe
2 EBl. gehackte Kräuter
(Majoran, Petersilie,
Thymian)
2 dl Perlhuhn- oder
Geflügeljus
2 Eigelb
Salz, weißer Pfeffer
(Mühle)
geriebene Muskatnuß
geriebenes Weißbrot
(nach Bedarf)
1 EBl. Bratbutter

Sauce
Kochzeit
etwa 12 Minuten
100 g Eierschwämme
1 dl Weißwein
3 dl Perlhuhn- oder
Geflügeljus (s. S. 326)
Salz, weißer Pfeffer

Die Perlhuhnschenkel so auslösen, daß möglichst viel Haut an ihnen verbleibt. Den Oberschenkelknochen mit dem Gelenk des Unterschenkels herausschneiden. Den schwarzen Teil des Unterschenkelknochens abschlagen und den Knochen durchschieben (s. S. 224). Die Kräuter mit dem Öl mischen und die Schenkel damit bestreichen. Mit Klarsichtfolie abgedeckt, im Kühlschrank über Nacht marinieren lassen. Das Schweinsnetz zum Wässern in kaltes Wasser legen.
Die Schalotten schälen und fein würfeln. Die Eierschwämme (auch diejenigen für die Sauce), die Champignons und den Lauch putzen und sauber waschen. Die Eierschwämme und die Champignons in Scheiben, den Lauch in Blättchen schneiden. In der Butter die Schalotten, die Pilze und den Lauch anziehen lassen. Den durchgepreßten Knoblauch und die gehackten Kräuter zufügen und dünsten, bis die Flüssigkeit verdampft ist. Inzwischen 2 Deziliter Jus sirupartig einkochen und zu der Pilz-Kräuter-Masse geben. Diese etwas abkühlen lassen, dann die Eigelbe unterarbeiten. Die Füllung mit Salz, Pfeffer und Muskatnuß würzen. Sie muß von fester Konsistenz sein; wenn nötig, etwas geriebenes Weißbrot zugeben.
Die Perlhuhnschenkel salzen und pfeffern, mit einem Dressiersack die Füllung einspritzen (s. S. 228). Die überlappende Haut und das Fleisch über die Öffnung klappen. Das Schweinsnetz abtropfen und trockentupfen. In vier Stücke, in der Größe der Schenkel, zuschneiden und diese darin einschlagen. Die Bratbutter erhitzen, die Schenkel einlegen und sofort drehen. Im vorgeheizten Ofen fertig garen. Nach etwa 15 Minuten die noch vorhandenen Eierschwämme zufügen und mit etwas Weißwein ablöschen. Wieder in langsames

Braten übergehen lassen. Die fertigen Keulen herausnehmen und warm halten. Den restlichen Weißwein und den Jus in das Bratgeschirr geben und reduzieren. Die Sauce mit Salz und Pfeffer würzen.

Die Perlhuhnschenkel anrichten und mit der Sauce umgießen.

Beilagen Grüne Erbsen, Pilawreis

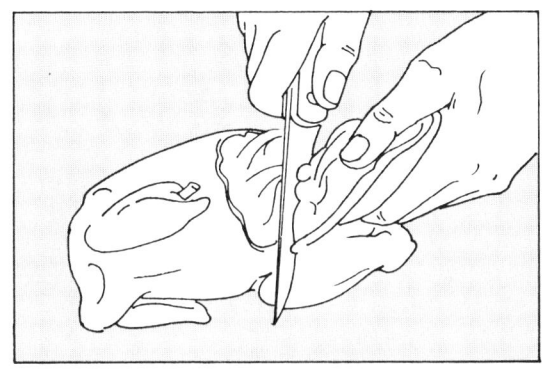

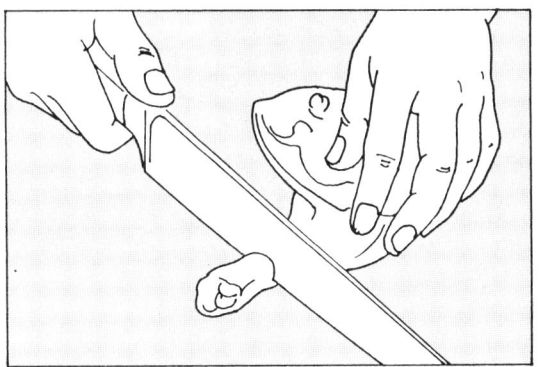

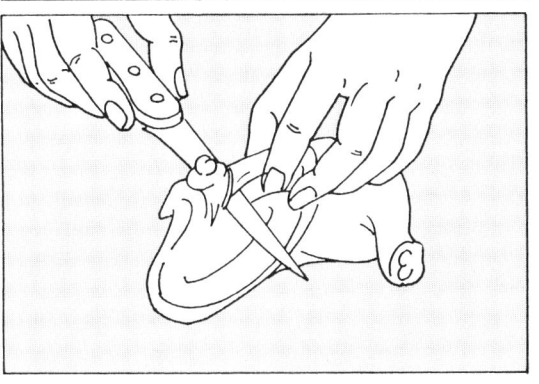

FÜLLEN EINER KEULE

Die Keule zwischen Brust und Schenkel einschneiden. Das Filet lösen und die Pouletteile aus dem Hüftgelenk herausdrücken.

Den Gelenkknochen vom Unterschenkel abschlagen.

Den Oberschenkelknochen freilegen und mit dem Messer bis zum Gelenk des Unterschenkels herauslösen.

Den freigelegten Knochen unterhalb des Gelenkes vom Unterschenkel trennen.

Den Unterschenkelknochen mit dem Daumen um 1—2 cm herausdrücken.

Die Keule füllen. Die Haut und das Fleisch so darüberlegen, daß die Füllung gut bedeckt ist.

Ein passendes Pergamentpapier dick mit Butter bestreichen. Die gefüllte Keule salzen und pfeffern und das Pergamentpapier paketartig einschlagen. Mit Küchenschnur kreuzweise umbinden.

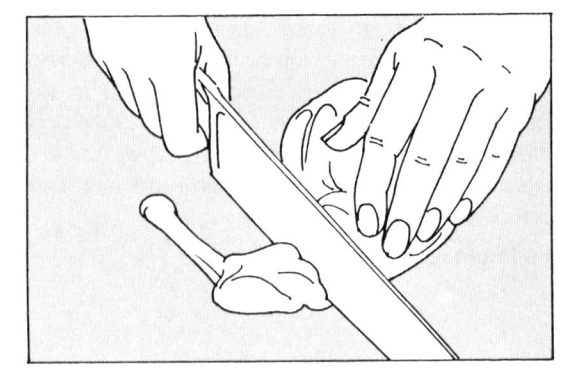

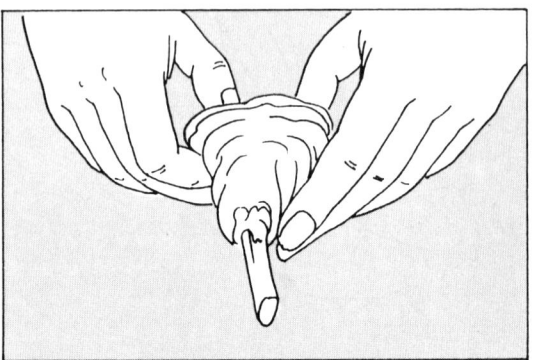

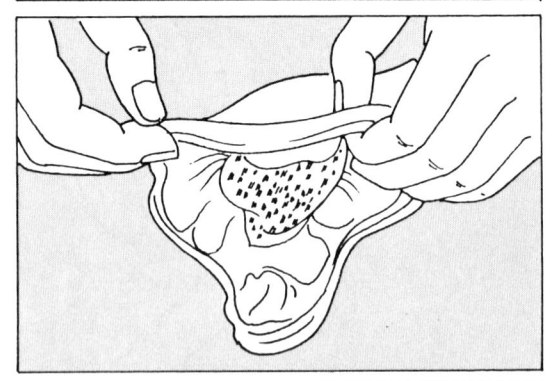

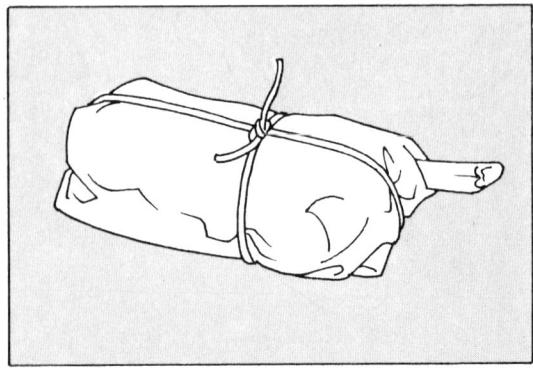

Die getrockneten Aprikosen geben der Füllung einen intensiven Geschmack, der gut zum Pouletfleisch paßt. Die Aprikosensauce ist das «Pünktchen auf dem i».

GEFÜLLTE POULETBRUST MIT APRIKOSEN
UND APRIKOSENSAUCE

Von den bratfertigen Poulets die Flügelknochen im Oberarmgelenk durchtrennen. Die Brüste so auslösen, daß die Haut der Oberschenkel an ihnen verbleibt (s. S. 70 f.). Das verbliebene Stück Flügel aufschneiden und den Knochen entfernen. Die Filets von den Brüsten entfernen und beides leicht plattieren.
Die Aprikosen in kleine Würfel schneiden, zusammen mit dem Sherry aufkochen und zum Auskühlen beiseite stellen.
Für die Füllung Oberschenkelfleisch in Würfel schneiden und kalt stellen. Würzen und im Cutter (Küchenmaschine) fein zerkleinern. Zunächst das Eiweiß, dann den gefrorenen Rahm nach und nach einarbeiten. Durch ein feines Holzrahmensieb streichen, den grünen Pfeffer und die ausgekühlten Aprikosenwürfel untermischen. Die Brüste pfeffern, salzen und die Füllung gleichmäßig darauf verteilen. So zusammenfalten, daß die Farce mit Brustfleisch und Haut umgeben ist. In passend zugeschnittene, gebutterte und gewürzte Pergamentpapiere einwickeln. Mit Schnur locker paketartig umbinden.
Im vorgeheizten Ofen in der heißen Bratbutter unter häufigem Wenden braten. Aus dem Papier herausnehmen und zum Ruhen auf ein Abtropfgitter setzen.
Die Brüste schräg in Scheiben schneiden und mit der Sauce anrichten. Heiß servieren.

Tips
MK: Dazu serviere ich gerne Pistazienreis.
FWE: Die getrockneten Aprikosen können, anstatt in Sherry, in Apricot Brandy aufgekocht werden. Versuchen Sie einmal, die Füllung mit Dörrzwetschgen und gebratenem Frühstücksspeck zuzubereiten.

Arbeitsaufwand
60 Minuten
Bratzeit
etwa 12 Minuten
Ofentemperatur
etwa 250 °C

Für 4 Personen
2 Poulets zu 800 g
Salz, weißer Pfeffer (Mühle)
Pergamentpapier
1 Eßl. streichfähige Butter
1 Eßl. Bratbutter (Butterschmalz)

Füllung
40 g getrocknete Aprikosen
8 Eßl. Sherry
100 g Geflügelfleisch (Oberschenkel) ohne Haut und Knochen
Salz, weißer Pfeffer (Mühle)
1 Eiweiß
1,5 dl angefrorener Rahm
1—2 Teel. grüne Pfefferkörner
2 dl Aprikosensauce (s. S. 328)

Pouletbrust
gefüllt mit Gorgonzola
und Baumnüssen

Gorgonzola, Portwein und Baumnüsse passen gut zusammen. Deshalb ist dieses Gericht besonders harmonisch im Geschmack.

POULETBRUST, GEFÜLLT MIT GORGONZOLA UND BAUMNÜSSEN

Das Eigelb und das Ei cremig rühren. Während dieser Zeit die Butter zerlaufen lassen. Dann zusammen mit dem temperierten Mascarpone und dem Gorgonzola unter die Eier arbeiten. Zum Schluß das geriebene Weißbrot (ohne Rinde) und die grobgehackten Baumnüsse unterheben. Drei bis vier Stunden zugedeckt quellen lassen. Das Schweinsnetz zum Wässern unter fließendes kaltes Wasser stellen. Später mit Küchenpapier gut trockentupfen.

In der erwärmten Butter die Zwiebel goldgelb dünsten. Mehrere Male mit dem Portwein ablöschen, mit dem Geflügeljus und der Bouillon auffüllen und dickflüssig einkochen. Den Rahm zugeben und kochen, bis die Sauce sämig wird. Mit Pfeffer und Salz würzen. Durch ein feines Sieb passieren, die Butter untermixen und die Sauce warm halten.

In der Zwischenzeit die Filets von den Pouletbrüsten entfernen. Das Brustfleisch längs etwas einschneiden und plattieren. Die Brüste salzen und pfeffern. Die Füllung gleichmäßig darauf verteilen und mit dem Filet belegen. So zusammenrollen, daß die Füllung mit Haut und Fleisch umgeben ist. Von außen würzen und einzeln in das trockene, zugeschnittene Schweinsnetz einschlagen. In dem vorgeheizten Ofen unter öfterem Wenden außen goldbraun und innen saftig braten. Vor dem Servieren einige Minuten ruhen lassen.

Die Baumnußkerne in zwei Hälften teilen. Die Traubenbeeren halbieren und entkernen. Die Brüste entweder ganz oder aufgeschnitten servieren. Mit der Sauce umgießen. Die Baumnußkerne und Traubenbeeren in der Butter erwärmen und über die Brüste geben.

Arbeitsaufwand etwa 30 Minuten

Für 6 Personen

Füllung:
Quellzeit 3—4 Stunden
1 Eigelb
1 Ei
50 g Butter
50 g Mascarpone
150 g Gorgonzola
70 g geriebenes Weißbrot ohne Rinde
50 g Baumnüsse
1 Schweinsnetz

Sauce
Kochzeit 25 Minuten
$1/2$ EßI. Butter
1 EßI. feingehackte Zwiebeln
1,5 dl weißer Portwein
je 2 dl Geflügeljus und -bouillon (s. S. 325 f.),
3 dl Rahm
weißer Pfeffer (Mühle), Salz
1 EßI. Butter

Brust
Bratzeit 12 Minuten
Ofentemperatur 250 °C
6 Pouletbrüste mit Haut, ohne Knochen
weißer Pfeffer (Mühle), Salz
$1 1/2$ EßI. Bratbutter

Garnitur
12 Baumnußkerne
24 weiße Traubenbeeren
1 EßI. Butter

FÜLLEN EINER GEFLÜGELBRUST

Die Brust mit einem Messer vom Knochen trennen.

Das Filet von der Brust entfernen und beides leicht plattieren.

Die eine Seite der Brust mit Salz und Pfeffer bestreuen und füllen.

Die Füllung mit dem Filet belegen und das Brustfleisch darumlegen.

Die Brust salzen und pfeffern. Ein passendes Pergamentpapier dick mit Butter bestreichen und paketartig einschlagen. Mit einer Küchenschnur kreuzweise umbinden.

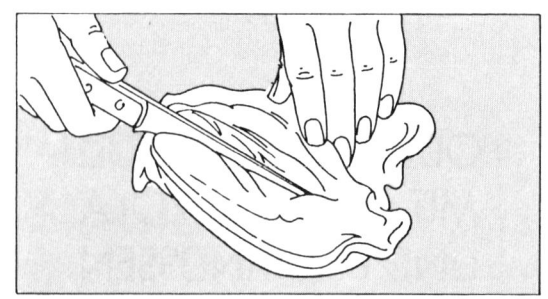

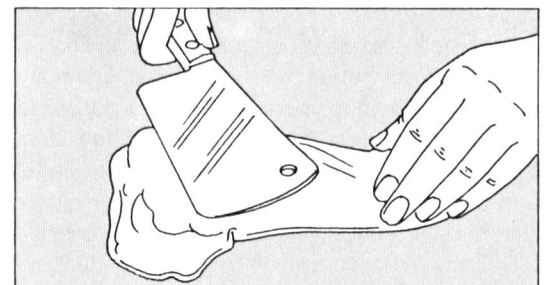

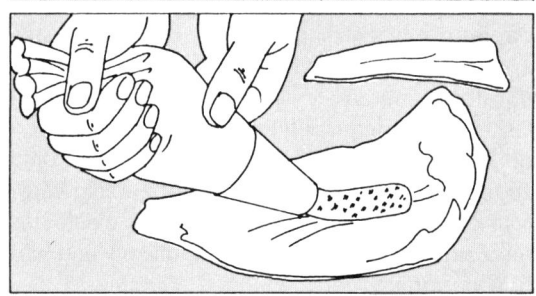

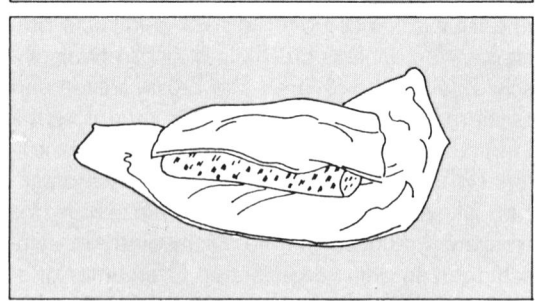

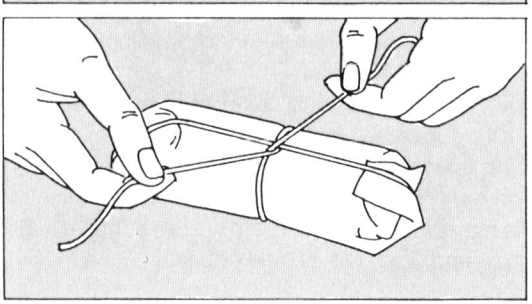

Delikat gefüllte Brüstchen, die schonend in Pergamentpapier gegart werden.

GEFÜLLTE POULETBRUST MIT MORCHELN

Von den bratfertigen Poulets die Flügelknochen im Oberarmgelenk durchtrennen. Die Brüste so auslösen, daß die Haut der Oberschenkel an ihnen verbleibt. Das verbliebene Stück Flügel aufschneiden und den Knochen entfernen. Die Filets von den Brüsten entfernen, beides leicht plattieren.

Das Fleisch für die Füllung von den Oberschenkeln nehmen, in Würfel schneiden und kalt stellen. Würzen und im Cutter (Küchenmaschine) fein zerkleinern. Zunächst das Eiweiß, dann den angefrorenen Rahm nach und nach einarbeiten. Durch ein feines Sieb streichen. Die grobgehackten Morcheln und den Schnittlauch untermischen. Die Brüste pfeffern, salzen und die Füllung gleichmäßig darauf verteilen. So zusammenfalten, daß die Farce und das Brustfleisch vollkommen mit Haut umgeben sind. In passend zugeschnittene, gebutterte und gewürzte Pergamentpapiere einwickeln. Locker mit Schnur paketartig umbinden und kalt stellen.

In der Zwischenzeit die Schalottenwürfel in der heißen Butter goldgelb dünsten und die Pfefferkörner zufügen. Mehrmals mit insgesamt etwa ⅔ des Wermuts ablöschen. Mit dem Geflügeljus auffüllen und um etwa die Hälfte reduzieren. Den Rahm zufügen und kochen, bis die Sauce sämig wird. Mit Pfeffer und Salz würzen. Den verbliebenen Wermut und die Butter einarbeiten. Die Sauce warm halten. Vor dem Servieren den Schnittlauch zufügen.

Im vorgeheizten Ofen die Brüste in der heißen Bratbutter unter häufigem Wenden braten. Aus dem Papier herausnehmen und zum Ruhen auf ein Abtropfgitter setzen.

Die Brüste schräg in Scheiben schneiden und zusammen mit der Sauce anrichten. Heiß servieren.

Beilage Vollkornnudeln (s. S. 352)

Arbeitsaufwand
etwa 40 Minuten

Für 4 Personen

Pouletbrüste
Bratzeit
etwa 12 Minuten
Ofentemperatur
etwa 240 °C
2 Poulets zu 800 g
weißer Pfeffer (Mühle),
Salz
1 EBl. weiche Butter
Pergamentpapier
1 EBl. Bratbutter

Füllung
100 g Geflügelfleisch
weißer Pfeffer (Mühle),
Salz
½ Eiweiß
120 g angefrorener Rahm

Einlagen
30 g gekochte Morcheln (etwa 10 g getrocknete Morcheln)
½ EBl. feingeschnittener Schnittlauch

Sauce
Kochzeit
etwa 25 Minuten
½ EBl. Butter
1 EBl. feingehackte Schalotten
6 weiße, zerdrückte Pfefferkörner
1 dl Wermut (Noilly Prat)
3 dl Geflügeljus
(s. S. 326)
2,5 dl Rahm
weißer Pfeffer (Mühle),
Salz
¾ EBl. frische Butter
2 EBl. feingeschnittener Schnittlauch

Pouletbrüstchen
gefüllt mit Mozzarella
und Salbei

Eine italienisch inspirierte Füllung, die gut zu Pouletbrüstchen paßt. Das Schweinsnetz hält das Ganze gut zusammen.

POULETBRÜSTCHEN, GEFÜLLT MIT MOZZARELLA UND SALBEI

Das Schweinsnetz zum Wässern einige Stunden unter fließendes kaltes Wasser legen. Danach mit Küchenpapier sorgfältig trockentupfen. Von den Pouletbrüstchen die Filets entfernen. Beides leicht flachklopfen, salzen und pfeffern. Mit je einem Salbeiblatt und einer Scheibe Mozzarella belegen. Mit dem Filet bedecken. Zusammenfalten, außen würzen und einzeln in das zugeschnittene Schweinsnetz einschlagen. Die Pouletbrüste im vorgeheizten Ofen in der heißen Bratbutter goldbraun braten. Auf ein Gitter legen und einige Minuten ruhen lassen. Die Zwiebeln für die Sauce in der Butter goldgelb werden lassen. Das Tomatenpüree zufügen und farblos dünsten. Die Fleischtomate grob zerkleinern, zugeben und mit dem Geflügeljus auffüllen. Aufkochen, abschäumen, den zerquetschten Knoblauch einlegen und leise köcheln lassen. Mit Salz, Pfeffer und der Prise Zucker würzen. Durch ein feines Sieb passieren und den Salbei zufügen.
Die Sauce zusammen mit den heißen Pouletbrüsten anrichten.

Beilagen Gebratene Zucchini, Safranrisotto

Tips
MK: Sie können die Sauce durch den mit Marsala oder Madeira losgekochten Bratensatz ersetzen. Passieren, abschmecken und über das Fleisch träufeln.
FWE: Wer das Schweinsnetz nicht mag, kann die Pouletbrüstchen in gebuttertem Pergamentpapier einschlagen und braten. Taleggio eignet sich ebenfalls für die Füllung.

Arbeitsaufwand
etwa 45 Minuten

Für 4 Personen

Pouletbrüste
Bratzeit
6—8 Minuten
Ofentemperatur
etwa 250 °C
4 Pouletbrüste zu 120 g
Salz, weißer Pfeffer (Mühle),
4 große Salbeiblätter
4 Mozzarellascheiben
½ Schweinsnetz
1 Teel. Bratbutter (Butterschmalz)

Sauce
Kochzeit
etwa 12 Minuten
½ Teel. Butter
1 Eßl. feingehackte Zwiebeln
1 Eßl. doppelt konzentriertes Tomatenpüree
½ vollreife, kleine Fleischtomate
3 dl Geflügeljus oder -bouillon (s. S. 325 f.)
1 kleine Knoblauchzehe
Salz, weißer Pfeffer (Mühle)
1 Prise Zucker
½ Teel. gehackte Salbeiblätter

Ein exotisch aussehendes Gericht dank den Reisblättern, die zum Umhüllen der gefüllten Pouletbrüste dienen.

GEFÜLLTE POULETBRUST IM REISBLATT MIT SCAMPISAUCE

Arbeitsaufwand
etwa 40 Minuten

Für 4 Personen
4 Scampi (mit Krusten und Scheren) zu 100 g

Sauce
Kochzeit
etwa 25 Minuten
1½ EBl. Olivenöl
je 2 EBl. Zwiebel-, Karotten- und Champignonwürfel
300 g Scampikrusten
½ dl Cognac
1 dl roter Portwein
3 EBl. Tomatenpüree
1 vollreife Tomate
4 dl Rahm
je 1 kleines Stück Staudensellerie und Lauch
je 6 Basilikum- und Estragonstiele
6 zerdrückte Pfefferkörner
1 zerquetschte Knoblauchzehe
Cayennepfeffer, Salz
1 EBl. weiche Butter

Brüste
Garzeit
12—15 Minuten
4 Reisblätter
8 große Spinatblätter
4 Lauchstreifen
4 Pouletbrüste (ohne Haut und Knochen)
je 40 g Karotten-, Sellerie- und Lauchstreifen
1 EBl. Butter
1 dl Geflügelbouillon
Salz, Muskatnuß
4 Kerbelzweige

Die Scampischwänze von den Körpern trennen, das Fleisch aus den Krusten nehmen und den Darm entfernen.
Die Scampikrusten und Scheren zerkleinern. Das Olivenöl erhitzen und die Zwiebel- und Karottenwürfel darin farblos «anschwitzen». Die Champignons und Scampikrusten zufügen; sollte sich Fond bilden, diesen verdunsten lassen. Mehrmals mit dem Weinbrand und dem Portwein ablöschen. Das Tomatenpüree und die zerkleinerten Tomaten beigeben und anziehen. Mit dem aufgekochten und passierten Rahm auffüllen und zum Kochen bringen. Den Staudensellerie, den Lauch und die Kräuter als Bündel zufügen. Die Pfefferkörner und den Knoblauch zur Sauce geben, bei schwacher Hitze weiterkochen, bis sie sämig ist. Die Scampisauce durch ein feines Sieb passieren, mit Cayennepfeffer und Salz abschmecken. Mit der weichen Butter vollenden und warm halten.
Ein feuchtes Tuch auf einen Tisch ausbreiten. Die Reisblätter einzeln nebeneinander darauflegen. Sofort mit einem zweiten feuchten Tuch abdecken und etwa 15 Minuten (Beschreibung auf der Verpackung beachten) quellen lassen. Die Lauchstreifen und die Spinatblätter mit kochendem Salzwasser überbrühen und in kaltem Wasser abschrecken. Auf Tüchern (oder Küchenkrepp) zum Trocknen ausbreiten.
Von den Pouletbrüsten das Filet entfernen und beides leicht klopfen. Die Scampischwänze würzen und jeden in zwei Spinatblätter wickeln. Die Pouletbrüste salzen und pfeffern. Die Scampischwänze darauflegen und mit dem Brustfilet bedecken. So in die Brust einschlagen, daß sie Scampischwänze ganz von Fleisch umgeben sind. Jede Brust in ein Reisblatt einwickeln und

mit den Lauchstreifen paketartig zubinden. In einen Topf mit Siebeinsatz Wasser zum Kochen bringen. Die Pouletbrust-Päckchen hineinlegen und zugedeckt bei schwacher Hitze garziehen lassen.
In der Zwischenzeit die Karotten-, Sellerie- und Lauchstreifen in der erwärmten Butter farblos dünsten, mit der Bouillon auffüllen, mit Salz und Muskatnuß würzen und knackig garen.
Die gegarten Brüste in Scheiben schneiden, mit der Sauce und den Gemüsestreifen anrichten. Mit dem Kerbel garnieren.

Tips
MK: Reisblätter sind in Spezialgeschäften und großen Lebensmittelabteilungen mit exotischen Produkten erhältlich. Sie sind rund und in verschiedenen Größen zu haben.
FWE: Achten Sie beim Einkauf darauf, daß die Reisblätter nicht beschädigt sind. Sie ersparen sich damit viel Mühe. Auch sollten sie von bester Qualität sein.

Das delikateste Stück einer gebratenen Poularde ist die Brust. Das beste eines gekochten Geflügels ist der Schenkel, besonders wenn das Fleisch fett und fleischig ist. Die Frauen schwärmen für den Bürzel und bei Rebhühnern für den Magen.
Grimod de la Reynière

Gefüllte Pouletbrust
im Reisblatt
mit Scampisauce

Poularde und Trüffeln, zwei edle Produkte, die sich in diesem Rezept aufs beste ergänzen und von einem leichten, aromatischen Jus begleitet werden.

POULETBRUST, GEFÜLLT MIT TRÜFFELFARCE

Von der Pouletbrust das Filet entfernen. Die Brust und das Filet leicht klopfen (plattieren).
Das gekühlte Geflügelfleisch für die Füllung mit Salz und Pfeffer würzen. Im Cutter (Küchenmaschine) zerkleinern, nach und nach den Rahm einarbeiten. Durch ein feines Sieb streichen und die Trüffeln untermischen.
Die Fleischseite der Brüste salzen und pfeffern. Die Füllung gleichmäßig darauf verteilen und zusammenfalten.
Das Pergamentpapier passend zur Größe der Brüste zuschneiden. Dick mit der Butter bestreichen und mit Salz und Pfeffer bestreuen. Die Brüste darin einschlagen und mit Schnur über Kreuz zubinden (s. S. 146).
Die Brustpäckchen in der erhitzten Bratbutter rundherum goldbraun braten. Auspacken und einige Minuten ruhen lassen.
Inzwischen für die Sauce die Schalotten in der Butter goldgelb dünsten. Mehrmals mit insgesamt vier Eßlöffeln Madeira ablöschen, mit dem Jus auffüllen und etwa um die Hälfte einkochen. Mit Salz, Pfeffer und dem restlichen Madeira abschmecken und passieren.
Zusammen mit den in Scheiben geschnittenen Brüsten anrichten.

Beilagen Junge Gemüse, Pariser Kartoffeln

Tips
MK: Das Gemüse kann auch reduziert werden. Beispielsweise können nur Kohlrabi und Karotten oder ganz einfach nur Zucchetti verwendet werden.
FWE: Anstelle der Trüffeln können auch andere Pilze verwendet werden wie beispielsweise Judasohren, Morcheln oder Steinpilze.

Arbeitsaufwand
etwa 50 Minuten

Für 4 Personen

Brust
Bratzeit
etwa 12 Minuten
Ofentemperatur
etwa 250 °C
4 Pouletbrüste mit Haut zu 180 g
Salz, weißer Pfeffer (Mühle)
Pergamentpapier
1 Eßl. Butter
1 Eßl. Bratbutter

Füllung
100 g gekühltes Geflügelfleisch
Salz, weißer Pfeffer (Mühle)
1,5 dl angefrorener Rahm
1 Teel. Trüffeln, feingehackt

Sauce
Kochzeit
etwa 15 Minuten
½ Teel. Butter
1 Teel. Schalotten
6 Eßl. Madeira
4 dl Geflügeljus (s. S. 326)
Salz, weißer Pfeffer (Mühle)

Geflügelbrüste verleiten zum Füllen. Deshalb gibt es so viele Varianten — auch in diesem Buch. Hier wird die Farce aus dem Schenkelfleisch mit Kräutern gemischt, was sehr gut zum zarten Perlhuhn paßt.

PERLHUHNBRUST MIT KRÄUTERFÜLLUNG

Arbeitsaufwand etwa 45 Minuten

Für 4 Personen

Perlhuhnbrust
Bratzeit
etwa 12 Minuten
1 junges Perlhuhn zu 1 kg
½ Schweinsnetz
Salz, weißer Pfeffer (Mühle)
½ EßI. Bratbutter (Butterschmalz)

Füllung
150 g Perlhuhnfleisch (Schenkel)
Salz, weißer Pfeffer (Mühle)
½ Eiweiß
1,5 dl Rahm
je 1 Teel. Kerbel
Estragon
Basilikum, frische, gehackte Petersilie
1 Teel. Butter
1 Toastbrotscheibe

Sauce
Kochzeit
etwa 20 Minuten
1 Teel. Butter
½ EßI. feingehackte Zwiebeln
8 EßI. Sherry, medium
2,5 dl Geflügeljus (s. S. 326)
2 dl Rahm
Salz, weißer Pfeffer (Mühle)

Das Schweinsnetz einige Stunden unter fließendes kaltes Wasser stellen. Anschließend auf Küchenpapier trockenlegen.
Die Brüste des Perlhuhns auslösen und die Filets entfernen (s. S. 228). Das Brustfleisch und die Filets leicht klopfen und kalt stellen.
Das Fleisch der Oberschenkel auslösen, die benötigte Menge für die Füllung abwiegen, kleinschneiden und kalt stellen.
Von der Toastbrotscheibe die Rinde entfernen und die Scheibe in feine Würfel schneiden. In der Butter rösten und auskühlen lassen.
Das Perlhuhnfleisch für die Füllung mit Salz und Pfeffer würzen. Im Cutter (Küchenmaschine) zerkleinern. Zuerst das Eiweiß, dann den Rahm einarbeiten. Durch ein feines Sieb streichen, dann den Kerbel, den Estragon, das Basilikum, die Petersilie und die Weißbrotwürfel untermischen.
Die Zwiebeln in der Butter farblos dünsten, mehrmals mit dem Sherry ablöschen und mit dem Jus auffüllen. Etwa um die Hälfte einkochen, den Rahm zufügen und kochen, bis die Sauce sämig wird. Mit Salz und Pfeffer würzen. Passieren und die Butter untermixen.
Die Perlhuhnbrüste salzen und pfeffern, jede mit der Hälfte der Farce füllen. Von außen würzen und einzeln in das passend zugeschnittene Schweinsnetz einschlagen. In der Bratbutter im Ofen rundherum goldbraun braten. Einige Minuten zum Ruhen auf ein Gitter legen. In Scheiben schneiden, die Sauce separat servieren.

Beilagen Glasierte Karotten, Pariser Kartoffeln

Tip FWE: Die anfallenden Perlhuhnknochen und die Unterschenkel können zur Herstellung von Jus, Consommé oder Suppe verwendet werden.

Wilder Reis und eine Whisky-Ahorn-Sauce. — Dreimal dürfen Sie raten, woher die Inspiration zu diesem Rezept kommt. Nicht ganz einfach zuzubereiten, aber apart.

TRUTENBRUST, GEFÜLLT MIT WILDEM REIS UND WHISKY-AHORN-SAUCE

Das Schweinsnetz zum Wässern mehrere Stunden in kaltes Wasser legen und dieses öfter wechseln.
Den wilden Reis etwa 2 Stunden in warmem Wasser einweichen. Dann auf einem groben Sieb abtropfen lassen.
Die Gemüse in der Butter farblos dünsten, den Reis zufügen, mit der Bouillon auffüllen und mit Salz und Muskat würzen. Auf dem Herd zum Kochen bringen und im Ofen garziehen lassen. Den fertigen Reis auf ein gebuttertes Blech geben, mit gebuttertem Pergamentpapier abdecken und auskühlen lassen. Den geschlagenen Rahm, die Erdnüsse und den kalten Reis unter die Geflügelfarce ziehen.
Die Trutenbrust klopfen, salzen, pfeffern und mit der Reismasse füllen. Außen würzen und in das Schweinsnetz einschlagen. In der heißen Bratbutter im vorgeheizten Ofen unter öfterem Wenden goldbraun braten. Vor dem Aufschneiden einige Minuten auf einem Gitter ruhen lassen.
Die Trutenbrust in Scheiben schneiden und mit der Whisky-Ahorn-Sauce servieren.

Beilagen Glasierte Gemüse, Crêpes mit Mais

Tips
MK: Wilder Reis ist übrigens kein richtiger Reis, sondern Wasserhafer.
FWE: Die gefüllte Trutenbrust schmeckt kalt serviert ebensogut wie warm. Als Beilagen sind dann frische Salate und knuspriges Pariser Brot geeignet.

Arbeitsaufwand
etwa 50 Minuten

Für 6 Personen

Brust
Bratzeit
30—35 Minuten
Ofentemperatur
etwa 240 °C
600 g Trutenbrust, ohne Knochen
Salz, weißer Pfeffer (Mühle)
½ Schweinsnetz
1 EBl. Bratbutter (Butterschmalz)

Füllung
Garzeit für den Reis
etwa 55 Minuten
Ofentemperatur
etwa 240 °C
50 g wilder Reis (Wasserhafer)
1 EBl. Butter
3 EBl. Gemüse (Lauch, Karotten, Stangensellerie), feingehackt
2 dl Geflügelbouillon (s. S. 325)
Salz, Muskatnuß
2 EBl. grobgehackte Erdnußkerne
2—3 EBl. Geflügelfarce (s. S. 361)
(oder Bratwurstbrät)
1 EBl. geschlagener Rahm
3 dl Whisky-Ahorn-Sauce (s. S. 330)

Einfach gefüllte Röllchen aus Trutenfleisch. Die feine Ergänzung dazu ist die Gurkensauce.

TRUTHAHNROLLEN MIT KERBEL

Arbeitsaufwand
etwa 30 Minuten

Für 4 Personen

Trutenrollen
Dünstzeit
15—20 Minuten
8 dünne Truthahnschnitzel
Salz, weißer Pfeffer (Mühle), Paprika
2 Eßl. Bratbutter

Füllung
200 g Kalbsbrät
1 Eßl. Rahm
1 Eßl. grüne Pfefferkörner (Madagaskar)
½ Teel. gehackte Kerbelblätter
¼ Teel. geriebene Muskatnuß

Sauce
250 g kleine Gurkenwürfel
Salz, weißer Pfeffer (Mühle)
Koriander
2,5 dl Rahm
1 Teel. gezupfte Kerbelblätter

Die Trutenschnitzel zwischen geölten Folien dünnklopfen.
Unter das Kalbsbrät den Rahm, den grünen, kalt abgespülten Pfeffer, den Kerbel und die Muskatnuß mischen.
Die Trutenschnitzel auf einen Tisch auslegen, mit Salz, Pfeffer und Paprika würzen. Die Füllung in acht gleiche Häufchen teilen. Diese zu Rollen formen und in die Schnitzel einwickeln. Mit Rouladennadel oder Holzspießchen zusammenstechen.
Die Rollen außen würzen, in der heißen Bratbutter rundherum goldbraun anbraten. Die Gurkenwürfel zufügen und zugedeckt dünsten. Sollte sich zuviel Flüssigkeit bilden, diese abgießen. In einer kleinen Kasserolle um etwa die Hälfte einkochen und dann wieder zur Sauce geben. Die Gurken mit Salz, Pfeffer und Koriander pikant würzen. Den Rahm zugießen und reduzieren, bis er sämig wird. Nochmals abschmecken und nachwürzen.
Die Truthahnrollen auf einer warmen Platte anrichten, mit der Sauce überziehen und mit dem gezupften Kerbel bestreuen.

Beilage Hausgemachte Nudeln

Tip MK: Dieses Rezept stammt aus einem Pariser Restaurant. Anstelle der Gurken können Zucchetti verwendet werden; sie sind fester und kräftiger im Geschmack. In Frankreich werden die Paupiettes in vielen Arten zubereitet. Sie können auch mit Speck, Eigelb und eingeweichtem Weißbrot oder mit einer Champignonmasse gefüllt werden.

Gefüllte Taubenbrüste
mit Cream-Sherry-Sauce

Die Taubenspezialität besteht aus zwei Brüstchen, die mit Spinat, Apfelscheiben, Trüffeln und Gänseleber gefüllt werden. Der dazu gereichte Taubenjus wird delikat mit Cream Sherry abgerundet.

GEFÜLLTE TAUBENBRÜSTE MIT CREAM-SHERRY-SAUCE

Arbeitsaufwand
etwa 40 Minuten

Für 4 Personen

Koteletts
Bratzeit etwa 9 Minuten
Ofentemperatur
etwa 250 °C
4 Bresse-Tauben
1 Teel. Bratöl
Schweinsnetz

Füllung
4 Gänselebermedaillons zu 25 g
weißer Pfeffer (Mühle), Salz
Cognac, Cream Sherry
8 Trüffelscheiben
1 Apfel (Boskop oder Delicious)
½ EBl. Butter
4 große Spinatblätter
1 EBl. Bratbutter (Butterschmalz)

Sherrysauce
Kochzeit
etwa 12 Minuten
⅓ EBl. Butter
½ EBl. feingehackte Zwiebeln
angeröstete Taubenknochen
8 EBl. Cream Sherry
3,5 dl Tauben- oder Geflügeljus (s. S. 326)
½ EBl. Butter
weißer Pfeffer, Salz

Das Schweinsnetz einige Stunden in kaltem Wasser einweichen und dabei das Wasser öfter wechseln.
Die Brüste der Tauben auslösen und die Häute entfernen. Bei jeder Taube nur in einer Brust den Oberarmknochen belassen und sauber putzen. In die Brüste für die Füllung Taschen schneiden (siehe rechte Seite).
Die anfallenden Knochen klein hacken, zusammen mit den Häuten im heißen Öl anrösten und zum Abtropfen auf ein grobes Sieb schütten.
Die Gänselebermedaillons in Form der Brüste zuschneiden. Würzen, mit einigen Spritzern Cognac und Cream Sherry beträufeln und dann kühl stellen.
Den Apfel schälen und 8 große, aber hauchdünne Scheiben abschneiden. Diese in der Butter vorsichtig braten und auf ein Abtropfgitter setzen. Die Spinatblätter in kochendem Salzwasser überbrühen und danach sofort kalt abschrecken. Zum Trocknen auf Küchenkrepp auslegen.
Die Gänselebermedaillons auf jeder Seite mit einer Trüffelscheibe belegen. Mit 2 Apfelscheiben umgeben und in die leicht gewürzten Spinatblätter einrollen. In einem Tuch vorsichtig formen.
Die Taubenbrüste würzen. Die Füllung in die Brusttasche (siehe oben) legen und mit der zweiten Brust bedecken. Die gefüllten Brüste in das trockene, zugeschnittene Schweinsnetz einschlagen. Kurz vor dem Braten mit Pfeffer und Salz würzen. In der heißen Bratbutter im vorgeheizten Ofen unter häufigem Wenden rosa bra-

ten. Einige Minuten zum Ruhen auf ein Abtropfgitter setzen.

Die Zwiebelwürfel in der erhitzten Butter goldgelb werden lassen und die angerösteten Taubenknochen und -häute zufügen. Mehrmals mit insgesamt rund ¾ des Cream Sherrys ablöschen und mit dem Jus auffüllen. Zum Kochen bringen, dann die Hitzezufuhr drosseln. Öfter abschäumen und die Flüssigkeit kochen, bis sie sämig wird. Anschließend durch ein feines Sieb drücken, abschmecken und die Butter einarbeiten.

Die Taubenbrüste können ganz oder aufgeschnitten serviert werden.

Beilagen Glasierte Gemüse, Darphinkartoffeln (s. S. 356)

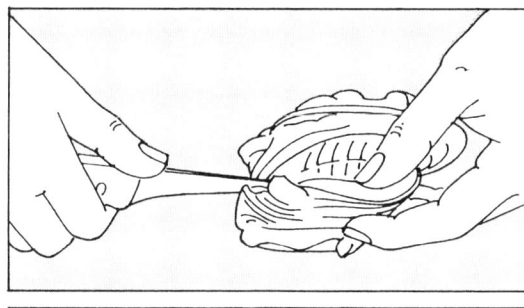

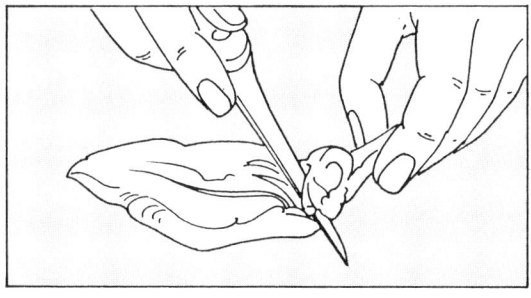

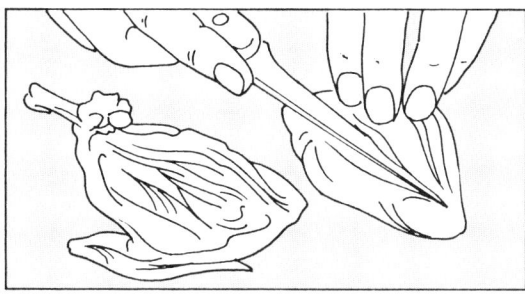

TAUBEN-BRÜSTE (KOTELETTS) FÜLLEN

Die Flügel im Oberarmgelenk abschlagen. Die Keulen entfernen. Die Brüste abschneiden und die Haut abziehen.

Bei einer Brust den Knochen abschneiden. Den Knochen der zweiten Brust belassen und sauber putzen.

In jede Brust eine Tasche schneiden und, wie im Rezept angegeben, füllen (s. S. 240).

Einmal etwas ganz anderes. Poulardenbrüste, eingerollt in die vornehmen blassen Blätter der Brüsseler Endivien, begleitet von einer feuerroten Paprikasauce.

POULARDENBRUST IM CHICORÉEMANTEL

Garzeit
25 bis 30 Minuten
Ofentemperatur
240—220 °C

Für 4 Personen

Brust
Anbratzeit
etwa 4 Minuten
3 Poulardenbrüste mit Haut und Knochen (von etwa 1400 g schweren Poularden)
weißer Pfeffer (Mühle), Salz
1 Teel. Bratbutter (Butterschmalz)

Farce
130 g Geflügelfleisch ohne Haut und Knochen
weißer Pfeffer (Mühle), Salz
1 Eiweiß
1,7 dl Rahm

Chicorée
2 Chicorée (Brüsseler Endivie) zu 250 g
1 Teel. Zitronensaft
weißer Pfeffer (Mühle), Salz
1 Teel. Butter
1 mittlere Karotte
1 mittlere Zwiebel
6 Wacholderbeeren
Geflügelbouillon (s. S. 325)
3 dl Peperonisauce (s. S. 192)

Die Poulardenbrüste würzen und in der heißen Bratbutter schnell rundherum goldbraun anbraten. Zum Auskühlen auf ein Abtropfgitter setzen, später die Knochen entfernen.
Das in Würfel geschnittene, gekühlte Poulardenfleisch würzen und im Cutter zerkleinern. Zunächst das Eiweiß, dann nach und nach den Rahm einarbeiten. Die Farce durch ein feines Rahmensieb streichen und kalt stellen.
Den Chicorée putzen, in einzelne Blätter teilen und waschen. In kochendem Zitronenwasser blanchieren und in kaltem Wasser abschrecken. Zum Abtropfen auf ein Tuch legen.
Die trockenen Chicoréeblätter pfeffern und salzen. Auf drei Klarsichtfolien, dicht aneinander gereiht, so hinlegen, daß die bedeckte Fläche den Ausmaßen der Brüste entspricht. Mit der Poulardenfarce gleichmäßig bestreichen. Die Brüste in die Mitte der Folien legen und fest darin einrollen, so daß sie ganz in Farce und Chicorée gehüllt sind. Einige Zeit kalt stellen.
Die Karotte und die Zwiebel in dicke Scheiben schneiden und eine passende, ausgebutterte Pfanne damit auslegen und die Wacholderbeeren zugeben. Die Folie von den Brüsten im Chicoréemantel entfernen und diese auf das Gemüse setzen. Auf dem Herd etwas anziehen lassen. Das Gemüse 3 Zentimeter hoch mit der Bouillon bedecken. In den vorgeheizten Ofen schieben und garen. Mit gebutterter Alufolie abdecken. (Die Garstufe wird durch eine Nadelprobe festgestellt.
Die gegarten Brüste zum Ausruhen auf ein Abtropfgitter setzen. Vor dem Aufschneiden etwa 10 Minuten ruhen lassen. Beim Anrichten mit der Paprikasauce (Peperonisauce) umgießen.

Beilage Kartoffelgnocchi (s. S. 357)

Etwas für Kochfans, die viel Zeit zur Verfügung haben und effektvolle Gerichte lieben.

TRUTENBRUST MIT LEBER, SULTANINEN UND MANDELFÜLLUNG

Für die Farce 100 Gramm Fleisch von der Trutenbrust abschneiden, würfeln und kalt stellen. Das Trutenfleisch mit Pfeffer und Selleriesalz würzen, in der Küchenmaschine (Cutter) zerkleinern (pürieren). Zunächst das Eiweiß, dann die kleingeschnittene Leber, zum Schluß den angefrorenen Rahm einarbeiten. Die Farce durch ein feines Sieb treiben und kalt stellen. Die Sultaninen im Tokajer aufkochen und erkalten lassen. Die Mandelstifte in der Milch weichkochen, danach sauber abspülen und trocknen. Beides unter die Füllung mischen.

Von der Trutenbrust das Filet entfernen. Das Brustfleisch einschneiden, so daß eine größere Fläche entsteht. Die Brust und das Filet leicht klopfen (plattieren), salzen, pfeffern und mit der Farce füllen, das Filet obenauf legen. Das Brustfleisch um die Farce legen. Das Pergamentpapier mit der Butter bestreichen, mit Salz und Pfeffer bestreuen. Die gefüllte Brust darin einschlagen. Locker mit der Schnur umbinden. Im vorgeheizten Ofen unter häufigem Wenden rundherum goldbraun und saftig braten. Vor dem Aufschneiden etwa 20 Minuten ruhen lassen (um zu starken Saftaustritt zu vermeiden).

In der Zwischenzeit die Zwiebelwürfel in der Butter goldgelb dünsten. Mit insgesamt ¾ des Tokajers mehrmals ablöschen. Mit dem hellen Geflügeljus auffüllen und einkochen. Den Rahm später zufügen; weiterkochen, bis die Sauce sämig wird, und passieren. Mit Salz und Pfeffer würzen und abschmecken. Im Mixer mit der Butter und dem restlichen Tokajer vollenden.

Die Trutenbrust in Scheiben schneiden, vor dem Anrichten im Ofen kurz erhitzen. Die Sauce getrennt zur Trutenbrust reichen.

Beilagen Glasierte Kefen (oder andere Gemüse), Olivenkartoffeln

Arbeitsaufwand etwa 70 Minuten

Für 6 Personen

Trutenbrust
Bratzeit
30—34 Minuten
Ofentemperatur
250—220 °C
1 Trutenbrust (zu 750 g)
Salz, weißer Pfeffer
1 EBl. Butter
Pergamentpapier, Schnur
2 EBl. Bratbutter

Füllung
100 g Trutenfleisch
weißer Pfeffer, Selleriesalz
1 Eiweiß
65 g helle Hühnerleber
⅛ l angefrorener Rahm
2 EBl. Sultaninen
3 EBl. Tokajer oder Malvoisie
1 EBl. Mandelstifte
½ dl Milch

Sauce
Kochzeit
etwa 20 Minuten;
ergibt etwa 3 dl Sauce
1 EBl. Butter
1½ EBl. feingehackte Zwiebel
8 weiße, zerdrückte Pfefferkörner
1,5 dl Tokajer oder Malvoisie
6 dl heller, gelierter Geflügeljus (s. S. 326)
2 dl Rahm
Salz, weißer Pfeffer
1½ EBl. Butter

Einfach — aber gut. Darüber hinaus rasch zubereitet, wenn gekaufter Blätterteig verwendet wird.

TRUTHAHNBRUST IM TEIGMANTEL

Arbeitsaufwand
etwa 50 Minuten
Backzeit
50—60 Minuten
Ofentemperatur
220—200° C

Für 8—10 Personen
Truthahnbrust zu 1,5 kg
Salz, weißer Pfeffer (Mühle)
2 Eßl. Bratbutter (Butterschmalz)

Füllung
1 mittelgroßer Wirsing
1 Eßl. Butter
6 Eßl. gehackte Kräuter (Estragon, Majoran, Petersilie, Thymian)
2 Knoblauchzehen
Salz, weißer Pfeffer (Mühle)

Mantel
500 g Blätterteig
250 g Pancetta (italienischer Bauchspeck), in dünne Scheiben geschnitten, oder Frühstücksspeck
2 Eigelb
1 Eßl. Rahm

Die Truthahnbrust salzen und pfeffern. In der heißen Bratbutter rundherum goldbraun anbraten und zum Auskühlen auf ein Abtropfgitter setzen. Die Bratbutter aus der Pfanne schütten. 1 Eßlöffel Butter darin zerlaufen lassen, die Kräuter und den durchgepreßten Knoblauch zufügen, dünsten und abkühlen lassen.

Aus dem Wirsing den Strunk herausschneiden und die einzelnen Blätter lösen. Die dicken Rippen entfernen. Die Blätter in Salzwasser brühen, in kaltem Wasser abschrecken und auskühlen lassen. Zum Abtropfen auf ein Gitter mit Tüchern legen.

Den Blätterteig 3 Millimeter dick zu einem Viereck ausrollen. Dann mit den Wirsingblättern belegen und mit Salz und Pfeffer bestreuen. An allen vier Seiten einen ein Zentimeter breiten Rand frei lassen. Die mittleren Wirsingblätter mit einem Teil der Pancettascheiben belegen. Die Brust darauflegen und die Kräuter darüber verteilen. Mit dem restlichen Pancetta die Ober- und die Seitenflächen der Brust belegen und mit dem Wirsing bedecken. Die Eigelbe mit dem Rahm vermischen. Die freien Blätterteigränder damit einpinseln. Den Blätterteig so über die Brust schlagen, daß sie ganz vom Teig umgeben ist. Die Verschlußstellen fest andrücken. Mit der Verschlußseite nach unten auf ein mit Wasser bespritztes Blech setzen. Die Oberfläche mit dem Ei-Rahm-Gemisch bestreichen und mit anfallenden Teigresten garnieren. Vor dem Backen mindestens 30 Minuten kalt stellen.

Im vorgeheizten Backofen die Brust 10 Minuten bei 220 Grad anbacken. Dann mit der Temperatur auf 200 Grad zurückgehen und fertig backen. Sollte die Oberfläche zu dunkel werden, mit Alufolie abdecken.

Vor dem Servieren 10 Minuten ruhen lassen. Auf ein Holzbrett setzen, am Tisch aufschneiden.

Truthahnbrust in Blätterteig — eine Variante mit einer delikaten Fleischfüllung und schwarzen Pilzen. So richtig festlich und ideal zum Vorbereiten.

TRUTHAHNBRUST IN BLÄTTERTEIG

Von der Truthahnbrust die flache Spitze abschneiden. Davon die benötigte Menge für die Farce kleinschneiden und kalt stellen. Die Brust salzen und pfeffern, in der heißen Bratbutter rundherum goldbraun anbraten. Zum Auskühlen auf ein Abtropfgitter setzen.

Die schwarzen Pilze in kaltem Wasser einweichen, bis sie aufgequollen sind. Später in dem sauber filtrierten Einweichwasser oder in Bouillon etwa 20 Minuten kochen. Danach abkühlen und abtropfen lassen und in Stücke schneiden. Das gekühlte Truthahnfleisch salzen und pfeffern. Im Cutter (Küchenmaschine) zerkleinern. Zunächst das Eiweiß, dann nach und nach den Rahm einarbeiten. Durch ein feines Sieb streichen und die Pilzstücke unterziehen.

Den Blätterteig dünn ausrollen, ein Drittel der Farce in den Ausmaßen der Brust aufstreichen. Die Brust daraufsetzen und mit der restlichen Farce bestreichen. Die Blätterteigränder mit dem mit Rahm vermischten Eigelb bepinseln. Die Brust in den Blätterteig einschlagen und die Nahtstellen gut andrücken. Auf ein mit Wasser benetztes Blech setzen.

Den Teig außen mit der Ei-Rahm-Mischung bestreichen und mit den angefallenen Teigresten garnieren. Die Teighülle mehrmals mit einer Gabel einstechen, damit der Dampf beim Backen entweichen kann. Nach dem Backen die Brust zum Ruhen auf ein Gitter setzen.

In der Zwischenzeit die Schalotten in der Butter goldgelb dünsten. Mit dem Madeira ablöschen, mit dem Jus auffüllen und etwas einkochen lassen. Die Sauce mit Salz und Pfeffer abschmecken, passieren und die Butter unterschwenken. Die Sauce separat reichen.

Beilage Junge, glasierte Gemüse

Arbeitsaufwand
55 Minuten

Für 6 Personen

Trutenbrust
Backzeit
25—30 Minuten
Ofentemperatur
250—220 °C
1 Truthahnbrust zu 850 g
Salz, weißer Pfeffer (Mühle)
1 EßI. Bratbutter (Butterschmalz)

Mantel
150 g Truthahnfleisch (Spitze der Brust)
Salz, weißer Pfeffer (Mühle)
1 Eiweiß
2 dl Rahm
10 g getrocknete Black fungus (schwarze chinesische Pilze)
250 g Blätterteig
1 Eigelb
1 EßI. Rahm

Sauce
Kochzeit
etwa 12 Minuten
1 Teel. Butter
1 EßI. feingehackte Schalotten
1 dl Madeira
4 dl Geflügeljus (s. S. 326)
Salz, weißer Pfeffer (Mühle)
1 Teel. Mehlbutter (s. S. 327)
½ EßI. Butter

Napoleon und das Poulet

Am 14. Juni 1800 besiegte Bonaparte die Österreicher in der Nähe von Marengo. Nach den großen Anstrengungen der entscheidenden Schlacht soll Napoleon großen Hunger verspürt haben. Da der Verpflegungsnachschub nicht funktionierte, schickte sein Koch zwei Reiter aus, um Proviant aufzutreiben. Sie brachten ein Hähnchen, Oliven, Tomaten und Knoblauch zurück. Das Poulet wurde alsdann mit dem Säbel zerteilt, mit Tomaten ins heiße Öl geworfen und mit zerdrücktem Knoblauch, Salz, Pfeffer, Weißwein und Cognac abgeschmeckt.

Und schon konnte sich Napoleon am zweiten Sieg des historischen Tages erfreuen — dem «Poulet Marengo». Später wurde dieses einfache Gericht mit Krebsen und Eiern angereichert. Es wird oft auch behauptet, daß diese Zutaten damals bereits mitgekocht wurden.

GERICHTE AUS ALLER WELT

Allein mit diesem Thema ließen sich dicke Bücher füllen. Geflügelgerichte sind in den Küchen der ganzen Welt zu finden.

Durch ihre vielfältigen Zubereitungsarten und die typischen Gewürze unterscheiden sie sich von Land zu Land, oft sogar schon von Provinz zu Provinz, wie beispielsweise in Frankreich, Italien und Spanien. Besonders beliebt sind Geflügelgerichte mit einer exotischen Note. Allen voran die Spezialitäten aus dem Fernen Osten, die leicht, besonders bekömmlich und attraktiv gewürzt sind. Für diese Gerichte eignet sich Geflügelfleisch besonders gut, vor allem Hähnchen- (Poulet-), Truthahn- und Entenfleisch.

Auf den nächsten Seiten findet sich eine kleine Auswahl, angefangen mit dem berühmten Coq au vin über das Waterzooi und das Chicken Curry bis hin zur indonesischen Reistafel. Es sind alles Gerichte, die in unseren Breitengraden ohne Probleme zubereitet werden können und für welche auch die Zutaten mühelos erhältlich sind.

Meistens sind diese Spezialitäten interessant und reichhaltig genug, daß auf komplizierte Beilagen oder Vorspeisen und Desserts verzichtet werden kann. Sie sollten, zusammen mit den passenden Getränken, der Mittelpunkt eines Mahls sein, da sie attraktiv genug sind und keine Konkurrenz benötigen.

Die Martinsgans

Die Gans — lebend oder gebraten — scheint im Zusammenhang mit dem heiligen Martin die Legendenschreiber aller Zeiten inspiriert zu haben. So erzählen sie, daß Martin (316—397) — ein tugendhafter Soldat, bevor er Mönch wurde — sich versteckte, weil er nicht zum Bischof gewählt werden wollte. Aber das Schnattern der Gänse verriet ihn, und so wurde er dann für dieses hohe Amt erkoren.
Später soll eine Predigt des heiligen Martin durch schnatternde Gänse gestört worden sein, und ein altes Gedicht berichtet über die Rache der aufgebrachten Zuhörer:

Sie schlachteten sie allzusammen,
brieten sie in heißen Flammen.
Daher ist der Brauch gekommen,
daß man viel der Gänse ißt,
so es Martini-Abend ist.

Auch in der Schweiz scheinen diese Legenden den kulinarischen Brauch der Martinsgans begründet zu haben. An Martini (11. November) wurde der Pachtzins für das ganze Jahr entrichtet. Die Bauern brachten Gänse und Hühner mit — ein Grund zum Schlemmen.
So ist der Brauch, am Todestag des heiligen Martin Gänse zu braten, vielerorts erhalten geblieben.
Auch der «Gansabhauet» in Sursee/ Schweiz, der jährlich am 11. November stattfindet, dürfte ein Symbol der Strafe für die gestörte Predigt des heiligen Martin darstellen: Eine Gans im Federkleid wird zwischen Rathaus und Restaurant «Schwanen» aufgehängt.
Wer sie herunterschlägt, kann sie als Siegestrophäe mit nach Hause nehmen.

Eine Tradition, die wieder vermehrt auflebt, wenigstens in der Schweiz und in Deutschland. Am 11. November wird die Martinsgans sehr oft an großen Anlässen serviert.

MARTINSGANS

Arbeitsaufwand
etwa 25 Minuten

Für 6—8 Personen

Gans
Bratzeit
150—160 Minuten
1 Gans zu 3 kg
Salz, Pfeffer (Mühle)
Beifuß, Majoran

Füllung
s. S. 251
(oder nach Belieben)

Sauce
Kochzeit
etwa 12 Minuten
Ofentemperatur
180—220 °C
5 dl Gänse- oder
Geflügeljus
(s. S. 326)
1 dl Apfelwein
Salz, Pfeffer (Mühle)

Garnitur
Garzeit
10—12 Minuten
6—8 mittelgroße Äpfel
4—5 Eßl. Preiselbeeren

Die Gans innen und außen mit Salz, Pfeffer, Beifuß und Majoran einreiben. Mit Folie bedecken und etwa eine Stunde im Kühlschrank stehenlassen. Inzwischen eine der nachfolgend beschriebenen Füllungen zubereiten.

Die Füllung mit Hilfe eines Löffels in den Bauch der Gans stopfen. Die Öffnung mit Küchenfaden zunähen und die Gans binden (s. S. 146). Die Gans seitlich (das heißt auf eine der Keulen) in eine große Bratkasserolle, die etwa 2 Zentimeter hoch mit Wasser gefüllt ist, legen. In den vorgeheizten Backofen schieben. Unter öfterem Wenden und Beschöpfen zugedeckt etwa $1^{1}/_{2}$ – 2 Stunden schmoren lassen. Nach dieser Zeit den Deckel entfernen, die Gans auf den Rücken legen und ca. 15–30 Minuten weiterbraten, damit sie braun und knusprig werden kann; 10–15 Minuten vor dem Aufschneiden ruhen lassen. Das ausgetretene Fett abschöpfen und zur Seite stellen.

Die ungeschälten Äpfel waschen und mit dem Ausstecher entkernen. Die Äpfel etwa 15 Minuten vor Beendigung der Bratzeit zur Gans geben und mitschmoren lassen, bis sie weich sind. Dann herausnehmen und warm halten. Die Gans zum Ruhen auf ein Abtropfgitter setzen.

Das Fett aus der Kasserolle entfernen und mit dem Jus auffüllen. Den Bratsatz loskochen, den Apfelwein zufügen und um etwa die Hälfte reduzieren. Wenn es nötig ist, die Sauce entfetten und mit Salz und Pfeffer abschmecken.

Die Gans auf einer heißen, großen Platte anrichten, die Äpfel dazusetzen und diese mit der Preiselbeerkonfitüre füllen. Die Sauce passieren und separat anrichten.

Beilagen Rotkraut, Kartoffelpüree oder -klöße.

Tip FWE: Das ausgebratene Gänseschmalz aufheben. Es eignet sich z. B. zum Kochen von Rotkraut als Beilage oder kalt als Brotaufstrich.

Tip MK: Die genaue Bratzeit der Gans hängt von der Größe und Qualität des Tieres ab.

MARTINSGANS-FÜLLUNG MIT GEFLÜGELLEBER

Die Brötchen kleinschneiden und mit der heißen Bouillon übergießen. Danach gut ausdrücken und durch das Passevite pressen.
Das Herz putzen und von der Leber die Galle entfernen.
Das Herz und die Leber kurz in der Butter anbraten und aus der Pfanne nehmen.
Die Zwiebeln und die Petersilie in die Pfanne geben und 5 Minuten dünsten. Die Äpfel schälen, entkernen, klein würfeln und etwa 3 Minuten mitdünsten.
Das Herz und die Leber fein schneiden, die gedünsteten Zwiebeln, Petersilie, Äpfel und die Brötchen zufügen. Die Eier verklopfen und zusammen mit dem Cognac und den Kräutern zur Füllung geben. Die Masse mit Salz und Pfeffer würzen und gut mischen. Vor dem Einfüllen 10 Minuten ruhen und durchziehen lassen.

Arbeitsaufwand
etwa 35 Minuten

Für 6—8 Personen
4 Brötchen zu 50 g
3 dl kräftige Hühnerbouillon
Herz und Leber der Gans
600 g Geflügellebern
3 Eßl. Butter
1½ feingehackte Zwiebeln
3 Eßl. gehackte Petersilie
3 Äpfel
2 Eier
2 Eßl. Cognac
1½ Eßl. gehackte Kräuter (Majoran, Rosmarin)
Salz, Pfeffer (Mühle)

MARTINSGANS-FÜLLUNG MIT KASTANIEN

Das Weißbrot in Stücke schneiden und in der Bouillon einweichen. Die Kastanien kleinschneiden.
Die Champignons putzen, waschen und in kleine Würfel schneiden. Die Schalotten in der Butter anziehen lassen. Die Champignons zufügen, kurz mitdünsten und dann zum Auskühlen auf einen Teller geben.
Das Brot gut ausdrücken und durch ein Sieb streichen.
Das Brot mit den Kastanien, dem Kalbsbrät, der Schalotten-Champignon-Masse und der Petersilie mischen. Mit Salz, Pfeffer und Muskatnuß abschmecken.

Arbeitsaufwand
etwa 35 Minuten

Für 6—8 Personen
100 g frisches Weißbrot
1 dl Hühnerbouillon
500 g geschälte Kastanien
100 g frische Champignons
3 feingehackte Schalotten
500 g Kalbsbrät
3 Eßl. gehackte Petersilie
Salz, Pfeffer (Mühle), Muskatnuß

Die dumme Gans

Gänse gelten als dumm. Deshalb auch der wenig schmeichelhafte Ausdruck «dumme Gans». Dabei gilt die Gans als das vorsichtigste Tier überhaupt. Sie bückt sich, wenn sie unter einer Brücke durchschwimmt! Allerdings soll sie dies auch tun, wenn die Brücke sehr hoch ist. Und wenn die Gänse über Berge fliegen, wo Adler horsten, nehmen sie Steine in den Schnabel, um sich selbst am Schnattern zu hindern, denn Lärm könnte die Adler wecken. Mit ihrem Geschnatter retteten sie hingegen im alten Rom das Kapitol vor den Galliern. Deshalb wurden diese Tiere von den Römern lange hochverehrt, was diese allerdings nicht daran hinderte, sie an den Spieß zu stecken.

Sie mästeten sie für ihre Festivitäten. Vorher wurden sie mit Feigen und Milch gefüttert, um ihre Leber zu vergrößern, die damals schon als Delikatesse galt.

Eine geistreiche Gans, so schreibt der Gastrosoph Baron von Vaerst, soll eine so große Leber gehabt haben, daß sie sich ganz ernsthaft fragte: «Bin ich denn nun die Gans oder die Leber?» Ob es Zeiten gegeben hat, wo die Gänse auch sprechen konnten, verrät der Autor nicht.

Vom heiligen Martin sagte man, er habe die Tugenden einer Gans gehabt. Er sei mäßig, zurückhaltend und wachsam gewesen.

Trotz all ihrer Tugenden landete die Gans letztlich immer im Topf. So ist in Frankreich der Schutzheilige der Gänse der heilige Ferreol, von dem behauptet wird, er habe nichts so sehr geliebt wie fette Gänse und junge Mädchen.

Den Berlinern sagt man nach, es gehe ihnen nichts über eine «jut jebratene Jans, die eine jute Jabe Jottes ist».

Für eine größere Tafelrunde ist ein gefüllter Truthahn sehr festlich. Die Füllung kann nach Belieben ausgewählt werden: Brot und Äpfel oder Schinken und Kastanien.

GEFÜLLTER TRUTHAHN

Den Truthahn innen und außen mit Salz und Pfeffer einreiben. Mit der gewünschten Masse (s. S. 254) füllen und mit Küchenfaden die Bauchöffnung zunähen und binden (s. S. 146). Mit den Salbeiblättern und den Magerspeckscheiben belegen, locker mit Küchenfaden umbinden.

Die Bratbutter in einem passendem Schmortopf erhitzen. Den Truthahn hineinlegen, sofort wenden und in den vorgeheizten Ofen schieben. Unter häufigem Wenden und Beschöpfen fertig braten.

Die Karotte und die Zwiebeln schälen, grob würfeln und nach etwa ⅔ der Bratzeit zugeben. Hellbraun werden lassen.

Den fertigen Truthahn herausnehmen und zum Ruhen auf ein Gitter setzen. Das Bratfett abschütten und den Bratsatz mehrmals mit dem Weißwein ablöschen. Mit dem Jus auffüllen, den geputzten, gewaschenen Sellerie und den Lauch, den zerdrückten Knoblauch und den Thymianzweig zufügen. Die Sauce einkochen lassen, mit Salz und Pfeffer würzen und passieren.

Von dem Truthahn die Fäden, den Speck und die Salbeiblätter entfernen und ihn tranchieren. Zusammen mit der Füllung auf warmen Tellern anrichten.

Beilagen Brokkoli mit Pinienkernen, Kartoffelkroketten

Tip MK: Wenn der Truthahn vorbestellt wird, kann die gewünschte Gewichtsklasse angegeben werden. Es gibt sie schon von etwa 2,5 kg an aufwärts in jedem gewünschten Gewicht. Aus den Truthahnresten läßt sich vieles zubereiten (s. S. 311 ff.)

Arbeitsaufwand
etwa 35 Minuten

Für 6—8 Personen

Truthahn
Bratzeit
90—100 Minuten
Ofentemperatur
etwa 220 °C
1 Truthahn zu 3 kg
Salz, Pfeffer (Mühle)
4—5 Salbeiblätter
100 g Magerspeckscheiben
3 Eßl. Bratbutter (Butterschmalz)

Füllung
(s. S. 253)

Sauce
Kochzeit
etwa 12 Minuten
1 mittelgroße Karotte
2 mittelgroße Zwiebeln
2 dl Weißwein
5 dl Truthahn- oder Geflügeljus (s. S. 326)
50 g Sellerie
¼ Lauchstange
1 kleine Knoblauchzehe
1 kleiner Thymianzweig
Salz, Pfeffer (Mühle)

TRUTHAHNFÜLLUNG «FARMER STYLE»

Arbeitsaufwand
etwa 30 Minuten;
am Vortage vorzubereiten

Für 6—8 Personen
250 g altbackenes Weißbrot
250 g feste Äpfel (saure Sorte)
2 Eßl. Butter
2 große, feingehackte Zwiebeln
4 Eßl. gehackte Kräuter (Petersilie, Kerbel, Basilikum, Majoran, Salbei, Thymian, Beifuß)
2 dl Rotwein
2 dl Geflügelbouillon (s. S. 325)
Salz, Pfeffer (Mühle), Muskatnuß

Das Brot in kleine Würfel schneiden, auf ein Backblech legen und im Ofen bei etwa 150 °C leicht rösten, bis es ganz trocken ist.
Die Äpfel schälen, klein würfeln und mit den Brotwürfeln mischen.
Die Zwiebeln und die Kräuter in der Butter anziehen lassen. Mit dem Wein ablöschen, mit der Bouillon auffüllen und etwas einkochen lassen. Das Ganze über die Brot-Apfel-Mischung gießen und gut vermischen. Mit Salz, Pfeffer und Muskatnuß würzen. Die Masse soll feucht, aber nicht wässerig sein. Mit Klarsichtfolie abdecken und im Kühlschrank über Nacht stehenlassen.

TRUTHAHNFÜLLUNG MIT GEFLÜGELLEBER, SCHINKEN UND KASTANIEN

Arbeitsaufwand
etwa 45 Minuten

Für 6—8 Personen
150 g Weißbrot
2 dl Milch
1 feingehackte Zwiebel
300 g geschälte Kastanien (eventuell tiefgekühlte)
Salz, Pfeffer (Mühle)
20 g Butter
200 g gekochter Schinken
150 g Geflügelleber (eventuell zusätzlich das Herz und die Leber des Truthahns verwenden)
2 Eier
1 Eßl. gehackter Salbei
2 Eßl. gehackte Petersilie
½ Eßl. gehackter Thymian

Das Brot in kleine Würfel schneiden und in der Milch einweichen, danach gut ausdrücken. Die Zwiebeln in der Butter farblos dünsten und zum Auskühlen auf einen Teller geben. Die Kastanien in Salzwasser kurz vorkochen.
Den Schinken und die Lebern in kleine Würfel schneiden.
Die Eier mit den Kräutern verquirlen.
Das Brot mit den Zwiebeln, dem Schinken, den Lebern und der Eiermasse gut mischen. Mit Salz und Pfeffer abschmecken und die Kastanien daruntermengen.

«Sweet-sour», so wird in China auch das Geflügel zubereitet. Dank den Peperoni und der Ananas wirkt dieses Gericht besonders farbenfroh.

GEFLÜGEL-GESCHNETZELTES «SÜSS-SAUER»

Das Geflügelfleisch in feine Scheibchen schneiden. Die Sojasauce mit dem Sake mischen und das Fleisch darin 1 Stunde lang marinieren.

Die Peperoni vierteln, die Kerne entfernen, in Vierecke schneiden. Von den Ananasscheiben die Schale und den harten Kern entfernen, fein würfeln.

Die Ananasscheiben für die Sauce pürieren und ausdrücken, damit man etwa 3 Eßlöffel Saft erhält. Mit dem Reisessig, dem Sake, der Sojasauce, dem Honig und dem Ketchup gut vermischen. Zum Schluß die Speisestärke darin glattrühren.

Das Geschnetzelte aus der Marinade nehmen, trockentupfen, mit Salz und Pfeffer würzen. Im heißen Öl schnell goldgelb anbraten und dann herausnehmen.

Das Öl für die Garnitur in die Pfanne geben, die Peperoni darin anziehen, die Ananas zufügen und knapp garen. Die oben zubereitete Sauce zugeben und kurz weiterkochen, bis sie sämig wird. Mit dem Knoblauch und Cayennepfeffer abschmecken. Das Geschnetzelte in der Sauce kurz erwärmen.

Beilage Quellreis

Tips

MK: Für die Zubereitung dieses Gerichtes ist als typisches chinesisches Kochgerät ein Wok bestens geeignet.

FWE: Solche oder ähnliche Gerichte sind in China in den Garküchen auf den Straßen erhältlich.

Arbeitsaufwand etwa 35 Minuten

Für 4 Personen

Geschnetzeltes
Bratzeit 2—3 Minuten
600 g Geflügelfleisch Truten- oder Pouletbrust
1 Eßl. Sojasauce
1 Eßl. Sake oder Sherry
Salz, Pfeffer (Mühle)
2—3 Eßl. Erdnußöl

Garnitur
1 grüne Peperone
1 rote Peperone
2 frische Ananasscheiben
2 Eßl. Erdnußöl

Sauce
1—2 frische Ananasscheiben
3 Eßl. Reis- oder Weißweinessig
2 Eßl. Sake oder Sherry
2 Eßl. Sojasauce
2 Eßl. Bienenhonig
2 Eßl. Ketchup
½ Teel. Speisestärke
1—2 durchgepreßte Knoblauchzehen
Cayennepfeffer

Kleine zarte Hähnchen mit Oliven und Safran findet man in Marokko. Wer es liebt, kann zusätzlich mit Knoblauch würzen.

COQUELETS MIT SCHWARZEN OLIVEN

Arbeitsaufwand
etwa 20 Minuten

Für 4 Personen

Küken
Garzeit
etwa 10 Minuten
2 Coquelets zu 600 g
(kleine Hähnchen)
Salz, Pfeffer (Mühle)
1 Eßl. Bratbutter (Butterschmalz)

Sauce
Kochzeit
etwa 10 Minuten
1 mittelgroße, feingehackte Zwiebel
2 dl Geflügelbouillon
(s. S. 325)
10 schwarze Oliven
eine Prise Safran
2 durchgepreßte Knoblauchzehen
Salz, Pfeffer (Mühle)
1 Eßl. flachblättrige, gehackte Petersilie

Die Coquelets vierteln (in Brüste und Schenkel teilen) (s. S. 273). Mit Salz und Pfeffer einreiben, die Pouletteile in einem Bräter in der erhitzten Bratbutter allseitig anbraten. Die Zwiebeln zufügen und anziehen lassen. Mit der Bouillon auffüllen und 10 Minuten zugedeckt garen. Die Brüste und Schenkel herausnehmen und warm stellen.
Die Oliven entsteinen und kleinschneiden. In die Sauce geben und diese um etwa die Hälfte einkochen. Mit dem Safran, dem Knoblauch, Salz und Pfeffer abschmecken.
Die Sauce über die Coqueletteile geben, kurz erhitzen. Anrichten und mit der Petersilie bestreuen.

Beilage Pilawreis (s. S. 355)

Tip MK: Die Sauce wird besonders gut und interessant, wenn Safranfäden verwendet werden.

Coquelets
mit schwarzen Oliven

Im Elsaß liebt man das Geflügel. Hier eine Ente, die auf gut gewürztem Weißkohl oder Wirsing serviert wird.

ENTE NACH ELSÄSSERART

Arbeitsaufwand
etwa 45 Minuten

Für 4 Personen

Ente
Brat- und Garzeit
etwa 70 Minuten
1 junge Ente zu 1,8 kg
Salz, weißer Pfeffer (Mühle), Thymian
1 EBl. Bratbutter (Butterschmalz)

Kohl
Garzeit
etwa 70 Minuten
1 Wirsing oder Weißkraut zu 800 g
2 EBl. gehackte Zwiebeln
50 g Speckwürfel
1 Teel. Zucker
1 dl Geflügelbouillon (s. S. 325)
Salz, Pfeffer
6 Wacholderbeeren
1 durchgepreßte Knoblauchzehe
1 Teel. Kümmel
1 dl Weißwein

Die küchenfertige Ente längs halbieren. Mit Salz, Pfeffer und Thymian kräftig würzen. Mit der Butter bestreichen und in eine Auflaufform legen. Im vorgeheizten Ofen goldbraun anbraten.

Inzwischen den Wirsing putzen, waschen und in Streifen schneiden. Etwas Bratfett von der Ente in einen Topf geben. Die Zwiebeln, die Speckwürfel und den Zucker darin hellgelb werden lassen. Die Krautstreifen zugeben und mit der Bouillon begießen. Mit Salz, Pfeffer, den zerdrückten Wacholderbeeren, dem durchgepreßten Knoblauch und dem Kümmel würzen. Zugedeckt 30 Minuten dünsten.

Die Ente aus dem Ofen nehmen, den Bratsatz mit dem Weißwein loskochen und unter den Wirsing mischen. Die beiden Entenhälften obenauf setzen und im Ofen fertiggaren. Wenn die Oberhitze zu stark wird, mit Alufolie abdecken. Die fertige Ente vierteln und die sichtbaren Knochen entfernen. Auf dem Kraut angerichtet servieren.

Beilage Salzkartoffeln

Tip MK: Die Ente läßt sich auch auf Sauerkraut anrichten.

Fast jedes Land hat sein «Spielchen» am Tisch: Beim Feuertopf, dessen Ursprung man in China vermutet, gibt man Geflügelfleisch und Gemüse mit kleinen Netzlöffelchen oder Gabeln am Tisch in die Hühnerbrühe. Ein Spaß und darüber hinaus ein leichtes, bekömmliches Essen.

CHINESISCHER FEUERTOPF

Die Pouletbrüste in kleine, nicht zu dicke Stücke schneiden.

Die Champignons putzen, den Sellerie schälen, beides waschen und in dünne Scheiben schneiden. Das Weißkraut, die Peperoni und die Bambussprossen in Streifen schneiden. Das Crabmeat (Krabbenfleisch) in Stücke teilen, dabei die knorpelartigen Spelzen entfernen.

Alle Zutaten getrennt anrichten und in schönen Schalen garniert auf den Tisch bringen. Die heiße Bouillon in der Tischmitte auf ein Spiritus- oder Fondue-Rechaud stellen.

Die Zutaten werden von den Gästen mit Fonduegabeln, Sieblöffeln oder chinesischen Stäbchen in die Bouillon getaucht und gegart. Am Schluß wird die Bouillon in Tassen verteilt und den Gästen gereicht.

Beilagen Sojasauce, Sambal Ölek oder andere scharfe Saucen; Trockenreis, mit zwei Eigelb gebraten

Tip MK: Werden Metallgabeln verwendet, diese nicht direkt zum Mund führen, da Metall in der Bouillon sehr heiß wird.

Arbeitsaufwand
etwa 40 Minuten

Für 4—6 Personen
5 Pouletbrüste zu 120 g
200 g frische Champignons
300 g Sellerie
200 g Weißkraut (Kabis)
2 Peperoni (rot und grün)
1 Dose kleine Bambussprossen
1 Dose Crabmeat oder 200 g Riesencrevetten ohne Kruste
1 l kräftige Geflügelbouillon (s. S. 325)

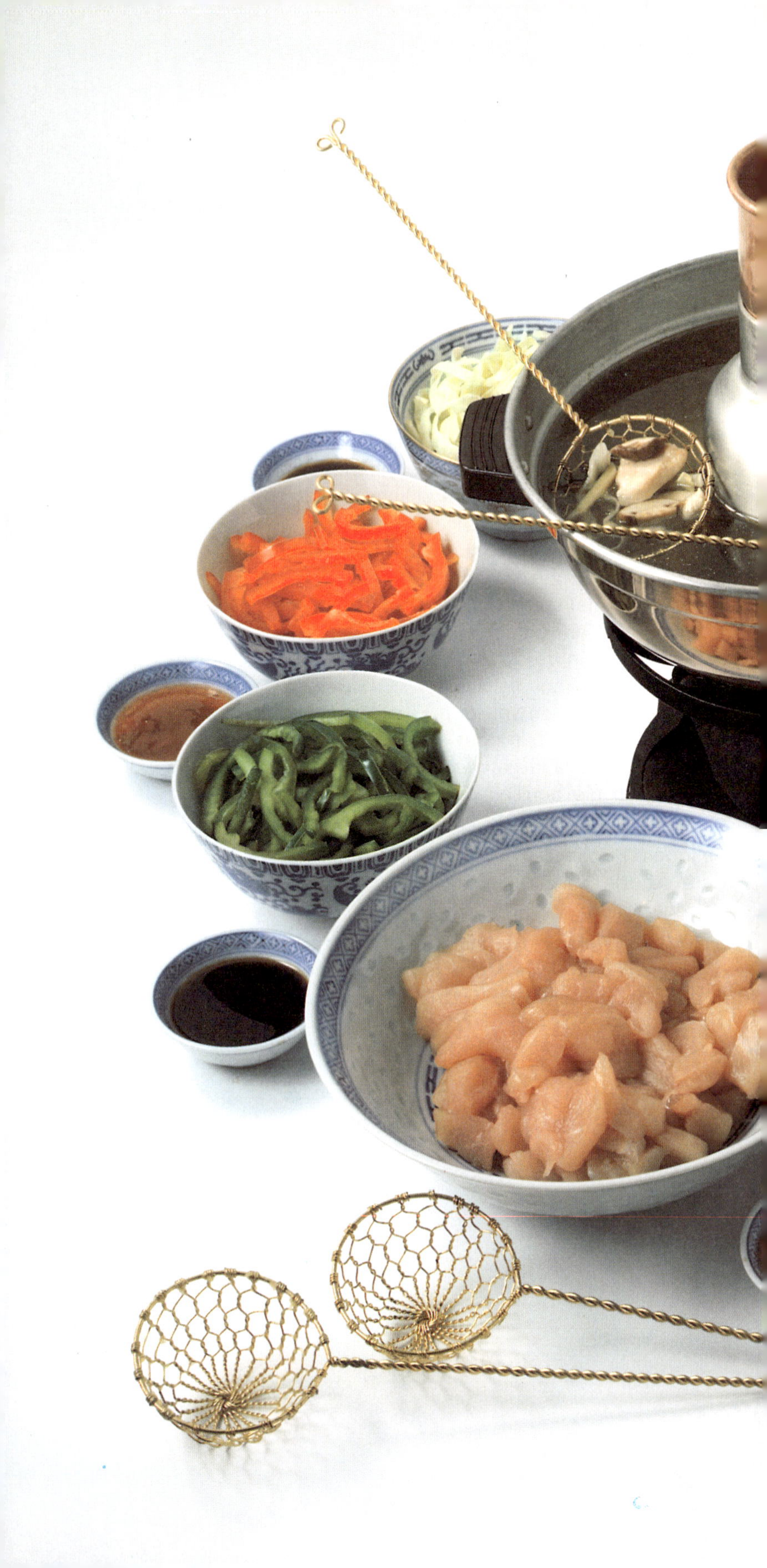

Chinesischer Feuertopf

Hier eine Ente, wie man sie in Genua serviert — als Ragout an einer aromatischen Kräutersauce.

GENUESER ENTENRAGOUT

Arbeitsaufwand
etwa 40 Minuten
Garzeit
50—60 Minuten

Für 4 Personen
1 junge Ente zu 2 kg
Salz, Pfeffer
1 EBl. Olivenöl
1 grüne Peperone
1 feingehackte Zwiebel
1 Zwiebel, gespickt mit 1 kleinem Lorbeerblatt und 2 Nelken
1 Teel. gehackte Kräuter (Basilikum, Rosmarin, Thymian)
4 geschälte Tomaten
1 geschälte Knoblauchzehe
1 dl Weißwein
1 Teel. Tomatenpüree
1 Prise Zucker

Die küchenfertige Ente in 8 Stücke schneiden. Salzen und pfeffern, in dem heißen Olivenöl ringsherum goldbraun anbraten. Das überschüssige Fett abgießen.

Inzwischen die Peperone vierteln, die Kerne entfernen, in kleine Würfel schneiden. Mit den gehackten Zwiebeln zugeben und mitdünsten. Die gespickte Zwiebel, die Kräuter, die Tomaten und den Knoblauch zufügen. Zugedeckt 10 Minuten schmoren lassen. Dann den Weißwein, das Tomatenpüree und den Zucker zugeben und fertig schmoren. Auf weißem Risotto anrichten.

Tip MK: Dieses Gericht läßt sich auch mit Entenschenkeln zubereiten.

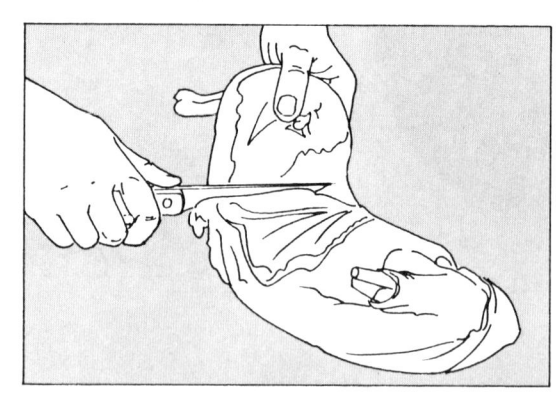

VIERTELN EINER ENTE

Die Keulen vom Körper trennen.

Von der Bauchöffnung her ein starkes Messer in die Ente schieben und am Rücken entlang durchtrennen.

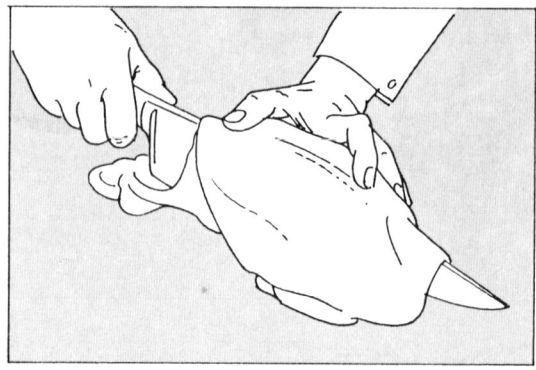

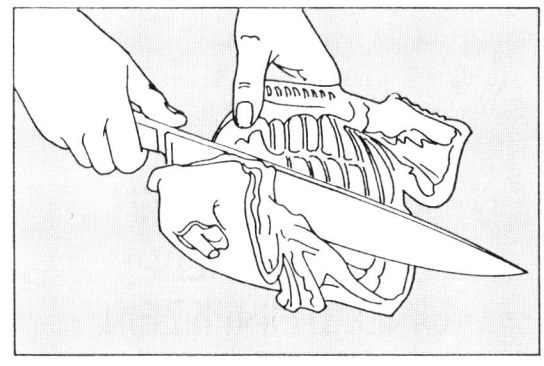

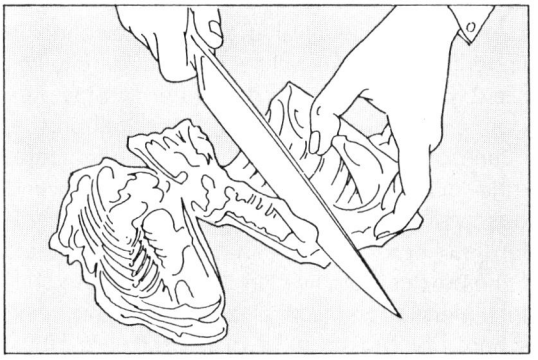

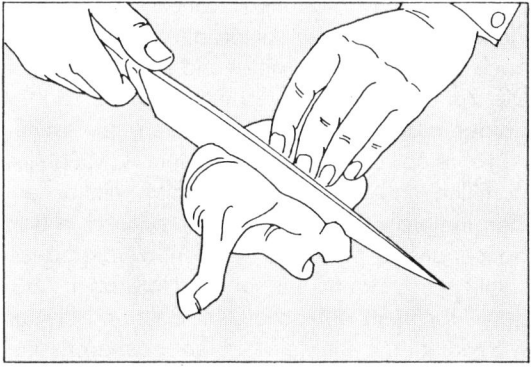

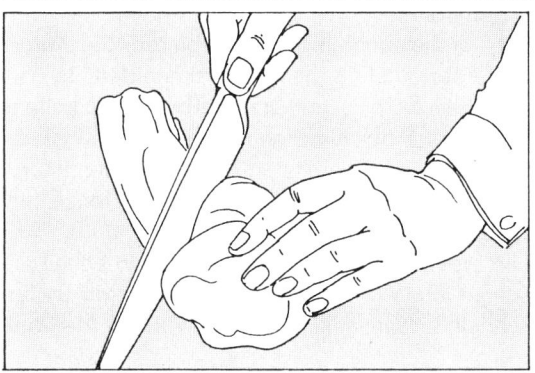

Die Brüste entlang des Brustbeines durchschlagen.

Die überstehenden Rippenknochen von den Brüsten abschlagen.

Jede Entenkeule in zwei Teile trennen.

Die Brüste einmal schräg durchschneiden.

Dieses Geflügelfleisch, zusammen mit Schweinefleisch zu Hackplätzchen verarbeitet, begleitet von einer Steinpilz-Sauerrahm-Sauce, Gurken und frischen Steinpilzen, ist eine Spezialität aus Rußland.

GEFLÜGELBITKI MIT GURKEN UND STEINPILZEN

Arbeitsaufwand
etwa 40 Minuten

Für 6 Personen

Bitkis
Bratzeit etwa 5 Minuten
350 g Geflügelfleisch
200 g Schweinehals (durchwachsen)
90 g Zwiebelscheiben
1½ EBl. Butter
110 g frisches Weißbrot ohne Backkruste
2,5 dl Halbrahm
Salz, Pfeffer (Mühle), edelsüßer Paprika
1½ EBl. gehackte Petersilie
1 Ei
2 EBl. Butter

Sauce
Kochzeit
etwa 20 Minuten
½ EBl. Butter
1 EBl. feingehackte Zwiebel
10 g getrocknete Steinpilze
3,5 dl Geflügeljus (s. S. 326)
3,5 dl Halbrahm
4 EBl. saurer Halbrahm (Sauerrahm)
Salz, weißer Pfeffer (Mühle)

Das Geflügelfleisch und den Schweinehals in fingerlange Streifen schneiden und kalt stellen. Die Zwiebelscheiben in der Butter farblos dünsten und auskühlen lassen. Das Weißbrot in dünne Scheiben schneiden und mit dem Halbrahm durchfeuchten. Die Zwiebelscheiben und das Weißbrot zum Fleisch geben. Mit Salz, Pfeffer und Paprika würzen. Durch die 3-Millimeter-Scheibe des Fleischwolfes treiben. Einen Eßlöffel Petersilie und das Ei zugeben, schnell mischen. Die Masse in 12 gleich schwere Häufchen teilen. Mit geölten Händen zu runden Plätzchen formen (sie sollten am Rand genauso hoch sein wie in der Mitte) und kalt stellen.
Die Zwiebelwürfel für die Sauce in der Butter goldgelb dünsten. Die getrockneten, gewaschenen Steinpilze zufügen, mit dem Geflügeljus auffüllen und um etwa die Hälfte einkochen. Den Halbrahm getrennt reduzieren und in den Saucenansatz passieren. Kochen, bis die Sauce sämig wird, dann den sauren Halbrahm zufügen. Nochmals aufkochen, mit Salz und Pfeffer würzen, durch ein feines Sieb passieren und warm halten.
Die Gurke schälen, längs halbieren, die Kerne entfernen und in Scheiben schneiden. In kochendem Salzwasser kurz überbrühen, in kaltem Salzwasser abschrecken und abtropfen lassen. Die Bitkis in der erhitzten Butter auf dem Herd anbraten, wenden und im vorgeheizten Ofen fertigbraten, dabei häufig drehen.
Die Steinpilze putzen, waschen und in Scheiben schneiden. Würzen und in der erhitzten Butter schnell anschwenken. Zum Erwärmen die ge-

würzten Gurkenscheiben zufügen. Auf die angerichteten Bitki verteilen, mit der restlichen Petersilie bestreuen und mit der Sauce umgießen.

Beilagen Glasierte Schwarzwurzeln oder Karotten, Schwenkkartoffeln

Tips
MK: Es gibt auch tiefgekühlte Steinpilze, die nach kurzem Auftauen sehr gut schmecken, aber sofort verwendet werden müssen.
FWE: In Rußland werden nicht nur frische, sondern auch eingelegte, marinierte Steinpilze zu Fleisch gereicht.

Garnitur
1 Gurke (Salatgurke)
250 g frische Steinpilze
Salz, weißer Pfeffer (Mühle)
1½ EBl. Butter

Ein gut gewürztes, gebratenes Poulet, angerichtet mit Peperoni, Tomaten und Maiskörnern — ein Gericht aus Brasilien.

BRASILIANISCHES HUHN

Das Poulet salzen und pfeffern. Die Butter mit den Rosmarinnadeln mischen, in das Poulet füllen und dieses binden. In einen tiefen Schmortopf geben, mit der heißen Bratbutter übergießen und zugedeckt in den heißen Ofen schieben. Nach etwa 30 Minuten den Deckel entfernen und das Poulet knusprig braun werden lassen.

In der Zwischenzeit den Peperone vierteln, die Kerne entfernen und in feine Streifen schneiden. Die Zwiebeln im Öl dünsten, den Knoblauch, den Peperone und die Tomaten zugeben, mit Salz, Pfeffer, Paprika und Sojasauce würzen und weich kochen. Zuletzt die Maiskörner zum Erwärmen zufügen.

Das Huhn in einer feuerfesten Tonform anrichten, das Gemüse dazu geben und nochmals 5 Minuten in den heißen Ofen schieben. Dann mit Petersilie bestreuen und servieren.

Beilage Gedünstete Okra (Eibischfrüchte) mit Butter

Tip MK: Man kann die Maiskörner weglassen und Maisbrei zu diesem Gericht servieren.

Arbeitsaufwand
etwa 55 Minuten
Bratzeit
45—50 Minuten
Ofentemperatur
etwa 250 °C

Für 4 Personen
1 Poulet oder Poularde zu 1,5 kg
Salz, weißer Pfeffer (Mühle), Paprika
1 EBl. Butter
1 EBl. Rosmarinnadeln
1½ EBl. Bratbutter (Butterschmalz)
1 grüne, kleine Peperone
2 EBl. Olivenöl
2 rote, feingehackte Zwiebeln
2 durchgepreßte Knoblauchzehen
3 mittelgroße, geschälte Tomaten
Salz, weißer Pfeffer (Mühle), Paprika
Tabasco (einige Tropfen)
½ Dose Maiskörner
2 EBl. gehackte Petersilie

Ein weniger bekanntes spanisches Rezept: ein Hähnchen, begleitet von einer Schinken-Safran-Sauce und grünen Erbsen.

SPANISCHES SAFRANHUHN

Arbeitsaufwand
etwa 45 Minuten
Garzeit
25—30 Minuten

Für 4 Personen
1 Poulet zu 1,4 kg
Salz, weißer Pfeffer (Mühle)
2 EBl. Olivenöl
100 g Rohschinken
1 durchgepreßte Knoblauchzehe
½ g Safranfäden
1 Petersilienzweig
1 EBl. Mehl
1 dl Weißwein
4 dl Geflügelbouillon (s. S. 325)
Muskatnuß
200 g grüne Erbsen (eventuell tiefgekühlte)
2 hartgekochte Eier
2 Toastbrotscheiben
½ EBl. Butter

Das Poulet zuerst vierteln, dann jede Keule und jede Brust halbieren. Mit Salz und Pfeffer würzen und im Olivenöl goldgelb anbraten.
Den rohen Schinken in feine Streifen schneiden, diese zufügen und 1 bis 2 Minuten mitdünsten. Die Knoblauchzehe, die Safranfäden und die Petersilie zugeben. Mit dem Mehl bestäuben und anziehen lassen. Mit dem Weißwein und der Bouillon auffüllen, zugedeckt garschmoren. Die Pouletstücke aus der Sauce nehmen und warm halten. Die Sauce um etwa die Hälfte einkochen und mit geriebener Muskatnuß nachwürzen.
In der Zwischenzeit die Erbsen in Salzwasser blanchieren, kalt abschrecken und abtropfen lassen. Die beiden Eier halbieren, ihre Eigelbe durch ein feines Sieb streichen und unter die Sauce mischen. Diese passieren, die Erbsen zufügen und in der Sauce erwärmen, dann über die Pouletstücke gießen.
Die Brotscheiben in Dreiecke schneiden, mit der Butter bestreichen und rösten, das Eiweiß hacken.
Das Safranhuhn mit dem Eiweiß bestreuen und mit den Brotcroûtons garnieren. Sehr heiß servieren.

Tip MK: Am besten paßt weißer Reis dazu.

Hähnchen nach Jägerart — ein Gericht, das auch in Italien auf vielfältige Art zubereitet wird. Hier eine Variante mit Steinpilzen.

POLLO ALLA CACCIATORA

Das Poulet waschen, abtrocknen und in 8 Teile zerlegen.

Die Steinpilze zum Quellen in kaltes Wasser einlegen. Danach sauber waschen und abtropfen lassen.

Den Sellerie und die Karotte in Streifen schneiden.

Die Pouletstücke salzen und pfeffern, im heißen Olivenöl goldbraun anbraten. Das Gemüse, die Zwiebeln und den Knoblauch zufügen und mit anziehen lassen. Das Lorbeerblatt, den Rosmarinzweig und die Steinpilze zugeben. Die Tomaten entkernen, kleinschneiden und ebenfalls zum Poulet geben. Mit dem Rotwein auffüllen und zugedeckt garziehen lassen. Abschmecken und heiß servieren.

Beilagen Brokkoli oder anderes Gemüse, Polenta

Tip MK: Man kann auch andere Pilze verwenden. Wichtig ist jedoch die Beigabe von Tomaten.

Arbeitsaufwand
etwa 50 Minuten
Garzeit
20—25 Minuten

Für 4 Personen
1 Poulet zu 1,2 kg
Salz, Pfeffer (Mühle)
40 g getrocknete Steinpilze
2—3 Eßl. Olivenöl
¼ Knollensellerie
1 Karotte
1 kleine, feingehackte Zwiebel
2 durchgepreßte Knoblauchzehen
½ Lorbeerblatt
1 Rosmarinzweig
2 geschälte Tomaten
2 dl Rotwein (Merlot oder Valpollicella)

Das Nationalgericht in Belgien: Pouletstücke in einer weißen, gehaltvollen Gemüsesauce.

WATERZOOI
(HÄHNCHEN NACH GENTER ART)

Arbeitsaufwand
etwa 30 Minuten
Garzeit
35—40 Minuten

Für 4 Personen
Poulet
1 Poulet zu 1,2 kg
100 g Sellerie
1 Karotte
1 große Lauchstange
1 Zwiebel
1 Thymianzweig
1 Lorbeerblatt
4 weiße, zerdrückte Pfefferkörner
Salz

Garnitur/Sauce
1 Karotte
Sellerie, etwa 50 g
1 kleine Lauchstange
1 dl Rahm
1 Eßl. Mehlbutter
3 Eßl. Rahm
2 Eigelb
1 Eßl. Zitronensaft
Salz, weißer Pfeffer (Mühle)

Die Bauchlappen des Poulets mit je einem Einschnitt versehen und die Pouletbeine durchstekken (s. S. 145). In einen Topf mit heißem Wasser geben und schnell zum Kochen bringen. Danach in kaltem Wasser abschrecken.
Den Sellerie, die Zwiebel und die Karotte schälen, den Lauch putzen. Das Gemüse waschen und in 2 Litern Wasser zum Kochen bringen. Das blanchierte Poulet, den Thymianzweig, das Lorbeerblatt, die Pfefferkörner und etwas Salz in das Gemüsewasser geben. Aufkochen, abschäumen und die Hitze reduzieren; das Poulet weiterkochen, bis es gar ist, dann herausnehmen und in kaltem Wasser kurz abschrecken. Dann trocknet das Fleisch nicht so stark aus und verfärbt sich nicht dunkel, sondern es bleibt schön weiß. Die Bouillon entfetten (s. S. 219 f.) und durch ein Tuch passieren.
Die Karotte und den Sellerie schälen, den Lauch putzen. Die Gemüse waschen und in 3 Millimeter starke Stäbchen schneiden. In etwas Geflügelbouillon knapp garen.
In einer Kasserolle 5 Deziliter Geflügelbouillon um etwa die Hälfte reduzieren. 1 dl Rahm zufügen und noch etwas einkochen. Vom Feuer nehmen und die Mehlbutter in kleinen Flöckchen unterrühren, nochmals aufkochen. 3 Eßlöffel Rahm mit den Eigelb verrühren. Etwas Sauce zu der Rahm-Ei-Mischung geben und gut verrühren. In die Sauce zurückgießen und zum Kochen bringen. Mit dem Zitronensaft, Salz und Pfeffer abschmecken. Das Poulet enthäuten, die Knochen entfernen und in 8 Stücke teilen. Das Fleisch mit der Hälfte der Gemüsestifte in die Sauce geben und vorsichtig erwärmen.
Das Gericht in einer tiefen Schüssel anrichten, mit dem restlichen Gemüse bestreuen und heiß servieren.

Beilage Salzkartoffeln oder Kartoffelpüree

In Nizza liebt man die Tomaten, deshalb wird dort das Hähnchen damit zubereitet. Allerdings handelt es sich dabei nicht um eine gewöhnliche Tomatensauce. Sie wird mit den herrlichen Provencekräutern, mit Knoblauch und einer Spur Safran abgeschmeckt.

POULET À LA NIÇOISE

Jedes Poulet in 8 Stücke zerlegen, salzen, pfeffern und im heißen Olivenöl goldgelb anbraten. Die Zwiebeln und die Knoblauchzehe zufügen, 5 Minuten unter Wenden mitdünsten. Die Tomaten kleinschneiden, mit dem Tomatenpüree, den Kräutern, den Lorbeerblättern und dem Safran zu den Poulets geben. Die Oliven entsteinen, zerkleinern und zufügen. Gut umrühren, den Weißwein zugießen und bei kleinem Feuer schmoren. Die fertigen Pouletstücke herausnehmen und die Sauce um etwa die Hälfte einkochen. Die Tomatensauce mit dem Zucker abrunden, wenn nötig mit Salz und Pfeffer nachwürzen.
Die Pouletstücke in einer rustikalen Form anrichten, mit der Sauce bedecken und sehr heiß servieren.

Beilage Trockenreis oder Pariser Brot

Tip FWE: Für dieses Gericht eignen sich auch Tomaten (Pelati) aus der Dose. Eine Bereicherung sind frisch gekochte Artischockenböden oder gedünstete Zucchinischeiben.

Arbeitsaufwand
etwa 45 Minuten
Garzeit
12—15 Minuten;
bei dem großen Poulet verdoppelt sich die Garzeit

Für 4 Personen
2 Poulets zu 0,8 kg **oder**
1 Poulet zu 1,4 kg
Salz, weißer Pfeffer (Mühle)
2 Eßl. Olivenöl
2 große, feingehackte Zwiebeln
1 durchgepreßte Knoblauchzehe
400 g vollreife, geschälte Tomaten
1 Eßl. Tomatenpüree
1 Eßl. Provencekräuter (s. unten)
2 Lorbeerblätter
eine Prise Safran
75 g schwarze Oliven
1,5 dl Weißwein
1 Teel. Zucker

Was sind Provencekräuter?

Im Handel findet man Kräutermischungen mit dieser Bezeichnung. Meistens handelt es sich um trockene Kräuter.
Je nach Saison kann man sie frisch selbst mischen, zum Beispiel Basilikum, Rosmarin, Bohnenkraut, Majoran, Thymian und Petersilie (wenn möglich flachblättrige Pflanzen).

Und nun will ich dir verraten, wie man ein Huhn am raschesten und besten weich bekommt. Eh du schlachtest, tauche es lebend in einen Bottich mit gutem Wein. Erst dann sei es gekocht oder gebraten. Du wirst staunen, wie zart und weich dieses Huhn dann mundet.

Horaz, 65—8 v. Chr.

Wer kennt die Paella nicht. Es gibt sie in vielen Varianten, aber Poulet gehört stets dazu. So wie in diesem Rezept kocht man sie in Andalusien, im Innern des Landes, als einfache Variante.

POLLO A LA VALENCIANA

Arbeitsaufwand
etwa 55 Minuten
Garzeit
20—25 Minuten
Ofentemperatur
220 °C

Für 4 Personen
1 Poulet zu 1,2 kg
Salz, weißer Pfeffer (Mühle)
4 Eßl. Olivenöl
8 kleine Schweinsbratwürste
2 reife, geschälte Tomaten
1 roter Peperone
1 feingehackte Zwiebel
2 durchgepreßte Knoblauchzehen
250 g Reis (Vialone)
6 dl Geflügebouillon (s. S. 325)
Salz, weißer Pfeffer (Mühle)
1 Prise Safran
300 g grüne Erbsen
2 Zitronen

Das Poulet in 8 Stücke zerteilen, salzen und pfeffern. Zusammen mit den Würstchen im Olivenöl rundherum goldbraun braten. Die Würstchen wieder herausnehmen und warm stellen. Das Poulet halb zugedeckt weiterbraten.

Die Tomaten (ohne Kerne) in Stücke schneiden, den Peperone vierteln, entkernen und in Streifen schneiden. Die Zwiebeln und den Knoblauch zufügen und mit anziehen lassen. Die Tomaten beigeben und kurz mitdünsten. Die fertigen Pouletstücke herausnehmen und warm halten.

Die Peperonistreifen und den Reis in den Bratfond geben und gut wenden. Mit der Bouillon auffüllen, nach 10 Minuten die Erbsen zufügen. Den Reis mit Salz, Pfeffer und dem Safran würzen. Weiterkochen, bis der Reis *al dente* ist.

Den Reis anrichten, die Pouletstücke und die Würstchen drauflegen. Je Person eine halbe Zitrone separat reichen.

Tip MK: Diese Paella läßt sich ohne weiteres mit Fisch oder Meeresfrüchten bereichern, so wie man sie am Meer und in den Restaurants der Touristenzentren bekommt.

Pouletflügel verwendet man auch in China. Sie werden mit einer Honigsauce serviert.

POULETFLÜGEL MIT HONIGSAUCE

Von den Pouletflügeln die Spitzen abschlagen. Die Bouillon mit der Sojasauce, dem Sherry und dem Honig etwas einkochen. Mit dem Knoblauch, dem Ketchup, dem Essig, dem Salz und dem Cayennepfeffer abschmecken. Die Speisestärke mit etwas kaltem Wasser oder Sherry anrühren und die Sauce damit binden. Passieren und warm halten.
Die Pouletflügel salzen und pfeffern, im Erdnußöl knusprig und goldbraun braten.
Die Flügel anrichten und mit der Sauce übergießen.

Beilage Reis

Tip MK: Die Flügel ißt man am besten von Hand. Allerdings werden die Finger etwas klebrig dabei. Deshalb serviert man dazu mit Vorteil heiße, feuchte Servietten oder eine Fingerbowle. Man kann die Pouletflügel ganz kurz sprudelnd kochen und die Knöchel herausstoßen (s. S. 120). In diesem Fall nur den Mittelteil der Flügel verwenden.

Arbeitsaufwand
etwa 20 Minuten
Bratzeit 4—6 Minuten

Für 4 Personen

Pouletflügel
1,2 kg Pouletflügel
Salz, weißer Pfeffer (Mühle)
3—4 EBl. Erdnußöl

Sauce
Kochzeit
etwa 10 Minuten
2 dl Geflügelbouillon (s. S. 325)
3 EBl. Sojasauce
3 EBl. trockener Sherry
2 EBl. Bienenhonig
1 durchgepreßte Knoblauchzehe
1 EBl. Tomatenketchup
½ EBl. Honigessig
Salz, Cayennepfeffer
1 Teel. Speisestärke

Respekt für Hühner

Am Hofe von Ludwig XIV. wurden die gebratenen Hühner, die Leibspeise des Königs, bei ihrem täglichen Einzug zum königlichen Tisch von zwei Leibwächtern begleitet. In verschlossenen Körben trugen Küchendiener sie zur Tafel. Jeder der dem Zug begegnete, hatte sich ehrfürchtig vor den Hühnern des Königs zu verneigen...

Dieses Rezept gehört unbedingt in ein Geflügelbuch. Der «Coq au vin» wird mit dem Wein der Gegend zubereitet. So hat jede Provinz ihr eigenes Rezept; dieses hier stammt aus dem Burgund.

COQ AU VIN
(HÄHNCHEN IN ROTWEIN)

Arbeitsaufwand
35 Minuten
Garzeit
etwa 12 Minuten

Für 4 Personen
2 Hähnchen zu 0,8 kg (Poulets)
Salz, weißer Pfeffer (Mühle)
2 EßI. Bratbutter
12 Perlzwiebeln
100 g frische Champignons
80 g Magerspeck (Dörrfleisch)
1 Karotte
1 Selleriekrautzweig
1 Petersiliensträußchen
1 kleines Lorbeerblatt
1 EßI. gehackter Thymian
1 geschälte Knoblauchzehe
4,5 dl Rotwein (Burgunder oder Bordeaux)
1 dl Geflügelbouillon (s. S. 325)
3 EßI. Cognac oder Weinbrand
Salz, weißer Pfeffer (Mühle), Muskatnuß
2 EßI. Butter (nach Belieben)
4 Toastbrotscheiben
1 EßI. Butter
1 Knoblauchzehe

Die Hähnchen in 8 Stücke teilen (s. S. 273). Die Perlzwiebeln schälen, die Champignons waschen und vierteln. Den Speck in feine Streifen, die geschälte Karotte in Scheiben schneiden.
Die Hähnchenstücke mit Salz und Pfeffer bestreuen und in der Bratbutter anbraten, dann aus der Kasserolle nehmen. Den Speck, die Perlzwiebeln und die Champignons im Bratfett anziehen lassen und herausnehmen. Die Hähnchenstücke wieder in die Kasserolle geben, die Karottenscheiben, das Selleriekraut, die Petersilie, das Lorbeerblatt, den Thymian und den durchgepreßten Knoblauch zufügen und kurz mitdünsten. Die Hälfte des Weines zugeben und köcheln lassen. Mit der Bouillon auffüllen und zugedeckt fertigschmoren. Kurz vor Beendigung der Garzeit den Speck, die Zwiebeln und die Champignons wieder zufügen und mitkochen lassen. Die Hähnchenteile und die Garnitur herausnehmen und warm halten. Den restlichen Wein zur Sauce geben und zusammen um etwa die Hälfte einkochen. Mit Cognac, Salz, Pfeffer und Muskatnuß abschmecken. Unter die passierte Sauce kann, wenn erwünscht, Butter untergeschwenkt werden, was den Wohlgeschmack und den Glanz der Sauce erhöht.
Die Brotscheiben beidseitig in der Butter rösten und mit dem durchgepreßten Knoblauch bestreichen.
Die Hähnchenteile in der Sauce erwärmen, anrichten und mit den Knoblauchcroûtons garnieren.

Beilage Nudeln oder Salzkartoffeln

Tip MK: Dieses Gericht kann auch am Vortag zubereitet werden. Es wird durch das Stehen in der Sauce sogar noch schmackhafter.

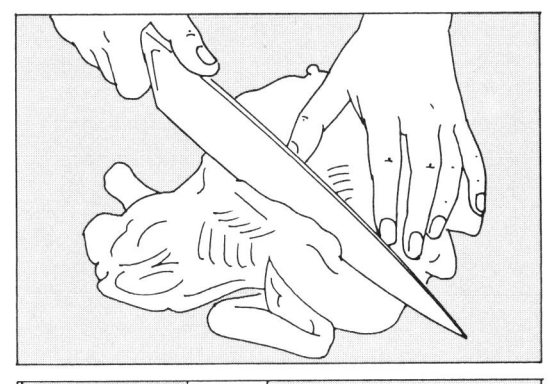

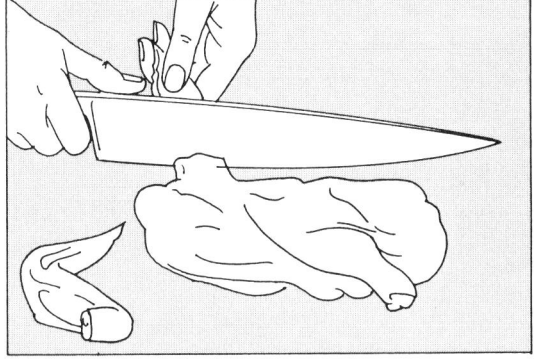

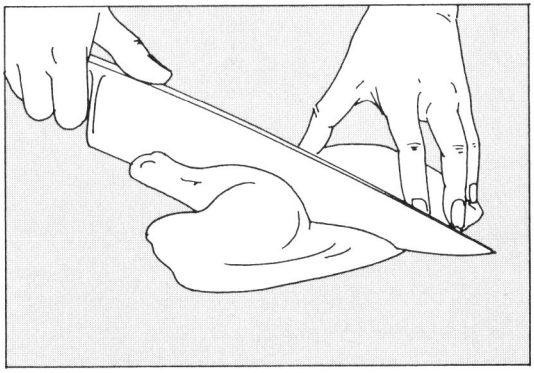

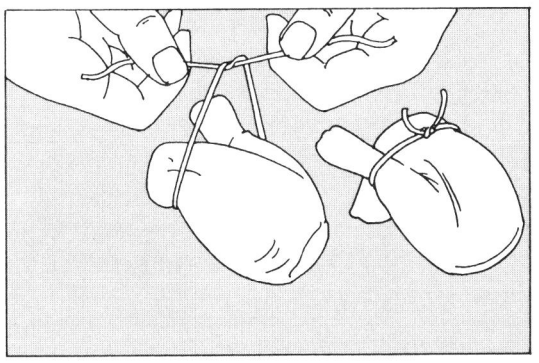

VIERTELN EINES POULETS

Das Messer in den Bauchraum einstechen. Das Poulet am Rücken durchtrennen und den Rückgratknochen herausschlagen. Das Poulet auf die Brust legen und am Brustbein entlang durchtrennen.

Die Flügel in der Hälfte des Oberarmknochens abschlagen.

Die Keulen mit dem Messer von den Brüsten trennen. Den Beckenknochen von den Keulen entfernen.

Die Keulen mit Küchenschnur so zusammenbinden, daß der Unterschenkel am Oberschenkel anliegt.

Der legendäre «Coq au vin»

Auch dieses klassische französische Gericht hat seine Legende, die aus der Auvergne und nicht, wie oft vermutet, aus dem Burgund stammt.

Die Gallier, welche sich in die Gegend des Puy de Dôme vor den Legionen Cäsars geflüchtet hatten, wurden dort vom Feind belagert. Um Cäsar lächerlich zu machen, soll der Anführer der Gallier dem Kaiser einen alten, lebenden, aggressiven und ausgemergelten Hahn ins Lager geschickt haben. Und zwar sozusagen als Symbol der Widerstandskraft der Belagerten, die wohl ausgehungert, aber immer noch kampffähig waren.

Der beleidigte Cäsar sann auf Rache, gewährte dem Feind einen kurzen Waffenstillstand und lud den Anführer der Gallier am nächsten Tag zum Essen ein. Als Prunkstück des Mahles wurde ihm ein außergewöhnlich gutes Saucengericht serviert. Er wunderte sich über die hervorragende Sauce und machte seinem Gastgeber große Komplimente. Cäsar verriet ihm, es handle sich um nichts anderes als um den alten Hahn, den er am Vortag von ihm erhalten habe. Im Wein der Gegend mariniert, langsam geschmort und mit Gewürzen und Kräutern verfeinert, sei «der alte gallische Hahn» von Cäsars Koch in einen «feinschmeckerischen Schatz» verwandelt worden, um den Galliern zu beweisen, daß die Kenntnisse, das Wissen und die Erfahrenheit der Römer in allen Belangen nur eine Wohltat für Gallien und seine Bewohner sein könnten. Mit diesen Argumenten soll Cäsar versucht haben, die Gallier zur Kapitulation zu bewegen und damit die Zivilisation der Römer und ihre Überlegenheit zu akzeptieren.

Ein Ragout aus Ententeilen und zarten weißen Rübchen ist ein Gedicht für Feinschmecker.

NAVARIN DE CANARD
(ENTENRAGOUT MIT WEISSEN RÜBEN)

Die Ente längs halbieren, den Rückgratknochen herausschlagen. Dann in Brüste und Keulen zerlegen, diese nochmals halbieren. Die Flügel und die gröbsten Knochen entfernen. Von den Entenstücken die Haut abziehen. Die Entenstücke salzen und pfeffern, in der Bratbutter anbraten und mit Thymian bestreuen. Die Knochen und Häute in wenig Bratbutter stark anbraten. Mit der Hühnerbouillon kochen, bis nur noch 2 dl Fond vorhanden sind. Passieren.

Die weißen Rüben und die Karotten schälen, in kleine Stengel (Stifte) schneiden, zu den Entenstücken geben und kurz mitbraten. Mit dem Zucker bestreuen und mehrmals wenden. Mit dem Weißwein auffüllen, halb zugedeckt garen lassen.

Inwischen die Kartoffeln schälen und gut waschen. In der heißen Bratbutter goldbraun anbraten und ohne Fett zur Ente geben.

Sobald die Ente gar ist, mit den Gemüsen aus der Pfanne nehmen (die Brüste haben eine kürzere Garzeit; deshalb etwas früher herausnehmen), auf einer heißen Platte anrichten und warm stellen. Den Fond aus der Pfanne mit dem Jus bis zu 2 Dezilitern Sauce einkochen. Den Senf und den Marc zugeben, abschmecken, erwärmen und über das Entenfleisch gießen.

Das Gericht wird am besten auf einer rustikalen Platte angerichtet. In einer feuerfesten Form kann es, ohne Schaden zu nehmen, bis zu 20 Minuten warmgehalten werden. Eventuell mit Alufolie abdecken.

Tip MK: Ähnliche Gerichte finden sich in verschiedenen französischen Provinzen. In Katalonien (Spanien) werden Enten mit «Nabos» (weißen Rüben) ähnlich zubereitet, aber viel länger geschmort. Der Senf und der Marc entfallen dann. Man kann diesen Navarin auch mit Entenschenkeln, die einzeln gekauft werden können, zubereiten.

Arbeitsaufwand
etwa 55 Minuten
Garzeit
40—50 Minuten

Für 4 Personen
1 Ente zu 2 kg
Salz, weißer Pfeffer (Mühle)
1 Eßl. Bratbutter
¼ Teel. gehackter Thymian
½ l Hühnerbouillon

Garnitur
500 g weiße Rüben (Navets) oder gewöhnliche weiße Rüben
200 g Karotten
1 Prise Zucker
1,5 dl Weißwein
400 g kleine Kartoffeln
1 Eßl. Bratbutter
2 dl Entenjus (s. S. 326) oder der hergestellte Fond
1 Eßl. Dijon-Senf
1 Eßl. Marc

Dieses Rezept aus Griechenland sieht besonders attraktiv aus. Das Grün der Zucchini und die Farbe der Orangen passen gut zum gebratenen Poulet.

POULET NACH ART VON PIRÄUS

Arbeitsaufwand etwa 35 Minuten

Für 4 Personen

Poulets
Garzeit
10 bis 12 Minuten
2 Poulets zu 0,6 kg
Salz, weißer Pfeffer (Mühle)
1 EBl. Zitronensaft
1½ EBl. Olivenöl
1 dl Weißwein
1 dl Orangensaft (etwa 2 Orangen)
1 EBl. Zucker
2 dl Geflügeljus (s. S. 326)

Zucchini
Garzeit 6—8 Minuten
500 g Zucchini
3 Orangen
2 EBl. Olivenöl
Salz, weißer Pfeffer (Mühle)
½ durchgepreßte Knoblauchzehe

Die Poulets halbieren (s. S. 273), mit Salz, Pfeffer und Zitronensaft einreiben.
Die Zucchetti waschen, nicht schälen und in 4 Zentimeter lange Stengelchen (Stifte) schneiden. Die Orange mit dem Messer sauber schälen, so daß keine weiße Schale mehr am Fleisch ist. Aus den Trennhäuten die Filets herausschneiden.
Die Poulethälften im heißen Olivenöl goldbraun braten. Mit dem Weißwein aufgießen, zugedeckt auf kleinem Feuer schmoren. Den Orangensaft sowie den Zucker zufügen und fertigschmoren.
Inzwischen die Zucchetti im Olivenöl ohne Flüssigkeit zugedeckt gardünsten, mit Salz, Pfeffer und dem Knoblauch würzen. Ab und zu wenden. Die Zucchetti dürfen leicht Farbe annehmen. Die Orangenfilets kurz vor Beendigung der Garzeit zu den Zucchetti geben.
Das Poulet aus dem Bräter nehmen und warm stellen. Den Schmorfond mit dem Jus kochen, bis die Sauce die gewünschte Konsistenz hat. Bei Bedarf mit Salz und Pfeffer nachwürzen. Die Zucchetti mit den Orangen zur Sauce geben. Auf warmem Geschirr anrichten und die Poulethälften daraufsetzen.

Beilage Trockenreis (Kreolenreis)

Tip MK: Dieses Gericht kann auch mit größeren Poulets zubereitet werden. In diesem Fall sollten sie in 8 Stücke geteilt werden; die Garzeit um 4 bis 5 Minuten verlängern.

Dieses Gericht aus Venedig ist nicht nur optisch bildschön, sondern schmeckt auch herrlich. Bei dieser Variante wird es mit Spargeln und grünen Erbsen zubereitet. Je nach Saison können die Gemüse variiert werden.

WACHTELN AUF FRÜHLINGSREIS

Den Spargel schälen, die Spitzen für die Garnitur abschneiden. Die Stangen in etwa 2 Zentimeter lange Stücke schneiden, dicke Stangen längs halbieren. In der Geflügelbouillon knapp garen (etwa 12 Minuten). Den Spargel im Sud abkühlen lassen. Herausnehmen und einen Liter Bouillon für den Reis bereithalten, den Rest zum Erwärmen der Spitzen verwenden. Die Erbsen enthülsen, waschen und abtropfen lassen.

Den Pancetta fein hacken. Die Frühlingszwiebeln putzen und in feine Ringe schneiden. Beides im Olivenöl anziehen lassen. Den Reis zugeben und dünsten, bis er glasig wird. Mit der Bouillon auffüllen, zum Kochen bringen und unter häufigem Rühren kochen. Nach ungefähr 10 Minuten die Erbsen und die Spargelstücke zufügen, salzen, pfeffern und fertig garen. Kurz vor dem Anrichten die Butter, die Hälfte des Käses und den Kerbel daruntermischen.

Die Wachteln salzen und pfeffern und in der heißen Butter im vorgeheizten Ofen unter Begießen braten. Herausnehmen und warm halten. Das Bratfett abgießen, den Bratsatz mit dem Weißwein ablöschen, mit dem Jus auffüllen und loskochen. Den Thymian zufügen und die Sauce nach Belieben einkochen.

Die Spargelspitzen erwärmen. Die Wachteln längs halbieren. Den Reis in Suppentellern anrichten und die halben Wachteln darauflegen. Mit der Sauce beträufeln und mit den Spargelspitzen garnieren.

Tip MK: Es können auch tiefgekühlte Erbsen verwendet werden. Der Spargel läßt sich durch Brokkoli ersetzen. Pancetta (italienischer Bauchspeck) gibt dem Reis seinen typischen Geschmack.

Arbeitsaufwand etwa 60 Minuten

Für 4 Personen

Wachteln
Bratzeit 7—8 Minuten
4 Wachteln
Salz, weißer Pfeffer (Mühle)
1 EßI. Bratbutter
4 EßI. Weißwein
2 dl Geflügeljus (s. S. 326)
1 EßI. gehackter Thymian

Gemüse
500 g grüner oder weißer Spargel
500 g frische Erbsen mit Schoten
1,25 l Geflügelbouillon (s. S. 325)

Reis
Kochzeit 18 Minuten
250 g Reis (Vialone)
30 g Pancetta (italienischer Bauchspeck)
100 g Frühlingszwiebeln oder zarte Teile vom Lauch
2 EßI. Olivenöl
1 l Geflügelbouillon
Salz, weißer Pfeffer (Mühle)
1 EßI. Butter
50 g Parmesan
2 EßI. gehackter Kerbel

Ein italienisches Gericht mit Brot- und Speckfüllung,
die mit Pinienkernen abgerundet wird.

POLLO ALLA NONNA
(GEFÜLLTES POULET NACH GROSSMUTTERART)

Arbeitsaufwand
25 Minuten
Bratzeit
30 Minuten bei 220 °C
und
20 Minuten bei 180 °C

Für 4 Personen

Poularde
1 Poularde zu 1,4 kg
Salz, weißer Pfeffer (Mühle)
Paprika
2 EßI. Bratbutter (Butterschmalz)

Füllung
120 g Bratwurstbrät
1 feingehackte Zwiebel
1 geschälte Knoblauchzehe
1 Teel. gehackte Rosmarinnadeln
1 Teel. Butter
50 g Brot oder 1 Brötchen
4 EßI. Geflügelbouillon (s. S. 325)
1 Staudenselleriestange
50 g Pancetta
1 Ei
2 EßI. Pinienkerne

Sauce
1 mittlere Karotte
1 kleiner Rosmarinzweig
1 Zwiebel, gespickt mit Lorbeerblatt und Nelke
1,5 dl Marsala
2 dl Geflügelbouillon (s. S. 325)

Für die Füllung das Brät in eine Schüssel geben. Die Zwiebel mit dem gepreßten Knoblauch und dem Rosmarin in der Butter farblos dünsten. Abkühlen lassen und dann zum Brät geben. Das Brot in kleine Stücke brechen, mit der Hühnerbouillon durchfeuchten und mit einer Gabel zerdrücken. Die Staudenselleriestange putzen und in kleine Würfel schneiden. Den Pancetta hacken. Zusammen mit den Pinienkernen und dem verquirlten Ei mit dem Brät mischen. Wenn nötig, mit Salz und Pfeffer leicht nachwürzen.
Die Poularde innen salzen und pfeffern. Die Füllung mit einem Löffel in die Bauchhöhle geben. Die Öffnung mit Küchenfaden zunähen, die Poularde mit Schnur binden (s. rechts), außen salzen und pfeffern.
Die Bratbutter in einem Schmortopf erhitzen. Die Poularde einlegen, sofort wenden und rundherum anbraten, mit Paprika bestäuben. In den vorgeheizten Ofen schieben und fertig garen. Die geputzte Karotte, den Rosmarinzweig und die gespickte Zwiebel dazulegen. Mit insgesamt der Hälfte des Marsalas mehrmals ablöschen und von Zeit zu Zeit mit etwas Bouillon begießen. Falls nötig, die Poularde gegen Ende der Garzeit mit Alufolie abdecken.
Die fertige Poularde herausnehmen und zugedeckt 5 bis 10 Minuten stehenlassen. Das Bratfett aus dem Schmortopf abgießen. Den Bratsatz mit dem restlichen Marsala ablöschen; die restliche Bouillon zufügen und einkochen. Die fertige Sauce abschmecken und passieren.
Die Poularde in der Mitte längs halbieren. Dann in Brüste und Keulen zerteilen. Jede Brust und Keule in zwei Teile zerschneiden. Beim Servieren darauf achten, daß zu jedem Geflügelteil ein Stück Füllung serviert wird.

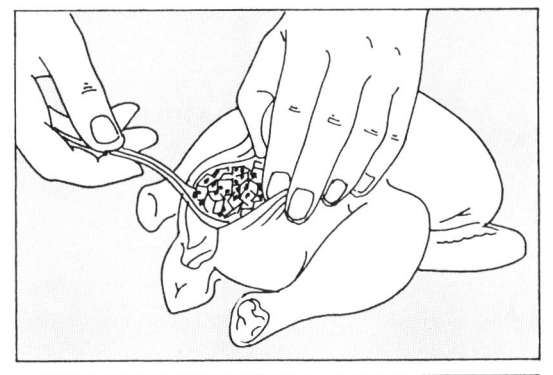

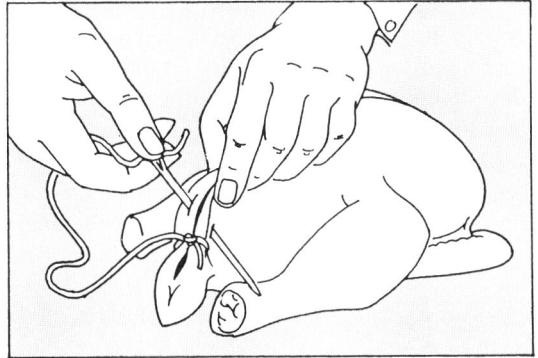

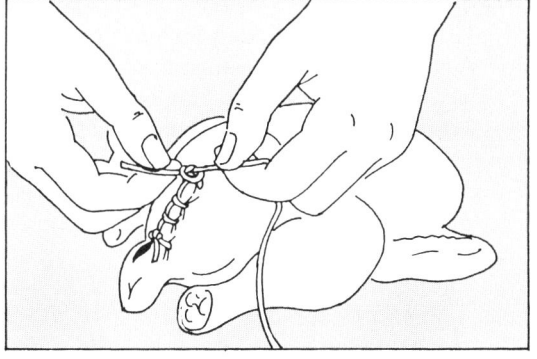

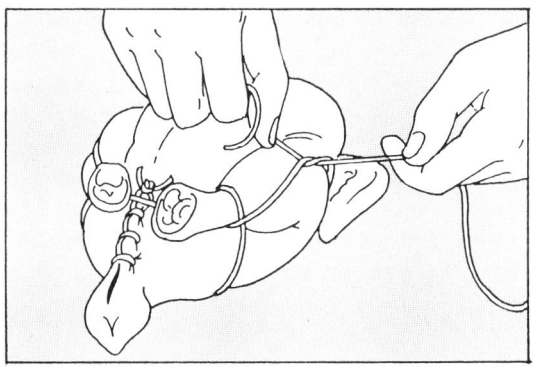

ZUNÄHEN EINER GEFÜLLTEN POULARDE

Die Füllung in den Bauch der Poularde geben.

Die Öffnung mit einer Nadel und Küchenschnur zunähen.

Die beiden Schnurenden gut miteinander verknoten.

Die Schnur unter dem Bürzel der Poularde durchführen. Die Unterschenkel mit der Schnur übers Kreuz umschlingen. Die Schnur um die Flügelknochen führen und an der Keulenseite verknoten.

Dies hier ist eine Abwandlung eines attraktiven Gerichtes aus Java. Die Füllung wird nach Art dieser Küche subtil gewürzt und mit Gemüsen gemischt. Mit Blätterteig in Herzform sieht das Ganze verlockend aus.

POULET SURABAYA
(HÄHNCHEN MIT GEMÜSEN IM BLÄTTERTEIG)

Arbeitsaufwand
etwa 60 Minuten
Backzeit
etwa 30 Minuten
Ofentemperatur 200 °C

Für 4 Personen

Füllung
400 g Poulet- oder Geflügelfleisch ohne Haut und Knochen (Pouletbrust, Entenbrust oder Filets, Trutenschnitzel)
Salz, weißer Pfeffer (Mühle)
1 EBl. Bratbutter
1 Knoblauchzehe
1 EBl. trockener Sherry
1 EBl. Sojasauce
¼ Teel. Ingwerpulver
1,2 dl Geflügelbouillon (s. S. 325)
½ Teel. Speisestärke
etwas Sambal Ölek
100 g geschälte Auberginenscheiben (1 cm dick)
100 g 1 cm dicke, geschälte Zucchettischeiben
Salz
2 EBl. Erdnußöl
4 geschälte Tomaten
Salz, Pfeffer (Mühle)
500 g Blätterteig
1 Eigelb
1 EBl. Rahm

Das Geflügelfleisch in etwa 0,5 Zentimeter dicke Scheiben schneiden, salzen und pfeffern. In der heißen Bratbutter zusammen mit der durchgepreßten Knoblauchzehe einige Minuten leicht anbraten und aus der Pfanne nehmen. Den Bratensatz mit dem Sherry ablöschen, die Sojasauce, das Ingwerpulver und die Bouillon zugießen. Die Speisestärke mit 2 EBlöffeln Wasser anrühren, zur Sauce geben und kochen, bis sie gebunden ist. Mit Sambal Ölek abschmecken, eventuell etwas nachsalzen, auskühlen lassen.
Die Auberginen- und Zucchettischeiben mit Salz bestreuen, etwa 10 Minuten stehenlassen. Dann kalt abspülen und mit Küchenpapier trockentupfen. Im Erdnußöl von beiden Seiten kurz anbraten. Aus der Pfanne nehmen und auf Küchenpapier gut abtropfen lassen. Aus den Scheiben das überschüssige Öl herausdrücken. Die Tomaten halbieren und im Öl dünsten, bis sie etwas Farbe annehmen und der Saft verdampft ist. Die Gemüse mit Salz und Pfeffer würzen und erkalten lassen.
Den Blätterteig etwa 4 Millimeter dick ausrollen. Zwei herzförmige Scheiben von etwa 20 Zentimeter Durchmesser ausschneiden. Eine Scheibe auf ein befeuchtetes Backblech setzen. Darauf einige Lagen Fleisch und Gemüse schichten und 3 EBlöffel Sauce darübergeben. Einen 2 Zentimeter breiten Rand freilassen und diesen mit Wasser bepinseln. Die zweite Scheibe darüberlegen und gut andrücken. Der Deckel kann je nach Phantasie mit den Teigresten garniert werden. Mit dem Ei-Rahm-Gemisch bestreichen und im vorgeheizten Ofen goldgelb backen. Mit Alufolie abdecken.
Die heiße Sauce separat dazu reichen.

Zarte gehackte Koteletts, in Butter gebraten und an einer Rahmsauce serviert, das sind die klassischen Pojarski, wie man sie in Rußland liebt.

GEHACKTES GEFLÜGELKOTELETT POJARSKI

Das Geflügelfleisch und den gut durchwachsenen Schweinenacken in Streifen schneiden und kalt stellen. Die Zwiebelscheiben in der Butter farblos dünsten und auskühlen lassen. Das frische Weißbrot in dünne Scheiben schneiden und mit dem Rahm durchfeuchten.

Die gedünsteten Zwiebelscheiben und das durchfeuchtete Weißbrot zu den Fleischstreifen geben. Mit frischgemahlenem Pfeffer, Paprika und Salz würzen. Durch die 3-Millimeter-Scheibe des Fleischwolfes treiben. Die gehackte Petersilie und das Ei zugeben, schnell zusammenmischen. Die Masse in 4 gleich schwere Teile abwiegen. Mit geölten Händen zu Koteletts formen. Sie sollten am Rand genauso hoch sein wie in der Mitte. Jedes Kotelett (anstelle des Knochens) mit einem Makkaronistückchen versehen. In den Semmelbröseln wenden und gut andrücken.

In der erhitzten Bratbutter von beiden Seiten auf dem Herd anbraten. Im vorgeheizten Ofen unter häufigem Wenden fertigbraten. Den Jus aufkochen. Die Kartoffelstärke mit kaltem Wasser anrühren, zum Jus geben. Weiterkochen, bis die Sauce leicht gebunden ist. Die Geflügelkoteletts anrichten und mit dem Jus umgießen oder diesen extra reichen.

Beilagen Junge Kohlrabi in Rahm, neue Petersilienkartoffeln

Tips
MK: Für die Sauce verwende ich gerne sauren Halbrahm.
FWE: Ich nehme zum Formen von Hackmassen grundsätzlich Öl und niemals Wasser. Die Oberfläche der Hackmasse wird glatter und läßt sich besser braten.

Arbeitsaufwand
etwa 30 Minuten
Bratzeit
etwa 10 Minuten

Für 4 Personen

250 g Geflügelfleisch
150 g Schweinenacken (durchwachsen)
1 EBl. Butter
60 g Zwiebelscheiben
70 g Weißbrot ohne Backkruste
1,8 dl Rahm
weißer Pfeffer (Mühle)
edelsüßer Paprika, Salz
1 EBl. gehackte Petersilie
1 Ei
Semmelbrösel (Paniermehl)
1 EBl. Bratbutter (Butterschmalz)
2 dl Geflügeljus (s. S. 326)
½ Teel. Kartoffelstärke
4 Makkaroni

Die Reistafel ist mehr als nur ein Gericht. Die Vielfalt der Zutaten und der Beilagen machen daraus ein abendfüllendes Programm. Für eine Einladung eine Attraktion, die nach Belieben ergänzt werden kann.

INDONESISCHE REISTAFEL

Arbeitsaufwand
etwa 60 Minuten

Für 8 Personen

Poulets
Garzeit
25—30 Minuten
2 Poulets zu 1,2 kg
Salz, Pfeffer (Mühle)
2 Eßl. Erdnußöl
2 Eßl. gehackte Zwiebeln
½ Teel. durchgepreßter Knoblauch
2 Eßl. Currypulver
¼ Teel. Zimt
¼ Teel. geriebene Muskatnuß
3 Eßl. Pfirsichsaft
2,5 dl Geflügelbouillon (s. S. 325)
½ Teel. Speisestärke

Fleischbällchen
Backzeit
etwa 3 Minuten
Fettemperatur 180 °C
200 g gehacktes Geflügelfleisch
200 g gehacktes Schweinefleisch
Salz, Pfeffer (Mühle)
½ Teel. gemahlener Koriander
½ Teel. Ingwerpulver
¼ Teel. Knoblauchpulver
etwas Sambal Ölek
1 Eßl. Sojasauce
1 Ei
2 Eßl. Speisestärke
Erdnußöl für die Fritüre

Reis
Kochzeit
15 Minuten
400 g Langkornreis
Salz

Jedes Poulet in 8 Teile zerlegen, salzen, pfeffern und im Erdnußöl goldbraun anbraten. Die Zwiebeln und den Knoblauch zugeben, einige Minuten mitdünsten, bis sie glasig werden. Mit dem Currypulver, dem Zimt und der Muskatnuß würzen. Mit dem Pfirsichsaft und der Bouillon auffüllen, zugedeckt langsam garen. Die Speisestärke mit zwei Eßlöffeln Wasser verrühren und die Sauce damit binden.

Das Geflügel- und Schweinefleisch mit Salz, Pfeffer, dem Koriander, dem Ingwer- und Knoblauchpulver, dem Sambal Ölek und der Sojasauce würzen. Das Ei mit der Speisestärke verrühren und unter die Fleischmasse arbeiten. Mit geölten Händen kleine Bällchen formen. Bei Bedarf in der Fritüre ausbacken. Je 3 Stück auf einen Holzspieß stecken. Zum Warmhalten mit Alufolie abdecken.

Inzwischen den Reis in leicht gesalzenem Wasser kochen.

Die Fischstücke würzen, im Öl braten, herausnehmen und warm halten. Die Zwiebeln in die Pfanne geben, leicht dünsten, den Knoblauch zugeben, mit dem Sambal Ölek würzen. Mit der Sojasauce, wenig Wasser, dem Zucker und dem Zitronensaft mischen. Erhitzen und über den Fisch gießen. Diesen darin kurz ziehen lassen. Wenn nötig, noch etwas Wasser zugeben.

Die Banane schälen, in 4 Teile schneiden, im Rohrzucker wenden und im Erdnußöl ausbacken. Die Pfirsiche im verbliebenen Saft erhitzen, abgießen und mit den Mandelsplittern bestreuen. Zusammen mit den Bananen und den Fleischbällchen auf dem Reis anrichten. Die Pouletstücke und den Fisch separat in Schalen anrichten.

Beilagen Ausgebackene Kroepoek oder Pappadam

Tip

MK: Eine Reistafel kann beliebig erweitert werden. Dazu eignen sich beispielsweise Crevetten, die erst durch Mehl und Ei gezogen und dann ausgebacken werden, oder auch hartgekochte Eier, die in Zwiebelpüree erwärmt werden.

Als Beilagen passen auch Fleischspießchen, in Kokosmilch mit Curry gekochtes oder in Erdnußbutter gedünstetes Gemüse, zum Beispiel mit Sambal Ölek scharf gewürzte grüne Bohnen. Gebratene Bananen, fritierte Kroepoek-Oedang und kleine Pfannkuchen mit Maiskörnern machen sich ebenfalls sehr gut auf der Reistafel.

Fischmedaillons
Bratzeit 3—4 Minuten
8 kleine Fischmedaillons (Lotte, Seezunge)
Salz, Pfeffer (Mühle)
1 Teel. Erdnußöl
1 EßI. feingehackte Zwiebeln
2 durchgepreßte Knoblauchzehen
2 Msp. Sambal Ölek
1 EßI. Sojasauce
1 Teel. Zucker
½ Teel. Zitronensaft
2 Bananen
2 EßI. Rohrzucker
5 EßI. Erdnußöl
⅔ Dos. Pfirsiche
2 EßI. geröstete Mandelsplitter

Indisches Gewürzgeheimnis

Das Gewürz-Hähnchen ist nur wirklich gut, wenn alle Zutaten, vor allem die Hähnchen und die Gewürze, von erstklassiger Qualität sind. Hier die Garam-Masala-Mischung:

1 Teel. Kardamompulver
1 EßI. Zimtpulver
1 Teel. Nelkenpulver
½ Teel. Macisblütenpulver
1 Prise Muskatnußpulver

Alle Gewürze gut mischen und in einem verschließbaren Glas aufbewahren.
Chapatis und Pappadams sind Brotfladen in Trockenform, die nur schwimmend aufgebacken werden.
In Indien wird als Fettstoff «Ghee» verwendet, welches unserer Bratbutter (Butterschmalz) entspricht.

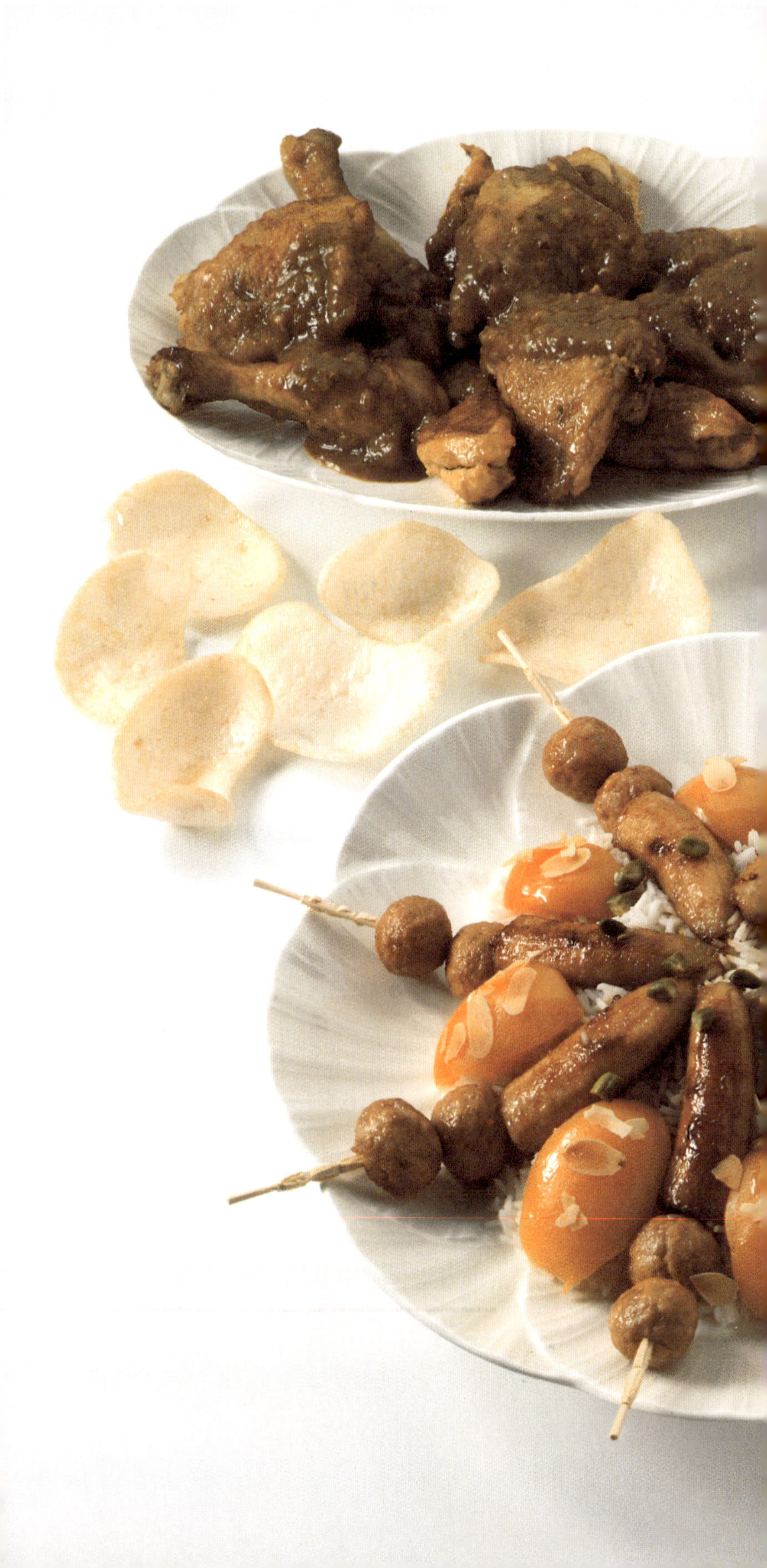

Indonesische Reistafel

Dieses typisch spanische Ragout verdankt seinen «Pep» der pikant gewürzten Sauce, welche Peperoni, Schinken, Tomaten, Oliven und Pfefferschoten enthält.

POLLO A LA CHILINDRÓN
(POULET MIT PAPRIKASCHOTEN)

Arbeitsaufwand
35 Minuten

Für 4 Personen

Poulet
Garzeit
etwa 12 Minuten
2 Poulets zu 0,8 kg
Salz, Pfeffer (Mühle)
4 Eßl. Olivenöl

Sauce
Garzeit
etwa 25 Minuten
4 rote Peperoni
(Paprikaschoten)
80 g roher, luftgetrockneter Schinken
1 Knoblauchzwiebel
4 große, reife Tomaten
8 schwarze Oliven
8 grüne Oliven
2 kleine, rote, scharfe Pfefferschoten
2 mittlere, feingehackte Zwiebeln
Salz, Pfeffer (Mühle)

Die Poulets vierteln oder achteln (s. S. 273), dabei den Rückenknochen herausschlagen. Den Magen säubern, waschen und trockentupfen.
Die Peperoni halbieren, entkernen und in 2 Zentimeter breite, den Schinken in feine Streifen schneiden. Die Knoblauchzwiebel ungeschält quer halbieren. Die Tomaten kurz in kochendes Wasser tauchen, schälen, gut auspressen und würfeln. Die Oliven entsteinen und vierteln. Die Pfefferschoten entkernen und fein hacken.
Die Pouletteile salzen und pfeffern. Mit dem Hals, den Rückenknochen und dem Magen im Öl rundherum goldbraun anbraten. Die Knoblauchhälften zufügen und 5 Minuten mitbraten. Das Fleisch aus der Pfanne nehmen, den Knoblauch darin belassen. Die Peperonistreifen, die Zwiebeln und den Schinken zufügen. Unter Wenden etwa 10 Minuten dünsten, bis die Zwiebeln leicht Farbe annehmen. Dann die Tomaten und die Pfefferschoten zufügen. Weiterdünsten, bis alle Flüssigkeit verdampft ist. Die Pouletstücke wieder in die Pfanne geben. Alles gut mischen und zugedeckt fertig schmoren. Die Oliven kurz vor Ende der Schmorzeit zufügen.
Das Gericht gelingt am besten im Ofen bei 180 °C in einer Tonform (Römertopf), der auch auf den Tisch gebracht werden kann. Der Knoblauch wird mitserviert.

Tip MK: Die Sauce soll konzentriert sein; deshalb darauf achten, daß die Flüssigkeit gut einkocht.
In Spanien wird das Geflügel meistens nicht ausgenommen angeboten. Der Magen wird vom Inhalt und der Innenhaut befreit und für die Sauce mitgebraten.

Was ist ein Kapaun?

Dieses festliche Geflügel ist das männliche Gegenstück zur Mastpoularde. Ein junger Hahn wird im Alter von zwei Monaten kastriert und im Freien während rund 20 Wochen aufgezogen. Wie die Poularden wird der Kapaun mit Weizen und Mais gefüttert, was seinem Fleisch — kombiniert mit dem Gras, den Kräutern und der anderen im Freien aufgenommenen Nahrung — den spezifischen Wohlgeschmack verleiht.

Ein Kapaun wiegt 2 ½ bis 3 ½ kg. Sein Fleisch ist außerordentlich zart, saftig und aromatisch. Am besten wird er deshalb ganz einfach in Butter gebraten oder in der Salzkruste (s. S. 139) gegart und höchstens mit einem konzentrierten Jus serviert. Eine Füllung oder eine Sauce dazu sind meiner Ansicht nach überflüssig oder gar abträglich.

Man rechnet im allgemeinen je Pfund Fleisch mit einer Bratzeit von rund 20 Minuten bei einer Ofentemperatur von höchstens 150 °C. Durch das langsame Garen und Bräunen erzielt man optimale Resultate.

Kapaune sind bei uns eher selten erhältlich. Sie werden auch in Frankreich nur auf die Weihnachtszeit hin gezüchtet. Wer in unseren Breitengraden einen Kapaun zubereiten will, tut gut daran, ihn im Fachgeschäft vorzubestellen.

Ein Familienrezept aus Katalonien, das einfach in der Zubereitung ist und dennoch sehr gut schmeckt.

POULARDE MOLINO MAYOLA

Arbeitsaufwand
etwa 35 Minuten

Für 4 Personen

Poularde
Garzeit
25—30 Minuten
1 Poularde zu 1,4 kg
oder ein großes Poulet
6 EBl. Zitronensaft
Salz, Pfeffer (Mühle)
2 EBl. Olivenöl

Sauce
1 mittelgroße Zwiebel
4 vollreife Tomaten
1 grüner Peperone
100 g schwarze Oliven
2 EBl. Olivenöl
1 Rosmarinzweig
1 Lorbeerblatt
1 Teel. edelsüßer Paprika
1,2 dl trockener Sherry
1 dl Geflügeljus
(s. S. 326)
2 Knoblauchzehen
1 ganze Poulardenleber
1 Teel. Olivenöl
6 EBl. Cognac oder Weinbrand
Salz, Pfeffer (Mühle), Cayennepfeffer

Die Poularde in 8 Stücke schneiden (s. S. 273). Mit dem Zitronensaft beträufeln und eine Stunde im Kühlschrank ziehen lassen.
Die Zwiebel hacken. Die Tomaten in kochendem Wasser kurz überbrühen, schälen, halbieren, die Kerne ausdrücken und kleinschneiden. Die Peperoni halbieren, entkernen und in feine Streifen schneiden. Die Oliven entsteinen und halbieren.
Die Poulardenachtel salzen und pfeffern, im Olivenöl stark anbraten.
Inzwischen in einem Topf das Olivenöl erhitzen und die Zwiebeln darin anziehen lassen. Die Tomaten zugeben und mitdünsten, bis ein dickes Mus entsteht.
Die Peperonistreifen zum angebratenen Geflügel geben. Den Rosmarin und das Lorbeerblatt zufügen, zugedeckt zehn Minuten schmoren lassen. Den Paprika über das Fleisch streuen, wenden und mit dem Sherry ablöschen. Etwas einkochen und das Tomatenmus zugeben. Die Kasserolle zudecken und fertig schmoren. Von Zeit zu Zeit bei Bedarf etwas Jus nachgießen. Das fertige Fleisch herausnehmen und warm halten. Die Sauce einkochen, bis sie sämig wird.
Vor dem Anrichten die Oliven und den durchgepreßten Knoblauch sowie die in Stücke geschnittene, kurz in Öl angebratene Leber zufügen. Mit dem Cognac, Salz, Pfeffer und Cayennepfeffer abschmecken.
Die Poulardenstücke anrichten, die Sauce darüber verteilen und heiß servieren.

Beilagen Reis, Nudeln oder knuspriges Brot

Tip MK: Dieses Gericht läßt sich auch mit Pouletteilen, zum Beispiel Schenkeln, zubereiten.

In der italienischen Küche wurde der Truthahn seit jeher sehr gut zubereitet. Hier werden dünne Trutenschnitzel auf Risotto angerichtet und mit Artischocken und geschmolzenen Tomaten garniert.

PICCATA GIOVANNI

Die kleinen Trutenschnitzel gut klopfen. Die Eier aufschlagen, mit dem Parmesan und dem Olivenöl verrühren.
Den Reis waschen und gut abtropfen lassen. Die Zwiebeln in Butter farblos dünsten. Den Reis zufügen und anziehen lassen. Mit dem Weißwein und etwas Bouillon auffüllen. Das Lorbeerblatt, die Nelken, die durchgepreßten Knoblauchzehen, Salz und Pfeffer zufügen und zum Kochen bringen. Öfter umrühren, und von Zeit zu Zeit die Bouillon nachgießen. Auf kleinem Feuer garziehen lassen. Kurz vor dem Servieren den Parmesan und die Butter unterziehen.
Die Tomaten halbieren, die Kerne ausdrücken und kleinschneiden. Die Butter zerlassen, die Tomaten zufügen und dünsten, bis alle Flüssigkeit verdampft ist. Mit Salz, schwarzem Pfeffer, dem Zucker, dem Basilikum und der durchgepreßten Knoblauchzehe würzen. Auf kleinem Feuer noch etwa 5 Minuten kochen lassen.
Inzwischen die Trutenschnitzel und die Artischockenböden mit Salz und Pfeffer würzen. Im Mehl wenden und durch die Käse-Ei-Masse ziehen. In der heißen Bratbutter goldgelb braten. Die Piccata und die Artischockenböden auf dem Risotto anrichten. Das Tomatenmus auf die Artischockenböden verteilen und mit der Petersilie bestreuen.

Tip MK: Der Reis muß noch *al dente,* das heißt noch körnig sein. Bei Bedarf eventuell noch etwas Brühe nachgießen. Beim Kauf darauf achten, daß die Trutenschnitzel dünn geschnitten sind. Am besten und zartesten sind sie von der Trutenbrust.

Arbeitsaufwand
etwa 35 Minuten

Für 4 Personen

Piccata
Bratzeit 4—5 Minuten
8 kleine Trutenschnitzel
8 Artischockenböden (frischgekochte oder Konserve)
Salz, weißer Pfeffer
Mehl
2 Eier
40 g Parmesan
1—2 EBl. Olivenöl
2 EBl. Bratbutter
1 EBl. gehackte Petersilie

Reis
Garzeit
etwa 15 Minuten
400 g Reis (Vialone)
2 EBl. Butter
2 feingehackte Zwiebeln
2 dl Weißwein
7 dl Geflügelbouillon (s. S. 325)
1 kleines Lorbeerblatt
2 Nelken
2 Knoblauchzehen
Salz, weißer Pfeffer
2 EBl. Parmesan
1 EBl. Butter

Tomaten
Kochzeit
5—10 Minuten
2 große, geschälte Tomaten
1 Teel. Butter
Salz, schwarzer Pfeffer
1 Prise Zucker
1 EBl. gehacktes Basilikum
1 Knoblauchzehe

Ein altes spanisches Rezept mit einer delikaten Geflügel-Kalbshirn-Füllung.

EMPANADAS
(KRAPFEN NACH MEXIKANISCHER ART)

Arbeitsaufwand
etwa 40 Minuten

Für 4 Personen

Füllung
3 EBl. Olivenöl
200 g gehacktes Geflügelfleisch
1 kleine Zwiebel
je 1 Nelke und Lorbeerblatt (klein)
200 g Kalbshirn
1 kleine, geputzte Karotte
1 kleine, feingehackte Zwiebel
1 große, geschälte Tomate
1 durchgepreßte Knoblauchzehe
1 EBl. gehackte Petersilie
2 EBl. Mehl
Salz, Pfeffer
1 Prise Muskatnuß
1 Ei

Hülle
Backzeit
2—4 Minuten
Fritüretemperatur etwa 200 °C
20 Oblaten mit 10 cm Ø
1 Ei
50 g Paniermehl
Öl für die Friteuse

Das Hirn kalt abspülen, 1 Stunde wässern, danach nochmals gut waschen. Einen Eßlöffel Olivenöl erhitzen und das Geflügelfleisch darin anbraten. Eine Zwiebel mit dem Lorbeerblatt und der Nelke spicken und in etwa ½ Liter leicht gesalzenem Wasser 5 Minuten ziehen lassen. Das gereinigte Kalbshirn darin überbrühen und etwa 5 Minuten darin stehenlassen. Sehr sorgfältig die Haut entfernen und klein hacken, mit dem Geflügelfleisch gut mischen. Die Karotte raffeln und zusammen mit der Zwiebel im restlichen Olivenöl etwa 10 Minuten dünsten; zum Schluß die entkernte, kleingeschnittene Tomate zufügen. Die Knoblauchzehe und die Petersilie zugeben und alles mit dem Fleisch mischen. Mit dem Mehl bestäuben, mit Salz, Pfeffer und Muskatnuß kräftig würzen, ein verquirltes Ei unterarbeiten und die Füllung auskühlen lassen.

Die Oblaten mit kaltem Wasser befeuchten. Auf jede Oblate einen Teelöffel von der Füllung geben und zu Krapfen formen. Die Ränder fest andrücken. Erst im restlichen verquirlten Ei und dann im Paniermehl wenden. In die auf etwa 200 °C vorgeheizte Friteuse geben und schwimmend ausbacken. Sie sollen sehr knusprig sein.

Tip MK: Die Krapfen lassen sich bereits am Vortag zubereiten und fertig panieren. Sie müssen dann vor dem Essen nur noch fritiert werden. Auch zum Tiefkühlen sind sie ungebacken sehr gut geeignet; in diesem Fall sollte man sie vor dem Fritieren auftauen lassen. Die Oblaten sind in Drogerien erhältlich.
Diese Füllung kann auch für Blätterteigkrapfen verwendet werden.
Ich habe auch schon Ravioli damit gefüllt, was sehr gut schmeckt.

Eines der einfachsten chinesischen Rezepte, die es gibt, und dabei besonders harmonisch im Geschmack.

POULET MIT LAUCH

Das Geflügelfleisch in feine Scheiben schneiden. 1 Eßlöffel Sojasauce mit dem Saké (oder Sherry) und der Speisestärke verrühren. Das Fleisch zufügen und gut mischen. Vor dem Braten abtropfen lassen und die Marinade auffangen.

Den Lauch putzen, waschen und in etwa 1½ Zentimeter lange Stücke schneiden. Das Erdnußöl mit dem Salz in einer Bratpfanne erhitzen. Die Lauchstücke, die knackig bleiben müssen, zufügen und unter Rühren 3 Minuten dünsten. Den Knoblauch schälen, durchpressen und zusammen mit dem Ingwer zum Lauch geben. 2 Minuten auf kleinem Feuer weiterdünsten, dann das Gemüse aus der Pfanne nehmen.

1 Eßlöffel Erdnußöl zugießen und erwärmen. Die marinierten, abgetropften Geflügelscheibchen hineingeben und leicht salzen. Unter Rühren 3 Minuten anbraten, dann aus der Pfanne nehmen.

Die Hühnerbouillon mit der Speisestärke verrühren und zusammen mit der Marinade in der Pfanne kochen, bis sie sämig und klar wird. Den Lauch und das Fleisch zufügen und vorsichtig erwärmen. Mit der restlichen Sojasauce und dem Sambal Ölek abschmecken. Auf vorgewärmten Platten oder Tellern anrichten.

Beilage Feine chinesische Nudeln oder Trockenreis

Tip MK: Besonders attraktiv sieht es aus, wenn chinesisches Geschirr und Stäbchen benutzt werden. Jasmintee oder Bier passen als Getränke dazu.

Bei den chinesischen Gerichten ist darauf zu achten, daß das Gemüse auf keinen Fall verkocht. Es muß frisch aussehen und knackig sein. Salz wird sparsam verwendet, am Tisch kann mit Sojasauce nachgewürzt werden. Die Gerichte erst im letzten Augenblick zubereiten.

Arbeitsaufwand
35 Minuten

Für 4 Personen

Poulet
Garzeit 2—3 Minuten
400 g Poulet- oder Geflügelfleisch
(Brust oder Brustfilets)
2 EBl. Sojasauce
6 EBl. Saké (Reiswein) oder trockener Sherry
1 Teel. Speisestärke
1 EBl. Erdnußöl
Salz
1,2 dl Geflügelbouillon (s. S. 325)
2 Teel. Speisestärke
etwas Sambal Ölek

Lauch
Garzeit etwa 5 Minuten
400 g Lauch (nur zarte Teile)
1 EBl. Erdnußöl
½ Teel. Salz
2 Knoblauchzehen
1 EBl. feingehackte Ingwerwurzel

Unter einem schönen Teigdeckel versteckt man in England auch Geflügel. Hier ein interessantes Pie-Rezept. Die Füllung wird in Wirsingblätter eingehüllt und bleibt dadurch besonders saftig.

TURKEY PIE
(ENGLISCHE SCHÜSSELPASTETE)

Arbeitsaufwand
etwa 55 Minuten
Backzeit
etwa 40 Minuten
Ofentemperatur
etwa 220 °C

Für 4—5 Personen
400 g Truthahnbrust
Salz, weißer Pfeffer (Mühle)
1½ EBl. Bratbutter (Butterschmalz)
200 g Geflügelgeschnetzeltes
100 g Magerspeck
3 EBl. feingehackte Zwiebeln
½ EBl. Butter
100 g Champignons
1 kleiner Wirsing
1 Ei
5 EBl. Rahm
1 EBl. gehackte Petersilie
Salz, Pfeffer, Muskatnuß
½ Teel. Ingwerpulver
1 Teel. Butter
300 g geriebener Teig oder Blätterteig
1 Eigelb

Die Truthahnbrust in 1½ Zentimeter dicke Scheiben schneiden, salzen und pfeffern. In der Bratbutter von beiden Seiten anbraten und abkühlen lassen. Das Geschnetzelte würzen und mit dem Speck durch den Fleischwolf treiben.
Die Zwiebeln in der Butter farblos dünsten. Die Champignons putzen, waschen und hacken. Die Wirsingblätter blanchieren und kalt abschrecken.
Das Fleisch-Speck-Gemisch in eine Schüssel geben. Die Zwiebeln, die Champignons, das Ei, den Rahm und die Petersilie zufügen. Mit Salz, Pfeffer, Muskatnuß und Ingwerpulver würzen und zusammenarbeiten.
Eine Gratinform mit der Butter ausstreichen, mit der Hälfte der abgetropften Wirsingblätter auslegen. Die Hälfte der Hackmasse darauf verteilen und mit den anfangs zubereiteten Trutenschnitzeln belegen. Mit der restlichen Hackmasse und den Wirsingblättern abdecken.
Den Teig 3 Millimeter dick ausrollen. Einen Deckel, der etwa 3 Zentimeter größer als die Form ist, ausschneiden. Den Außenrand der Form mit dem Eigelb bestreichen, den Deckel darüberlegen und an den Seiten festdrücken. In der Mitte des Deckels eine Öffnung für den «Kamin» ausstechen und sie mit einem Teigrand versehen. Mit dem restlichen Teig nach Belieben verzieren und mit dem Eigelb bestreichen. Im vorgeheizten Ofen backen.

Tip MK: Man kann nach diesem Rezept auch kleine Pies mit Pouletbrüstchen für eine oder zwei Personen zubereiten.

Der Truthahn für zwei

Als ein Freund von Alexandre Dumas im Café de Paris allein vor einem gebratenen Truthahn saß, neckte ihn ein Feinschmecker, der gerade dazukam, etwas maliziös mit den Worten: «Was, so ein enormer Truthahn für Sie allein?» — «Mein Lieber», sagte der Gefragte nach einer längeren Pause, «es braucht in der Tat zwei, um einen getrüffelten Truthahn aufzuessen. Das ist doch klar.» Und schon lief dem Frager das Wasser im Munde zusammen, und er konnte seine Neugier nicht zurückhalten: «Ja, dich — und wen noch?» Die Antwort ließ nicht auf sich warten: «Den Truthahn und mich!»

Thanksgiving

Eine große Bedeutung hat der Truthahn in den Vereinigten Staaten. Am vierten Donnerstag im November, dem Thanksgiving Day (Danksagungstag), dem höchsten Feiertag des amerikanischen Jahres, gehört einfach ein Turkey (wie ihn die Amerikaner nennen) auf den festlichen Tisch. Allein für diesen Tag werden fünfundvierzig Millionen Truthähne gezüchtet. Der Truthahn wird gefüllt und mit Süßkartoffeln, squash (eine kleine Kürbisart), Rosenkohl, Maiskolben, Preiselbeeren und so weiter serviert. Ein Kürbiskuchen schließt das Mahl ab. Der Thanksgiving Day findet vorwiegend zu Hause, im Kreise der Familie, statt.

Ein typisch amerikanischer Turkey, wie er vielerorts am Thankgsgiving Day auf den Tisch kommt.

TRUTHAHN NACH AMERIKANISCHER ART

Arbeitsaufwand
50 Minuten

Für 6—8 Personen

Truthahn
Bratzeit
120 bis 180 Minuten
Ofentemperatur
etwa 220 °C
1 Truthahn zu 3 kg
Salz, Pfeffer (Mühle)
2—3 Eßl. Bratbutter

Füllung
3 Äpfel (Boskop)
100 g frische Champignons
½ Teel. Zitronensaft
2 Eßl. Rosinen
1½ dl trockener Sherry
1 altbackenes Brötchen
Salz, weißer Pfeffer (Mühle)
Majoran, Paprikapulver
2—3 Eßl. Bratbutter

Sauce
Kochzeit
etwa 12 Minuten
3 dl Weißwein
4 dl Bouillon
Salz, Cayennepfeffer

Die Äpfel schälen, vierteln, entkernen und in Würfel schneiden. Die Champignons putzen, waschen, vierteln und mit Zitronensaft beträufeln. Die Rosinen waschen, mit dem Sherry begießen und erwärmen. Dann abgießen und den Sherry für die Sauce beiseite stellen. Von dem Brötchen die Rinde dünn abschneiden und das Weiße in kleine Würfel schneiden. Alle diese Zutaten in eine Schüssel geben, mit Salz, Pfeffer, Majoran und Paprika würzen. Mit dieser Masse den Truthahn füllen, die Öffnung mit Küchenfaden zunähen und binden (s. S. 146). Außen mit Salz und Pfeffer einreiben. In der erhitzten Bratbutter im vorgeheizten Ofen unter häufigem Wenden rundherum goldbraun braten. Vor dem Servieren etwa 10 Minuten ruhen lassen.

Das Fett von dem Bratsatz abgießen, diesen mehrmals mit dem Sherry und dem Weißwein ablöschen. Mit dem Geflügeljus auffüllen, stark einkochen, mit wenig Salz und Cayennepfeffer abschmecken und separat zum Truthahn servieren.

Beilagen Maiskolben mit Butter, Kartoffelkroketten

Tip MK: Die Größe des Truthahns bestimme man nach der Anzahl der Tischgäste. Bei größeren Exemplaren muß die Bratzeit entsprechend verlängert werden.

Weihnachtsbräuche mit Geflügel

Seit Jahrhunderten nimmt das Geflügel einen wichtigen Platz auf der festlichen Tafel ein. Gewisse Traditionen haben sich bis heute erhalten.

So gehört in Katalonien unbedingt ein Hahn oder ein Kapaun auf den Weihnachtstisch. Bereits in der Suppe ist Huhn enthalten. Danach folgt ein mit Dörrfrüchten gefüllter Kapaun, ein Hahn oder eine Ente. Früher wurden am nächsten Tag noch die Leber, das Herz, der Magen und der Kamm des Hahnes aufgetragen.

Auch in der Provence gehört ein Trutenragout, eine Poularde oder mindestens ein Hähnchen zur «Calena», dem provenzalischen Weihnachtsfest.

Der Truthahn wird in den Vereinigten Staaten von Amerika nicht nur am vierten Donnerstag im November, dem «Thanksgiving Day» (der höchste Feiertag des Jahres), aufgetragen. Geschätzt wird dieses Geflügel ebenso an Weihnachten. Immer mehr gilt dies auch in der Schweiz. Übrigens kam der Weihnachtsbrauch mit dem Truthahn ursprünglich von Mexiko in die Vereinigten Staaten. Dort wird er an diesem hohen Feiertag immer noch mit einer Orangengarnitur zubereitet.

Es ist nicht mehr nötig, wie früher einen riesengroßen Truthahn zu kaufen. Es gibt bereits kleine Exemplare von 2½ kg an, für Kleinhaushalte zudem zarte Trutenbrust, die wie ein Braten zubereitet werden kann.

Besonders würzig ist dieses marokkanische Geflügelgericht. Oft wird dafür auch Poulet verwendet. Zucchettistäbchen und Datteln runden das Gericht bestens ab.

MAROKKANISCHES TRUTHAHNRAGOUT

Arbeitsaufwand
etwa 45 Minuten

Für 4 Personen

Ragout
Garzeit
etwa 30 Minuten
1 kg Truthahnschenkel
Salz, Pfeffer (Mühle)
2 EBl. Olivenöl
1 große, feingehackte Zwiebel
2 durchgepreßte Knoblauchzehen
½ EBl. gehackter Majoran
½ EBl. gehackter Thymian
1½ EBl. Tomatenpüree
1 kleines Lorbeerblatt
1 dl Rotwein
4 dl Geflügelbouillon (s. S. 325)
1 dl Rahm
2 geschälte Tomaten

Garnitur
500 g Zucchetti
2 EBl. Olivenöl
Salz, Pfeffer (Mühle)
12 frische Datteln
1 EBl. Butter

Das Truthahnfleisch von den Knochen lösen und in etwa 2,5 Zentimeter große Würfel schneiden, salzen und pfeffern. Im heißen Olivenöl goldbraun anbraten. Die Zwiebeln, den Knoblauch, den Majoran und den Thymian zufügen. Kurz mitdünsten, dann das Tomatenpüree und das Lorbeerblatt zufügen. Gut mischen und mitanziehen lassen. Mehrmals mit dem Wein ablöschen, mit der Bouillon auffüllen und zugedeckt etwa 30 Minuten bei kleiner Hitze schmoren lassen.

Inzwischen die Zucchini ungeschält in mitteldicke Stäbchen schneiden. Das Olivenöl in einer Bratpfanne erhitzen. Die Zucchini so dünsten, daß keine Flüssigkeit austritt, was mit mehr Hitze verhindert werden kann. Die Zucchetti dürfen leicht anbraten und werden mit Salz und Pfeffer gewürzt.

Das Truthahnragout aus dem Schmortopf nehmen und warm halten. Die Sauce einkochen, das Lorbeerblatt entfernen und sie mit dem Rahm verfeinern. Die Tomaten halbieren, entkernen und in Würfel schneiden. Diese zur Sauce geben und mit Salz und Pfeffer abschmecken. Das Fleisch in der Sauce erwärmen.

Die Datteln längs halbieren und die Steine entfernen. Die Datteln dann in der Butter schnell anbraten, wobei sie etwas karamelisieren sollen.

Das Ragout in einer warmen Schüssel anrichten, die Zucchetti und die Datteln darüber verteilen und heiß servieren.

Beilage Trockenreis

Tip MK: Den Rotwein habe ich aus geschmacklichen Gründen zur Sauce gegeben. In marokkanischen Grundrezepten findet man keinen Wein.

MIT TEIGWAREN, REIS UND MAIS

Nicht immer hat man Lust auf oder Zeit für exklusive und raffinierte Küche. Immer mehr kehrt man zu einfachen, doch schmackhaften Gerichten zurück. Diese bilden den Mittelpunkt einer gesunden und preiswerten Mahlzeit, welche leichtes, kalorienarmes Fleisch und die (nach den neuesten Erkenntnissen) gewünschten Kohlenhydrate enthält. Die Teigwaren- und Reisrezepte lassen sich auch mit Vollkornprodukten zubereiten, was ja besonders im Trend der Zeit liegt. Der Mais ist ein idealer Begleiter von Geflügelgerichten mit gehaltvollen Saucen.

Solche Speisen eignen sich sowohl für den Alltag als auch als Menüs für unkomplizierten Besuch und werden gerade von den Verwöhnten, die allzuoft auswärts essen müssen, geschätzt.

Die Gerichte dieses Kapitels werden durch die Kombination von Makkaroni, Spaghetti oder Nudeln mit Auberginen, Pilzen, Zucchetti, Geflügellebern und Geflügelfleisch belebt. Die originellen Risotto- und Polentagerichte tragen zur Abrundung bei. Viele dieser Rezepte können nach Lust und Laune variiert und aus übriggebliebenem Geflügelfleisch und Gemüse zubereitet werden.

Die meisten dieser Gerichte lassen sich gut vorbereiten oder im voraus kochen — ein weiterer Grund, sie einmal auszuprobieren.

Ein frischer, knackiger Salat, als Vorspeise dazu serviert, rundet diese Gerichte ab.

Köpfchen aus Vollkornreis und Mascarpone, kombiniert mit Geflügelleber mit Madeira, ergeben attraktive Vorspeisen.

REISKÖPFCHEN MIT GEFLÜGELLEBERN

Den Vollkornreis über Nacht in Wasser einweichen.
Danach zum Abtropfen auf ein Sieb geben.
Die Zwiebeln in der Butter farblos dünsten, den Reis zufügen und mitdünsten, bis er glasig wird. Mit dem Wein und der Bouillon auffüllen. Mit Salz und Muskatnuß würzen, unter öfterem Rühren fertig garen. Den Mascarpone mit dem Eigelb mischen und unter den Reis ziehen. Nochmals nachschmecken, dann in die ausgebutterten Timbaleförmchen (Auflaufförmchen) füllen und warm halten.
Die Lebern und die geputzten Steinpilze in feine Scheiben schneiden.
Die Lebern salzen und pfeffern; rasch in der heißen Butter anbraten. Herausnehmen und warm halten. Die Schalotten und die Pilzstreifen in die Pfanne geben und anziehen lassen. Mit dem Madeira 1- oder 2mal ablöschen, mit dem Jus auffüllen und stark einkochen. Den Thymian, die Petersilie und zum Schluß die Lebern zufügen, abschmecken.
Die Reisköpfchen auf warme Teller stürzen und die Lebern darübergeben.

Tip FWE: Anstelle von Steinpilzen können auch Champignons oder andere Pilze verwendet werden.

Arbeitsaufwand
25 Minuten

Für 4 Personen

Reisköpfchen
Kochzeit
etwa 45 Minuten
200 g Vollkornreis
1 EBl. feingehackte Zwiebeln
1 EBl. Butter
1,5 dl Weißwein
6 dl Geflügelbouillon
(s. S. 325)
Salz, Muskatnuß
100 g Mascarpone
1 Eigelb
Butter für die Förmchen

Geflügellebern
Bratzeit 3 Minuten
300 g Geflügellebern
Salz, weißer Pfeffer (Mühle)
1 EBl. Butter
1 EBl. feingehackte Schalotten
1 EBl. gehackte Steinpilze
5 EBl. Madeira
1 dl Geflügeljus
(s. S. 326)
½ Teel. gehackter Thymian
1 EBl. gehackte Petersilie

Schnell zubereitet und gut ist dieses Reisgericht, das viele Zutaten enthalten kann, die man in der Regel zu Hause vorrätig hat.

BUNTE REISPFANNE

Arbeitsaufwand etwa 35 Minuten

Für 4 Personen

Geschnetzeltes
Bratzeit etwa 3 Minuten
300 g Geflügelbrüste
(Poulet oder Truthahn)
ohne Haut und Knochen
Salz, weißer Pfeffer
(Mühle)
1½ EBl. Bratbutter

Reis
Kochzeit
15—18 Minuten
250 g *parboiled* Reis
Salz

Gemüse
1 feingehackte Zwiebel
250 g Erbsen (frische oder tiefgekühlte)
½ Dose Maiskörner mit Peperoni
3 EBl. Sherry
Salz, weißer Pfeffer
(Mühle)
1 EBl. Butter

Die Geflügelbrüste in feine Scheiben schneiden.
Den Reis waschen und in der zehnfachen Menge Salzwasser *al dente* kochen, dann abgießen und abtropfen lassen.
Die grünen Erbsen in Salzwasser garen, kalt abschrecken und abtropfen lassen.
Die Butter in einer Bratpfanne heiß werden lassen. Das gesalzene und gepfefferte Geflügelfleisch hineingeben und unter Wenden rasch anbraten. Die Zwiebeln zufügen, alles gut mischen und auf ganz kleinem Feuer anziehen lassen. Dann den Mais, die Erbsen, den abgetropften Reis sowie den Sherry zufügen und bei kleiner Hitze gut mischen. Das Gericht salzen und pfeffern, zum Schluß die Butterflocken unterheben. Heiß servieren.

Tip MK: Auch Geflügelreste können bei diesem Rezept Verwendung finden.

Ein herrlicher Gratin aus Makkaroni, Geflügelfleisch, Tomaten und Auberginen. Ein komplettes Essen, wenn zuvor ein leichter grüner Salat serviert wird.

MAKKARONI MIT GEFLÜGELFLEISCH

Das Geflügelfleisch in feine Scheiben schneiden.
Die Auberginen waschen und in etwa ½ Zentimeter dicke Scheiben schneiden. Mit Salz bestreuen und 10 Minuten ziehen lassen. Die Scheiben mit kaltem Wasser abspülen und sorgfältig trockentupfen.
Die Geflügelscheibchen salzen, pfeffern und in der Bratbutter anziehen lassen. Die Schinkenwürfel und die Zwiebel zufügen, etwa 2 Minuten mitdünsten. Die Kräuter, den Knoblauch und den Cognac beifügen, etwas einkochen lassen. Die kleingeschnittenen Tomaten und die Bratensauce zugeben, 10 Minuten zugedeckt ziehen lassen, mit Salz und Pfeffer würzen. Die Auberginenscheiben halbieren und beidseitig in der restlichen Bratbutter goldgelb braten.
In der Zwischenzeit Wasser mit Salz und dem Olivenöl aufkochen. Die Makkaroni hineingeben und *al dente* kochen. Den Käse in Scheiben schneiden. Dann lagenweise mit den Makkaroni in eine Auflaufform füllen. Die Hälfte der Sauce darüber verteilen, mit dem geriebenen Käse bestreuen und 10 Minuten in dem auf 200 °C vorgeheizten Ofen überbacken.
Das gratinierte Gericht mit den Auberginenscheiben garnieren und mit der Petersilie bestreuen. Die restliche Sauce separat dazu servieren.

Tips MK: Nach Belieben können auch mehr Auberginen verwendet und mit dem Fleisch unter die Teigwaren gemischt werden. In diesem Fall die Auberginen kleinschneiden.
Unter «Passata» versteht man passierte Tomaten, die in Brik-Packungen erhältlich sind.

Arbeitsaufwand
etwa 30 Minuten

Für 4 Personen

Geflügelfleisch
Bratzeit
2—3 Minuten
200 g Geflügelfleisch, ohne Haut und Knochen
Salz und Pfeffer
1 EßI. Bratbutter
(Butterschmalz)

Aubergine
1 Aubergine zu 200 g
Salz
2 EßI. Bratbutter

Sauce
Kochzeit
etwa 12 Minuten
120 g gekochte Schinkenwürfel
1 kleine, feingehackte Zwiebel
½ Teel. italienische Kräutermischung
1 durchgepreßte Knoblauchzehe
2 EßI. Cognac
4 geschälte und gehackte Tomaten (oder Passata, siehe Tip)
1 EßI. Bratensauce
Salz, Pfeffer
1 Teel. Olivenöl
300 g Makkaroni
200 g Greyerzerkäse
40 g geriebener Greyerzerkäse
2 EßI. gehackte Petersilie

Geflügellebern an einer gehaltvollen Geflügelsauce passen hervorragend zu den gebratenen Maisplätzchen.

MAISGNOCCHI NACH RÖMERART

Arbeitsaufwand
etwa 50 Minuten

Für 4 Personen

Maisgnocchis
Kochzeit
etwa 10 Minuten
(Angaben auf der
Packung beachten)
7,2 dl Milch
Salz, weißer Pfeffer
(Mühle)
geriebene Muskatnuß
165 g Maisgrieß
2 Eier
2 Eßl. geriebener Parmesan oder Sbrinz
1½ Eßl. Butter

Tomaten
Kochzeit
etwa 10 Minuten
500 g Tomaten
2 Eßl. feingehackte
Schalotten
1 Knoblauchzehe
1 Eßl. Butter
2 Eßl. Tomatenpüree
1 Eßl. gehackte Kräuter
Salz, Pfeffer
(Origano, Basilikum,
flachblättrige Petersilie)

Lebern
Bratzeit 2—3 Minuten
200 g Geflügellebern
Salz, weißer Pfeffer
(Mühle)
1 Eßl. Butter
2 Eßl. feingehackte
Schalotten
6 Eßl. Madeira
1 Eßl. Butter
20 g kalte Butterflocken

Die Milch mit 2 Dezilitern Wasser aufkochen und mit Salz, Pfeffer und Muskatnuß würzen. Den Grieß einlaufen lassen und unter ständigem Rühren kochen, bis alle Flüssigkeit aufgenommen ist. Den Brei vom Feuer nehmen, die Eier untermischen und unter Rühren nochmals aufkochen. Den Käse zufügen und gut vermischen. Ein rechteckiges Kuchenblech kalt abspülen, den warmen Brei daraufgießen, glattstreichen und auskühlen lassen. Von der kalten, festen Masse mit einem runden Ausstecher Plätzchen (von 4 Zentimetern Durchmesser) ausstechen.

Die Tomaten in kochendes Wasser tauchen, schälen, halbieren, entkernen und in kleine Würfel schneiden.

Die Schalotten und den durchgepreßten Knoblauch in der Butter anziehen lassen. Die Tomatenwürfel und das -püree zufügen. Unter gelegentlichem Rühren dünsten, bis keine Flüssigkeit mehr vorhanden ist. Mit Salz, Pfeffer und den Kräutern würzen.

Die Lebern säubern und in kleine Stücke schneiden. In der Butter rasch anbraten und aus der Pfanne nehmen. Mit Salz und Pfeffer würzen. In der Butter die Schalotten anziehen. Die Lebern zufügen und kurz durchschwenken. Herausnehmen und warm stellen. Den Bratsatz mit dem Madeira ablöschen und etwas einkochen lassen. Die Butter darunterarbeiten.

Die Gnocchi in der Butter beidseitig braten, damit sie heiß werden.

Die Gnocchi anrichten, dann die Tomaten und schließlich die Geflügellebern auf die Maisplätzchen geben. Mit der Sauce überziehen.

Tips
MK: Man kann die Lebern mit wenig Thymian bestreuen. Das erhöht den Geschmack.

FWE: Die Gnocchi lassen sich gut vorbereiten. Im Ofen können sie mit viel weniger Butter erhitzt werden. Es ist wichtig, daß alles vorbereitet wird und heiß ist. Dann die Lebern braten und sofort anrichten.

Ein feines Nudelgericht mit einer leichten Geflügel-Champignon-Sauce, die mit Basilikum abgeschmeckt wird.

NUDELN MIT POULETBRUST UND TOMATEN

Die Pouletbrüste fein zerschneiden. Die Tomaten vierteln, entkernen und kleinschneiden. Die Champignons putzen, waschen, in Scheiben schneiden und mit den Tomaten mischen.

Das fein Zerschnittene salzen, pfeffern und im Olivenöl kurz anbraten. Aus der Pfanne nehmen. Die Zwiebeln mit den Tomaten und den Champignons in die Pfanne geben und anziehen lassen. Den Knoblauch zufügen. Mit Salz, Pfeffer und Basilikum würzen. Den Rahm zugeben und einkochen. Das Fleisch zum Erwärmen zurück in die Pfanne geben, aber nicht mehr kochen.

Die Nudeln *al dente* kochen, abgießen, mit dem Parmesan mischen und anrichten. Die Sauce darübergeben und das Gericht mit der Petersilie bestreuen.

Tip MK: Ein Salat paßt gut als Vorspeise dazu. Den Rahm weglassen und dafür Basilikumsauce zugeben: 1 Büschel Basilikumblätter zerzupfen, mit 2 Knoblauchzehen, 1 Eßl. Baumnußkernen, 4 Eßl. Olivenöl und 3 Eßl. geriebenem Parmesan im Mixer pürieren; mit 2 Eßl. Kochsud der Nudeln verdünnen und unter die Teigwaren mischen.

Arbeitsaufwand
etwa 35 Minuten
Kochzeit
etwa 8 Minuten

Für 4 Personen

350 g Pouletbrüste, ohne Haut und Knochen
Salz, weißer Pfeffer (Mühle)
2—3 Eßl. Olivenöl
2 große, geschälte Tomaten
150 g Champignons
2 Eßl. gehackte Zwiebeln
1 durchgepreßte Knoblauchzehe
Salz, Pfeffer (Mühle)
Basilikumblätter
1,5 dl Rahm
400 g breite Nudeln
2 Eßl. geriebener Parmesan oder Sbrinz
1 Eßl. gehackte Petersilie

Etwas, was man selten serviert bekommt — Ravioli, gefüllt mit Geflügelfleisch und Steinpilzen. Sehr delikat im Geschmack.

RAVIOLI MIT GEFLÜGELFÜLLUNG UND FRISCHEN STEINPILZEN

Arbeitsaufwand
etwa 40 Minuten

Für 4—6 Personen

Ravioliteig
Ruhezeit
etwa 60 Minuten
Kochzeit
3—4 Minuten
350 g Mehl
1 großes Ei
1 Eigelb
20 g flüssige Butter
0,6 dl Wasser
5 g Salz

Füllung
100 g Geflügelfleisch
50 g Geflügellebern
Salz, weißer Pfeffer (Mühle)
1½ EBl. Bratbutter
1 EBl. Butter
1 EBl. feingehackte Zwiebeln
1 EBl. gemischte, gehackte Kräuter
50 g blanchierter Spinat
Muskatnuß
1 großes Ei

Steinpilze
1 frischer Steinpilz
Salz, weißer Pfeffer (Mühle)
1 Teel. Butter

Für den Teig das Mehl auf eine Arbeitsplatte sieben und kranzförmig aufhäufen. Das Ei, das Eigelb, die flüssige Butter, das Wasser und das Salz in die Mitte geben. Alle Zutaten gut mischen und zusammenkneten. Zu einer Kugel formen, in Klarsichtfolie einschlagen und ruhen lassen.

Das Geflügelfleisch und die -lebern mit Salz und Pfeffer würzen, in der Bratbutter rasch anbraten. Zum Auskühlen beiseite stellen. Die Zwiebeln in der Butter dünsten, die Kräuter zufügen und erkalten lassen. Das Fleisch, die Lebern, Zwiebeln und den Blattspinat mischen, mit Muskatnuß würzen und durch die feinste Scheibe des Fleischwolfes treiben. Die Masse mit dem Ei zusammenarbeiten.

Den Steinpilz putzen, waschen und in feine Scheiben schneiden.

Den Ravioliteig dünn ausrollen (am besten mit der Nudelmaschine). Das Raviolibrett mit Mehl bestäuben. Eine Teigplatte darüberlegen und mit einem mit Mehl bestäubten Teigrest in die Vertiefungen drücken. Diese mit der Masse füllen, die Ränder mit Wasser oder Eiweiß bestreichen und mit einer zweiten Teigplatte abdecken. Die einzelnen Ravioli mit dem Wallholz trennen.

Die Ravioli in kochendem Salzwasser garen, abtropfen lassen und auf heißen Tellern anrichten. Die Steinpilzscheiben salzen, pfeffern, in der Butter schnell anziehen lassen und über die Ravioli verteilen. Heiß servieren.

Tip MK: Anstelle der Steinpilze können auch andere Pilze verwendet werden. Eine Champignonrahmsauce ist beispielsweise eine willkommene Ergänzung.

Ravioli mit Geflügelfüllung
und frischen Steinpilzen

Interessantes Nudelgericht mit frischen oder gedörrten Steinpilzen. Ein Gericht mit typisch italienischem Geschmack und am allerbesten, wenn es mit hausgemachten Nudeln zubereitet wird.

NUDELN MIT GEFLÜGELLEBERN UND STEINPILZEN

Arbeitsaufwand
etwa 25 Minuten

Für 4 Personen

Kochzeit
frische Nudeln etwa
50 Sekunden;
getrocknete Nudeln
etwa 8 Minuten

Lebern
Bratzeit
1—2 Minuten
250 g Geflügellebern
Salz, Pfeffer
2 Eßl. Butter

Sauce
Kochzeit
etwa 20 Minuten
20 g getrocknete Steinpilze
50 g Pancetta
(frischer italienischer Bauchspeck)
100 g feingehackte Zwiebeln
250 g passiertes Tomatenfleisch (Passata, s. Tip S. 301)
Salz, Pfeffer
1,5 dl Weißwein
1,5 dl Geflügelbouillon (s. S. 325) oder Bouillonwürfel

Nudeln
500 g hausgemachte weiße Nudeln
2 Eßl. Butter
100 g geriebener Sbrinz oder Parmesan (oder halb Parmeson und halb Pecorino)

Die Pilze etwa 30 Minuten in lauwarmes Wasser legen.
Den Speck sehr fein schneiden und mit den Zwiebeln in einer Bratpfanne farblos dünsten. Das Tomatenfleisch zusammen mit den abgetropften Steinpilzen zu dem Speck und den Zwiebeln geben; salzen und pfeffern.
Die Lebern putzen und in feine Scheiben schneiden. In einer separaten Pfanne 2 Eßlöffel Butter erhitzen, die Leber rasch darin anbraten, salzen, pfeffern und sofort herausnehmen. Den Bratsatz mit dem Weißwein ablöschen und loskochen. Die Hühnerbouillon, die Speck-, Zwiebeln-, Tomaten- und Steinpilz-Masse zugeben. Die Sauce kochen lassen, bis sie sämig wird. Die Geflügellebern untermischen und mit Salz und Pfeffer abschmecken.
In der Zwischenzeit die Nudeln *al dente* kochen, abgießen und mit der restlichen Butter und dem Käse mischen. Auf einer großen vorgewärmten Platte anrichten und die Sauce darüber verteilen.

Tip MK: Hausgemachte Nudeln sind vielerorts in italienischen Spezialgeschäften erhältlich. Sie können aber auch leicht selbst hergestellt werden (s. S. 352).

Spaghettirezepte hat man nie genug. Hier ist ein besonders gutes, welches rasch zubereitet werden kann.

SPAGHETTI MIT GEFLÜGELFLEISCH UND PILZEN

Das Geflügelfleisch in kleine, dünne Scheiben schneiden.
Die Pilze putzen, waschen, abtropfen lassen und in Scheiben schneiden. Die Tomaten entkernen, würfeln und mit den Pilzscheiben mischen. Das Fleisch salzen und pfeffern, im Olivenöl unter gelegentlichem Wenden kurz braten und dann aus der Pfanne nehmen.
Die Zwiebeln, die Pilze, die Tomaten und den durchgepreßten Knoblauch in die Pfanne geben. Etwa 5 Minuten dünsten, mit Salz, Pfeffer und Thymian würzen. Den Rahm zufügen und 3 Minuten einkochen lassen. Das Fleisch wieder zufügen und langsam erwärmen, aber nicht mehr kochen.
Inzwischen Wasser mit Salz und dem Olivenöl zum Kochen bringen. Die Spaghetti hineingeben, mit einer Holzkelle (oder einem Holzlöffel) sofort umrühren. Darauf achten, daß sie nicht zusammenkleben, und *al dente* kochen. Die gekochten Spaghetti abgießen, mit frischgemahlenem Pfeffer bestreuen und sofort mit dem Käse mischen. Die Sauce darüber verteilen und mit der Petersilie bestreuen.

Tip MK: Spaghetti sollten stets *al dente* gekocht werden. Die Zubereitungszeiten können je nach Art der Teigwaren variieren, deshalb sollte des öfteren kontrolliert und ab und zu probiert werden.

Arbeitsaufwand
etwa 30 Minuten

Für 4 Personen

Geflügelfleisch
Bratzeit
3—4 Minuten
400 g Geflügelfleisch
ohne Haut und Knochen
Salz, Pfeffer
1 Eßl. Olivenöl

Sauce
Kochzeit
8—10 Minuten
200 g gemischte Pilze
(Eierschwämme, Feldchampignons, Herbsttrompeten usw.)
4 geschälte Tomaten
1 große Zwiebel
1 Knoblauchzehe
Salz, schwarzer Pfeffer
(Mühle)
2 Prisen Thymian
2,5 dl Rahm
40 g geriebener Sbrinz
oder Parmesan
2 Eßl. flachblättrige,
gehackte Petersilie

Spaghetti
Kochzeit
6—10 Minuten
500 g Spaghetti
Salz
1 Teel. Olivenöl

Spaghetti mit Geflügel und Zucchetti

Spaghetti mit geschnetzeltem Geflügelfleisch
und Kräutern, gedünsteten Zucchetti
und einer Käsesauce.

SPAGHETTI MIT GEFLÜGEL UND ZUCCHETTI

Die Spaghetti in viel Salzwasser mit einigen Tropfen Olivenöl *al dente* kochen.
Das Pouletfleisch in kleine Scheiben schneiden. Die Zucchetti waschen und ungeschält in mitteldicke Stäbchen schneiden. In dem Olivenöl unter Wenden anziehen lassen. Die Hitze so regulieren, daß die Zucchetti ganz leicht anbraten, aber ohne daß Saft austreten kann. Sie dürfen nicht zerfallen und nur knapp gegart werden. Die Tomate halbieren, entkernen und in Würfel schneiden. Zusammen mit dem Basilikum und dem durchgepreßten Knoblauch kurz vor Ende der Garzeit den Zucchetti zufügen.
Das Pouletfleisch salzen und pfeffern und rasch in der Bratbutter unter Wenden anziehen lassen. Sofort herausnehmen und zusammen mit den Zucchetti warm halten.
Den sauren Halbrahm (oder Vollrahm) langsam erwärmen, den Käse zufügen, mit Salz und Pfeffer abschmecken. Mit den Zucchetti, dem Pouletfleisch und den Spaghetti mischen und sofort servieren.

Tip MK: Man kann die Käsesauce auch weglassen. Dann muß man etwas frische Butter und Käse unter die Spaghetti mischen.

Arbeitsaufwand
etwa 20 Minuten

Für 4 Personen

Geflügel
Bratzeit etwa 3 Minuten
250 g Pouletbrust oder -filet
Salz, Pfeffer (Mühle)
1 Eßl. Bratbutter

Spaghetti
Kochzeit
8—10 Minuten
400 g Spaghetti
Salz, Pfeffer
Olivenöl (einige Tropfen für das Kochwasser)
50 g frischgeriebener Sbrinz oder Parmesan

Zucchetti
Garzeit
3—4 Minuten
150 g Zucchetti
1 Eßl. Olivenöl
1 geschälte Tomate
4 feingeschnittene Basilikumblätter
1 durchgepreßte Knoblauchzehe
Salz, Pfeffer (Mühle)
2 dl saurer Halbrahm (oder Vollrahm)

MAISKUCHEN MIT GEHACKTEM GEFLÜGELFLEISCH

Arbeitsaufwand
etwa 40 Minuten

Für 4—6 Portionen

Maisbrei
Garzeit
etwa 40 Minuten
4 dl Milch
4 dl Wasser
40 g Butter
Salz, weißer Pfeffer
250 g Maisgrieß
2 Eigelb
50 g geriebener Sbrinz
wenig Butter für das Blech

Belag
Kochzeit
etwa 10 Minuten
400 g Geflügelfleisch (Truten- oder Pouletschenkel)
Salz, weißer Pfeffer
2 EBl. Bratbutter
1 EBl. Tomatenpüree
1 dl Geflügelbouillon
1 EBl. gehackte Kräuter (Basilikum, Origano, Thymian)
1½ EBl. Butter
1 feingehackte Zwiebel
1 grüne Peperoni
150 g Champignons
2 Knoblauchzehen
2 geschälte Tomaten
1 Mozzarella

Die Milch mit dem Wasser, der Butter sowie Salz und Pfeffer zum Kochen bringen. Den Maisgrieß unter ständigem Rühren einrieseln lassen. Bei schwacher Hitze halb zugedeckt und unter gelegentlichem Rühren zu einem dikken Brei kochen (etwa 40 Minuten). Vom Herd nehmen, erst einzeln die Eigelbe, dann den Sbrinz unterrühren.

Ein rundes Kuchenblech von 30 cm Ø mit wenig Butter bestreichen. Den Maisbrei daraufgießen und glattstreichen, dabei einen Rand bilden.

Das Geflügelfleisch durch die mittlere Scheibe des Fleischwolfes treiben. Salzen, pfeffern und rasch in der heißen Bratbutter anbraten. Das Tomatenpüree zufügen und kurz mitrösten. Mit der Bouillon aufgießen. Die Kräuter beigeben, umrühren und etwa 10 Minuten kochen lassen.

Die Zwiebeln in der Butter goldgelb dünsten. Die Peperoni säubern und in etwa 1 cm große Würfel schneiden. Zu der Zwiebel geben und mitdünsten. Die Champignons putzen, in Scheiben schneiden und kurz bevor die Peperoniwürfel gar sind, zufügen; 2 Minuten mitdünsten. Die Knoblauchzehen schälen und dazu pressen.

Das Fleisch am Rand entlang auf dem Maiskuchen verteilen. Die Gemüse in der Mitte plazieren. Die Tomaten halbieren, entkernen, kleinschneiden und in die Mitte der Gemüse verteilen. Den Mozzarella in Würfel schneiden und über den Kuchen streuen.

Den Maiskuchen im vorgeheizten Ofen bei 220 °C etwa 15 Minuten backen, bis der Mozzarella schön zerlaufen ist, und sofort servieren.

Tip FWE: Anstelle von normalem Maisgrieß kann auch 2-Minuten-Polenta verwendet werden (in diesem Falle die Angaben auf der Packung beachten). Das verkürzt die Zubereitungszeit erheblich.

RESTE VOM FESTE

Was macht man, wenn der Truthahn zu groß ist oder von einem Poulet die Hälfte übrigbleibt? Kein Problem — ganz im Gegenteil! Geflügelfleisch läßt sich geradezu ideal kombinieren mit anderen Resten. Man kann vorausdenken und das zu große Geflügel in rohem Zustand halbieren, um damit am nächsten Tag ein anderes Gericht zuzubereiten oder, was viel häufiger vorkommt, das bereits gebratene Fleisch weiterverwenden.

Auf den folgenden Seiten sind einige Möglichkeiten aufgezeigt. Diese Rezepte sind aber nur Anregungen. Die Verwendungsmöglichkeiten sind so vielfältig, daß sie auf den zur Verfügung stehenden Seiten nicht aufgenommen werden konnten. Da gibt es Geflügelsalat in Variationen, die durch andere Saucen variiert werden können, Geschnetzeltes mit immer wieder anderen Saucen, Ragouts, die man auf geröstetem Brot oder in Blätterteighüllen servieren kann oder andere leckere Gerichte wie Gratins mit Gemüse kombiniert und und und . . .

Wer Freude an der kreativen Küche hat, wird viel Spaß daran haben, sich eigene Kreationen einfallen zu lassen. Vielleicht entstehen dabei neue Gerichte, die besonders gut ankommen und die man ins Küchenrepertoire aufnimmt, auch wenn keine Reste vorhanden sind.

Geflügelreste gibt es vor allem auch nach der Zubereitung von Fest- oder Besuchsmenüs. Dann lohnt es sich, etwas größere Mengen einzukaufen.

Es geht ja nichts verloren!

So ein Salat paßt gut als kleines Abendessen oder als Zwischenmahlzeit.

PIKANTER GEFLÜGELSALAT

Den Peperone vierteln und die Kerne entfernen. Die Zwiebel schälen; die Radieschen putzen und waschen. Das Pouletfleisch, die Mortadella und die Peperoni in feine Streifen schneiden. Die Zwiebeln in feine Würfel, die Radieschen und die Gewürzgurken in Scheiben schneiden. Alle diese Zutaten in eine Schüssel geben und mischen.

Den Rotweinessig mit dem Senf, dem Knoblauch, dem Rosmarin und mit wenig Salz und Pfeffer vermischen. Dann langsam das Öl unterrühren.

Die Salatzutaten damit mischen und zum Durchziehen etwa eine Stunde zugedeckt beiseite stellen; nicht zu kalt servieren.

Beilagen Toast oder knuspriges Brot, Butter

Tip MK: Die Mortadella kann durch gekochte Zunge oder pikante, dünngeschnittene Wurstscheiben ersetzt werden.

Arbeitsaufwand etwa 25 Minuten

Für 4 Personen
400 g gebratenes oder gekochtes Geflügelfleisch
1 roter oder grüner Peperone
1 mittelgroße Zwiebel
1 Bund Radieschen
100 g Mortadella
100 g Gewürzgurken
1 ½ EBl. Rotweinessig
1 Teel. scharfer Senf (Dijon)
1 durchgepreßte Knoblauchzehe
6 feingehackte Rosmarinnadeln
Salz, weißer Pfeffer (Mühle)
4 EBl. Erdnußöl

Pikant gefüllte Krapfen, die man mit einem Salat als Hauptgericht oder auch in kleinerer Größe einzeln als Vorspeise oder zu einem Glas Wein servieren kann.

GEFLÜGELKRAPFEN

Arbeitsaufwand
etwa 40 Minuten

Für 4 Personen;
etwa 12 Krapfen

Teig
350 g Weißmehl
(Weizenmehl)
½ Teel. Salz
150 g Butter
1,5 dl Weißwein

Füllung
Backzeit
15—20 Minuten
Ofentemperatur
etwa 220 °C
100 g Champignons
50 g schwarze Oliven
1 mittelgroße, gehackte Zwiebel
1 Eßl. Butter
200 g Poulet- oder Trutenfleisch ohne Knochen
1 Dose weißer Thon (etwa 150 g)
2 Tomaten
1 kleiner, grüner Peperone
2 Eßl. Weißwein
1 Ei
Salz, Pfeffer (Mühle)
½ Teel. frischer, gehackter Origano
1 Prise Cayennepfeffer
2 Eiweiß
150 g Käse (Greyerzer oder Raclette)
2 Eigelb

Das Mehl auf ein Brett sieben und das Salz zufügen. Die Butter in kleine Stücke schneiden und zusammen mit dem Mehl zwischen den Fingern zerreiben, bis sich eine feinkrümelige Masse bildet. Den Weißwein zugeben und rasch zusammenkneten. Mit Klarsichtfolie abdecken und kalt stellen.
Die Champignons und die entsteinten Oliven hacken. Zusammen mit den gehackten Zwiebeln in einem Eßlöffel Butter anziehen lassen.
Das Geflügelfleisch sehr fein zerschneiden. Den Thon abgießen und mit einer Gabel zerpflükken.
Die Tomaten in heißem Wasser überbrühen, schälen, halbieren, entkernen und kleinschneiden. Den Peperone entkernen und in sehr kleine Würfel schneiden.
Die Tomaten, den Peperone, das Geflügelfleisch und den Thon zu den Champignons geben und 5 Minuten mitdünsten. Mit dem Weißwein ablöschen und erkalten lassen.
Die Gemüse-Fleisch-Thon-Mischung mit einem Ei gut mischen, mit Salz, Pfeffer, Origano und Cayennepfeffer abschmecken.
Den Teig etwa 3 Millimeter dick auswallen und 12 Rechtecke von 8 × 16 Zentimetern ausschneiden. Die Ränder mit verquirltem Eiweiß bestreichen. Je einen Eßlöffel Füllung auf die eine Hälfte der Teigrechtecke geben. Mit einer dünnen Scheibe Käse belegen, zusammenklappen und durch Andrücken gut verschließen. Mit einer Teigzange oder einer Gabel die Ränder noch fester zusammendrücken. Die Krapfen mit dem Eigelb bestreichen und mit einer Gabel mehrmals einstechen. Im vorgeheizten Ofen goldgelb backen.
Die Geflügelkrapfen warm servieren. Sie können auch knapp vor- und später dann fertiggebacken werden.

Tip MK: Die Füllung kann nach Belieben variiert werden. Zum Beispiel den Thon weglassen und nur Geflügelfleisch verwenden oder den Thon durch Sardinen ersetzen.

Pastetenhüllen aus Blätterteig lassen sich mit diesem feinen Ragout füllen.

PASTETCHEN MIT GEFLÜGELRAGOUT

Die Champignons und den Lauch putzen und waschen. Die Champignons in Scheiben, den Lauch in Streifen schneiden.
Die Schinkenwürfel in der Butter anziehen, die Champignons und den Lauch zufügen, kurz mitdünsten. Den Weißwein zugießen und etwa fünf Minuten köcheln lassen. Den Fond passieren und die festen Bestandteile der Füllung warm halten. Den aufgefangenen Fond reduzieren, den Rahm zufügen und kochen, bis die Sauce sämig wird. Inzwischen das Geflügelfleisch in kleine Scheiben schneiden.
Den Wermut zur Sauce geben, mit Salz und Pfeffer abschmecken, den Majoran zufügen. Alle Zutaten für die Füllung und das Geflügel in die Sauce geben und erwärmen. Die Pastetchen im Ofen 6 bis 8 Minuten bei 180 °C aufbacken. Die Füllung in die heißen Pastetchen verteilen und sofort servieren.

Tips
MK: Für die Füllung kann man sich eine andere Zusammenstellung einfallen lassen; zum Beispiel grüne Erbsen anstelle von Lauch.
FWE: Wenn für die Pastetenfüllung Erbsen genommen werden, dann wäre Pfefferminze anstelle von Majoran die elegantere Variante.

Arbeitsaufwand etwa 20 Minuten

Für 4 Personen (Vorspeise)
Füllung
300 g gekochtes oder gebratenes Geflügelfleisch (ohne Haut und Knochen)
1 Eßl. Butter
100 g gekochte Schinkenwürfel
100 g Champignons
100 g zarter Lauch
1 dl Weißwein
2 dl Rahm
2 Eßl. trockener Wermut (Noilly Prat)
Salz, weißer Pfeffer (Mühle)
1 Eßl. feingehackter Majoran
4 Blätterteigpastetchen

Besonders delikate Pastetchen, gefüllt mit einem Ragout aus grünem Spargel und Pouletbrust.

FESTLICHE PASTETCHEN

Arbeitsaufwand
etwa 25 Minuten

Für 4 Personen

Spargel
Kochzeit
12—15 Minuten
500 g grüner Spargel
Salz
1 Teel. Zucker
½ Teel. Butter

Sauce
Kochzeit
etwa 20 Minuten
1 dl Weißwein
2 gehackte Schalotten
1,5 dl Rahm
Salz, Pfeffer
250 g gekochte oder gebratene Pouletbrust (Hähnchenbrust) ohne Haut und Knochen
4 Blätterteigpastetchen

Den Spargel putzen und bei Bedarf schälen. Salzwasser mit dem Zucker und der Butter zum Kochen bringen. Den Spargel darin knapp garen.

Das untere Drittel des Spargels mit etwa 2 Dezilitern Spargelsud im Mixer pürieren und durch ein Sieb streichen. Den restlichen Spargel in kleine Stücke schneiden. 1 Deziliter Spargelsud zusammen mit dem Weißwein und den Schalotten auf ½ Deziliter einkochen. Den Rahm zufügen und reduzieren, bis die Sauce sämig wird. Das Spargelpüree zugeben, mit Salz und Pfeffer abschmecken.

Die Pouletbrust grob würfeln, zusammen mit den Spargelstücken in der Sauce erwärmen und abschmecken.

Die Blätterteigpastetchen im Ofen aufbacken, mit dem Geflügel-Spargel-Ragout füllen und sofort servieren.

Tip MK: Der grüne Spargel kann durch weißen Spargel ersetzt werden. Mit feinen grünen Erbsen kann das Gericht bereichert werden.

Festliches Pastetchen

Pastetchen noch einmal anders: diesmal ein Ragout mit leicht gewürzter Safransauce.

PASTETCHEN MIT POULETBRUST IN SAFRANSAUCE

Arbeitsaufwand etwa 25 Minuten

Für 4 Personen
400 g Geflügelbrust, ohne Haut und Knochen
Salz, weißer Pfeffer (Mühle)
1½ EBl. Butter
2 EBl. feingehackte Schalotten
1 dl Weißwein
1 Teel. Mehlbutter (s. S. 327)
1 dl Rahm
1 Safranprise
1 EBl. Rosinen (Weinbeeren)
Salz, weißer Pfeffer (Mühle)
4 Blätterteigpastetchen

Die Pouletbrüste in feine Streifen schneiden. Die Schalotten in der Butter farblos anziehen, das gesalzene und gepfefferte Pouletfleisch zufügen und mitdünsten. Die Schalotten und das Pouletfleisch aus der Pfanne nehmen, warm halten.

Den Bratsatz mit dem Weißwein loskochen, die Mehlbutter zugeben. Die Sauce unter Rühren eindicken lassen. Den Rahm, den Safran und die gewaschenen, abgetropften Rosinen zufügen und mit Salz und Pfeffer würzen.

Das Pouletfleisch in die Sauce geben und alles zusammen erwärmen. Inzwischen die Blätterteigpastetchen im Ofen erhitzen, die Füllung darin verteilen und sofort servieren.

Tips
MK: Man sollte dieser Sauce nur wenig Safran zufügen, am besten wirken Safranfäden. Sie sehen im Gericht auch schön aus.
FWE: Die Füllung für dieses Gericht kann auch mit gebratenen oder gekochten Geflügelresten zubereitet werden.

Pasteten — Prunkstücke der festlichen Tafel

Durch alle Jahrhunderte durften Pasteten auf den festlichen Tafeln und Gelagen nicht fehlen. In allen ihren Formen waren sie beliebt bei Kaisern, Königen, Feldherren und reichen Bürgern. Oft waren sie vor allem Schaustücke. Da ein umfangreiches Essen vor allem als eine vergnügliche Sache galt, dachte man sich weniger raffinierte und schmackhafte Füllungen aus als unwahrscheinliche Überraschungen. In historischen Büchern kann man dazu allerlei Greuliches nachlesen; zum Beispiel wurde im 13. und 14. Jahrhundert ein «heidnisches Haupt», ein Kalbskopf, der an ein abgeschlagenes Sarazenenhaupt erinnern sollte, in einer Pastete versteckt. Darauf mußte aber noch ein Reiher Platz haben, der beim Öffnen herausflog. Lebende Vögel waren als Füllung keine Seltenheit. Auch Menschen mußten sich an diesen Scherzen beteiligen. So soll bei der Hochzeit des Herzogs Wilhelm von Bayern eine Riesenpastete aufgetragen worden sein, aus welcher der Hofzwerg des Erzherzogs Ferdinand heraussprang, um den Brautleuten zu gratulieren. Auch von nackten Mädchen ist zu lesen, die bei Gelagen in riesengroßen Pasteten «aufgetragen» wurden. Verziert wurden die Gebilde mit bunten Blumen und vergoldeten Ornamenten . . .
Es gab aber auch Pasteten mit eßbaren Füllungen, für welche viel Aufwand getrieben wurde. Alle Arten von Fleisch und Geflügel und oft auch Fisch wurden dazu verwendet, unter anderen auch Schwanen- und Pfauenfleisch und gar Biberschwanz, der mit Essig, Pfeffer, Ingwer, Muskat und Limonen gewürzt wurde.

Wenn der Truthahn für die Tischrunde zu groß war, läßt sich aus den Resten am nächsten Tag ein gutes Pastetchen herstellen.

PASTETCHEN MIT TRUTHAHNFÜLLUNG

Arbeitsaufwand
etwa 30 Minuten

Für 4 Personen

Füllung
1 kleine Zwiebel
200 g Champignons
300 g gebratenes oder gekochtes Truthahnfleisch (ohne Haut und Knochen)
½ EBl. Butter

Sauce
Kochzeit 20 Minuten
½ EBl. Butter
1 EBl. Mehl
1,5 dl Weißwein
1 dl Geflügelbouillon (s. S. 325)
Salz, weißer Pfeffer (Mühle), Muskatnuß
1 Eigelb
0,5 dl Rahm
4 Blätterteigpastetchen

Die Zwiebel schälen und fein würfeln. Die Champignons putzen, waschen und in Scheiben, das Truthahnfleisch in Würfel schneiden.
Die Zwiebelwürfel in der Butter farblos anziehen, die Champignons zufügen und gardünsten. In einem halben Löffel Butter das Mehl farblos anziehen lassen, mit dem Weißwein und der Bouillon auffüllen, glattrühren und fertig kochen. Mit Salz, Pfeffer und Muskatnuß würzen und passieren.
Die Truthahnfleischwürfel zusammen mit den Champignons in die Sauce geben. Vom Feuer nehmen, das Eigelb mit dem Rahm vermischen und unterrühren. Alles zusammen erhitzen, aber nicht kochen. Die Pastetchen im Ofen erwärmen und die Füllung darin verteilen, sofort heiß servieren.

Tips
MK: Anstelle von Champignons kann man getrocknete Steinpilze oder Morcheln in der Sauce kochen.
FWE: Wenn gebratenes Fleisch in der Sauce heißgemacht wird, braucht es etwas Fingerspitzengefühl. Es darf auf keinen Fall in der Sauce kochen, denn es kann dadurch hart, trocken und zäh werden.

Im Winter hat man oft Sauerkrautreste. Zusammen mit Geflügelfleisch entsteht daraus ein attraktiver Gratin, der als Hauptgericht auf den Tisch kommt.

ELSÄSSER SAUERKRAUTGRATIN

Das Geflügelfleisch fein kleinschneiden, in der Bratbutter anbraten, salzen, pfeffern, herausnehmen und warm halten. Die Zwiebel schälen, fein würfeln und in der gleichen Pfanne in einem Eßlöffel Butter farblos dünsten. Mit dem Mehl bestreuen, anziehen lassen, mit dem Weißwein auffüllen und glattrühren. Unter Rühren zum Kochen bringen, den Rahm und den Senf zugeben und 5 Minuten auf kleinem Feuer kochen. Mit Salz und Pfeffer abschmecken und passieren.

Eine Gratinform mit der restlichen Butter ausstreichen. Das gut abgetropfte Sauerkraut hineingeben und das Geflügelfleisch darauf verteilen. Mit der Sauce bedecken und mit Butterflocken belegen. Im vorgeheizten Ofen so gratinieren, daß die Oberfläche nur sehr wenig Farbe annimmt. Wenn nötig mit Alufolie abdecken.

Beilage Salzkartoffeln

Tip MK: Für dieses Gericht kann auch bereits gekochtes oder gebratenes Geflügelfleisch, wie Truthahn oder Ente, verwendet werden.
Aufgewärmtes Sauerkraut schmeckt besser als frisch gekochtes, weshalb man ruhig größere Krautmengen auf Vorrat kochen kann.
Bereits gekochtes Sauerkraut ist beim Metzger oder in Lebensmittelabteilungen erhältlich.

Arbeitsaufwand
etwa 25 Minuten
Garzeit
etwa 30 Minuten
Ofentemperatur etwa
180 °C

Für 4 Personen
350 g Geflügelfleisch
Salz, Pfeffer (Mühle)
1 EBl. Bratbutter
1 kleine Zwiebel
1½ EBl. Butter
1 EBl. Mehl
1 dl Weißwein
1½ dl Rahm
1 Teel. Senf
Salz, weißer Pfeffer (Mühle)
500 g gekochtes Sauerkraut
1 EBl. Butterflocken

Ein nahrhaftes Hauptgericht aus Auberginen und Geflügelfleisch, überbacken mit einer Käsesauce.

GEFLÜGELGRATIN MIT AUBERGINEN

Arbeitsaufwand
etwa 20 Minuten
Backzeit
etwa 20 Minuten
Ofentemperatur
etwa 220 °C

Für 4 Personen
400 g Geflügelfleisch (Poulet- oder Trutenbrust)
2 mittelgroße Auberginen
Salz, Pfeffer (Mühle)
3 Eßl. Bratbutter (Butterschmalz)
1 mittelgroße, feingehackte Zwiebel
2 kleine, geschälte Tomaten
1 Prise Zimt
½ Teel. Butter für die Form
3 dl Bechamelsauce (s. S. 327)
2—3 Eßl. geriebener Parmesan

Die Auberginen in ½ Zentimeter dicke Scheiben schneiden. Mit Salz bestreuen und mit Küchenpapier abtupfen. Beidseitig mit 2 Eßlöffeln Bratbutter anbraten.

Das Geflügelfleisch fein zerschneiden, salzen und pfeffern. Zusammen mit der gehackten Zwiebel in der restlichen Bratbutter andünsten. Die entkernten, kleingeschnittenen Tomaten zufügen. Mit Salz, Pfeffer und dem Zimt würzen. Die Auberginenscheiben und das Fleisch in die ausgebutterte Gratinform einschichten. Die Bechamelsauce mit dem geriebenen Parmesan mischen und über das Gericht verteilen. Im Ofen überbacken und sofort servieren.

Tips MK: Die Käsesauce kann durch eine Mischung von geriebenem Brot und gehackter Petersilie ersetzt werden. Mit wenig Olivenöl beträufeln und überbacken.

Kommt der Gratin kalt in den Ofen, zuerst 10 Minuten bei 180 °C erwärmen.

SAUCEN UND WAS ES DAZU BRAUCHT

Bei vielen Geflügelgerichten spielt die Zubereitung einer Sauce eine wichtige Rolle. Deshalb haben wir in den Rezepten exakte Anleitungen dazu gegeben. Die genaue Befolgung unserer Ausführungen ist sicher ausschlaggebend für den Erfolg. Allerdings braucht es dazu Freude am Kochen und viel Fingerspitzengefühl, denn das Abschmecken einer Sauce ist oft entscheidend für das Resultat. Eine große Rolle spielt die Qualität der verwendeten Zutaten. Für eine gute Sauce ist nur das Beste gut genug. Alles ist wichtig: die Butter, der Rahm, der Wein, die Gewürze und Kräuter und vor allem die Grundzutaten wie Fonds und Reduktionen.

Wer sich dafür interessiert, findet in diesem Kapitel verschiedene Grundrezepte, die als Basis für gekonnt zubereitete Saucen dienen, zudem auch die Formeln für raffinierte Begleitsaucen, die bei den Zutaten der Geflügelrezepte aufgeführt sind. Diese Saucen sind aber nicht nur an die Rezepte dieses Buches gebunden. Sie lassen sich auch mit vielen anderen Gerichten kombinieren.

GEFLÜGELBOUILLON
HÜHNERBOUILLON

Die Knochen und das halbe Suppenhuhn mit heißem Wasser bedecken und schnell zum Kochen bringen. Abschütten, zuerst heiß und dann kalt abspülen. In ein sauberes Kochgeschirr geben, mit dem kalten Wasser auffüllen und zum Kochen bringen. Die Hitze drosseln und unter dem Siedepunkt halten. Den sich an der Oberfläche bildenden Schaum sorgfältig entfernen. Sollte zuviel Flüssigkeit verdampfen, durch kaltes Wasser ergänzen.

Den Lauch, die Zwiebel, die Karotte und den Sellerie sauber putzen und waschen. Zusammen mit dem Thymian und den Petersilienstielen zu einem Bündel formen und mit Schnur zusammenbinden. Mit dem Knoblauch und den Pfefferkörnern etwa eine Stunde vor Beendigung der Kochzeit in die Bouillon geben.

Die fertige Geflügelbouillon durch ein feines Sieb oder, noch besser, durch ein Tuch passieren.

Die Bouillon wird erst gewürzt, wenn sie verwendet wird.

Nach dem Erkalten eventuell die Fettschicht entfernen

Tips MK: Das Suppenhuhnfleisch kann anderweitig verwendet werden, so zum Beispiel für Geflügelsalat, für Füllungen von Blätterteigpastetchen oder Crêpes, auch als Suppeneinlage oder als eigenständiges Gericht.

Die Geflügelbouillon kann, in sterile Gläser heiß abgefüllt und sofort mit einem Deckel verschlossen, über einen längeren Zeitraum aufbewahrt werden. Nach dem Auskühlen muß sie kalt gestellt werden.

Es lohnt sich, etwas mehr Bouillon herzustellen. Sie läßt sich auch tiefkühlen. In diesem Fall sollte man sie entfetten und in Kleinportionen einfrieren.

Das Blanchieren entfernt alle Schmutz-, Fett- und Eiweißstoffe. Das Aussehen und der Geschmack der Bouillon werden dadurch sauberer.

Arbeitsaufwand
etwa 15 Minuten
Kochzeit 4 Stunden

**Für etwa
3—4 l Bouillon**
1 kg Geflügelknochen
0,5 kg Kalbs- oder Rindsknochen
½ Suppenhuhn
4—5 l Wasser

Bouquet garni
½ weiße Lauchstange
1 mittelgroße Zwiebel
1 mittelgroße Karotte
⅛ Sellerieknolle
1 Thymianzweig
10 Petersilienstiele
3 zerquetschte Knoblauchzehen
15 zerdrückte Pfefferkörner

GEFLÜGELJUS

Arbeitsaufwand
etwa 30 Minuten
Kochzeit
5—6 Stunden

Für etwa 3 l Jus
5 EßI. Öl
2 kg Geflügelknochen
1 kg Kalbsknochen
3 mittelgroße Zwiebeln
2 mittelgroße Karotten
2—3 EßI. Tomatenpüree
1 EßI. Zucker
5 l Wasser

Bouquet garni
½ Lauchstange
⅛ Sellerie
1 kleiner Thymianzweig
1 kleiner Rosmarinzweig
1 kleiner Salbeizweig
4 zerquetschte Knoblauchzehen
20 zerdrückte Pfefferkörner

Das Öl in einer Bratpfanne (Bräter) erhitzen. Die kleingehackten Geflügel- und Kalbsknochen zufügen, allseitig goldbraun anbraten.
In der Zwischenzeit die Zwiebeln und Karotten putzen und in grobe Würfel schneiden. Zu den Knochen geben und etwa 15 Minuten mitrösten. Dann das Tomatenpüree und den Zucker zufügen und etwa 8 Minuten rösten lassen. Mindestens 3mal mit wenig Wasser ablöschen, unter Rühren das Wasser verdampfen lassen, den Vorgang dann noch 2mal wiederholen. Das gibt dem Jus Farbe und Glanz. Die Knochen abkühlen lassen. In ein passendes Kochgeschirr geben und mit dem kalten Wasser auffüllen. Zum Kochen bringen und unter dem Kochpunkt halten. Der Jus darf niemals stark kochen, da er dadurch trübe wird. Sollte es doch mal soweit kommen, sofort mit kaltem Wasser abschrecken. Ab und zu den Schaum (es handelt sich hierbei um Fett-, Eiweiß- und Schmutzstoffe) sauber entfernen. Sollte die Flüssigkeit zu sehr einkochen, kaltes Wasser zugießen.
Den Lauch und den Sellerie für das *Bouquet garni* putzen und waschen. Zusammen mit dem Thymian, dem Rosmarin und dem Salbei mit Schnur zu einem Bündel binden. Eine Stunde bevor der Jus passiert wird, zusammen mit dem Knoblauch und den Pfefferkörnern zufügen.
Den fertigen Jus durch ein Passiertuch absieben. Nicht benötigter Jus, der bei der Herstellung sorgfältig behandelt und abgeschäumt wurde, kann mindestens 10 bis 14 Tage im Kühlschrank aufbewahrt werden. Soll er über einen längeren Zeitraum gelagert werden, empfiehlt sich, ihn kochendheiß in sterile Einmachgläser abzufüllen und diese sofort zu verschließen. Auskühlen lassen und dann kalt stellen. Der Geflügeljus sollte im kalten Zustand stark gelieren; dazu tragen auch die Kalbsknochen bei. Auch ein Einfrieren ist möglich, dann sollte der Jus vorher in kleinen Mengen luftdicht verpackt (vakuumiert) werden.

Tip FWE: Jus oder Bratensaucen sind im Handel in verschiedenen Angebotsformen erhältlich. Darauf achten, daß sie nicht gesalzen sind, damit sie sich zum Reduzieren eignen.

BEURRE MANIÉ
(MEHLBUTTER)

Die Mehlbutter wird kalt hergestellt: Die weiche Butter mit dem Mehl sorgfältig verkneten. Sie kann im voraus hergestellt werden, da sie sich über mehrere Tage im Kühlschrank aufbewahren läßt.
Ihre Anwendung ist problemlos. Die zu bindende Flüssigkeit vom Herd nehmen und die Mehlbutter in kleinen Flöckchen unterrühren, nochmals gut durchkochen.
Wieviel Mehlbutter zum Binden benötigt wird, hängt immer von der Konsistenz der Flüssigkeit ab. Daher vorerst wenig davon zugeben.

Arbeitsaufwand
etwa 5 Minuten

Für 100 g Beurre manié (Mehlbutter)
Zum Binden von
1—2 l Flüssigkeit:
50 g Butter
50 g Weißmehl (Weizenmehl)

BÉCHAMELSAUCE

In der erwärmten Butter das Mehl farblos andünsten und etwas abkühlen lassen. Mit der warmen Milch auffüllen und glattrühren. Zum Kochen bringen, bei verminderter Hitze weiterkochen. Dabei ständig rühren, um ein Ansetzen zu verhindern. Mit geriebener Muskatnuß und Salz würzen.

Tip FWE: Die fertige Béchamelsauce durch ein feines Spitzsieb passieren. Um eine Hautbildung zu vermeiden, falls sie nicht sofort verwendet wird, die Oberfläche mit Butterflöckchen belegen und diese mit einer Gabel gleichmäßig verteilen.

Arbeitsaufwand
10 Minuten
Kochzeit
etwa 20 Minuten

**Für etwa
3 dl Béchamelsauce**
20 g Butter
25 g Weißmehl
(Weizenmehl)
5 dl Milch
Muskatnuß, Salz
Butterflöckchen

APRIKOSENSAUCE

Arbeitsaufwand
10 Minuten
Kochzeit
etwa 10 Minuten

Für etwa 2 dl Sauce
1 Teel. Butter
½ EBl. feingewürfelte Zwiebeln
2 frische Aprikosen
5 EBl. Aprikosenbrandy oder -likör
2,5 dl Geflügeljus (s. S. 326)
1 Teel. Mehlbutter
Salz, weißer Pfeffer (Mühle)

Die Zwiebelwürfel in der erwärmten Butter goldgelb werden lassen. Die Aprikosen grob in Würfel schneiden, zufügen und farblos dünsten. Mit dem Aprikosenbrandy (oder -likör) 1- bis 2mal ablöschen. Mit dem Geflügeljus auffüllen, aufkochen, abschäumen und langsam weiterkochen.
Am Herdrand die Mehlbutter in kleinen Flöckchen unter die Sauce rühren und nochmals kräftig durchkochen. Mit Salz und Pfeffer abschmecken, durch ein feines Sieb passieren und warm halten.
Die Sauce kann zusätzlich mit Butter verfeinert werden.

Tip FWE: Anstelle von Aprikosen können auch Pfirsiche, Nektarinen oder Zwetschgen verwendet werden. Getrocknete Aprikosen sind für die Sauce nicht gut geeignet; ihnen fehlt die benötigte Säure.

COGNACSAUCE

Arbeitsaufwand
etwa 10 Minuten
Kochzeit
etwa 12 Minuten

Für etwa 2,5 dl Sauce
300 g Geflügelknochen (Poulet oder Taube)
1 Teel. Bratbutter (Butterschmalz)
½ EBl. Butter
1 EBl. feingehackte Schalotten
5 EBl. Cognac
6 dl Geflügeljus (s. S. 326)
Salz, weißer Pfeffer (Mühle)
1 EBl. Butter

Die Geflügelknochen in der heißen Bratbutter goldbraun anrösten. Zum Abtropfen auf ein grobes Sieb geben.
In der erhitzten Butter die feingehackten Schalotten goldgelb dünsten. Mit etwa 3 Eßlöffeln Cognac ablöschen. Die Knochen (Karkassen) zufügen und mit dem Geflügeljus auffüllen. Aufkochen und bei verminderter Hitze weiterkochen. Den Schaum öfter von der Oberfläche abschöpfen.
Durch ein feines Sieb passieren, den restlichen Cognac zufügen, mit Salz und Pfeffer abschmecken und aufkochen. Die Butter in kleinen Flöckchen unterschwenken.

Tip FWE: Die von gebratenem Geflügel (wie Poulet oder Taube) anfallenden Knochen können für diese Sauce Verwendung finden. Dann entfallen die separat angebratenen Knochen.

CALVADOSSAUCE

Die Butter erhitzen, die Zwiebel und den Zucker zufügen und hellbraun karamelisieren. Mehrmals mit insgesamt 3 Eßlöffeln Calvados ablöschen. Mit dem Geflügeljus auffüllen und einkochen, bis die Sauce sämig wird. Den letzten Löffel Calvados zufügen und mit Salz und Pfeffer würzen. Durch ein feines Sieb passieren und warm halten.

Kochzeit
etwa 12 Minuten

Für etwa 1,5 dl Sauce
½ Teel. Butter
1 Teel. feingehackte Zwiebeln
½ Teel. Zucker
4 Eßl. Calvados
2,5 dl gelierter Geflügeljus (s. S. 326)
Salz, weißer Pfeffer (Mühle)

SAUCE SUPRÊME
(GEFLÜGELRAHMSAUCE)

Die Butter erhitzen, das Mehl zufügen und farblos anschwitzen. Mit dem Weißwein und der Bouillon auffüllen. Glattrühren, aufkochen und bei geringerer Hitze unter öfterem Umrühren fertig kochen. Kurz vor Beendigung der Kochzeit den Rahm zufügen. Mit Salz, Pfeffer und Zitronensaft abschmecken. Durch ein feines Sieb passieren und die Butter in kleinen Flöckchen unterschwenken.

Tips
MK: Eine leichte Rahmsauce läßt sich folgendermaßen zubereiten: 1 Eßl. Schalotten in 1 Eßl. Butter anziehen lassen. Mit ¼ Liter Geflügelfond (s. S. 326) ablöschen und einkochen, bis nur noch etwa ⅛ Liter Flüssigkeit übrigbleibt. Den Rahm zufügen und weiterkochen, bis die Sauce sämig wird. Nach Belieben noch einige Butterflocken unterrühren und mit Salz, Pfeffer und wenig Zitronensaft abschmecken.
Geflügelrahmsaucen können durch Zugabe von Kräutern und Pilzen variiert werden.
FWE: Die Geflügelrahmsauce ist eine Grundsauce. Eine klassische Zubereitungsart wäre das Pouletbrüstchen mit Sauce Suprême.

Arbeitsaufwand
etwa 6 Minuten
Kochzeit 20 Minuten

Für etwa 2,5 dl Sauce
10 g Butter
15 g Weißmehl (Weizenmehl)
1 Eßl. Weißwein
3 dl Geflügelbouillon (s. S. 325)
6 Eßl. Rahm
Salz, weißer Pfeffer (Mühle)
einige Tropfen Zitronensaft
1 Teel. Butter

WHISKY-AHORN-SAUCE

Arbeitsaufwand
12 Minuten
Kochzeit
etwa 20 Minuten

Für etwa 3 dl Sauce
1 Teel. Butter
1 EBl. feingehackte Zwiebeln
8 weiße, zerdrückte Pfefferkörner
1 EBl. Ahornsirup
8 EBl. Whisky
5 dl Geflügeljus (s. S. 326)
1 Teel. Mehlbutter (s. S. 327)
2 dl Rahm
Salz, weißer Pfeffer (Mühle)
1 EBl. Butter

Die Zwiebeln in der Butter goldgelb dünsten, die Pfefferkörner und den Ahornsirup zufügen und unter Rühren karamelisieren lassen. Mehrmals mit insgesamt etwa 6 Eßlöffeln Whisky ablöschen. Mit dem Jus auffüllen und um mindestens die Hälfte reduzieren. Vom Herd nehmen und die Mehlbutter in kleinen Flöckchen mit einem Schwingbesen unterrühren. Aufkochen, den Rahm zufügen und noch einige Minuten kochen, bis die Sauce sämig wird. Mit Salz und Pfeffer würzen und passieren. Den restlichen Whisky zugeben und die Butter untermixen.

SAUCE HOLLANDAISE
(HOLLÄNDISCHE SAUCE)

Arbeitsaufwand
15 Minuten

Für etwa 2,5 dl Sauce
3 Eigelb
250 g Butter
4 zerdrückte, weiße Pfefferkörner
½ Teel. feingehackte Schalotten
1 EBl. Essig
4 EBl. Wasser
Zitronensaft
Cayennepfeffer
Salz

Die Butter zum Klären in eine Kasserolle geben. So weit erwärmen, bis sie klar wird und die Trüb- und Eiweißstoffe sich am Boden absetzen. Beim Klären darf die Butter keine Farbe annehmen, das würde ihren Geschmack beeinträchtigen.
In der Zwischenzeit für die Reduktion die Pfefferkörner, die Schalotten mit dem Essig und dem Wasser etwa 4 Minuten kochen lassen. In eine Schüssel absieben und die Eigelbe zufügen. In einem heißen Wasserbad (etwa 70 °C) aufschlagen, bis die Eigelbe cremig und am Schneebesen hängen bleiben.
Die aufgeschlagenen Eigelbe aus dem Wasserbad nehmen und tropfenweise die geklärte, warme Butter unterrühren. Mit Zitronensaft, Salz und Cayennepfeffer abschmecken. Die fertige holländische Sauce kann durch ein Tuch passiert werden.

Tip MK: Die Sauce Béarnaise wird ähnlich zubereitet. Nur wird als Basis zuerst die Reduktion aus Estragon, wenig Kerbel, Schalotten und etwas mehr Essig zubereitet. Zuletzt werden der Sauce frischgehackte Estragonblätter zugefügt.

MARSALAFOND
(SCHNELLREZEPT)

Die Geflügelknochen klein hacken und in der heißen Bratbutter goldbraun braten. Die Karotten und die Zwiebeln schälen und in grobe Würfel schneiden. Zu den Knochen geben und einige Minuten mitrösten.
Das Fett abgießen, die Knochen und das Gemüse (auch den Sellerie und den Lauch) in einen Schnellkochtopf geben. Mit dem Marsala auffüllen, den Topf verschließen und kochen lassen. Nach Beendigung der Kochzeit den Marsalafond passieren und zur Herstellung der Sauce verwenden.

Grundrezept
Kochzeit im Schnellkochtopf 20 Minuten
1 Eßl. Bratbutter
500 g Geflügelknochen
100 g Karotten
100 g Zwiebeln
100 g Sellerie
100 g Lauch
4 dl Marsala

KRUSTENTIERFOND

Das Olivenöl erhitzen, die Schalotten, die Zwiebel und die Karottenwürfel farblos darin dünsten. Die Champignons zugeben. Den sich bildenden Fond reduzieren. Die Krusten zufügen und «anschwitzen», ohne daß sie Farbe annehmen (nicht rösten!). Mit dem Cognac (Weinbrand) und dem Portwein mehrmals ablöschen. Das Tomatenpüree und die Fleischtomate zugeben, mitdünsten.
Mit der Bouillon auffüllen und zum Kochen bringen. Sorgfältig abschäumen, den Sellerie, den Lauch, die Petersilienstiele, die Pfefferkörner und den Knoblauch beigeben. Bei verminderter Hitze langsam weiterkochen. Den fertigen Fond durch ein feines Passiertuch geben. Zur weiteren Verarbeitung bereit halten.

Tips
MK: Man kann Krusten sammeln und bis zur Verwendung im Tiefkühler aufbewahren.
Dieser Fond läßt sich in Kleinportionen tiefkühlen.

Arbeitsaufwand etwa 20 Minuten
Kochzeit 35 Minuten

Für etwa 3 dl Fond
2 Eßl. Olivenöl
je 1 Eßl. feingehackte Schalotten und Zwiebeln
3 Eßl. feine Karottenwürfel
4 Eßl. Champignonstiele oder Champignons in Scheiben
500 g Krusten (z. B. Scampi, Hummer, Langusten oder Krebse).
4 Eßl. Cognac
8 Eßl. roter Portwein
2 Eßl. doppelt konzentriertes Tomatenpüree
$^1/_2$ ausgereifte Fleischtomate
5 dl Geflügel- oder Kalbsbouillon
je 1 kleines Stück Sellerie und Lauch
6 Petersilienstiele
8 zerdrückte, weiße Pfefferkörner
1 zerquetschte Knoblauchzehe

KRUSTENTIERSAUCE

Arbeitsaufwand
20—25 Minuten
Kochzeit
etwa 30 Minuten

Für etwa
2 dl Krustentiersauce
0,3 l Krustentierfond
(s. S. 331)
4 dl Rahm
je 1 kleines Stück Lauch und Sellerie
je 6 Petersilien- und Basilikumstiele
1½ zerquetschte Knoblauchzehen
Salz, Cayennepfeffer
1 Eßl. frische Butter
4 gehackte Basilikumblätter

Den Rahm aufkochen und zum Fond passieren. Den Lauch, den Sellerie, die Petersilien- und Basilikumstiele zu einem Bündel schnüren. Zusammen mit dem Knoblauch einlegen. Bei geringer Hitzezufuhr am Kochpunkt halten. Die Sauce passieren, mit Salz und Cayennepfeffer würzen. Die frische Butter einarbeiten und die gehackten Basilikumblätter zufügen.

Tips
MK: Eine einfache Krustentiersauce läßt sich auch auf unkonventionelle Art zubereiten: Die Krustentierschalen im Mörser zerreiben, mit etwas Geflügelfond (s. S. 326) aufkochen und durch ein feines Sieb passieren. Sehr stark einkochen, bis nur noch etwa 2 Eßl. zurückbleiben. Mit ¼ Liter Geflügelrahmsauce (s. S. 329) mischen und wie oben beschrieben abschmecken. Die Sauce kann mit etwas Tomatenpüree stärker gefärbt werden.
FWE: Der Portwein kann durch Madeira und der Cocnac durch Armagnac ersetzt werden.
Das Basilikum ist mit Estragon austauschbar.

SAUCE AUS FRISCHEN PEPERONI
(PAPRIKASCHOTEN)

Den ersten Eßlöffel Butter erwärmen und die Zwiebeln darin farblos dünsten. In der Zwischenzeit die Peperoni (Paprikaschoten) waschen, vierteln, den Stielansatz und die Kerne entfernen. In Stücke schneiden, zufügen und mitdünsten. Mit dem Paprikapulver bestäuben und leicht angehen lassen. Mit der Geflügelbouillon auffüllen und weich kochen. Den süßen Rahm getrennt um etwa die Hälfte reduzieren.
Die weichen Peperoni (Paprikaschoten) im Mixer pürieren. Den eingekochten, passierten Rahm, den Sauerrahm und den zweiten Eßlöffel Butter zugeben.
Mit Salz und Zitronensaft abschmecken und durch ein feines Sieb streichen. Nochmals aufkochen und warm halten.

Arbeitsaufwand
etwa 20 Minuten
Kochzeit
etwa 25 Minuten

Für etwa 3,5 dl Sauce
1 Eßl. Butter
3 Eßl. feingehackte Zwiebeln
400 g rote Paprikaschoten (Peperoni)
2 Eßl. Delikateß-Paprikapulver
3 dl Geflügelbouillon (s. S. 325), leicht geliert
2 dl Rahm
1 dl Sauerrahm
1 Eßl. Butter
Salz, Zitronensaft

PERLHUHNFOND

Die Perlhuhnknochen kleinhacken. Das Öl in einem Schmortopf erhitzen, die Knochen zufügen und leicht anziehen lassen. Die Zwiebel und die Karotte schälen, grob würfeln und zu den Knochen geben. Farblos mitdünsten. Mit dem Weißwein ablöschen und mit Geflügelbouillon auffüllen. Langsam zum Kochen bringen, ständig den Schaum abschöpfen und ziehen lassen.
Den Lauch und den Staudensellerie putzen und waschen. Etwa 45 Minuten vor dem Passieren des Fonds zusammen mit den Pfefferkörnern, den Salbeiblättern und der Knoblauchzehe zufügen.
Den Fond durch ein Passiertuch (Etamine) oder eine Kaffeefiltertüte laufen lassen.
Wenn es nötig ist, den Fond bei geringer Hitze noch reduzieren.
Tip MK: Dieses Rezept eignet sich auch für die Zubereitung von anderen Geflügelfonds.

Arbeitsaufwand
30 Minuten
Kochzeit
2—3 Stunden

Für etwa 1 l Fond
1 kg Perlhuhnknochen
3 Eßl. Öl
1 große Zwiebel
1 mittelgroße Karotte
2 dl Weißwein
2—3 l Geflügelbouillon (s. S. 325)
¼ Lauchstange
¼ Staudenselleriestange
10 zerdrückte Pfefferkörner
3 Salbeiblätter
1 zerquetschte Knoblauchzehe

PORTWEINSAUCE

Arbeitsaufwand
etwa 10 Minuten
Kochzeit
etwa 12 Minuten

Für etwa 3 dl Sauce
½ EBl. Butter
1 EBl. feingehackte Zwiebeln
¼ Teel. Zucker
1 EBl. Tomatenpüree, doppelt konzentriert
1,2 dl roter Portwein
4 dl Jus (Geflügel oder Kalb) (s. S. 326)
weißer Pfeffer (Mühle), Salz
½ EBl. Butter

Die Zwiebeln in der erhitzten Butter goldgelb dünsten. Den Zucker und das Tomatenpüree zufügen und mitdünsten. Mehrere Male mit insgesamt etwa ⅔ des Portweins ablöschen. (Wenn vorhanden, können bei Geflügelsaucen angeröstete Geflügelknochen zugefügt werden). Mit dem Jus auffüllen und zum Kochen bringen. Bei niedriger Temperatur weiterköcheln lassen, häufig abschäumen. Den restlichen Portwein zufügen.

Die fertige Sauce durch ein feines Sieb passieren, mit Pfeffer und Salz abschmecken. Die Butter in kleinen Flöckchen unterschwenken.

Die Sauce paßt ausgezeichnet zu Geflügelgerichten wie Perlhuhn, Taube, Wachtel usw. Eine sämige Konsistenz wird erreicht, wenn man die Sauce mit *beurre manié* (Mehlbutter) bindet.

WACHTELSAUCE

Arbeitsaufwand
etwa 12 Minuten
Kochzeit
etwa 12 Minuten

Für etwa 3 dl Sauce
150 g Wachtelknochen
½ EBl. Bratbutter (Butterschmalz)
½ EBl. Butter
1 EBl. feingehackte Schalotten
5 weiße, zerdrückte Pfefferkörner
1,2 dl weißer Portwein
5 dl Wachtel- oder Geflügeljus (s. S. 326)
Salz
1 EBl. frische Butter oder Gänseleberparfaitreste

Die Wachtelknochen zerkleinern und in der heißen Bratbutter anrösten. Zum Abtropfen auf ein Sieb geben.

Die Schalotten in der Butter goldgelb dünsten. Die Wachtelknochen (Karkassen) und die Pfefferkörner zufügen und mehrmals mit insgesamt ¾ des Portweins ablöschen. Mit dem Wachteljus (Geflügeljus) auffüllen und zum Kochen bringen. Öfter abschäumen, bei geringer Hitze weiterkochen.

Die Sauce mit Salz würzen, den restlichen Portwein zufügen, aufkochen und passieren. Die Butter oder das durch ein Sieb gestrichene Gänseleberparfait in die Sauce einarbeiten. Anschließend durch ein feines Sieb streichen und warm halten.

Tip FWE: Die Bindung, die durch die Butter entsteht, kann auch mit Mehlbutter erreicht werden. Die Verwendung von Mehlbutter bei Saucen hilft Fett sparen.

MADEIRA-RAHMSAUCE

Die Butter erhitzen; die Zwiebelwürfel darin goldgelb dünsten. Die Pfefferkörner zufügen, mit insgesamt ¾ des Madeiras mehrmals ablöschen. Mit dem Geflügeljus auffüllen und um etwa die Hälfte einkochen. Den Rahm getrennt reduzieren. Durch ein feines Sieb in den dickflüssigen Geflügeljus gießen. Kräftig durchkochen und passieren. Mit Salz und Pfeffer würzen. Mit dem restlichen Madeira geschmacklich vollenden. Die Butter in kleinen Flöckchen unterschwenken.

Tip MK: Zur Abwechslung und je nach Rezept kann man den Rahm auch weglassen. Dann den Jus etwas weniger stark einkochen und die Sauce zuletzt mit etwas mehr kalter Butter aufschlagen.

Arbeitsaufwand
etwa 12 Minuten
Kochzeit
etwa 25 Minuten

Für etwa 3 dl Sauce
¾ Eßl. Butter
2 Eßl. feingehackte Zwiebeln
10 weiße, zerdrückte Pfefferkörner
1 dl Madeira
3,5 dl Geflügeljus (s. S. 326)
3,5 dl Rahm
Salz, weißer Pfeffer (Mühle)
1 Eßl. Butter

Den Rahm getrennt einkochen

Oft ist es ratsam, für Saucen den Rahm getrennt einzukochen, um ein gutes Ergebnis zu erzielen und das Gerinnen des Rahmes zu verhindern. Das gilt besonders für Saucen, bei denen Zutaten mit hohem Säuregehalt verarbeitet werden. Dazu zählen Wein, Essig und Tomatenpüree. Es ist auch eine Zeitersparnis, wenn der Rahm parallel zum Jus reduziert wird. So machen es die Profis: Bei der Zubereitung von kleinen Saucenmengen wie im Haushalt kann der Rahm in einen bereits eingekochten Fond gegeben werden, ohne daß die Sauce gerinnt.
Die Bouillon, der Fond oder der Jus muß auf jeden Fall dickflüssig eingekocht werden, bevor der Rahm zugefügt wird. Danach nochmals aufkochen. Wenn möglich, sollten Saucen, die mit Rahm hergestellt werden, im Mixer oder mit dem Mixstab aufgearbeitet werden.

MAYONNAISE

Arbeitsaufwand
etwa 12 Minuten

Für etwa 2,5 dl Mayonnaise
1 Eigelb
1 Prise Salz
2 dl Speiseöl
1 Teel. Essig
1 Teel. warmes Wasser

Das Eigelb zusammen mit dem Salz cremig rühren. Das Öl (gleiche Temperatur wie das Eigelb) tropfenweise unterrühren.
Nimmt die Mayonnaise kein Öl mehr auf, einige Tropfen Essig oder warmes Wasser zufügen. Erst zum Schluß den restlichen Essig unterarbeiten.
Die fertige Mayonnaise soll dick und gut ausgerührt sein, damit sie für alle Zwecke verwendbar ist. Erst das Endprodukt wird gewürzt und abgeschmeckt.

Warum gerinnt die Mayonnaise?

Wenn die einzelnen Zutaten zu kalt sind und nicht die gleiche Temperatur haben. Wenn das Öl zu schnell und in zu großen Mengen untergerührt wird.
Wenn zuviel Öl verwendet wird.
Wenn die fertige Mayonnaise zu kalt aufbewahrt wird.

Die geronnene Mayonnaise kann wie folgt wieder zusammengerührt werden:
Ein frisches Eigelb cremig rühren und die geronnene Mayonnaise tropfenweise darunterarbeiten.
1 Eßlöffel geronnene Mayonnaise mit einigen Tropfen warmem Wasser zusammenrühren und die restliche geronnene Mayonnaise in kleinsten Mengen einarbeiten.
Es ist zu erwähnen, daß Mayonnaise auch im Handel in guter Qualität erhältlich ist. Bei dieser Mayonnaise ist auch das Lagern kein Problem, da sie entsprechend verpackt ist.

TIROLER SAUCE

Die Mayonnaise mit der Chilisauce verrühren, mit Worcestersauce, Essig, Salz und Pfeffer abschmecken.
Die Tomate halbieren, entkernen, in kleine Würfel und den Schnittlauch in Röllchen schneiden. Beides zusammen mit dem Knoblauch unter die Sauce mischen. Sollte die Sauce zu dick sein, mit etwas Wasser verdünnen.
Die Sauce paßt nicht nur zu kaltem gebratenem Geflügel, sie harmoniert auch mit kaltem gekochtem Geflügel.

Arbeitsaufwand etwa 10 Minuten

Für 2 dl Sauce

Sauce
150 g Mayonnaise
(s. S. 340)
1 EBl. Chilisauce
einige Tropfen Worcestersauce
Essig, Salz, weißer Pfeffer
1 mittlere, enthäutete Tomate
1 Bund Schnittlauch
½ durchgepreßte Knoblauchzehe

OXFORDSAUCE

Das Johannisbeergelee durch ein feines Sieb streichen. Das Senfpulver mit dem Portwein verrühren und mit einem Holzlöffel unter das Johannisbeergelee mischen. Mit dem Meerrettich, dem Cayennepfeffer und dem Zitronensaft abschmecken.
Die Senffrüchte und den Ingwer als Einlage in die Sauce geben.
Diese Sauce ist eine ideale Beilage zu gebratenem Geflügel. Die Sauce wertet Geflügelreste auf.

Arbeitsaufwand etwa 15 Minuten

Für 2 dl Sauce

150 g Johannisbeergelee
1 Prise englisches Senfpulver
4 EBl. roter Portwein
1 Teel. geriebener Meerrettich
1 Prise Cayennepfeffer
½ Teel. Zitronensaft
1 EBl. gehackte Senffrüchte
1 Teel. Ingwerwürfel

APFEL-SELLERIE-SAUCE

Arbeitsaufwand
etwa 12 Minuten

Für etwa 2,5 dl Sauce
250 g Apfel-Sellerie-Gelee (s. S. 341)
2 Prisen englisches Senfpulver
2 EBl. weißer Portwein
1 Teel. Zitronensaft

Das Apfel-Sellerie-Gelee durch ein feines Sieb streichen und in eine Schüssel geben. Das Senfpulver mit dem Portwein anrühren. Zusammen mit dem Zitronensaft mit Hilfe eines Holzlöffels unter das Gelee mischen und abschmecken.
Sollte die Sauce zu dick sein, kann der Anteil des Portweins erhöht werden. Sollte sie zu süß sein, mehr englisches Senfpulver und Zitronensaft zufügen.

Tip MK: Die Apfel-Sellerie-Sauce paßt gut zu kalten Geflügelgerichten, Pasteten, Terrinen, Galantinen und kalten Gerichten, die in Verbindung mit Enten-, Gänse- oder Geflügelleber hergestellt werden.

BLUTORANGENSAUCE

Arbeitsaufwand
etwa 20 Minuten

Für etwa 4,5 dl Sauce
350 g bittere Orangenkonfitüre
150 g Johannisbeergelee
2 EBl. Grand Marnier
2 EBl. Campari Bitter
½ Saft einer Blutorange
½ Saft einer Zitrone
2 EBl. Meerrettichsaft
Cayennepfeffer

Die Orangenkonfitüre und das Johannisbeergelee durch ein feines Sieb streichen. Den Grand Marnier, den Campari, den Blutorangen- und den Zitronensaft mit einem Holzlöffel unterrühren. Mit dem Saft von frischgeriebenem Meerrettich und Cayennepfeffer geschmacklich vollenden.

Tips
MK: Man kann auch Blutorangenkonfitüre verwenden, die man allerdings selber kochen muß.
FWE: Die Schale der Blutorange in dünne Streifen schneiden und in Wasser weich kochen. Dabei mehrmals das Wasser wechseln. Die Streifen in die Sauce geben. Außerdem eignen sich auch Pinien- oder Pistazienkerne und grüne Mandelstreifen als Einlage.

HAGEBUTTENSAUCE

Das Hagebuttenmark durch ein feines Sieb streichen und in eine Schüssel geben. Das Senfpulver mit dem Portwein anrühren, mit Hilfe eines Holzlöffels unter das Hagebuttenmark mischen. Mit dem Madeira, dem Cayennepfeffer und dem gepreßten Zitronensaft abschmecken. Die grünen Mandeln quer halbieren und längs in dünne Streifen schneiden. Zusammen mit den Pinienkernen unter die fertige Sauce mischen.
Die Sauce paßt gut zu allen Galantinen, Pasteten und Terrinen aus Geflügel und Wildgeflügel oder zu gebratenem kalten Geflügel.

Arbeitsaufwand
etwa 10 Minuten

Für etwa 3 dl Sauce
250 g Hagebuttenmark oder -marmelade
1 Prise englisches Senfpulver
3 cl roter Portwein
3 cl Madeira
Cayennepfeffer
1 Zitrone für Saft
10 grüne Mandeln (Konserve)
1 EBl. Pinienkerne

MANGOSAUCE

Das Mangogelee durch ein feines Sieb streichen. Das englische Senfpulver mit dem weißen Portwein anrühren, zusammen mit dem Zitronensaft und einer Prise Curry mit Hilfe eines Holzlöffels unter die Sauce mischen.

Tip FWE: Die Sauce kann durch verschiedene Einlagen abgeändert werden. Hierfür eignen sich besonders Pinienkerne, Pistazien- oder Mandelstreifen, Mango- oder Melonenfleisch. Je nach Verwendungszweck können auch scharf eingelegte Früchte in Frage kommen.
Die Zutaten für kalte Saucen, die aus Gelees hergestellt werden, dürfen nie mit einem Schneebesen untergerührt werden. Ein Holzlöffel ist dafür besser geeignet. Mit ihm wird nicht soviel Luft eingerührt wie mit einem Schneebesen. Die kleinen Luftbläschen verändern die Farbe der Sauce erheblich.
Von einem Erhitzen des Gelees zur Herstellung der Sauce ist abzuraten, da diese nach dem Erkalten wieder fest wird.

Arbeitsaufwand
etwa 10 Minuten

Für etwa 2,5 dl Sauce
250 g Mangogelee (s. S. 341)
1—2 Prisen englisches Senfpulver
2 EBl. weißer Portwein
1 EBl. Zitronensaft
1 Prise Curry

MELONENSAUCE

Arbeitsaufwand
etwa 20 Minuten
Kochzeit
8—10 Minuten

Für etwa 2 dl Sauce
200 g Melonenfleisch
1 Orange
½ Zitrone
1 dl Wasser oder
Weißwein
10 g Sago oder
Tapioka
Zucker (nach
Geschmack)
1 Prise Ingwerpulver

Einlagen
1 Teel. Ingwerwürfel
(Konserve)
2 EßI. Melonenwürfel
1 Teel. gehackte
Pistazien

Das Melonenfleisch kleinschneiden und pürieren. Von der Orange und der Zitrone einen Streifen Schale abschneiden, dann die Früchte auspressen.
Das Wasser mit der Orangen- und der Zitronenschale sowie dem Orangen- und dem Zitronensaft zum Kochen bringen. Den Sago einlaufen lassen und so lange kochen, bis er glasig wird (Kochzeit auf der Verpackung beachten). Auskühlen lassen, dann das Melonenpüree zufügen, mit dem Zucker und dem Ingwerpulver abschmecken.
Zum Schluß die Einlage zugeben und etwa zwei Stunden zum Durchziehen kalt stellen.

Tip FWE: Die Melonensauce paßt gut zu kaltem Geflügel, Wild, Pasteten, Terrinen, Galantinen usw.

TRAUBENSAUCE

Arbeitsaufwand
etwa 20 Minuten

Für etwa 2,5 dl Sauce
200 g blaues Traubengelee (s. S. 342)
Cayennepfeffer
1½ EßI. Portwein
1 EßI. Cognac oder
Weinbrand
½ EßI. Zitronensaft
15 blaue Traubenbeeren (Weinbeeren)
1 EßI. Pinienkerne

Das Traubenbeerengelee durch ein feines Sieb streichen. Den Cayennepfeffer, den Portwein, den Cognac und den Zitronensaft mit einem Gummispatel (oder Holzlöffel) untermischen und abschmecken.
Von den Traubenbeeren die Häute abziehen, dann vierteln und entkernen und zusammen mit den Pinienkernen unter die Sauce heben.
Die Sauce zum Durchziehen einige Zeit kalt stellen.

Tip MK: Diese Sauce läßt sich auch aus weißen Trauben zubereiten.

APFEL-SELLERIE-GELEE

Den frischgepreßten Apfel- und Sellerie-Saft zusammen mit dem Apfelkorn, dem Zitronensaft und dem Gelierzucker etwa 3 Minuten (Beschreibung auf der Packung beachten) kräftig durchkochen. Sauber abschäumen und durch ein feines Tuch oder ein Sieb passieren.
In saubere, ausgekochte Gläser abfüllen, sofort fest verschließen und auskühlen lassen.
Kühl und dunkel gelagert, ist das Gelee über einen längeren Zeitraum haltbar. Es ist sehr vielfältig verwendbar.

Arbeitsaufwand
etwa 25 Minuten
Kochzeit
etwa 3 Minuten

Für etwa 9 dl Gelee
3 dl Apfelsaft
2 dl Selleriesaft
2 EBl. Apfelkorn oder Gravensteiner
2 EBl. Zitronensaft
600 g Gelierzucker

MANGOGELEE

Den Mango- und den Orangensaft zusammen mit dem Whisky, dem Zitronensaft und dem Gelierzucker zum Kochen bringen. Eventuell den Curry zufügen, abschäumen und etwa 3 Minuten kochen lassen. Die Anweisungen auf der Packung beachten. Durch ein feines Sieb passieren und in sterile Gläser abfüllen, sofort verschließen.

Tip FWE: Der Mangosaft kann leicht selbst hergestellt werden. Das Fleisch überreifer Mangos mit etwas Orangensaft im Mixer pürieren oder in den Entsafter geben und durch ein feines Sieb drücken.
Der Gelierzucker kann durch andere Geliermittel, die bei der Gelee- oder Marmeladenherstellung Verwendung finden, ausgetauscht werden. Dann sollte das Gelee nach der Beschreibung auf der Packung hergestellt werden.

Arbeitsaufwand
etwa 30 Minuten
Kochzeit
etwa 3 Minuten

Für etwa 9 dl Gelee
4 dl Mangosaft
2 dl Orangensaft
4 EBl. Whisky oder Weinbrand
3 EBl. Zitronensaft
650 g Gelierzucker
½ Teel. Curry (nach Belieben)

BLAUES TRAUBENGELEE

Arbeitsaufwand
etwa 15 Minuten
Kochzeit
etwa 3 Minuten

Für etwa 9 dl Gelee
5 dl blauer Traubenbeerensaft (Weinbeeren)
3 EBl. Cognac oder Weinbrand
3 EBl. Zitronensaft
600 g Gelierzucker
1 Zimststange
3 Gewürznelken

Den frisch gepreßten Traubenbeerensaft zusammen mit dem Cognac, dem Zitronensaft, dem Gelierzucker, der Zimststange und den Nelken etwa 3 Minuten kräftig durchkochen. Sauber abschäumen und durch ein feines Tuch passieren. In saubere, sterile Gläser abfüllen und sofort verschließen.

Tip FWE: Der Cognac kann auch durch Armagnac, Whisky oder Marc de Bourgogne ersetzt werden. Der Alkohol gibt dem Gelee eine besondere Note, von Fall zu Fall kann er auch ersatzlos gestrichen werden.

Das Traubenbeerengelee eignet sich auch sehr gut als Beilage zu Wild und Wildgeflügel anstelle der obligaten Preiselbeeren oder des Johannisbeergelees.

WEISSES TRAUBENGELEE

Arbeitsaufwand
etwa 25 Minuten

Für etwa 1 l Gelee
5 dl weißer Traubensaft
2 EBl. Armagnac
1 EBl. Zitronensaft
600 g Gelierzucker
1 Zimststange

Den frisch gepreßten Traubensaft zusammen mit dem Armagnac, dem Zitronensaft, dem Gelierzucker und der Zimststange etwa 2 bis 3 Minuten kräftig durchkochen. Sauber abschäumen und durch ein feines Tuch passieren.

In saubere, ausgekochte Gläser abfüllen, sofort fest verschließen und auskühlen lassen.

Kühl und dunkel gelagert, ist das Gelee über einen längeren Zeitraum haltbar. Es ist sehr vielfältig verwendbar.

Tip FWE: Dieses Gelee eignet sich gut als Beilage zu gebratenem Geflügel und zu Wildgeflügel.

*Gelee —
die zarte Versuchung*

*Gegen Gelee besteht oft eine gewisse Abneigung. Dabei ist Gelee, wenn es richtig hergestellt und das Geleepulver oder die Gelatine entsprechend dosiert wird, eine Delikatesse, die ausgezeichnet schmeckt und eine leichte, bekömmliche Ergänzung zu kalten Gerichten ist. Von den gesundheitlichen Vorteilen, die das Gelee hat, soll hier gar nicht gesprochen werden. Gelee ist auch ein Kurzzeit-Konservierungsmittel. Gekochtes Geflügel oder Fleisch, in Gelee eingelegt, hält sich um zwei bis drei Tage länger als gewöhnlich aufbewahrtes. Kaltes Fleisch, Pasteten, Terrinen, Parfaits und ähnliche Gerichte, dünn mit Gelee überzogen, behalten über einen längeren Zeitraum ihr frisches Aussehen. Auch bringt es die Farben der einzelnen Speisen besser zur Geltung.
Ein Gänse- oder Entenleberparfait, mit dem entsprechenden Gelee serviert, macht beides zu einer Delikatesse und verleiht jedem von ihnen eine gewisse Frische.
Zum Ausgießen von Pasteten ist es unentbehrlich.
Die auf dem Markt erhältlichen Sulzpulver können natürlich auch für Gelee verwendet werden; sie ersparen der Hausfrau einiges an Arbeit. Die Beschreibungen auf den Packungen sollten genau beachtet werden. Diese Sulzpulver können durch die Zugaben von Wein, Spirituosen oder Kräutern geschmacklich und optisch aufgewertet werden.*

GEFLÜGEL-RIESLING-GELEE

Arbeitsaufwand
etwa 25 Minuten
Garzeit
etwa 35 Minuten

Für etwa 5 dl Gelee
100 g grobgehacktes Klärfleisch
3 EßI. kleine Gemüsewürfel
(Sellerie, weißer Lauch)
6 weiße Pfefferkörner
1 kleine Knoblauchzehe
2 Eiweiß
2 EßI. Wasser
5 dl Geflügelbouillon
(s. S. 325)
1,5 dl trockener Rieslingwein
Salz
12 g Geleepulver oder weiße Blattgelatine
5 EßI. Wasser zum Aufquellen

Das Klärfleisch mit den Gemüsewürfeln, den zerdrückten Pfefferkörnern, der zerquetschten Knoblauchzehe und dem Eiweiß mit 2 Eßlöffeln Wasser zu einer kompakten Masse zusammenarbeiten. Mit der Bouillon auffüllen und unter ständigem Rühren zum Kochen bringen. Kräftig durchkochen, damit das Eiweiß bindet, und dann den Weißwein zufügen. Bei schwacher Hitze mindestens 30 Minuten ziehenlassen.
Das Geleepulver in dem kalten Wasser aufquellen lassen.
Die geklärte, heiße Flüssigkeit durch einen Kaffeefilter oder ein Passiertuch auf das Geleepulver filtrieren. Mit Salz abschmecken, auskühlen lassen und kalt stellen.

Rund um das Gelee

Das Gelee sollte immer einen Tag im voraus gekocht werden. Es läßt sich dann viel leichter verarbeiten als frisch gekochtes, da das Geleepulver einen gewissen Zeitraum benötigt, bis es vollkommen ausgequollen ist. Die Gelierkraft von schon einmal erstarrtem Gelee ist wesentlich größer. Mit dem Geleepulver sollte sparsam umgegangen werden. Ein Gelee mit zu hohem Gelatineanteil verliert seinen zarten Geschmack und den Schmelz. Es bedarf schon einiger Übung, bevor man richtig mit Gelee umgehen kann.
Die Bezeichnung Aspik anstelle von Gelee ist nicht korrekt. Aspike sind eigenständige Gerichte, die nur zum Teil aus Gelee bestehen. Einige Beispiele von Aspikgerichten sind Geflügelbrüstchen in Gelee oder Gänseleber in Gelee.

Auskleiden mit Gelee

Das gestockte Gelee wird in einer Metallschüssel (Porzellan oder Glas ist hierfür nicht geeignet) zum Schmelzen in ein Gefäß mit heißem Wasser gestellt. Wenn das Gelee zerlaufen ist, wird die Hälfte davon in Eiswasser mit einer kleinen Saucenkelle kalt gerührt. Dabei vorsichtig verfahren, damit sich möglichst wenig Luftbläschen bilden. Wenn das Gelee kalt ist und die gewünschte Temperatur und Konsistenz erreicht hat, kann mit der Arbeit begonnen werden. Wird das Gelee zu dickflüssig, muß vom noch warmen Gelee so viel zugefügt werden, bis es wieder verarbeitungsfähig ist.

PORTWEINGELEE

Das Klärfleisch mit den Gemüsen, den Pfefferkörnern, den zerquetschten Knoblauchzehen, dem Eiweiß und dem Tomatenpüree zusammenarbeiten.

Mit der Bouillon auffüllen und unter ständigem Rühren zum Kochen bringen. Kräftig aufkochen lassen und den Portwein zugeben. Bei schwacher Hitze mindestens 30 Minuten ziehen lassen.

Das Geleepulver in kaltem Wasser aufweichen. Die geklärte, heiße Flüssigkeit durch eine Filtertüte oder ein Passiertuch auf das in kaltem Wasser eingeweichte Geleepulver filtrieren und mit dem Salz abschmecken.

Tip FWE: Das Gelee läßt sich auf die gleiche Art mit Madeira oder mit Sherry zubereiten.

Arbeitsaufwand
etwa 20 Minuten
Kochzeit
etwa 45 Minuten

Für etwa 5 dl Gelee
80 g grobgehacktes Klärfleisch (mageres Rindfleisch)
3 EBl. Gemüsewürfel (Karotten, Sellerie, Lauch)
6 zerdrückte Pfefferkörner
2 mittelgroße Knoblauchzehen
1 Eiweiß
1½ EBl. doppelt konzentriertes Tomatenpüree
5 dl Geflügelbouillon (s. S. 325)
1 dl roter Portwein
12 g Geleepulver
5 EBl. Wasser zum Aufquellen
Salz

Was ist Spinatmatte?

Als ein natürlicher Farbstoff, der vollkommen geschmacksneutral ist, kann die Spinatmatte zum Grünfärben von Teigwaren, Saucen, Suppen, Farcen und Süßspeisen verwendet werden; beim Kochen bleibt der grüne Farbton erhalten. Die Intensität der Farbe wird durch die zugegebene Menge der Spinatmatte bestimmt.

Die Herstellung der Spinatmatte ist relativ einfach: Der Blattspinat wird geputzt und äußerst gründlich gewaschen. Einige Spinatblätter und 2 bis 3 Eßlöffel Wasser in den Cutter (Küchenmaschine oder Mixer) geben und fein pürieren. Nach und nach den restlichen Spinat zufügen, bis alles püriert ist. Je weniger Spinat aufs Mal zugefügt wird, desto schneller geht es. Den pürierten Spinat in ein Passiertuch geben, den Saft ausdrücken und auffangen.

Den Spinatsaft in einer Kasserolle vorsichtig erhitzen (lauf etwa 65 °C), auf keinen Fall kochen. Die Blattgrünkörner (Chlorophyll) ziehen sich zusammen und steigen wolkenartig an die Oberfläche. Dies ist nun die Spinatmatte; sie wird mit einem feinen Teesieb sorgfältig abgeschöpft. Gut abtropfen lassen, bis keine Flüssigkeit mehr in Sieb vorhanden ist.

Die Spinatmatte kann einige Tage im Kühlschrank aufbewahrt oder portionsweise eingefroren werden.

Die Ergiebigkeit ist bei den einzelnen Spinatsorten unterschiedlich; zarter, junger Spinat ist nicht so ertragsreich wie große dunkelgrüne Blätter.

Als Faustregel gilt: 100 Gramm Spinatblätter ergeben etwa 10 Gramm Spinatmatte. Zum Färben von 250 Gramm Teig werden etwa 20 bis 30 Gramm Spinatmatte benötigt.

BEILAGEN

Gerichte werden durch die richtigen Beilagen nicht nur optisch aufgewertet. Wenn sie gut ausgewählt sind, harmonieren sie auch mit dem zubereiteten Fleisch und der dazu servierten Sauce. Sie sind dann eine Bereicherung, für die es sich lohnt, etwas Liebe und Zeit aufzuwenden. Wir haben bei unseren Rezepten deshalb als Anregung passende Beilagen aufgeführt. Und damit Sie nicht in anderen Kochbüchern danach suchen müssen, haben wir dieses Kapitel eingefügt.

Natürlich hat man nicht immer Zeit und Lust, mehr oder weniger aufwendige Beilagen zuzubereiten. Dann kann man sich auf eine von ihnen beschränken. Oft lassen sie sich auch ganz einfach durch Reis, Nudeln, Kartoffeln ersetzen. Aber wenn es darauf ankommt, sind originelle Beilagen eine Bereicherung für das Menü. Ist dieses mit Vorspeise und Hauptgang zusammengestellt, kann man nur bei einem der Gerichte Beilagen wählen. Denn auch hier gilt «weniger ist oft mehr». Ein Menü soll gut ausgewogen und nicht überladen sein. Wer Spaß an Beilagen hat, kann sein Menü ja besonders klug zusammenstellen. Er muß auch darauf achten, daß bei den einzelnen Gängen keine Wiederholungen auftreten.

Damit ein Menü nicht zu üppig wird, kann man die Beilagen nach den Nährwertangaben auf den Seiten 397 bis 408 auswählen. Meistens wird ja nur ein Hauptgang damit ergänzt. Bei den Vorspeisen begnügt man sich am besten mit einer Kleinigkeit.

BUCHWEIZENBLINIS

In der lauwarmen Milch die zerbröckelte Hefe auflösen. Den Sauerrahm und die Hälfte des Zuckers zugeben. Das Buchweizen- und das Weizenmehl sieben. Das Eigelb vom Eiweiß trennen.

Die Mehle und das Eigelb zu der Milch-Hefe-Sauerrahm-Masse geben und zu einem glatten Teig verarbeiten. Mit einem Tuch abdecken und etwa 20 Minuten gehen lassen.

Das Eiweiß mit dem restlichen Zucker und dem Salz zu Schnee schlagen, der nicht ausflocken darf. Unter die Blinimasse ziehen, Pfännchen (von 8 Zentimetern Durchmesser) mit Butter ausstreichen und darin kleine Pfannkuchen ausbakken. Sofort heiß servieren.

Beilage Frische oder zerlassene Butter oder dicker Sauerrahm

Tip FWE: Die Blinis können auch nur mit Buchweizenmehl hergestellt werden. Gut geeignet dafür ist ganz frisch gemahlenes Buchweizenvollkornmehl.

Arbeitsaufwand
etwa 20 Minuten
Backzeit
4—5 Minuten

Für 4 Beilagenportionen
0,6 dl Milch (etwa 6 Eßlöffel)
10 g Hefe
0,5 dl Sauerrahm (etwa 5 Eßlöffel)
10 g Zucker (1 knapper Eßlöffel)
70 g Buchweizenmehl
30 g Weißmehl (Weizenmehl)
1 Ei
Salz
1 Eßl. Butter

ROGGENWAFFELN

Die weiche Butter mit dem Zucker und dem Salz schaumig rühren. Das Backpulver mit dem Mehl zusammensieben. Nach und nach abwechselnd die Eier, das Mehlgemisch, die Buttermilch und den sauren Rahm löffelweise unterrühren. Es soll ein dickflüssiger Teig entstehen.

Das vorgeheizte Waffeleisen dünn mit Öl bestreichen. Eine Schöpfkelle voll Teig darauf geben, den Deckel schließen und knusprig backen. Sehr heiß servieren.

Beilage Gesalzene Butter

Tips
MK: Roggenwaffeln sind eine alltägliche Beilage zu Salaten oder zu kalten Vorspeisen.
FWE: Die Waffeln dürfen nach dem Backen nicht abgedeckt werden, sonst werden sie weich.

Arbeitsaufwand
etwa 15 Minuten
Backzeit
etwa 6 Minuten

Für etwa 4 Portionen
65 g weiche Butter
1 Teel. Zucker, Salz
2 Eier
125 g Roggenmehl
1 Teel. Backpulver
1 dl Buttermilch
0,6 dl saurer Halbrahm (Sauerrahm)
2 Eßl. Gin oder Wodka
Öl für das Waffeleisen

SAUERRAHMWAFFELN

Arbeitsaufwand
etwa 15 Minuten
Backzeit
etwa 6 Minuten

Für etwa 4 Portionen
75 g Weißmehl
(Weizenmehl)
50 g Buchweizenmehl
10 g Hefe
½ EßI. Zucker
1,7 dl saurer Halbrahm
(Sauerrahm)
1 Eigelb
1 Ei
45 g zerlassene Butter
Salz
Öl (oder fetter Speck)
für das Waffeleisen

Das Weizen- und Buchweizenmehl in eine Schüssel sieben. In der Mitte eine Vertiefung machen. Die Hefe darin zerbröckeln, den Zucker und etwa 70 g des sauren Halbrahms mit etwas Mehl vermischen. Diesen Vorteig mit einem Tuch bedecken und bei Zimmertemperatur etwa 15 Minuten gehen lassen.

Den restlichen sauren Halbrahm, das Eigelb, das Ei, die zerlassene Butter (handwarm) und das Salz zum Vorteig geben. Alles mit dem restlichen Mehl zusammenarbeiten und so lange schlagen, bis der Teig Blasen wirft. Den Teig zugedeckt nochmals 20 Minuten gehen lassen.

Im vorgeheizten, mit Öl bestrichenen Waffeleisen ausbacken. Sofort heiß servieren.

Beilage Gesalzene Butter

ORANGEN-PFANNKUCHEN

Arbeitsaufwand
etwa 15 Minuten

Für 4 Portionen

Teig
Backzeit
etwa 5 Minuten
Ofentemperatur
etwa 220°C
2 Orangen für das
Abreiben der Schale
9 cl Grand Marnier
oder Orangen-Brandy
100 g Weißmehl
(Weizenmehl)
2,5 dl Milch
4 Eier
Salz
3 EßI. geschlagener
Rahm
½ EßI. Butter zum Ausbacken

Die abgeriebene Orangenschale mit dem Grand Marnier dickfließend einkochen und abkühlen lassen.

Das gesiebte Mehl in eine Schüssel geben und mit der Milch glattrühren. Die Eier und das Salz untermischen, durch ein feines Spitzsieb drücken. Das Orangen-Grand-Marnier-Konzentrat einrühren. Eine Stunde ruhen lassen. Vor dem Ausbacken den geschlagenen Rahm unterheben.

Den Teig in die ausgebutterten, heißen Pfannen (Ø etwa 14 cm) geben. Auf dem Herd an- und im vorgeheizten Ofen fertig backen. Anrichten und sofort servieren.

MANGOPFANNKUCHEN

Das Mehl sieben und mit der Milch glattrühren. Die Eier und das Salz untermischen. Durch ein feines Sieb passieren und abgedeckt kalt stellen.
Die Mango schälen und das Fleisch mit einem spitzen Messer längs vom Kern schneiden und würfeln.
Den Rahm steif schlagen und kurz vor dem Ausbacken unter den Teig ziehen.
Den Teig in die heißen, ausgebutterten Crêpepfannen geben und die Mangowürfel darauf verteilen. Auf dem Herd an- und im vorgeheizten Ofen fertig backen. Anrichten und sofort heiß servieren.

Arbeitsaufwand
etwa 15 Minuten
Backzeit
etwa 5 Minuten
Ofentemperatur
etwa 220 °C
Ruhezeit
etwa 60 Minuten

Für etwa 4 Personen
100 g Weißmehl
(Weizenmehl)
2,5 dl Milch
4 Eier
Salz
1 dl Rahm
1 Mango
1 EBl. Kochbutter

NUDELFLECKEN MIT ZITRONENMELISSE

Das Mehl in eine Schüssel sieben. Mit dem Eigelb, dem Salz und dem Olivenöl zusammenarbeiten. Auf einem mit Mehl bestäubten Tisch oder Brett so lange bearbeiten, bis ein glatter und geschmeidiger Teig entsteht. Zu einer faltenlosen Kugel formen. In Folie einschlagen und ruhenlassen.
Den Teig mit der Nudelmaschine auf der kleinsten Stufe ausrollen. Die Hälfte der Teigplatten in gleichmäßigen Abständen mit den Blättern der Zitronenmelisse belegen. Die Zwischenräume mit Wasser bestreichen. Mit einer zweiten Nudelplatte bedecken. Die Maschine etwa zwei Stufen größer einstellen und die Nudelplatten nochmals durchwalzen.
Die gefüllten Nudelplatten mit einem Teigrädchen in gleich große Rechtecke schneiden. In stark kochendem Salzwasser garen. Kalt abspülen und abtropfen lassen, mit einigen Tropfen Öl beträufeln, um ein Aneinanderkleben zu vermeiden. Die gewürzten Nudelflecken in etwas Kochwasser mit der Butter erhitzen und sofort servieren.

Arbeitsaufwand
etwa 25 Minuten
Ruhezeit
mindestens 30 Minuten
Kochzeit
3—5 Minuten

Für 400 g Nudelteig
250 g Weißmehl
(Weizenmehl)
8 Eigelb (etwa 160 g)
1 Teel. Salz
1 EBl. Olivenöl
1 Bund Zitronenmelisse
Muskatnuß, Salz
1 EBl. Butter

HAUSGEMACHTE EIERNUDELN

Arbeitsaufwand
etwa 15 Minuten
Kochzeit
40—60 Sekunden

**Für 6 Personen
(Beilage)**
250 g Weißmehl
(Weizenmehl)
8 Eigelb (160 g)
6 g Salz
1 EBl. Olivenöl

Muskatnuß, Salz
1½ EBl. Butter

Das Mehl in eine Schüssel sieben. Mit dem Eigelb, dem Salz und dem Olivenöl mischen. Herausnehmen und auf einem Brett oder einer Marmorplatte zu einem glatten Teig zusammenarbeiten. In eine Klarsichtfolie eingeschlagen etwa 60 Minuten an einem kühlen Ort (nicht im Kühlschrank) ruhen lassen.

Den Teig dünn ausrollen und in schmale Streifen schneiden. Dem kochenden Salzwasser etwas Öl zufügen. Die frisch hergestellten Nudeln darin *al dente* kochen. Bei getrockneten Nudeln verlängert sich die Garzeit erheblich (etwa auf 6 bis 9 Minuten). Die fertigen Nudeln kalt abspülen und abtropfen lassen.

Kurz vor dem Anrichten mit Muskatnuß und Salz würzen. In etwa 3 Eßlöffeln Nudelkochwasser und der Butter heiß machen. Sofort servieren.

Tips FWE: Die Nudeln können auch mit Roggen- oder Vollkornmehl hergestellt werden. Dabei kann es von Fall zu Fall nötig sein, zusätzlich etwas Wasser darunterzuarbeiten; Vollkornmehl benötigt bei der Verarbeitung mehr Feuchtigkeit.

Werden die Nudeln an einem luftigen Ort getrocknet, können sie über eine längere Zeit aufbewahrt werden.

GRÜNE NUDELN

Das Mehl sieben, ringförmig aufhäufen, die Eigelbe, die Spinatmatte, das Olivenöl und das Salz in die Mitte geben. Gut mischen, zusammenkneten und so lange bearbeiten, bis der Teig glatt und geschmeidig ist. Zu einer faltenlosen Kugel formen, in Klarsichtfolie einschlagen. Mindestens 30 Minuten ruhen lassen.

Den Teig erst in Scheiben schneiden, dann mehrmals durch die Walzen der Nudelmaschine drehen, bis er sich seidig anfühlt. In der gewünschten Dicke ausrollen. Die Teigplatten in Streifen schneiden, welche der vorgesehenen Nudellänge entsprechen. Mit den Messerwalzen in der gewünschten Stärke schneiden.

Die Nudeln entweder frisch kochen oder trocknen. Getrocknet können sie über einen längeren Zeitraum aufbewahrt werden.

Zum Erhitzen die gekochten, gewürzten Nudeln in der Butter und etwas Nudelkochwasser schwenken.

Tip FWE: Für Kräuternudeln dem vorgehend beschriebenen Teig zwei Eßlöffel feingehackte Kräuter (wie Kerbel, Petersilie, Salbei, Basilikum usw.) zufügen.

Arbeitsaufwand etwa 20 Minuten
Kochzeit für frisch hergestellte Nudeln etwa 40—60 Sekunden, für getrocknete Nudeln etwa 8—10 Minuten

Für 250 g Nudelteig
160 g Weißmehl (Weizenmehl)
5 Eigelb (etwa 100 g)
1 Eßl. Spinatmatte
1 Eßl. Olivenöl
½ Teel. Salz
1 Eßl. Butter zum Anschwenken
geriebene Muskatnuß, Salz

TROCKENREIS/ KREOLENREIS

Arbeitsaufwand
etwa 5 Minuten

Für 6 Beilageportionen

Trockenreis
Garzeit
21—25 Minuten
300 g Langkornreis
3,5 l Wasser
2 Eßl. Salz
1½ Eßl. Butter

Den Reis waschen und in das stark kochende Salzwasser geben, etwa 9 bis 10 Minuten kochen. In einen Durchschlag schütten, heiß abspülen und abtropfen lassen.
Eine passende Kasserolle dick mit einem Eßlöffel Butter ausstreichen. Den Reis hineingeben und mit gebuttertem Pergamentpapier abdecken. Die Kasserolle mit einem Deckel fest verschließen. In den auf 200 °C vorgeheizten Ofen schieben und 13 bis 16 Minuten darin garen.
Unter den gegarten Reis die restliche Butter mit einer Fleischgabel locker heben. Eventuell nachsalzen.

WILDER REIS MIT GEMÜSEN UND NÜSSEN

Arbeitsaufwand
etwa 15 Minuten
Garzeit
etwa 54 Minuten

Für 3 Personen
(Beilage)
110 g Wilder Reis
(oder 1 Originalpackung zu 113,2 g)
1 Eßl. Butter
1 Eßl. feingehackte Zwiebeln
5 Eßl. feine Gemüsewürfel (Lauch, Karotten und Stangensellerie)
3,6 dl Geflügelbouillon
(s. S. 325)
Salz, Muskatnuß
1 Eßl. gehackte Baumnuß- oder Paranußkerne
1 Teel. Butter

Den Wilden Reis etwa zwei Stunden in warmem Wasser quellen lassen. Dann zum Abtropfen auf ein groblöchriges Sieb (Durchschlag) geben.
Die Butter erwärmen, die Zwiebeln und die Gemüsewürfel zufügen und farblos darin dünsten. Den Wilden Reis zugeben und einige Minuten mitdünsten lassen. Mit der heißen Geflügelbouillon auffüllen und mit Salz und Muskatnuß würzen. Auf dem Herd aufkochen und im vorgeheizten Ofen (etwa 200 °C) garziehen lassen.
Die gehackten Nußkerne und die Butter kurz vor dem Servieren unter den wilden Reis mischen.

SAFRANRISOTTO

Den Reis sauber waschen und abtropfen lassen. Das Olivenöl erhitzen und die Zwiebeln darin farblos dünsten. Den Reis zufügen und einige Minuten mitschwitzen lassen, bis er glasig wird. Mit der Bouillon auffüllen, mit dem Safran und Salz würzen. Auf dem Herd unter Rühren zum Kochen bringen. Die Hitze drosseln und fertig garen lassen. Je öfter der Risotto gerührt wird, desto besser wird seine Festigkeit und sein Glanz.

Zum Schluß den geriebenen Parmesan und die Butter in kleinen Flöckchen mit einer Gabel unterheben. Der fertige Risotto sollte sofort serviert werden.

Tip MK: Zur Herstellung von Risottos sind die Reissorten Arborio, Ostiglia, Vialone sehr gut geeignet. Die meisten Rezepte schreiben die Verwendung von Weiß- oder Rotwein vor. Wer es liebt, kann einen Teil der Bouillon durch Wein ersetzen.

Der Safranrisotto kann durch die Verwendung von Safranfäden optisch aufgewertet werden.

Arbeitsaufwand
etwa 10 Minuten

Für 4 Beilageportionen

Risotto
Garzeit
15—18 Minuten
200 g Risottoreis
2 EBl. Olivenöl
1 EBl. feingehackte Zwiebeln
6 dl Geflügelbouillon
1 g Safranpulver oder -fäden
Salz
1—2 EBl. geriebener Parmesan
1 EBl. Butter

PILAWREIS

Den Reis waschen und gut abtropfen lassen. Die Zwiebeln im heißen Olivenöl farblos dünsten. Den Reis zufügen und so lange mitschwitzen lassen, bis er glasig wird. Mit der Bouillon auffüllen, mit Salz und geriebener Muskatnuß würzen. Auf dem Herd aufkochen und zugedeckt in der Röhre garziehen lassen.

Mit einer Fleischgabel die Butterflöckchen unter den fertigen Reis heben und sofort servieren.

Tip FWE: Durch Zufügen von Currypulver, Safran, Paprika, Tomaten, Erbsen, Mandeln und Pistazien kann der Pilawreis optisch und geschmacklich verändert werden.

Arbeitsaufwand
etwa 10 Minuten

Für 4 Beilageportionen

Risotto
Garzeit
etwa 18 Minuten
200 g Patnareis (Langkornreis)
2 EBl. Olivenöl oder Butter
1 EBl. feingehackte Zwiebeln
4 dl Geflügelbouillon
Salz, Muskatnuß
1 EBl. Butterflöckchen

DARPHINKARTOFFELN

Bratzeit etwa 5 Minuten

Für 4 Personen
600 g Kartoffeln (mehligkochende Sorte)
Pfeffer (Mühle), Salz
2 EßI. Butter

Die Kartoffeln schälen, waschen und abtropfen lassen. Auf einem Hobel (oder mit einem Messer) in feine Streifen (Julienne) schneiden. Mit einem Tuch oder mit Küchenkrepp trockentupfen.
Die Kartoffelstreifen würzen. In gebutterten heißen Portionsbratpfannen wie rohe Rösti schön goldgelb braten. Sofort heiß servieren.

Tip FWE: Durch das Zufügen von rohen Artischocken- oder Zucchinostreifen können die Kartoffeln geschmacklich und optisch verändert werden.

HERZOGINKARTOFFELN

Arbeitsaufwand
15 Minuten

Für 6 Personen
(Beilage)
750 g geschälte Kartoffeln (mehligkochende Sorte)
Salz
2 Eigelb
1 Ei
1 EßI. Butter
Muskatnuß, Salz
1 Teel. Butter
1 Eigelb
1 EßI. Rahm

Die Kartoffeln in Salzwasser garkochen, dann abgießen. Die Kartoffeln zum Ausdämpfen im Kochgeschirr in den heißen Ofen stellen. (Sie müssen ganz trocken werden.)
Die Eigelbe und das Ei unterarbeiten, danach durch die Kartoffelpresse (Passevite) drücken. Mit geriebener Muskatnuß und Salz würzen, die Butter einarbeiten.
Ein Blech mit 1 Teelöffel Butter einstreichen. Die Kartoffelmasse in einen Spritzsack mit großer Sterntülle geben und rosettenförmig aufspritzen. Das Eigelb mit dem Rahm vermischen und die Kartoffelrosetten damit bestreichen. Bei Bedarf im vorgeheizten Ofen erhitzen und goldgelb werden lassen.

Tip FWE: Die Kartoffeln nur in einer Kasserolle mit hitzebeständigen Griffen kochen oder in einen Bräter geben, da diese sonst beim Ausdämpfen im Ofen Schaden nehmen können. Dieser Vorgang kann notfalls auch auf dem Herd vollzogen werden.
Die Kartoffelmasse kann auch mit einem Eßlöffel eiförmig abgestochen oder zu einer Rolle geformt und dann in Scheiben geschnitten werden.

KARTOFFELKRAPFEN

Die Kartoffeln salzen und weichkochen, danach abgießen und vollkommen trockendämpfen (s. S. 356).
Das Wasser mit der Butter zum Kochen bringen. Das gesiebte Mehl einlaufen lassen und mit dem Holzlöffel so lange rühren, bis sich ein weißer Belag am Boden der Pfanne bildet. Das Ei unterarbeiten.
Die Kartoffeln durchpressen und mit der Brandmasse zusammenarbeiten. Mit Salz und Muskatnuß abschmecken. Die Kartoffelmasse kann auf geöltes Pergamentpapier aufgespritzt oder mit einem Eßlöffel abgestochen werden. Anschließend in der heißen Fritüre bei etwa 160 °C in etwa 3 Minuten ausbacken. Auf einem Tuch abtropfen lassen und heiß servieren.

Arbeitsaufwand
etwa 20 Minuten

Für 4 Personen

Krapfen
400 g geschälte Kartoffeln
Salz

Brandmasse
0,8 dl Wasser
10 g Butter
40 g Weißmehl
1 Ei
Salz, geriebene Muskatnuß
Erdnußöl für die Fritüre

KARTOFFELGNOCCHI
(KARTOFFELNOCKEN)

Die Kartoffeln schälen und waschen. In Salzwasser garkochen. Abschütten und im gleichen Gefäß im heißen Ofen trockendämpfen. Mit einem Holzlöffel schnell nacheinander die Eigelbe und das Ei unterarbeiten. Durch die Kartoffelpresse (Passevite) drücken. Die Butter, das Mehl und die Gewürze untermischen.
Mit einem Eßlöffel die Masse nockenförmig abstechen, in kochendem Salzwasser garziehen lassen.
Herausnehmen, gut abtropfen lassen und anrichten.

Tips
MK: Man kann die Gnocchi mit geriebenem Käse bestreuen, mit frischer, flüssig gemachter Butter begießen und als Hauptgericht servieren.
FWE: Die Gnocchi können auch mit in Butter gerösteten Weißbrotwürfeln (Croûtons) serviert werden.

Arbeitsaufwand
etwa 20 Minuten

Für 6 Personen
900 g Kartoffeln
(mehligkochende Sorte)
Salz
2 Eigelb
1 Ei
3 Eßl. Butter
100 g Weißmehl
(Weizenmehl)
geriebene Muskatnuß,
Salz

GEKOCHTE FRISCHE MORCHELN

Arbeitsaufwand
etwa 15 Minuten
Garzeit
etwa 9 Minuten

**Für 4 Garnituren
oder 2 Beilagen**
200 g frische Morcheln
½ EßІ. Butter
1 EßI. feingehackte Schalotten
2 dl Geflügelbouillon
(s. S. 325)
Salz, Pfeffer

Von den frischen Morcheln die sandigen Stielenden entfernen. Unter fließendem Wasser gründlich waschen. Auf einem Sieb gut abtropfen lassen.

Die Butter erwärmen und die Schalotten darin farblos dünsten. Die Morcheln zufügen und mitdünsten. Mit der Geflügelbouillon auffüllen und bei geringer Hitze garen. Wenig salzen und pfeffern.

Wenn die Morcheln gar sind, sollte der Fond eingekocht sein.

So zubereitet, eignen sich die Morcheln als Garnitur oder als Beilage.

FARCEN UND TEIGE HAUSGEMACHT

Dieses Buch enthält auch einige besonders anspruchsvolle Geflügelgerichte, zum Beispiel gefüllte Pouletbrüstchen und ähnliche Zubereitungen, für welche Farcen verwendet werden. Für das gute Gelingen ist die kunstgerechte Zubereitung dieser Füllungen oder Grundrezepte unerläßlich. Um die Rezepte nicht zu lange gestalten zu müssen und um Wiederholungen zu vermeiden, haben wir in diesem Kapitel einige Grundrezepte dafür zusammengefaßt. Das hat uns die Möglichkeit gegeben, genauer auf diese Basiszubereitungen einzugehen.

Dasselbe gilt auch für die hausgemachten Teige. Wer sich dafür Zeit nehmen will, findet hier ganz ausgezeichnete Rezepte dafür. Der Aufwand lohnt sich, wenn man etwas besonders Gutes zubereiten will!

GEFLÜGELFARCE

Das gekühlte, in Stücke geschnittene Geflügelfleisch mit Salz und Pfeffer würzen. Im Cutter (Küchenmaschine) fein zerkleinern. Zunächst das Eiweiß, dann den angefrorenen Rahm einarbeiten und durch ein feines Holzrahmensieb streichen. Bis zur weiteren Verwendung kalt stellen.

Tips
MK: Zur Fertigstellung von Parfaits ist nicht unbedingt die Anschaffung teurer Formen nötig. Es reicht oft schon ein aufgeschnittener Plastikbeutel oder eine Klarsichtfolie aus, die mit Farce gefüllt und zu einer Rolle geformt wird. Das Ganze schwimmend in Salzwasser garen (Wassertemperatur zwischen 70 und 80 °C).
FWE: Diese Farce ist vielseitig verwendbar; man kann mit ihr zahllose Gerichte herstellen. Angefangen von Klößchen für Suppeneinlagen und Füllungen für Geflügel bis hin zur Terrine oder zum Parfait. Dann sollte die Farce mit der entsprechenden Einlage angereichert werden. Hierzu eignen sich alle Geflügelleberarten, gekochter Schinken, gesalzene Zunge, Nüsse, Mandeln, Pinienkerne sowie die verschiedensten Pilz- und Dörrobstsorten.

Arbeitsaufwand
etwa 20 Minuten

Für 250 g Farce
120 g Geflügelfleisch,
ohne Haut und Knochen
Salz, weißer Pfeffer
(Mühle)
1 Eiweiß
150 g angefrorener
Rahm

WACHTELPARFAIT I

Arbeitsaufwand
etwa 10 Minuten

Für etwa 80 g Parfait
45 g Wachtelfleisch mit Haut, ohne Knochen
weißer Pfeffer (Mühle), Salz
50 g angefrorener Rahm

Das Wachtelfleisch mit der Haut in kleine Stücke schneiden und kalt stellen.
Das Fleisch würzen, in der Küchenmaschine (Cutter) sorgfältig zerkleinern und zusammenarbeiten. Anschließend den angefrorenen Rahm unterarbeiten. Durch ein feines Sieb streichen.
Die Farce bis zur weiteren Verarbeitung mit Klarsichtfolie abgedeckt im Kühlschrank aufbewahren.

Tip FWE: Das Belassen der Haut am Wachtelfleisch erhöht den Geschmack. Anstelle von Wachtelfleisch kann auch anderes Geflügelfleisch (wie Poulet- oder Poulardenbrust) verwendet werden.

WACHTELPARFAIT II

Parfait für Wachtelbrüstchen oder

Für 6 Personen (Vorspeise)
Garzeit
etwa 12 Minuten
Wassertemperatur
etwa 70 °C
180 g Wachtelschenkelfleisch mit Haut, ohne Knochen
weißer Pfeffer (Mühle), Salz
1 Eiweiß
60 g Wachtelleber oder Gänseleberreste
1,8 dl angefrorener Rahm

Das Wachtelfleisch mit der Haut in kleine Stücke schneiden und kalt stellen.
Das Fleisch würzen, in der Küchenmaschine sorgfältig zerkleinern und mit dem Eiweiß zusammenarbeiten. Zunächst die Wachtelleber (oder die Gänseleberreste), dann den angefrorenen Rahm einarbeiten. Durch ein feines Rahmensieb streichen.
Das Wachtelparfait auf Klarsichtfolie zu einem Streifen aufhäufen, straff darin einwickeln und zu einer Rolle formen. An den Enden fest abbinden und im Wasserbad garziehen lassen.

Tips
MK: Ist weder Wachtel- noch Gänseleber vorhanden, kann man etwas Geflügelleber verwenden.
FWE: Das Wachtelparfait kann warm oder kalt und mit der entsprechenden Beilage als Vorspeise serviert werden.

BRIOCHETEIG

Das Mehl sieben und ringförmig in einer Schüssel aufhäufen. Aus der Hefe, der lauwarmen Milch, dem Zucker und 50 g des Mehles einen Vorteig herstellen. Abgedeckt gären lassen. Nach der Gärung das Salz, die handwarme Butter, die Eier und das Eigelb (Zimmertemperatur) zufügen. Mit dem restlichen Mehl zu einem glatten Teig zusammenarbeiten. Mit einem Tuch zugedeckt nochmals gehen lassen.
Den Teig kräftig durchschlagen, in die ausgebutterte Form füllen und gehen lassen. Mit der flüssigen Butter bestreichen und bei mäßiger Backofentemperatur langsam backen.

Tips
MK: Man kann den Teig auch in Briocheförmchen backen. Eine große Teigkugel einsetzen und eine kleine darauflegen. Den Teig ringsum etwas einschneiden. Gehen lassen, bestreichen und bei 180 °C goldgelb backen.
FWE: Die Brioche kann in Scheiben geschnitten und einzeln eingepackt eingefroren werden. Bei Bedarf toasten, ohne vorher aufzutauen.

Arbeitsaufwand
etwa 20 Minuten
Backzeit
45—50 Minuten
Backofentemperatur
etwa 160 °C

Für 1 Backform mit 1 l Inhalt
250 g Weißmehl (Weizenmehl)
15 g Hefe
0,6 dl Milch
1 Teel. Zucker
1 Teel. Salz
150 g Butter
2 Eier
1 Eigelb
1 EBl. flüssige Butter

GERIEBENER TEIG MIT MILCH

Das Mehl auf einen Tisch sieben. Die Butter in Flöckchen zugeben und zusammen mit dem Mehl zwischen den Händen wie für Streusel verreiben. Ringförmig aufhäufen, das Salz, das Eigelb und die Milch zufügen und unterarbeiten. Gut durchkneten und zu einer Kugel formen, in Klarsichtfolie einschlagen.
Den Teig zum Ruhen in den Kühlschrank stellen. Vor der weiteren Verarbeitung einige Minuten bei Zimmertemperatur stehen lassen. Er ist dann geschmeidiger und läßt sich besser ausrollen. In gebackenem Zustand hat der Teig eine sehr mürbe Konsistenz. Er ist für warme und kalte Gerichte geeignet.

Ruhezeit
etwa 90 Minuten

Für etwa 500 g Teig
250 g Weißmehl (Weizenmehl)
175 g Butter
Salz
1 Eigelb
4—6 EBl. lauwarme Milch

NUDELTEIG ZUM BACKEN UND EINBACKEN

Arbeitsaufwand
etwa 15 Minuten
Ruhezeit
mindestens 60 Minuten

**Für etwa
250 g Nudelteig**
200 g Weißmehl
(Weizenmehl)
1 Ei (etwa 70 g mit der
Schale gewogen)
2 Eigelb
1 EBl. Olivenöl
½ Teel. Salz

Das Weißmehl (Weizenmehl) in eine Schüssel sieben. Die anderen Zutaten zufügen und zusammenarbeiten. Auf einem mit Mehl bestäubten Tisch oder Brett den Nudelteig so lange durchkneten, bis er glatt und geschmeidig ist. Zu einer faltenlosen Kugel formen. In Klarsichtfolie einschlagen und zum Ruhen beiseite stellen.

PASTETENTEIG

Arbeitsaufwand
15 Minuten
Ruhezeit
etwa 60 Minuten

Für etwa 600 g Teig
400 g Weißmehl
(Weizenmehl)
200 g Butter oder
Schweineschmalz
1 Teel. Salz
1 Eiweiß oder Eigelb
50—80 g kaltes Wasser
Butter zum Ausstreichen
der Form

Das Mehl auf eine Arbeitsplatte sieben. Die Butter (oder das Schmalz) in Flöckchen darüber verteilen und das Salz zufügen. Mit den Händen wie für Streusel verreiben. Dann daraus einen Kranz bilden. Das Eiweiß (oder Eigelb) unterarbeiten. Das kalte Wasser in kleinen Mengen nach und nach einarbeiten. Dann schnell zusammengreifen, bis der Teig die gewünschte Geschmeidigkeit erreicht hat, und kurz kräftig durchkneten. Die Zutaten müssen gut miteinander verbunden sein.

Den fertigen Teig in Klarsichtfolie einschlagen und etwa 60 Minuten im Kühlschrank ruhen lassen.

Vor der weiteren Verarbeitung aus dem Kühlschrank nehmen und bei Zimmertemperatur geschmeidig werden lassen. Erst dann ausrollen.

Tip FWE: Der restliche Pastetenteig kann zum Backen von Tarteletten oder Tortenböden verwendet werden.

STRUDELTEIG
(GRUNDREZEPT)

Die Zutaten für den Teig sollten Zimmertemperatur haben. Das gesiebte Mehl in eine Schüssel geben. Das Eigelb, das Speiseöl, Salz und das lauwarme Wasser zugeben, zusammenkneten und kräftig schlagen. Der Teig soll glatt und elastisch, aber nicht klebrig sein.

Den Teig mit Öl bestreichen und in eine ausgeölte Schüssel legen, mit Klarsichtfolie abdecken. Mindestens 60 Minuten bei Zimmertemperatur ruhen lassen.

Tip MK: Den Teig ausrollen, auf ein Tuch legen und von Hand ausziehen, bis er so dünn wird, daß man eine daruntergelegte Zeitung lesen kann! Die ungleich dicken Ränder wegschneiden.

Arbeitsaufwand
etwa 15 Minuten

Für etwa 250 g Teig
150 g Weißmehl
(Weizenmehl)
1 Eigelb oder 1 Eiweiß
25 g Speiseöl
Salz
6—8 cl warmes Wasser
Speiseöl zum Bestreichen des Teiges und der Schüssel

Eimasse
(zum Bestreichen)
1 Eigelb
1 EBl. Rahm

CRÊPETEIG

Das Weißmehl in eine Schüssel geben und mit der Milch glattrühren. Die Eier, Salz, Zucker und die zerlassene Butter unterarbeiten. Durch ein feines Sieb passieren und 1 bis 2 Stunden im Kühlschrank ruhen lassen.
Die Crêpes in kleinen, ausgebutterten Pfännchen ausbacken.

Arbeitsaufwand
etwa 30 Minuten

Für 4 Beilagenportionen
Kochzeit
etwa 25 Minuten

50 g Weißmehl
⅛ l Milch
2 Eier
je eine Prise
Salz und Zucker
1 Teel. zerlassene Butter
1 EBl. (zum Ausbacken der Crêpes)

GERIEBENER TEIG NACH GROSSMUTTER ART

Für rund 400 g Teig

250 g Halbweißmehl
½ Teel. Salz
125 g Butterschmalz
etwa ⅛ l eisgekühltes Wasser

Das Butterschmalz bei Küchentemperatur weich werden lassen. Das Mehl in eine Schüssel sieben. Das Butterschmalz darüber verteilen. Beides gut mischen, dann die Masse zwischen den Fingern zu Bröseln zerreiben. Eine Vertiefung anbringen, das Wasser hineingeben und alles rasch zu einem glatten Teig verarbeiten. Sollte der Teig noch etwas zu trocken sein, löffelweise etwas Wasser beifügen. Den Teig zu einer Kugel formen, in Klarsichtfolie packen und 1 Stunde kühl ruhen lassen.

Dieser Teig, der sich vor allem für gesalzene Kuchen wie etwa Quiches eignet, wurde früher mit Schweineschmalz zubereitet. In diesem Rezept wird dieses durch Butterschmalz ersetzt, was ein ähnliches Resultat ergibt.

Man kann das Mehl auch mit kleingeschnittener und kalter frischer Butter herstellen. Der Teig wird aber dadurch etwas weniger mürbe.

RUND UM DAS GEFLÜGEL

Der Anhang dieses Buches enthält viel Wissenswertes über die verschiedenen Geflügelsorten, angefangen bei den diätetischen Vorteilen dieses bekömmlichen Fleisches über die verschiedenen Zubereitungsarten bis hin zum Umgang mit rohem und auch tiefgekühltem Geflügelfleisch.
Viel Wichtiges gibt es auch über das Kochen und Braten von Geflügel zu sagen, denn die sorgfältige und gekonnte Zubereitung kann für den Erfolg entscheidend sein.
Da die verschiedenen Geflügelsorten nun nicht mehr nur als ganze Produkte angeboten werden, finden Sie auf den nächsten Seite eine aktuelle Liste der im Handel erhältlichen Geflügelteile, die das Arbeiten mit Geflügel erleichtern und ganz besonders auch für Kleinhaushalte vorteilhaft sind.
Es ist sicher empfehlenswert, die folgenden Seiten bereits vor Arbeitsbeginn aufmerksam durchzulesen.

GEFLÜGELFLEISCH — LEICHT UND BEKÖMMLICH

Geflügel wird nicht nur wegen seines zarten Fleisches und seiner vielseitigen kulinarischen Eigenschaften geschätzt. Es ist auch ein besonders wertvolles Nahrungsmittel.

Das Fleisch der meisten Geflügelsorten ist fettarm und enthält wichtige Vitamine und Mineralsalze.

Dank seinem niedrigen Kilojoule-/Kilokaloriengehalt ist vor allem Poulet- und Truthahnfleisch auch für Linienbewußte besonders empfehlenswert und bestens geeignet für Schonkost. Voraussetzung ist natürlich, daß es schonend und nicht allzu üppig zubereitet wird.

Für besonders leichte Gerichte empfiehlt es sich, die Haut des Geflügels zu entfernen, da sie am meisten Fett enthält. Bei größeren Poulets oder Poularden kann auch das Fett unter der Haut mühelos entfernt werden. Geflügel muß auch nicht immer gebraten werden. Es schmeckt auch gedämpft oder gedünstet ausgezeichnet und ergibt zusammen mit Gemüse eine leichte, aromatische Bouillon, die nach dem Entfetten auch von Magen-Darm-Empfindlichen ausgezeichnet vertragen wird.

In 100 g eßbarem Anteil von Geflügel sind neben Vitaminen und Mineralsalzen folgende Nährwerte enthalten:

	Kcal	Kjoule	Eiweiß	Fett
Ente	233	973	14 g	14 g
Gans	347	1451	10 g	19 g
Huhn	262	1096	13 g	15 g
Poulet, Brust	105	441	16 g	0,6 g
Poulet, ganz	138	579	15 g	4 g
Poulet, Schenkel	116	485	15 g	2 g
Truthahn, Brust	112	468	21 g	1 g
Truthahn, ganz	157	656	16 g	5 g
Truthahn, Schenkel	120	502	16 g	3 g

Quelle: Souci, Fachmann, Kraut

Geflügelteile

Praktisch, schnell zubereitet und preisgünstig.
Es muß nicht immer ganzes Geflügel sein. Oft eignen sich Einzelteile für Gerichte besser. Auch wenn es schnell gehen muß oder nur eine bis zwei Personen am Tisch sind, ist ein Schnitzel oder Geschnetzeltes gerade richtig.
Bei Geflügelteilen fällt auch das Tranchieren weg.

Bezeichnung	Eigenschaften und wichtigste Verwendungsmöglichkeiten	Je Person
Poulet Schenkel, ganz	zum Braten, Grillieren und für Saucengerichte; Gerichte für 1–2 Pers.	etwa 250 g
Oberschenkel	besonders fleischig, zum Füllen sehr geeignet; für Ragouts und viele andere Pouletgerichte	etwa 250 g
Unterschenkel	für Schnellgerichte, zum Braten (beliebt bei Kindern), zum Grillieren	etwa 250 g
Brüste (ohne Haut und Knochen) (mit Knochen)	für delikate Pouletgerichte, da sehr zart und gut zum Schneiden; auch geeignet zum Füllen; für Pouletfondue	100–150 g 200–250 g
Brustschnitzel	für delikate Schnellgerichte; zum Panieren geeignet	etwa 150 g
Brustfilets	für exquisite Gerichte an delikaten Saucen	100–120 g
Geschnetzeltes	für verschiedene Arten von Geschnetzeltem (an Rahmsauce, Curry, chinesische Küche); zum Hacken für Hacksteaks oder Füllungen	100–150 g

Flügel (mit Knochen) (Mittelteil mit Knochen)	für originelle, sehr preisgünstige Gerichte; zum Fritieren und Grillieren	etwa 300 g etwa 250 g
Frikassee (Ragout) (mit Knochen)	für Voressen und andere Saucengerichte; besonders preisgünstig	200—250 g
Suppenfleisch (Karkassen) Huhn oder Poulet	für Bouillons und Saucenfonds	für 1 l Bouillon 400—500 g

Truthahn

Schnitzel	für alle Schnitzelgerichte (Verwendung wie Kalbfleisch); sehr preisgünstig	etwa 150 g
Oberschenkel	zum Braten und Füllen	300—350 g
Unterschenkel	zum Braten und Grillieren	350—400 g
Ossobuco (Hachsen)	für Schmorgerichte	250—300 g
Braten im Netz	für verschiedene Arten von Braten; preisgünstig	150—200 g
Brust	zum Braten, Pochieren und für Saucengerichte	100—150 g
Geschnetzeltes	für verschiedene Arten von Geschnetzeltem, für Füllungen, Vol-au-vents usw.	100—150 g
Ragout	für Saucengerichte	150 g

Perlhuhn

Brüste (mit Knochen)	für Spezialitäten, gebraten oder gedämpft	250—300 g

Wachtel

(ausgebeint)	für delikate Vorspeisen	80—120 g

Enten			
Brust		für delikate Entengerichte	150—200 g
Brust, geräuchert		als kalte Vorspeise	90—100 g
Schenkel (mit Knochen)		für Schmorgerichte	450—500 g
Gans			
Brust		zum Braten, für Saucengerichte, zum Schmoren	150—200 g
Brust, geräuchert		als kalte Vorspeise	90—100 g
Schenkel		zum Braten und Schmoren	350 g
Geflügelleber		für alle Lebergerichte, z. B. Garnitur auf Risotto (tiefgekühlt sehr praktisch als Vorrat)	120—150 g
		(als Vorspeise)	80 g

Tiefgekühltes Geflügel

Das meiste Geflügel und auch Geflügelteile sind ebenfalls tiefgekühlt erhältlich. Beim Umgang mit diesen Produkten sind folgende Punkte unbedingt zu beachten:

Einkauf, Verpackung und Heimtransport

- Beim Kauf darauf achten, daß die Packungen keinen Reifansatz aufweisen und nicht beschädigt sind.
- Pouletfleisch muß eine gleichmäßige helle Farbe aufweisen.
- Geflügel mit scharf abgegrenzten, weißen, trockenen Flecken (Gefrierbrand) hat bereits an Qualität verloren.
- Für die anschließende Lagerung zu Hause im Tiefkühlgerät das Geflügel beim Heimtransport so verpacken, daß es gefroren bleibt. Es sollte nicht mehr als eine Stunde verstreichen, bis das Geflügel wieder in die Kälte kommt.
- Einmal aufgetautes Geflügel sollte man nicht mehr einfrieren.

Lagerdauer (ab Einkaufsdatum)

im Tiefkühlgerät
Tiefkühltruhe, Tiefkühlschrank, echtes Tiefkühlfach mit ***
und **** (—18°C und tiefer)   2—3 Monate

im Eiswürfelfach des Kühlschrankes
(—6°C bis —12°C)   1 Woche

im Kühlschrank
(0°C bis +5°C)   2 Tage

Das Auftauen

Ganzes Geflügel
- Zum Braten und Grillieren das Geflügel ganz auftauen.
- Ganze Hühner für Suppe können im gefrorenen Zustand in einen kalten Sud gelegt werden. Die Kochzeit ist jedoch etwas länger als bei nicht tiefgekühlten Hühnern.
- Zum Auftauen von ganzem Geflügel die Verpackung entfernen.
- Das Auftauen im Kühlschrank durchführen. Dies aus hygienischen Gründen und damit das Fleisch weniger Saft verliert.
- Das Geflügel zum Auftauen so legen, daß Flüssigkeit ablaufen kann, zum Beispiel auf einen umgekehrten Suppenteller oder Gitter mit Untersatz zum Auffangen des Saftes. Ausgetretene Flüssigkeit weggießen.
- Nie mit heißem Wasser behandeln. Auch nicht in kaltes Wasser legen.
- Ungefähre Auftauzeiten:

	Kühlschrank:
Poulets 900 g—1,2 kg	12—20 Stunden
Poularden, Enten usw. etwa 1,5 kg	22—25 Stunden
Gans, Truthahn 4—6 kg	35—40 Stunden

Geflügelteile
Im Kühlschrank so lange auftauen, bis man die Teile gut trennen kann. Danach können sie — noch halbgefroren — gebraten, gedünstet oder gekocht werden.

Geflügelleber
Vor der Zubereitung ganz auftauen!

Auftauen im Mikrowellengerät
Ganzes Geflügel: Mehrmals wenden; exponierte Stellen, wie z. B. Flügel, örtlich mit kleinen Stücken Alufolie abdecken. Auftauvorgang

gut kontrollieren (Garstellen). Das Resultat ist nicht ganz befriedigend, und diese Methode sollte man nur in dringenden Fällen anwenden. Die langsame, konventionelle Methode (Kühlschrank) ist vorzuziehen.
Auftauzeit: 1000 g 14—16 Minuten bei 50 % Leistung.
Standzeit: 20 Minuten.
Geflügelteile: Nur antauen, voneinander trennen, wenn nötig, örtlich mit Alufolie abdecken. Gutes Resultat.
Auftauzeit: 450 g 8—10 Minuten bei 50 % Leistung.
Standzeit: 10 Minuten.

Tips
Für das Auftauen mit der Mikrowelle:
- Geflügel nur schonend mit der Auftaustufe oder -automatik auftauen oder antauen.
- Sorgfältig auf vorzeitige Garstellen achten. Sie entstehen dort, wo größere Fettstellen sind oder bei exponierten Stellen wie Flügel oder Unterschenkel.
- Exponierte Schenkel mit kleinen Stücken Alufolie abdecken. Dabei darauf achten, daß die Alufolie die Wände des Gerätes nicht berührt.
- Die Verpackung stets öffnen. Metallklammern entfernen.
- Größere Stücke mehrmals wenden.
- Standzeit beachten. Dies ist vor allem bei ganzem Geflügel sehr wichtig.

Umgang mit rohem Geflügel

Aus hygienischen Gründen muß beim Arbeiten mit rohem Geflügel auf peinliche Sauberkeit geachtet werden. Nach dem Auftauen oder Vorbereiten (Zerlegen usw.) müssen alle verwendeten Utensilien (Geschirr, Brett, Messer, Tisch) gründlich gewaschen werden. Im Kühlschrank ausgelaufene Flüssigkeit muß entfernt und das entsprechende Fach gereinigt werden.

DIE GARMETHODEN DES GEFLÜGELS

Das Kochen von Geflügel

Das Vorbereiten

Bei küchenfertigem Geflügel vor dem Kochen die Beine in die Bauchlappen einstecken (s. S. 145), binden (s. S. 146).

Das Blanchieren

Zunächst blanchieren (s. S. 145), dann in kochendes Wasser legen. Zum Aufkochen bringen (und leicht salzen), bei geringer Hitze weiterkochen. Den Schaum (Fett- und Eiweißstoffe), der sich an der Oberfläche bildet, mit einer flachen Schöpfkelle entfernen.

Das Würzen

Ein Gemüsebouquet (-bündel), bestehend aus Karotten, Lauch und einem Stückchen Knollensellerie, beim Kochen von Poulets oder Poularden sofort zufügen, bei Hühnern erst etwa 45 Minuten vor Beendigung der Kochzeit.

Das Auskühlen

Das gekochte Geflügel in kaltem Wasesr abschrecken, unter nassen Tüchern oder im Fond auskühlen lassen.

Das Zerlegen

Das Geflügel in Brüste und Schenkel zerlegen und die Haut entfernen.

Das Aufbewahren

Gekochtes Geflügel kann in der Bouillon einige Tage im Kühlschrank aufbewahrt werden. In diesem Fall sollte die Haut bis zur Verwendung am Fleisch bleiben.

Die Qualität der Brühe

Alte Hühner ergeben eine kräftige, geschmacksintensive Bouillon, haben dafür aber trockenes Fleisch. Bei gekochten Poulets oder Poularden ist das Fleisch von bester Qualität, dafür die Bouillon nicht sehr kräftig im Geschmack.

Die Kochzeiten des Geflügels

Poulets zu 0,8 kg 30—35 Minuten
Poularden zu 1,4 kg 45—50 Minuten
Suppenhuhn zu 2,0 kg 150—240 Minuten

Das Braten von ganzem Geflügel

Das Vorbereiten

Das pfannenfertige Geflügel binden (bridieren) (s. S. 146). Innen und außen mit Salz und Pfeffer würzen. In einen mit Bratbutter erhitzten Schmortopf legen, sofort wenden. Wenn das Geflügel rundherum mit heißem Fett überzogen ist, wird die Hitze besser geleitet.
Im vorgeheizten Ofen braten.

Das Braten

Zwei Drittel der Bratzeit sollte das Geflügel auf den Seiten (Schenkel) liegend, unter mehrmaligem Wenden und Begießen, gebraten werden. Im letzten Drittel das Geflügel auf dem Rücken liegend fertig braten. So bekommt die Brust noch die nötige Farbe, ohne trocken zu werden. Das festere Fleisch der Schenkel ist bei dieser Bratweise saftig und zart.
Hausgeflügel wird immer gar und doch saftig gebraten. Erst so erreicht es seinen höchsten Geschmackswert. Eine Ausnahme bilden die Perlhühner, die Wachteln und bei manchen Zubereitungsarten die Brüste des Geflügels.

Die Garprobe

Die Garstufe kann wie folgt festgestellt werden: die Schenkel mit einer Bratgabel durchstechen, das Geflügel hochheben und den Saft aus dem Bauchraum auf einen Teller laufen lassen. Ist der Saft klar, ist das Bratgut fertig, ist er blutig, muß noch weiter gebraten werden. Nach dem Braten ruhen (s. S. 161) lassen.

Die Bratzeiten des Geflügels

Coquelet zu 0,4 kg 20—25 Minuten
Poulet zu 0,8 kg 30—35 Minuten
Poularde zu 1,2 kg 45—50 Minuten
Trute zu 2,5 kg 60—65 Minuten
Perlhuhn zu 1,0 kg 20—22 Minuten
Taube zu 0,3 kg 15—20 Minuten
Wachtel zu 0,2 kg 7—8 Minuten

Leichte Zubereitungsmethoden

(besonders joulearm und zur Erhaltung der wertvollen Nährstoffe und des Aromas)

Im eigenen Saft geschmort:	**ohne Fett und Wasser:** in gutschließenden Kochtöpfen, langsam gegart ohne Beigabe von Flüssigkeit.
Im Backofen oder Grill:	**in der Folie:** Bratfolie in Schlauchform, Pergamentpapier oder Aluminiumfolie.
Im Backofen:	**im Römertopf:** in Tontopf mit Gemüse, Bouillon oder Wein.
Im Dampf gegart:	**im Schnellkochtopf:** mit wenig Flüssigkeit und ohne Fett.
Schnell gebraten:	**in der Schnellbratpfanne:** mit sehr wenig Fettstoff.
Grilliert:	**im Elektrogrill:** unter die Grillschlange oder am Spieß mit wenig oder ohne Fettstoff.
	in der Grillpfanne: besonders für Pouletteile geeignet.
Pochiert:	**in einem Sud:** langsam garziehen lassen.

Geflügelfleisch — leicht und bekömmlich

Dank seinem niedrigen Kilokalorien-/Kilojoule-Gehalt ist vor allem Hähnchen- und Truthahnfleisch auch für Linienbewußte empfehlenswert und bestens geeignet für Schonkost. Bei Diät empfiehlt es sich, die Haut des Geflügels zu entfernen, da sie am meisten Fett enthält. Bei größeren Hähnchen kann auch eventuell vorhandenes Fett unter der Haut mühelos entfernt werden.

Für leichte Gerichte spielt natürlich auch die Zubereitung eine entscheidende Rolle. Gehaltvolle Saucen oder Beilagen lassen die Kalorienmenge in die Höhe schnellen.

VON DER WACHTEL BIS ZUM TRUTHAHN
Das Wichtigste in Kürze

WACHTEL   (Abbildung Seite 393/F)

engl. quaile
franz. caille
ital. quaglia
span. codorniz

Kleines rostbraunes, gelb gestreiftes Geflügel von etwa 20 cm Länge.

Gewicht	Besondere Merkmale	Zubereitung
160—200 g (1 Person)	Wachteln gibt es in fast allen Ländern Europas. Sie werden vielerorts gezüchtet. Wachteln haben ein zartes Fleisch. Dies gilt auch für die Schenkel.	Gebraten in der Kasserolle, in Pasteten und in Gelee. Je Person als Vorspeise: $1/2$—1 Stück, als Hauptgericht: 1—2 Stück. Wachteleier gelten als Delikatesse.

TAUBE   (Abbildung Seite 393/E)

engl. pigeon
franz. pigeon
ital. piccione
span. pichón

Es gibt mehr als 100 verschiedene Rassen, die alle von der Wildtaube abstammen.

Gewicht	Besondere Merkmale	Zubereitung
300—450 g (1 Person)	Junge Tauben haben zartes Fleisch. Man erkennt sie am biegsamen Brustbein und an den glatten Füßen.	Junge Tauben: gebraten, am besten in der Kasserolle, in Pasteten oder an delikaten Saucen. Alte Tiere können nur für Suppen verwendet werden.

STUBENKÜKEN

engl. —
franz. poussin
ital. pulcino
span. —

Gewicht	Besondere Merkmale	Zubereitung
350—450 g	Spezialität. Wurden früher auf Ostern in der Stube aufgezogen in Vierlanden (Bremen, Hamburg).	Für besonders delikate Gerichte, meistens gebraten, eventuell gefüllt. Mit oder ohne Rahmsauce.

PERLHUHN   (Abbildung Seite 386/B)

engl. guinea-fowl
franz. pintade
ital. faraona
span. pintada (gallina de Guinea)

Ursprünglich aus Westafrika stammend, findet man das Perlhuhn heute auch in Europa. Es ist heute noch ein Baumvogel.

Gewicht	Besondere Merkmale	Zubereitung
850—1000 g (2—3 Personen)	Am besten sind Tiere von 6 bis 10 Monaten. Sie haben ein biegsames Brustbein und glatte Füße. Das Fleisch ähnelt jenem des Fasans.	Junge Perlhühner eignen sich zum Braten und für delikate Frikassees. Ältere Tiere für Füllungen, Galantinen, kalte Gerichte und zum Schmoren.

HUHN   (Abbildung Seite 387/A)

dt. Haushuhn, Henne   Hahn
engl. chicken   cock
franz. poule   coq
ital. gallina   gallo
span. gallina   gallo

Ausgewachsenes Huhn, das meistens nach der ersten Legeperiode geschlachtet wird.

Gewicht	Besondere Merkmale	Zubereitung
1,2—1,6 kg (3—4 Personen)	Hühner haben kräftiges aromatisches Fleisch. Das Fleisch der Schenkel ist etwas dunkler als das Brustfleisch.	Hühnersuppe, Schmorgerichte, Eintöpfe, Pasteten, Terrinen, Gratins. Relativ lange Garzeit.

ENTE   (Abbildung Seite 390/D)

engl.   duck
franz. canard
ital.   anitra/anatra
span.   pato

Die Hausenten stammen von der Wildente ab. Besonders bekannt sind die Enten aus Nantes und Bresse. Ferner die Barbarie-Pekingenten (Flugenten).

Gewicht	Besondere Merkmale	Zubereitung
1,4—2,2 kg (3—4 Personen)	Junge, zarte Enten erkennt man an der Biegsamkeit des Schnabels.	Gebraten oder gedünstet, wobei die Schenkel länger gegart werden müssen. In Frankreich wird das Brustfleisch *saignant* serviert. Seit kurzem sind Entenbrüste als Teile erhältlich.

COQUELET-POUSSIN

engl.   baby chicken
franz. coquelet
ital.   pollastrino
span.   pollito

Früher auch Mistkratzerli oder Küken genannt. Sie sind rund 5 Wochen alt.

Gewicht	Besondere Merkmale	Zubereitung
450—600 g (1—2 Personen)	Coquelets haben besonders zartes Fleisch, das aber geschmacklich noch nicht ausgereift ist.	Delikate Geflügelgerichte, Braten im Ofen oder in der Kasserolle, Backen und Grillieren.

POULET

engl. roast chicken
franz. poulet
ital. pollo
span. pollo

Bratpoulets gibt es in verschiedenen Größen und Qualitäten, die von der Aufzucht, dem Futter und der Schlachtmethode abhängig sind.

Gewicht	Besondere Merkmale	Zubereitung
Grillers 700 g—1,1 kg Bratpoulets 1—1,4 kg	Poulets sind etwa 7 bis 8 Wochen alt und haben aromatisches, ausgereiftes Fleisch.	Braten, Grillieren, Saucengerichte und verschiedenste Zubereitungen. Poulets sind auch als Teile erhältlich (Brust, Schenkel, Flügel usw.).

POULARDE

engl. poularde (fattened chicken)
franz. poularde
ital. pollana
span. poularda (polla cebada)

Darunter versteht man ein speziell gemästetes Junghuhn. Am besten bekannt sind die Bresse-Poularden.

Gewicht	Besondere Merkmale	Zubereitung
1,5—2,1 kg (4—6 Personen)	Poularden sind besonders fleischig, saftig und sehr zart.	Braten, Schmoren, Pochieren, delikate Saucengerichte.

KAPAUN

engl. capon
franz. chapon
ital. cappone
span. capón

Kastriertes und gemästetes Hähnchen. Aufzucht ähnlich wie bei der Poularde. Bei uns selten erhältlich.

Gewicht	Besondere Merkmale	Zubereitung
2,5—3,5 kg (6—10 Personen)	Kapaune sind sehr saftig und gehaltvoll im Aroma.	Besonders geeignet zum Braten im Ofen und Pochieren.

GANS (Abbildung Seite 391/C)

engl.	goose
franz.	oie
ital.	oca
span.	oca

Die europäischen Gänse stammen von der Graugans (Wildgans) ab. In der Schweiz werden leichte Rassen angeboten.

Gewicht	Besondere Merkmale	Zubereitung
3—4,5 kg (6—9 Personen)	Am besten sind Junggänse (September bis Dezember). Man erkennt sie an den spitzen, noch weichen Nägeln, dem biegsamen Schnabel und den zarten Schwimmhäuten.	Braten und Schmoren, mit und ohne Füllung.

TRUTHAHN (Abbildung Seite 394)

dt.	Truthahn, Puter	Truthenne, Pute	Baby-Truthahn
engl.	turkey (-cock)	turkey (-hen)	—
franz.	dindon	dinde	dindonneau
ital.	tacchino	tacchina	—
span.	pavo	pava	—

Die bei uns erhältlichen Tiere sind gezüchtet und nicht älter als 1 Jahr.

Gewicht	Besondere Merkmale	Zubereitung
2—5 kg (4—10 Personen)	Junge Truthähne oder -hennen erkennt man am weichen Brustknorpel und an den glatten Beinen.	Braten und Schmoren, meistens gefüllt. Die Schenkel eignen sich für Schmorgerichte, Füllungen und Pasteten.

Geflügel wird bei uns mehrheitlich ohne Kopf und Füße verkauft. Spitzenköche verlangen allerdings unausgenommene, ganze Tiere, um auch die Herkunft der Tiere (Farbe der Füße) erkennen zu können.

DAS HAUSHUHN

Die Vorfahren unseres heutigen Haushuhns sind im asiatischen Raum beheimatet. Man geht davon aus, daß unsere heutigen Hühnerrassen aus dem Bankiva-Huhn gezüchtet wurden.
Die unzählig vertretenen Rassen und Spielarten haben mehr für Züchter Bedeutung.
Bei der Geflügelhaltung im großen Stil unterscheidet man nur zwischen Eierlegern oder Fleischhühnern, die zum Mästen besonders geeignet sind. Voraussetzungen für die zweitgenannten sind Schnellwüchsigkeit, gute Futterverwertung und schneller Fleischansatz. Langsam rückt man wieder von den Schnellmastmethoden ab, da erwiesen ist, daß langsamer heranwachsendes Geflügel die besseren Geschmackswerte aufweist. Das beste Beispiel ist das Bresse-Geflügel, das in Freilandgehegen gehalten wird. Bevor es die Bezeichnung Bresse-Geflügel erhält, müssen einige Bedingungen erfüllt sein, etwa die vorgeschriebene Quadratmeterzahl Auslauf sowie Lebensdauer und Futter für das einzelne Huhn. Diese Faktoren sind entscheidend für die Qualität und die Ausgereiftheit des Fleisches.
Immer mehr Länder gehen dazu über, die Batteriehaltung mittels Gesetzgebung abzuschaffen.
Im Angebot des Handels wird noch zwischen Poulet und Poularde unterschieden, in der Aufzucht nicht mehr.
Beide Geschlechter werden gemeinsam aufgezogen und gemästet. Ob das Geflügel als Poulet oder als Poularde auf den Markt kommt, entscheidet das Gewicht.
Anders ist es beim Kapaun (kastrierter junger Hahn), der getrennt aufgezogen und gemästet wird. Der Kapaun wird vorwiegend zu Weihnachten angeboten.
Das Suppenhuhn hat als Fleischlieferant keine große Bedeutung mehr; es wird vorwiegend für die Herstellung von Suppen und Bouillons verwendet.

B

A

DAS PERLHUHN

Das Perlhuhn ist ein Wildvogel, der aus Afrika stammt. Es ist seit Jahrhunderten domestiziert und wird als Hausgeflügel gehalten. Die Gefiederfarbe der Perlhühner ist silbergrau bis dunkelblau mit perlfarbenen weißen Punkten. Es gibt auch weiße Zuchtformen. Das Fleisch des Perlhuhnes ist sehr zart, von feiner Struktur und von einem arteigenen Wohlgeschmack. Das Fleisch der Perlhuhnkeulen ist wesentlich dunkler als jenes der Perlhuhnbrüste. Die Haut erscheint grau, bei in Freilandzucht aufgezogenen Perlhühnern fast schwarz, und ihre Ständer weisen auch eine dunklere Färbung auf. Das Fleisch dieser Tiere ist noch aromatischer im Geschmack.
Das Perlhuhn wird im Gegensatz zu den anderen Hausgeflügelarten (etwa die Wachtel) nicht durchgebraten, da das Fleisch sonst austrocknen würde. Nur ein rosa gebratenes Perlhuhn entfaltet seinen ganzen Geschmack.
Im Handel werden fast nur Jungtiere angeboten; sie sind erkennbar an der biegsamen Spitze des Brustbeins.
Zubereitungsarten für den Fasan und das Rebhuhn eignen sich auch für das Perlhuhn.

DIE ENTE

Die Ente zählt zum Wassergeflügel. Es gibt verschiedene Rassen, einige davon sind sehr schnellwüchsig und gute Futterverwerter, zum Beispiel die Pekingente (eine Rassebezeichnung). Sie erreicht ihr Schlachtgewicht schon mit zehn bis zwölf Wochen. Die Pekingente hat ein weißes Gefieder, sie war früher marktbeherrschend.
In der letzten Zeit hat sich die Barbarie-Ente als Modetrend herausgestellt und somit einen großen Marktanteil erobert. Bekannte Rassen sind die Aylesbury-, die Nantes- und die Rouen-Enten. Sie haben aber in der Fleischentenproduktion eine geringere Bedeutung. Die im Handel angebotenen Enten sind nicht reinrassig, sondern meist Hybriden, die auf guten Fleischansatz und Wirtschaftlichkeit gezüchtet werden.
Die meisten Enten erreichen ein Schlachtgewicht von 2,0 bis 3,5 kg. Die männlichen Tiere (Erpel s. S. 131) sind dabei oft größer und schwerer als die weiblichen Tiere.
In den Handel kommen nur «junge Enten» im Alter von drei bis vier Monaten. Sie sind an ihrem weichen, biegsamen Brustbein erkennbar; ihre Luftröhre läßt sich leicht eindrücken.

DIE GANS

Die Gans ist bis heute das einzige Hausgeflügel, das saisonbedingt angeboten wird. Das Hauptangebot ergibt sich vom Herbst bis zum Januar.
Der Handel unterscheidet in «Frühmastgänse» und in «junge Gänse». Der Marktanteil der Frühmastgänse ist ohne Bedeutung, sie werden mit einem Gewicht von 3,0 bis 4,5 kg pfannenfertig und in einem Alter von drei bis vier Monaten angeboten. Den größten Marktanteil machen junge Gänse aus, sie kommen etwa mit neun bis zehn Monaten auf den Markt, wenn sie das erste Mal ihr Federkleid gewechselt haben. Ihr pfannenfertiges Gewicht beträgt etwa 4,0 bis 5,0 kg.
Auch bei den Gänsen ist das männliche Tier (Ganter oder Gänserich) größer und schwerer als das weibliche Tier (Gans). In früheren Jahren fand man noch den Begriff Hafermastgans. Hierbei handelte es sich um junge Gänse, die nach der Ernte auf Stoppelfeldern weiden konnten und dabei ihr Fett ansetzten. Qualitätsmerkmale für junge Gänse sind: die Luftröhre kann leicht eingedrückt werden, die Schwimmhäute reißen leicht ein, und die Zehennägel sollten weich und spitz sein.

D

C

DIE TAUBE

Die Familie der Taube besteht aus einer Vielzahl von Rassen; sie stammen aber alle von der Felsentaube ab.
Die jungen Tauben haben wesentlich helleres Fleisch als die älteren Tiere. Alte Tauben eignen sich nur für die Zubereitung von Fonds und Suppen. Ihr Geschmack ist sehr ausgeprägt, das Fleisch aber zäh und trocken.
Bei den jungen Tauben gibt es viele Zubereitungen; diese reichen von der Vorspeise bis zum Hauptgang. Meistens werden sie allerdings gebraten.
Junge Tauben sollten vor dem ersten Flug geschlachtet werden: dann sind sie am besten.
Anhand folgender Erkennungszeichen können Sie feststellen, ob eine Taube jung ist: das Brustbein soll biegsam, der Kopf am Schnabel nicht vollbefiedert und die Warzen auf dem Schnabel noch nicht mit weißem Puder überzogen sein.
Die Taube kann nicht im großen Stil produziert werden, da sie im Gegensatz zu den anderen Hausgeflügelarten Nesthocker sind und von den Elterntieren gefüttert werden. Dazu kommt noch, daß sie schlechte Futterverwerter sind. Ihr Angebot ist gering, im Gegensatz zur Nachfrage; entsprechend ist auch ihr Preis.

DIE WACHTEL

Die Wachtel ist das kleinste Geflügel, das in der Küche verarbeitet wird.
Das Gefieder der Wachtel ist braun, rostbraun und rostgelb gezeichnet; sie ist ein sehr streitbarer Vogel.
In ihrer Wildform steht die Wachtel unter Naturschutz. Die im Handel angebotenen Wachteln stammen alle aus Züchtereien. Die Elterntiere sind vorwiegend italienischer oder japanischer Herkunft.
Das Fleisch der Wachtel ist sehr zart und wohlschmeckend, es hat aber den typischen Wildgeschmack verloren.
Wachteln in sehr guter Qualität kommen aus der Bresse (aus japanischen Züchtungen mit etwa 170 g Lebendgewicht) und speziell aus Dombes, welche ein Gewicht von 200 g haben und streng aussortiert werden. Aber auch einheimische Züchtereien liefern Wachteln in vergleichbaren Qualitäten. Sie werden in den Gewichtsgrößen von 150 bis 250 g angeboten.

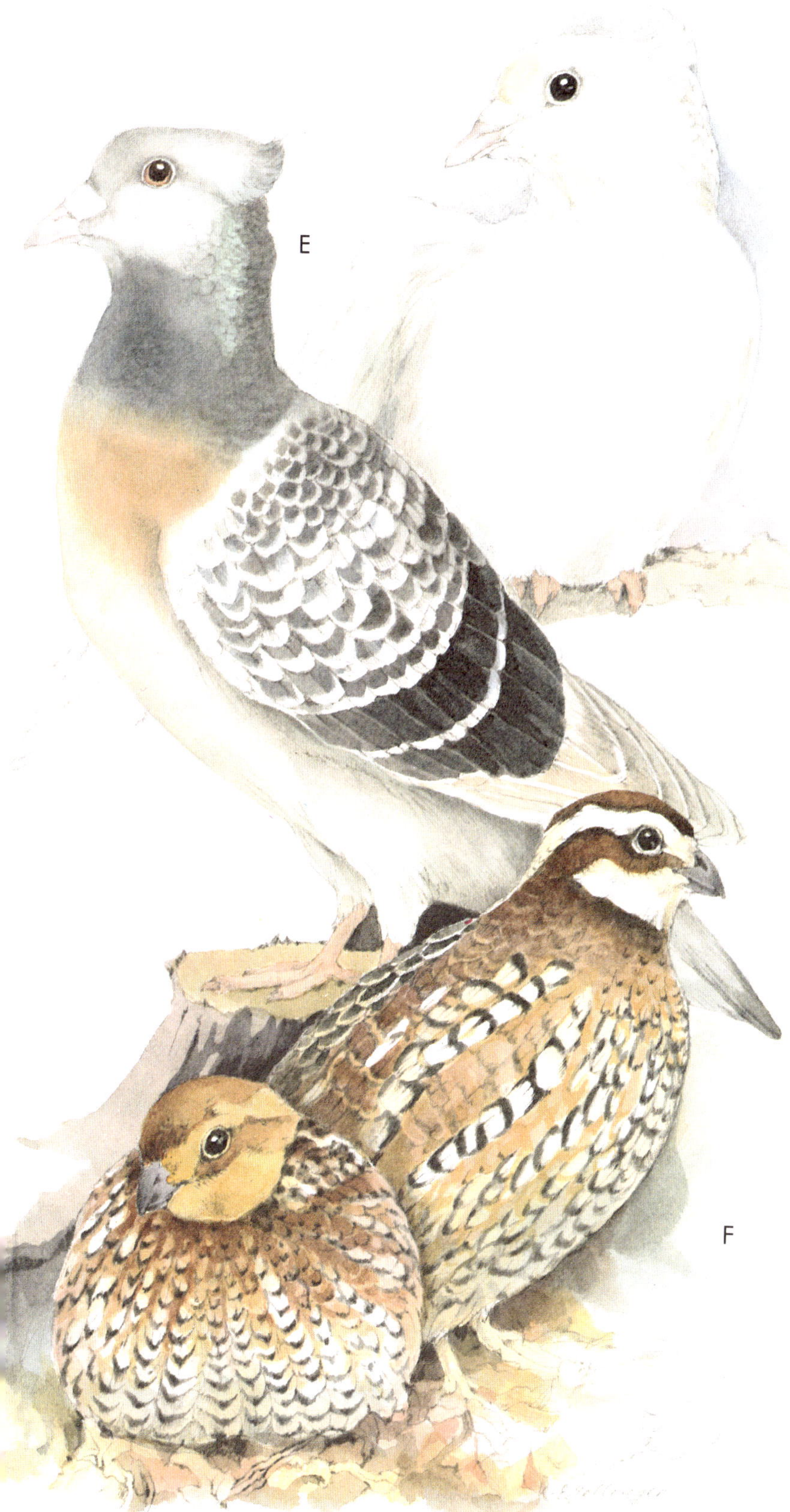
E
F

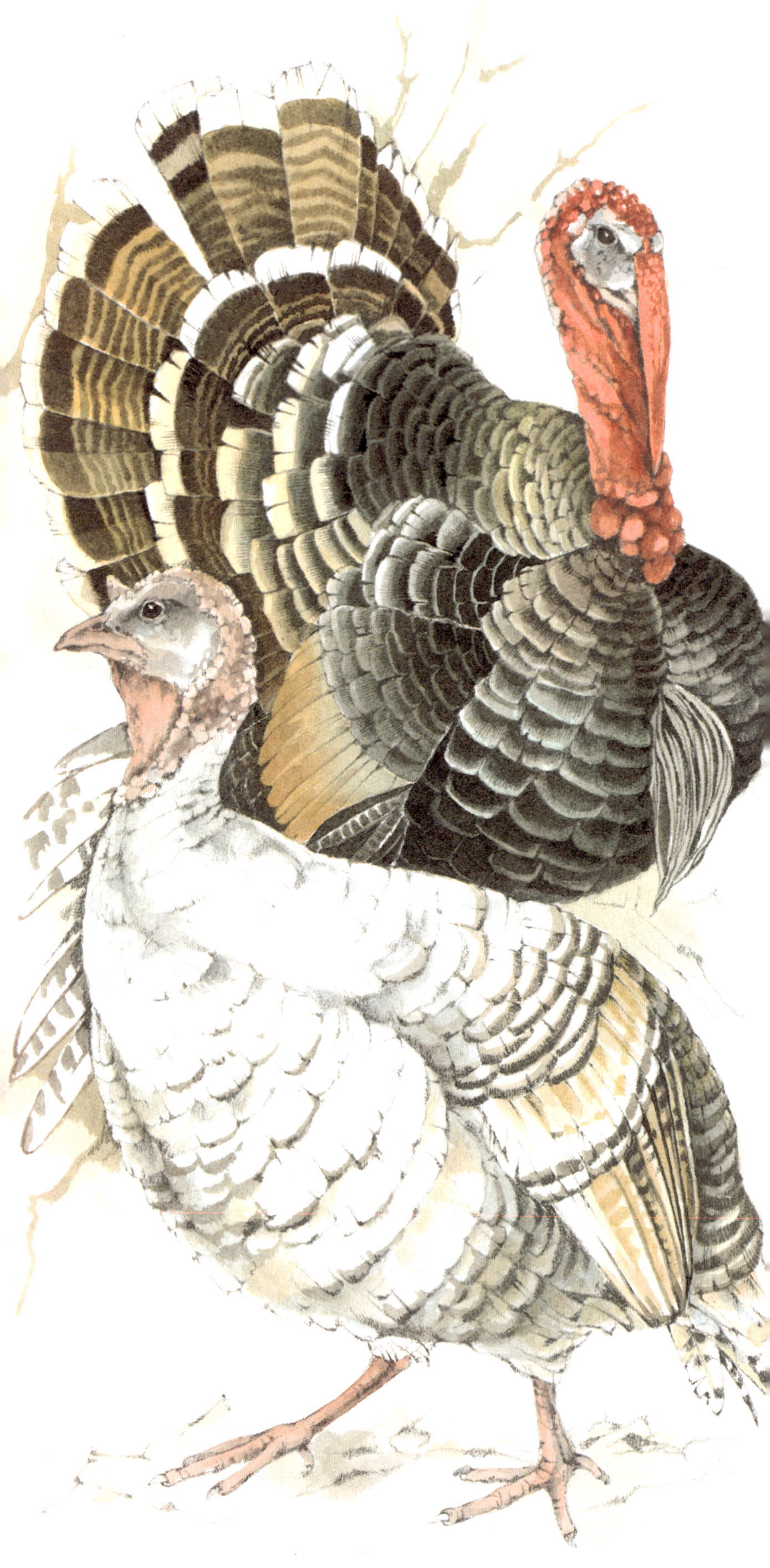

TRUTHAHN UND TRUTHENNE

Die Truthähne sind das größte Hausgeflügel.
Sofort nach dem Schlüpfen aus dem Ei werden die Truten nach Geschlechtern getrennt. Das geschieht in den großen Geflügelfarmen (auch in Europa) durch Spezialisten, meistens sind es Japaner.
Die Baby-Truthähne werden etwa 10 bis 14 Wochen, die Truthennen 16 bis 18 Wochen und Truthähne 22 bis 24 Wochen gemästet.
Die Angebotsformen und die Gewichtsklassen der Truthähne sind vielfältig; sie reichen vom Baby-Truthahn von 1,5 bis 3,0 kg über die Truthenne mit 3,5 bis 6,0 kg bis zu den Truthähnen von 7,0 bis 12,0 kg. Die schweren Tiere werden in Teile zerlegt und als Brüste, Schenkel, Ober- und Unterschenkel angeboten. Von den Brüsten werden noch Schnitzel und Steaks, von den Unterschenkeln Ossibuchi offeriert.
Das Truthahnsortiment reicht von der geräucherten Truthahnbrust bis hin zur Truthahnwurst.
Der Truthahn ist ein Laufvogel; seine Unterschenkel sind mit starken Sehnen durchzogen, die in der Küche entfernt werden sollten.
Vor dem Braten kann die Brust des Truthahns mit fetten Speckscheiben umwickelt werden.

Nährwertangaben

* ohne Füllung berechnet ** insgesamt (etwa) *** pro Portion (etwa)
Besonders kalorienarme Hauptgerichte sind kursiv gesetzt.

Rezept	Kategorie	Menge	Einheit	kcal	kJ	Eiweiß (g)	Fett (g)	Kohlenhydrate (g)
Amerikanische Truthahnglasur	Glasur	etwa 70 g	**	228	955	0	10	34
Amerikanischer Salat	Vorspeise	4 Portionen	***	698	2922	28	49	34
Apfel-Sellerie-Gelee	Gelee	etwa 9 dl	**	2714	11381	4	2	640
Apfel-Sellerie-Sauce	Sauce	etwa 2,5 dl	**	820	3434	2	1	184
Aprikosensauce	Sauce	etwa 2 dl	**	514	2150	17	18	37
Béchamelsauce	Sauce	etwa 3 dl	**	552	2317	19	34	42
Beurre manié	Saucenzutat	etwa 100 g	**	539	2255	5	42	36
Blaues Traubengelee	Gelee	etwa 9 dl	**	2932	12288	3	1	686
Blutorangensauce	Sauce	etwa 4,5 dl	**	1597	6687	3	1	355
Brasilianisches Huhn	Hauptgericht	4 Portionen	***	618	2586	59	39	9
Briocheteig	Teig	etwa 600 g	**	2338	9786	47	157	187
Buchweizenblinis	Beilage	4 Portionen	***	172	722	5	7	23
Bunte Reispfanne	Hauptgericht	4 Portionen	***	468	1955	28	8	66
Calvadossauce	Sauce	etwa 1,5 dl	**	395	1645	16	14	6
Chinesische Honigglasur für Enten	Glasur	etwa 140 g	**	273	1143	4	2	59
Chinesische Pilzsuppe	Vorspeise	4 Portionen	***	209	874	22	11	5
Chinesischer Feuertopf	Hauptgericht	4 Portionen	***	398	1662	67	10	8
Club Sandwiches	Vorspeise	4 Portionen	***	549	2297	35	31	32
Cognacsauce	Sauce	etwa 2,5 dl	**	472	1973	25	21	3
Coq au vin	Hauptgericht	4 Portionen	***	939	3930	66	57	20
Coquelets mit Nußsauce	Hauptgericht	4 Portionen	***	861	3603	52	69	8
Coquelets mit schwarzen Oliven	Hauptgericht	4 Portionen	***	473	1978	48	30	2
Coquelets nach Großmutterart	Hauptgericht	4 Portionen	***	673	2815	50	41	16
Crêpes mit Geflügel	Vorspeise	4 Portionen	***	417	1744	31	23	16
Crêpeteig	Teig	4 Portionen	***	134	563	6	7	11
Currysuppe nach indischer Art	Vorspeise	4 Portionen	***	266	1113	27	16	4

Rezept	Kategorie	Menge	Einheit	kcal	kJ	Eiweiß (g)	Fett (g)	Kohlenhydrate (g)
Darphinkartoffeln	Beilage	4 Portionen	***	123	514	2	4	18
Eierstich	Suppeneinlage	4 Portionen	***	59	245	3	5	1
Eintopf mit Poulet und Gemüse	Hauptgericht	4 Portionen	***	210	874	21	11	6
Elsässer Sauerkrautgratin	Hauptgericht	4 Portionen	***	371	1555	21	28	4
Empanadas	Vorspeise	4 Portionen	***	597	2498	20	50	17
Ente à l'orange	Hauptgericht	6 Portionen	***	856	3590	62	58	15
Ente nach Elsässerart	Hauptgericht	4 Portionen	***	951	3984	68	72	6
Entenbrust mit Blutorangenbutter und grünem Pfeffer	Hauptgericht	4 Portionen	***	742	3106	34	57	18
Entenbrust mit Honigessigsauce	Hauptgericht	4 Portionen	***	421	1766	29	31	2
Entenbrust mit Rotweinpflaumen	Hauptgericht	4 Portionen	***	523	2190	33	33	13
Entenbrust mit Sauternessauce	Hauptgericht	4 Portionen	***	427	1789	30	32	2
Entengalantine	Vorspeise	12 Portionen	***	369	1547	23	31	1
Entenparfait mit Milken und Riesengarnelen an Sherrymousse	Vorspeise	12 Portionen	***	235	985	11	16	5
Ententorte mit Entenleber	Vorspeise	12 Portionen	***	380	1591	16	26	19
Essenz von Geflügel und Scampi mit Curry	Vorspeise	4 Portionen	***	225	940	25	13	3
Festliche Pastetchen	Vorspeise	4 Portionen	***	318	1331	20	14	24
Feurige Käseschnitzel	Hauptgericht	4 Portionen	***	253	1056	36	10	5
Frühlingssalat mit Geflügellebern	Vorspeise	4 Portionen	***	187	785	15	12	5
Gans mit Apfelsauce und glasierten Maronen	Hauptgericht	6 Portionen	***	1082	4521	63	74	39
Gänseleberklößchen	Suppeneinlage	4 Portionen	***	98	411	7	7	1
Gänselebermousse	Vorspeise	6 Portionen	***	218	913	8	15	8
Gänseleberterrine	Vorspeise	5 Portionen	***	177	742	18	4	9
Gebratene Entenleber mit Fenchelpüree und Rotweinsauce	Vorspeise	4 Portionen	***	128	534	13	6	4
Gebratene Pouletbrust mit Gemüsesauce	Hauptgericht	4 Portionen	***	418	1749	42	26	4

Rezept	Kategorie	Menge	Einheit	kcal	kJ	Eiweiß (g)	Fett (g)	Kohlenhydrate (g)
Gebratene Taubenbrüstchen mit Entenleber	Hauptgericht	4 Portionen	***	474	1980	34	33	2
Gebratene Truthahnschenkel	Hauptgericht	4 Portionen	***	519	2171	34	37	3
Gebratene Wachtelbrüstchen und Entenleber auf Salat	Vorspeise	6 Portionen	***	140	585	13	9	1
Gedämpftes Poulet im Sherrysud	Hauptgericht	4 Portionen	***	514	2146	55	26	14
Geflügel- und Scampimousse mit Scampisauce	Vorspeise	6 Portionen	***	459	1922	16	37	7
Geflügelbitki mit Gurken und Steinpilzen	Hauptgericht	6 Portionen	***	464	1941	32	30	16
Geflügelbouillon	Saucengrundlage	3 bis 4 l	**	1925	8015	221	108	13
Geflügelconsommé	Vorspeise	4 Portionen	***	220	918	25	13	1
Geflügelfarce	Farce	etwa 300 g	**	572	2395	36	46	5
Geflügelfondue mit Avocado	Hauptgericht	4 Portionen	***	494	2059	58	27	5
Geflügelgaletten mit Estragonsauce	Vorspeise	6 Portionen	***	320	1341	12	29	3
Geflügel-Geschnetzeltes «süß-sauer»	Hauptgericht	4 Portionen	***	377	1574	38	14	19
Geflügelgeschnetzeltes mit Steinpilzsauce	Hauptgericht	4 Portionen	***	428	1789	44	27	3
Geflügelgeschnetzeltes mit Wermutsauce	Hauptgericht	4 Portionen	***	415	1734	36	25	6
Geflügelgratin mit Auberginen	Hauptgericht	4 Portionen	***	365	1528	32	19	17
Geflügeljus	Saucengrundlage	etwa 3 l	**	2179	9085	191	143	31
Geflügelkrapfen	Hauptgericht	4 Portionen	***	1038	4341	47	62	65
Geflügel-Kresse-Quiche	Vorspeise	6 Portionen	***	461	1928	24	31	23
Geflügelleber mit Apfelflan und Calvadossauce	Vorspeise	4 Portionen	***	333	1392	17	20	12
Geflügelleber mit Äpfeln	Vorspeise	4 Portionen	***	243	1019	15	9	14
Geflügelleber mit Lauch	Vorspeise	4 Portionen	***	212	888	15	9	8
Geflügelleber und frische Eierschwämme im Artischockenboden	Vorspeise	4 Portionen	***	368	1540	19	29	7
Geflügellebergnocchi	Suppeneinlage	4 Portionen	***	99	413	6	8	1

Rezept	Kategorie	Menge	Einheit	kcal	kJ	Eiweiß (g)	Fett (g)	Kohlenhydrate (g)
Geflügellebermousseline mit Majoransauce	Vorspeise	6 Portionen	***	282	1180	11	25	3
Geflügelleberterrine mit Orangen	Vorspeise	15 Portionen	***	352	1476	11	33	2
Geflügelmousse mit Chardonnay-Traubensauce	Vorspeise	12 Portionen	***	198	829	6	11	17
Geflügelparfait mit chinesischen Pilzen und Geflügelleber	Vorspeise	8 Portionen	***	98	409	11	4	3
Geflügelparfait mit Gänseleber im Strudelteig	Vorspeise	12 Portionen	***	292	1226	16	15	16
Geflügelpastete mit Hühnerleber und Eierschwämmen	Vorspeise	12 Portionen	***	363	1519	15	22	23
Geflügelrahmsuppe	Vorspeise	4 Portionen	***	372	1553	27	26	8
Geflügelrahmsuppe mit frischen Gurken	Vorspeise	4 Portionen	***	334	1393	17	24	12
Geflügelrahmsuppe mit Gemüsen und Kräutern	Vorspeise	4 Portionen	***	270	1126	16	20	6
Geflügelrahmsuppe mit Lauch	Vorspeise	4 Portionen	***	333	1389	19	24	9
Geflügelrahmsuppe mit Paprikaschoten	Vorspeise	4 Portionen	***	316	1320	31	17	10
Geflügelrahmsuppe mit Staudensellerie	Vorspeise	4 Portionen	***	299	1247	18	22	7
Geflügel-Riesencrevetten-Salat	Vorspeise	4 Portionen	***	587	2457	29	35	39
Geflügel-Riesling-Gelee	Gelee	etwa 5 dl	**	481	2007	60	25	3
Geflügelsalat mit Avocados	Vorspeise	4 Portionen	***	430	1799	21	39	1
Geflügelsalat mit Frühlingsgemüsen	Vorspeise	15 Portionen	***	191	800	12	11	11
Geflügelsalat mit Melone und Sesam	Vorspeise	15 Portionen	***	118	496	8	7	5
Geflügelsalat mit Zucchino	Vorspeise	15 Portionen	***	234	978	15	18	3
Geflügelstrudel mit Madeirasauce	Vorspeise	12 Portionen	***	369	1544	14	26	14
Geflügelsülze mit Ratatouillesauce	Vorspeise	4 Portionen	***	700	2927	41	30	64
Geflügelterrine mit Pistazien	Vorspeise	15 Portionen	***	303	1269	12	28	1

Rezept	Kategorie	Menge	Einheit	kcal	kJ	Eiweiß (g)	Fett (g)	Kohlenhydrate (g)
Gefüllte Perlhuhnbrüstchen mit Zwetschgensauce	Hauptgericht	3 Portionen	***	624	2610	40	36	16
Gefüllte Perlhuhnschenkel	Hauptgericht	4 Portionen	***	502	2099	41	34	3
Gefüllte Poularde in der Bratfolie	Hauptgericht	4 Portionen	***	911	3812	59	56	36
Gefüllte Pouletbrust im Reisblatt mit Scampisauce	Hauptgericht	4 Portionen	***	626	2622	39	40	14
Gefüllte Pouletbrust mit Aprikosen	Hauptgericht	4 Portionen	***	491	2053	41	21	16
Gefüllte Pouletbrust mit Morcheln	Hauptgericht	4 Portionen	***	569	2380	42	39	7
Gefüllte Tauben	Hauptgericht	4 Portionen	***	1074	4493	62	81	13
Gefüllte Taubenbrüste mit Cream-Sherry-Sauce	Hauptgericht	4 Portionen	***	522	2181	30	38	8
Gefüllte Wachteln mit Portweinsauce	Hauptgericht	4 Portionen	***	658	2752	40	49	7
Gefüllter Truthahn *	Hauptgericht	6 Portionen	***	1056	4422	83	78	1
Gehacktes Geflügelkotelett Pojarski	Hauptgericht	4 Portionen	***	454	1898	31	28	19
Gekochte frische Morcheln	Beilage	2 Portionen	***	85	356	8	5	1
Genueser Entenragout	Hauptgericht	4 Portionen	***	910	3818	69	67	4
Geräucherte Entenbrust mit Apfel-Sellerie-Salat	Vorspeise	4 Portionen	***	211	881	12	14	8
Geräucherte Gänsebrust mit Melone und frischem Ingwer	Vorspeise	4 Portionen	***	131	552	10	8	5
Geräucherte Trutenbrust mit Salat	Vorspeise	4 Portionen	***	136	568	11	6	8
Geriebener Teig mit Milch	Teig	etwa 500 g	**	2257	9443	31	157	182
Geriebener Teig nach Großmutter Art	Teig	etwa 400 g	**	1925	8065	30	128	167
Geschnetzeltes Geflügelfleisch mit Orangensauce	Hauptgericht	4 Portionen	***	242	1011	33	7	11
Gorgonzolaschnitzel	Hauptgericht	3 Portionen	***	343	1436	37	16	13
Grillierte Pouletflügel	Vorspeise	4 Portionen	***	291	1221	18	19	12
Grillierte Pouletschenkel	Hauptgericht	4 Portionen	***	503	2103	37	36	7
Grüne Nudeln	Beilage	4 Portionen	***	263	1101	8	13	28

Rezept	Kategorie	Menge	Einheit	kcal	kJ	Eiweiß (g)	Fett (g)	Kohlenhydrate (g)
Grüner Salat mit Curry-Poulet	Vorspeise	4 Portionen	***	167	699	26	2	7
Grünes Huhn	Hauptgericht	6 Portionen	***	653	2727	65	30	29
Grünkernklößchen	Suppeneinlage	4 Portionen	***	193	810	6	14	11
Gulaschsuppe	Vorspeise	4 Portionen	***	205	861	13	12	12
Hagebuttensauce	Sauce	etwa 3 dl	**	1046	4376	9	14	196
Hausgemachte Eiernudeln	Beilage	6 Portionen	***	266	1115	8	13	30
Herzoginkartoffeln	Beilage	6 Portionen	***	163	685	5	7	19
Honigglasur für Poularden	Glasur	etwa 80 g	**	319	1336	1	20	33
Huhn im Topf mit Wirsingköpfchen	Hauptgericht	4 Portionen	***	1169	4881	123	67	17
Hühnersuppe mit Nudeln nach chinesischer Art	Hauptgericht	4 Portionen	***	570	2379	43	23	45
Indonesische Reistafel	Hauptgericht	8 Portionen	***	972	4067	67	50	63
Junge Ente mit Champignons und Oliven	Hauptgericht	4 Portionen	***	1188	4979	74	94	6
Kartoffelgnocchi	Beilage	6 Portionen	***	216	905	6	8	30
Kartoffelkrapfen	Beilage	4 Portionen	***	424	1778	6	35	22
Krustentierfond	Saucengrundlage	etwa 3 dl	**	799	3342	33	35	21
Krustentiersauce	Sauce	etwa 2 dl	**	1641	6878	14	139	31
Lauchquiche mit Truthahnbrust	Vorspeise	6 Portionen	***	571	2388	23	42	23
Madeira-Rahmsauce	Sauce	etwa 3 dl	**	1584	6628	31	138	26
Maisgnocchi nach Römerart	Hauptgericht	4 Portionen	***	568	2384	25	27	49
Maiskuchen mit gehacktem Geflügelfleisch	Hauptgericht	4 Portionen	***	814	3410	43	47	55
Makkaroni mit Geflügelfleisch	Hauptgericht	4 Portionen	***	715	2993	46	32	55
Mandelgnocchi	Suppeneinlage	4 Portionen	***	118	496	6	9	2
Mangogelee	Gelee	etwa 9 dl	**	3164	13261	4	2	729
Mangopfannkuchen	Beilage	4 Portionen	***	336	1407	13	18	30
Mangosauce	Sauce	etwa 2,5 dl	**	961	4023	3	1	212
Marokkanisches Truthahnragout	Hauptgericht	4 Portionen	***	723	3024	46	40	41

Rezept	Kategorie	Menge	Einheit	kcal	kJ	Eiweiß (g)	Fett (g)	Kohlenhydrate (g)
Marsalafond	Saucengrundlage	etwa 4 dl	**	546	2286	12	18	22
Martinsgans *	Hauptgericht	6 Portionen	***	1416	5921	63	118	27
Martinsgans-Füllung mit Geflügelleber	Füllung	6 Portionen	***	379	1589	31	13	30
Martinsgans-Füllung mit Kastanien	Füllung	6 Portionen	***	397	1661	14	21	39
Mayonnaise	Sauce	etwa 2,2 dl	**	1813	7592	3	204	0
Meerrettichrahm	Sauce	4 Portionen	***	192	803	2	19	4
Melonensauce	Sauce	etwa 2 dl	**	321	1347	5	3	49
Navarin de Canard	Hauptgericht	4 Portionen	***	774	3233	92	32	19
Nudelflecken mit Zitronenmelisse	Beilage	6 Portionen	***	262	1095	9	12	30
Nudeln mit Geflügellebern und Steinpilzen	Hauptgericht	4 Portionen	***	831	3479	39	44	63
Nudeln mit Pouletbrust und Tomaten	Hauptgericht	4 Portionen	***	630	2637	36	22	71
Nudelteig zum Backen und Einbacken	Teig	etwa 300 g	**	997	4168	34	32	142
Orangenpfannkuchen	Beilage	4 Portionen	***	325	1363	12	13	28
Oxfordsauce	Sauce	etwa 2 dl	**	550	2302	1	0	117
Parfait von Tauben und Scampi	Vorspeise	12 Portionen	***	231	968	6	19	6
Pastetchen mit Geflügelragout	Vorspeise	4 Portionen	***	473	1980	29	27	22
Pastetchen mit Pouletbrust in Safransauce	Vorspeise	4 Portionen	***	345	1445	27	13	24
Pastetchen mit Truthahnfüllung	Vorspeise	4 Portionen	***	374	1564	26	17	22
Pastetengewürzmischung	Gewürz	etwa 150 g	**	488	2042	18	20	58
Pastetenteig	Teig	etwa 700 g	**	2900	12130	44	177	285
Perlhuhn in der Salzkruste	Hauptgericht	3 Portionen	***	365	1530	50	18	0
Perlhuhn mit Châteauneuf-du-Pape	Hauptgericht	6 Portionen	***	433	1816	44	23	5
Perlhuhn mit Marcsauce	Hauptgericht	4 Portionen	***	581	2433	43	41	3
Perlhuhn mit Nüssen	Hauptgericht	4 Portionen	***	669	2801	44	41	18

Rezept	Kategorie	Menge	Einheit	kcal	kJ	Eiweiß (g)	Fett (g)	Kohlenhydrate (g)
Perlhuhnbrust mit Kräuterfüllung	Hauptgericht	4 Portionen	***	597	2500	35	45	7
Perlhuhnconsommé	Vorspeise	4 Portionen	***	220	918	25	13	1
Perlhuhnfond	Saucengrundlage	etwa 1 l	**	880	3670	100	51	6
Perlhuhngalantine mit Aprikosen und Pinienkernen	Vorspeise	15 Portionen	***	215	901	16	12	7
Perlhuhnküken auf dem Lauchbett	Hauptgericht	4 Portionen	***	596	2494	54	33	10
Perlhuhnküken mit Scampi und Safransauce	Hauptgericht	4 Portionen	***	564	2362	52	38	2
Piccata Giovanni	Hauptgericht	4 Portionen	***	951	3975	67	31	90
Pikanter Geflügelsalat	Vorspeise	4 Portionen	***	395	1653	33	28	3
Pilawreis	Beilage	4 Portionen	***	293	1224	10	10	39
Pistazienklößchen	Suppeneinlage	4 Portionen	***	114	477	6	9	2
Pollo a la chilindrón	Hauptgericht	4 Portionen	***	631	2642	56	40	12
Pollo a la valenciana	Hauptgericht	4 Portionen	***	1212	5066	82	70	64
Pollo alla cacciatora	Hauptgericht	4 Portionen	***	495	2073	49	28	5
Pollo alla nonna	Hauptgericht	4 Portionen	***	1040	4350	62	78	12
Portweingelee	Gelee	etwa 5 dl	**	497	2075	61	25	6
Portweinsauce	Sauce	etwa 3 dl	**	572	2384	27	27	23
Poularde mit Basilikumsauce	Hauptgericht	4 Portionen	***	716	2996	52	53	4
Poularde mit Champagnersauce	Hauptgericht	4 Portionen	***	947	3963	56	74	5
Poularde mit Trüffelsauce	Hauptgericht	4 Portionen	***	919	3841	56	68	13
Poularde Molino Mayola	Hauptgericht	4 Portionen	***	939	3932	53	66	12
Poulardenbrust im Chicoréemantel	Hauptgericht	4 Portionen	***	984	4119	68	76	8
Poulardenbrüstchen in Estragon-Gelee mit pikanter Sauce	Vorspeise	6 Portionen	***	248	1037	27	14	3
Poulet à la niçoise	Hauptgericht	4 Portionen	***	606	2534	54	37	7
Poulet in Burgundersauce mit Steinpilzen	Hauptgericht	4 Portionen	***	635	2655	62	36	8
Poulet in Curryrahmsauce	Hauptgericht	4 Portionen	***	848	3544	63	56	20
Poulet in Peperonirahmsauce	Hauptgericht	4 Portionen	***	770	3222	63	54	7

Rezept	Kategorie	Menge	Einheit	kcal	kJ	Eiweiß (g)	Fett (g)	Kohlenhydrate (g)
Poulet mit Champignons und Tomaten	Hauptgericht	4 Portionen	***	483	2019	51	28	2
Poulet mit Lauch	Hauptgericht	4 Portionen	***	259	1084	28	7	6
Poulet mit Safransauce	Hauptgericht	4 Portionen	***	585	2445	52	39	2
Poulet mit Scampi-Whisky-Sauce	Hauptgericht	4 Portionen	***	691	2892	62	40	3
Poulet nach Art von Piräus	Hauptgericht	4 Portionen	***	602	2517	51	33	18
Poulet Surabaya	Hauptgericht	4 Portionen	***	766	3207	33	53	39
Pouletbrust, gefüllt mit Gorgonzola und Baumnüssen	Hauptgericht	6 Portionen	***	779	3260	51	55	14
Pouletbrust, gefüllt mit Trüffelfarce	Hauptgericht	4 Portionen	***	473	1975	56	22	5
Pouletbrüstchen mit Limettensauce	Hauptgericht	4 Portionen	***	451	1888	43	28	8
Pouletbrüstchen, gefüllt mit Mozzarella und Salbei	Hauptgericht	4 Portionen	***	274	1145	38	13	2
Pouletbrustfilets mit Champagnersauce	Hauptgericht	4 Portionen	***	439	1837	40	24	5
Pouletbrustfilets mit Spargeln	Hauptgericht	4 Portionen	***	343	1436	32	20	5
Pouletflügel mit Honigsauce	Hauptgericht	4 Portionen	***	483	2024	29	35	11
Pouletröllchen mit Spargel und Champagnersauce	Hauptgericht	4 Portionen	***	386	1616	35	23	6
Pouletschenkel in Kurkumasauce	Hauptgericht	4 Portionen	***	673	2814	45	44	18
Pouletschnitzel in der Nußkruste	Hauptgericht	4 Portionen	***	456	1906	31	30	14
Pouletschnitzel mit Sesam und Limettensauce	Hauptgericht	4 Portionen	***	517	2160	54	30	6
Ravioli mit Geflügelfüllung und frischen Steinpilzen	Vorspeise	4 Portionen	***	513	2145	23	18	63
Reisköpfchen mit Geflügellebern	Vorspeise	4 Portionen	***	597	2498	33	26	44
Roggenwaffeln	Beilage	4 Portionen	***	352	1475	7	23	26
Safranrisotto	Beilage	4 Portionen	***	331	1384	14	13	40
Salat mit Entenbrust und Geflügelleber	Vorspeise	4 Portionen	***	465	1950	24	34	16
Salat mit Entenbrust und Sweeties	Vorspeise	4 Portionen	***	360	1510	19	25	12

Rezept	Kategorie	Menge	Einheit	kcal	kJ	Eiweiß (g)	Fett (g)	Kohlenhydrate (g)
Salat mit Poularde, Artischocken und Sellerie	Vorspeise	6 Portionen	***	203	847	15	14	4
Sauce aus frischen Peperoni	Sauce	etwa 3,5 dl	**	1175	4916	31	107	23
Sauce hollandaise	Sauce	etwa 2,5 dl	**	2070	8663	11	227	3
Sauce suprême	Sauce	etwa 2,5 dl	**	602	2516	23	49	16
Sauerrahmwaffeln	Beilage	4 Portionen	***	344	1439	7	24	26
Spaghetti mit Geflügel und Zucchetti	Hauptgericht	4 Portionen	***	638	2674	33	24	71
Spaghetti mit Geflügelfleisch und Pilzen	Hauptgericht	4 Portionen	***	820	3435	45	31	90
Spanisches Safranhuhn	Hauptgericht	4 Portionen	***	716	2992	72	39	14
Strudelteig	Teig	etwa 250 g	**	840	3513	18	38	106
Tacchino Tonnato	Vorspeise	6 Portionen	***	358	1498	34	23	3
Tauben auf Rahmwirsing	Hauptgericht	2 Portionen	***	954	3986	52	76	10
Taubenbrüste mit Scampifüllung	Vorspeise	6 Portionen	***	355	1485	20	27	9
Taubensoufflé mit Malvoisiesauce	Vorspeise	4 Portionen	***	400	1674	17	30	6
Tiroler Sauce	Sauce	etwa 2 dl	**	1227	5139	4	136	2
Tomatierte Geflügelconsommé	Vorspeise	4 Portionen	***	282	1176	29	13	12
Traubensauce	Sauce	etwa 2,5 dl	**	842	3525	5	8	164
Trockenreis/Kreolenreis	Beilage	6 Portionen	***	193	808	3	2	39
Trüffelklößchen	Suppeneinlage	4 Portionen	***	120	503	6	10	1
Trutenblankett mit Dill	Hauptgericht	4 Portionen	***	550	2299	48	35	7
Trutenbrust mit Leber, Sultaninen und Mandelfüllung	Hauptgericht	6 Portionen	***	556	2323	45	32	16
Trutenbrust, gefüllt mit wildem Reis und Whisky-Ahorn-Sauce	Hauptgericht	6 Portionen	***	471	1974	36	26	10
Trutencocktail mit Crevetten	Vorspeise	4 Portionen	***	167	700	19	7	5
Trutenfrikassee mit Champignons	Hauptgericht	4 Portionen	***	556	2325	42	37	10
Trutenparfait mit Gemüse	Vorspeise	12 Portionen	***	59	247	4	4	1
Trutenröllchen mit Zucchino, Tomaten und Oliven	Hauptgericht	4 Portionen	***	603	2520	47	38	10

Rezept	Kategorie	Menge	Einheit	kcal	kJ	Eiweiß (g)	Fett (g)	Kohlenhydrate (g)
Trutenschnitzel mit Estragonsauce	Hauptgericht	4 Portionen	***	375	1569	37	22	2
Trutensteak, mit Blattspinat und Champignons überbacken	Hauptgericht	4 Portionen	***	456	1907	43	30	3
Truthahn mit Birnenfüllung	Hauptgericht	6 Portionen	***	1086	4547	83	73	16
Truthahn nach amerikanischer Art	Hauptgericht	6 Portionen	***	1058	4433	83	67	16
Truthahnbraten mit Whisky-Ahorn-Sauce	Hauptgericht	6 Portionen	***	490	2047	54	24	5
Truthahnbrust im Teigmantel	Hauptgericht	8 Portionen	***	760	3176	53	52	20
Truthahnbrust in Blätterteig	Hauptgericht	6 Portionen	***	583	2433	48	34	17
Truthahnbrust mit Auberginen	Hauptgericht	4 Portionen	***	334	1400	51	10	10
Truthahnfüllung «Farmer Style»	Füllung	6 Portionen	***	198	830	6	5	26
Truthahnfüllung mit Geflügelleber, Schinken und Kastanien	Füllung	6 Portionen	***	294	1232	18	10	33
Truthahngeschnetzeltes in Currysauce	Hauptgericht	4 Portionen	***	483	2018	39	28	13
Truthahn-Piccata	Hauptgericht	4 Portionen	***	303	1267	33	17	4
Truthahnragout mit Brennesseln	Hauptgericht	4 Portionen	***	482	2017	45	28	5
Truthahnrollen mit Kerbel	Hauptgericht	4 Portionen	***	497	2081	37	37	4
Truthahnschnitzel mit Scampi	Hauptgericht	4 Portionen	***	411	1718	46	21	3
Truthahnspieße mit Peperonisauce	Hauptgericht	4 Portionen	***	565	2364	35	45	7
Turkey Pie	Hauptgericht	4 Portionen	***	831	3475	48	58	30
Überbackene Gänseleber auf Brioche	Vorspeise	6 Portionen	***	339	1420	15	24	13
Wachtelbrüstchen auf ihrem Parfait	Hauptgericht	6 Portionen	***	810	3390	47	58	13
Wachtelgnocchi	Suppeneinlage	4 Portionen	***	132	554	7	11	1
Wachteln auf Frühlingsreis	Hauptgericht	4 Portionen	***	913	3817	65	45	59
Wachteln mit Gänseleber auf Morcheln	Hauptgericht	4 Portionen	***	703	2942	46	44	28
Wachteln mit glasierten Gemüsen	Hauptgericht	4 Portionen	***	528	2206	40	32	13

Rezept	Kategorie	Menge	Einheit	kcal	kJ	Eiweiß (g)	Fett (g)	Kohlenhydrate (g)
Wachteln mit Salbei	Hauptgericht	4 Portionen	***	362	1512	28	18	5
Wachteln mit Tomatenvinaigrette	Vorspeise	4 Portionen	***	459	1922	27	39	1
Wachtelparfait I	Farce	etwa 90 g	**	223	933	11	19	2
Wachtelparfait II	Vorspeise	6 Portionen	***	155	649	10	12	2
Wachtelsauce	Sauce	etwa 3 dl	**	522	2182	30	23	16
Waterzooi	Hauptgericht	4 Portionen	***	610	2551	56	41	5
Weißes Traubengelee	Gelee	etwa 1 l	**	2866	12013	3	1	680
Whisky-Ahorn-Sauce	Sauce	etwa 3 dl	**	1414	5909	37	98	22
Wilder Reis mit Gemüsen und Nüssen	Beilage	3 Portionen	***	257	1103	13	10	28

Die Berechnungen erfolgten mit dem Bundeslebensmittelschlüssel (BLS II.2).
Das Urheberrecht des BLS II.2 liegt beim BGVV, Berlin.

ALPHABETISCHES GESAMTVERZEICHNIS DER REZEPTE

A

Ahorn, Whisky-Ahorn-Sauce 159, 237
amerikanische Art, Truthahn 294
Apfelflan 111
Apfelsauce 134
Apfel-Sellerie-
– Gelee 341
– Salat 19
– Sauce 338
Amerikanischer Salat 28
Aprikosensauce 225, 328

B

Basilikumsauce 208
Béchamelsauce 327
Beurre manié 327
Birnenfüllung, Truthahn mit — 158
Bitki, Geflügel- mit Gurken und Steinpilzen 264
Blankett, Truten- mit Dill 197
Blaues Traubengelee 342
Blinis, Buchweizen- 349
Blutorangenbutter 178
Blutorangensauce 338
Bouillon, Geflügel- 325
Hühner- 325
Brasilianisches Huhn 265
Braten, Truthahn- mit Whisky-Ahorn-Sauce 159
Briocheteig 363
Brüstchen
gebratene Tauben- mit Entenleber 203
gebratene Wachtel- und Entenleber auf Salat 31
gefüllte Perlhuhn- und Zwetschgensauce 220

Poularden- in Estragon-Gelee mit pikanter Sauce 20
Poulet- mit Limettensauce 186
Poulet-, gefüllt mit Mozzarella und Salbei 231
Wachtel- auf ihrem Parfait 204
gefüllte Tauben- mit Cream-Sherry-Sauce 240
Brüste, Truten- mit Scampifüllung 24
Buchweizenblinis 349
Bunte Reispfanne 300
Burgundersauce 212
Butter, Blutorangen- 178
Mehl- 327

C

Calvadossauce 111, 329
Canard, Navarin de 275
Champagnersauce 175, 200, 209
Chardonnay-Traubensauce, Geflügelmousse mit — 76
Chicoréemantel 242
Chinesische Pilzsuppe 85
Chinesischer Feuertopf 259
Club Sandwiches 17
Cognacsauce 328
Consommé, Geflügel- 81
Perlhuhn- 84
tomatierte Geflügel- 83
Coq au vin 272
Coquelets
– nach Großmutterart 125
– mit Nußsauce 127
– mit schwarzen Oliven 256
Cream-Sherry-Sauce 240
Crêpes mit Geflügel 109
Crêpeteig 365

Curry-Poulet, grüner Salat
   mit — 41
Curryrahmsauce 210
Currysauce 171
Currysuppe nach indischer Art 86

D
Darphinkartoffeln 356

E
Eiernudeln, hausgemachte 352
Eierstich 101
Eintopf mit Poulet und Gemüse 97
Elsässer Art, Ente nach — 258
Elsässer Sauerkrautgratin 321
Empanadas 290
Englische Schüsselpastete 292
Ente
   – à l'orange 130
   – nach Elsässer Art 258
   Junge — mit Champignons und
      Oliven 129
Enten-
   – galantine 47
   – parfait mit Milken und
      Riesengarnelen an
      Sherrymousse 54
   – torte mit Entenleber 51
Entenbrust
   – geräucherte, mit
      Apfel-Sellerie-Salat 19
   Salat mit — und Geflügelleber
      43
   Salat mit — und Sweeties 32
Entenbrust mit
   – Blutorangenbutter und grünem
      Pfeffer 178
   – Honigessigsauce 181
   – Rotweinpflaumen 177
   – Sauternessauce 180
Entenleber
   Ententorte mit — 51
   gebratene — mit Fenchelpüree
   und Rotweinsauce 112
   gebratene Taubenbrüstchen
      mit — 203

gebratene Wachtelbrüstchen
   und — auf Salat 30
Entenragout
   – mit weißen Rüben 275
   Genueser — 262
Essenz von Geflügel und Scampi
   mit Curry 92
Estragon-Gelee mit pikanter Sauce,
   Poulardenbrüstchen in — 20
Estragonsauce 113, 199

F
Farce, Geflügel- 361
   Trüffel- 235
«Farmer Style» 254
Fenchelpüree 112
Festliche Pastetchen 316
Feuertopf, chinesischer 259
Feurige Kräuterschnitzel 201
Filet, Pouletbrust- mit Spargeln 176
Flügel, grillierte Poulet- 121
   Poulet- mit Honigsauce 271
Fond, Krustentier- 331
   Marsala- 331
   Perlhuhn- 333
Fondue, Geflügel- mit Avocado
   205
Frikassee, Truten- mit Champignons
   216
Frühlingsreis 277
Frühlingssalat mit Geflügellebern
   31
Füllung, Kräuter 236
   Mandel- 243
   Pastetchen mit Truthahn- 320
   Truthahn- «Farmer Style» 254
   Truthahn- mit Geflügelleber,
      Schinken und Kastanien 254

G
Galantine, Enten- 47
   Perlhuhn- mit Aprikosen und
      Pinienkernen 66
Galetten, Geflügel- mit
   Estragonsauce 113

Gans mit Apfelsauce und glasierten
   Maronen 134
Gans, Martins- 250
   Füllung mit Geflügelleber 251
   Füllung mit Kastanien   251
Gänsebrust, geräucherte, mit
   Melone und frischem Ingwer 21
Gänseleber
   auf Brioche, überbackene 114
   Geflügelparfait mit — im
      Strudelteig 56
   Wachteln mit — auf Morcheln
      165
   – klößchen 98
   – mousse 49
   – terrine 58
Gebratene
   – Entenleber mit Fenchelpüree
      und Rotweinsauce 112
   – Pouletbrust mit
      Gemüsesauce 183
   – Taubenbrüstchen mit
      Entenleber 203
   – Truthahnschenkel 196
   – Wachtelbrüstchen und
      Entenleber auf Salat 30
Gedämpftes Poulet mit Sherrysud
   144
Geflügel
   Crêpes mit — 109
   Spaghetti mit — und Zucchetti
   309
Geflügel-
   – bitki mit Gurken und
      Steinpilzen 264
   – bouillon 325
   – essenz 92
   – farce 361
   – fondue mit Avocado 205
   – galetten mit Estragonsauce
      113
   – gratin mit Auberginen 322
   – jus 326
   – kraftbrühe 81
   – krapfen 314
   – mousse mit
      Chardonnay-Traubensauce 76

– pastete mit Hühnerleber und
   Eierschwämmchen 62
– rahmsauce 329
– Riesencrevetten-Salat 35
– ·Riesling-Gelee 344
– strudel mit Madeirasauce 118
– sülze mit Ratatouillesauce 22
– terrine mit Pistazien 75
Geflügel- und Scampimousse mit
   Scampisauce 117
Geflügelconsommé 81
   tomatierte — 83
Geflügelfleisch
   – geschnetzeltes, mit
      Orangensauce 173
   Maiskuchen mit
      gehacktem — 310
   Makkaroni mit — 301
   Pastetengewürzmischung für 50
   Spaghetti mit — und Pilzen 307
Geflügelfüllung, Ravioli
   mit — und frischen Steinpilzen
   304
Geflügelgeschnetzeltes
   – mit Steinpilzsauce 174
   – mit Wermutsauce 172
   – «süß-sauer» 255
Geflügelkotelett Pojarski,
   gehacktes 281
Geflügel-Kresse-Quiche 106
Geflügelleber 251, 254
   Frühlingssalat mit –n 31
   Geflügelparfait mit chinesischen
      Pilzen und — 59
   Nudeln mit — und Steinpilzen
      306
   Salat mit Entenbrust und — 43
Geflügelleber mit
   – Apfelflan und
      Calvadossauce 111
   – Äpfeln 105
   – Lauch 110
Geflügelleber und frische
   Eierschwämme im
   Artischockenboden 115
Geflügelleber-
   – gnocchi 98

– klößchen 98
– Mousseline mit Majoransauce 116
– terrine mit Orangen 74
Geflügellebern, Nudeln mit — und Steinpilzen 306
Geflügelparfait mit
– chinesischen Pilzen und Geflügelleber 59
– Gänseleber in Strudelteig 56
Geflügelrahmsauce 329
Geflügelrahmsuppe 86 mit
– Gemüsen und Kräutern 87
– frischen Gurken 88
– Lauch 89
– Paprikaschoten 90
– Staudensellerie 91
Geflügelsalat, pikanter 313
Geflügelsalat mit
– Avocados 39
– Frühlingsgemüsen 38
– Melone und Sesam 37
– Zucchino 40
Gefüllte Perlhuhn-
– brüstchen mit Zwetschgensauce 220
– schenkel 222
Gefüllte Poularde in der Bratfolie 143
Gefüllte Pouletbrust
– mit Aprikosen 225
– mit Morcheln 229
– im Reisblatt mit Scampisauce 232
Gefüllte
– Tauben 150
– Taubenbrüste mit Cream-Sherry-Sauce 240
– Wachteln mit Portweinsauce 167
Gefüllter Truthahn 252
Gefülltes Poulet nach Großmutterart 278
Gehacktes Geflügelkotelett Pojarski 281

Gekochte frische Morcheln 358
Gelee, Apfel-Sellerie- 341
Mango- 341
Portwein- 345
Riesling- 344
Trauben- 342
Gemüsesauce 183
Genueser Entenragout 262
Geräucherte
– Entenbrust mit Apfel-Sellerie-Salat 19
– Gänsebrust mit Melone und frischem Ingwer 21
– Trutenbrust mit Salat 26
Geriebener Teig
– nach Großmutterart 366
– mit Milch 363
Geschnetzeltes
Geflügel- «süß-sauer» 255
Geflügel- mit Steinpilzsauce 174
Geflügel- mit Wermutsauce 172
Truthahn- in Currysauce 171
Geschnetzeltes Geflügelfleisch mit Orangensauce 173
Gewürzmischung, Pasteten-, für Geflügelfleisch 50
Giovanni, Piccata 289
Glasuren für Geflügel 160
Gnocchi, Geflügelleber- 98
Mais- nach Römer Art 302
Mandel- 99
Wachtel- 100
Gorgonzolaschnitzel 202
Gratin, Elsässer Sauerkraut- 321
Geflügel- mit Auberginen 322
Grillierte Poulet-
– flügel 121, 185
– schenkel 185
Großmutterart, gefülltes Poulet nach — 278
geriebener Teig nach — 366
Grüne Nudeln 353
Grüner Salat mit Curry-Poulet 41
Grünes Huhn 93
Grünkernklößchen 100
Gulaschsuppe 102

H

Hagebuttensauce 339
Hähnchen
    in Paprikarahmsauce 206
    in Rotwein 272
    mit Gemüsen im Blätterteig 280
    nach Genter Art 269
Hausgemachte Eiernudeln 352
Herzoginkartoffeln 356
Holländische Sauce 330
Honigessigsauce 181
Honigsauce 271
Huhn
    Brasilianisches — 265
    grünes — 93
    Perlhuhnconsommé 84
    — im Topf mit Wirsing-
        köpfchen 96
    Spanisches Safran- 266
Hühner-
    — bouillon 325
Hühnerleber, Geflügelpastete
    mit — und Eierschwämmchen 62
    — suppe mit Nudeln nach
        chinesischer Art 94

I

Indonesische Reistafel 282

J

Junge Ente mit Champignons und
    Oliven 129
Jus, Geflügel- 326

K

Kaltes Trutenfleisch mit
    Thunfischsauce 23
Kartoffeln, Darphin- 356
Kartoffel-
    — gnocchi 357
    — krapfen 357
Klößchen
    Gänseleber- 98
    Geflügelleber- 98
    Grünkern- 100
    Mandel- 99
    Pistazien- 99
    Trüffel- 101
    Wachtel- 100
Kraftbrühe 81
    tomatierte 83
Krapfen
    Geflügel- 314
    Kartoffel- 357
    nach mexikanischer Art 290
Kräuterfüllung 236
Kräuterschnitzel, feurige 201
Kreolenreis 354
Kresse-Quiche, Geflügel- 106
Kruste, Nuß- 189
    Salz- 139
Krustentier-
    — fond 331
    — sauce 332
Küken, Perlhuhn-
    auf dem Lauchbett 135
    mit Scampi und Safransauce 142
Kurkumasauce 195

L

Lauchquiche mit Truthahnbrust 107
Leber
    Enten- und gebratene
        Wachtelbrüstchen auf Salat 31
    Ententorte mit Enten- 51
    Frühlingssalat mit Geflügel- 32
    Gänseleber- 58
    Gänseleberklößchen 98
    Gänselebermousse 49
    gebratene Enten- mit
        Fenchelpüree und
        Rotweinsauce 112
    gebratene Taubenbrüstchen mit
        Enten- 203
    Geflügel- 251
    Geflügel- mit Apfelflan und
        Calvadossauce 111
    Geflügel- mit Äpfeln 105
    Geflügel- mit Lauch 110
    Geflügel- und frische
        Eierschwämme im
        Artischockenboden 115

Geflügellebergnocchi 98
Geflügelleberterrine mit
 Orangen 74
Geflügelparfait mit chinesischen
 Pilzen und Geflügel- 59
Geflügelpastete mit Hühner- und
 Eierschwämmchen 62
 mit Gorgonzola und Baum-
  nüssen 227
 mit Trüffelfarce 235
 Reisköpfchen mit Geflügel- 299
 überbackene Gänse- auf
  Brioche 114
 Wachteln mit Gänse- auf
  Morcheln 165
Limettensauce 186, 188

M
Madeirasauce 118
Madeira-Rahmsauce 335
Mais-
 – gnocchi nach Römer Art 302
 – kuchen mit gehacktem
  Geflügelfleisch 310
Majoransauce 116
Makkaroni mit Geflügelfleisch 301
Malvoisiesauce 122
Mandel-
 – füllung 243
 – gnocchi 99
 – klößchen 99
Mango-
 – gelee 341
 – pfannkuchen 351
 – sauce 339
Marcsauce 137
Marokkanisches Truthahnragout
 296
Marsalafond 331
Martinsgans 250
 – Füllung mit Geflügelleber 251
 – Füllung mit Kastanien 251
Mayonnaise 336
Meerrettichrahm 144
Mehlbutter 327
Melonensauce 340

mexikanische Art, Krapfen 290
Molino Mayola, Poularde 288
Morcheln, gekochte frische 358
Mousse, Gänseleber- 47
 Geflügel- mit Chardonnay-
  Traubensauce 76
 Geflügel- und Scampi- mit
  Scampisauce 117
Mousseline, Geflügelleber- mit
 Majoransauce 116

N
Navarin de canard 275
Nocken, Kartoffel- 357
Nudelflecken mit Zitronenmelisse
 351
Nudeln
 – grüne 353
 – hausgemachte 352
Nudeln mit
 – Geflügelebern und Steinpilzen
  306
 – Pouletbrust und Tomaten 303
Nudelteig zum Backen und
 Einbacken 364
Nußkruste 189
Nußsauce 127

O
Orangenpfannkuchen 350
Orangensauce 173
Oxfordsauce 337

P
Paprikarahmsauce 206
Parfait von Tauben und Scampi 73
Parfait
 Enten- mit Milken und
  Riesengarnelen 54
 Geflügel- mit chinesischen Pilzen
  und Geflügelleber 59
 Geflügel- mit Gänseleber im
  Strudelteig 56
 Truten- mit Gemüsen 65
 Wachtel- 362
 Wachtelbrüstchen auf
  ihrem — 204

Pastetchen, festliche 316
Pastetchen mit
- Geflügelragout 315
- Pouletbrust in Safransauce 318
- Truthahnfüllung 320
Pastete, englische Schüssel- 292
Pastete, Geflügel- mit Hühnerlebern und Eierschwämmchen 62
Pasteten-Gewürzmischung für Geflügelfleisch 50
Pastetenteig 364
Peperonirahmsauce 206
Peperonisauce 192
Perlhuhn
- mit Châteaneuf-du-Pape 136
- mit Marcsauce 137
- mit Nüssen 138
- in Salzkruste 139
Perlhuhn-
- brust mit Kräuterfüllung 236
- brüstchen, gefüllte, mit Zwetschgensauce 220
- consommé 84
- fond 333
- galantine mit Aprikosen und Pinienkernen 66
- kraftbrühe 84
- schenkel, gefüllte 222
Perlhuhnküken
- auf dem Lauchbett 135
- mit Scampi und Safransauce 142
Pfannkuchen, Mango- 351
  Orangen- 350
Pflaumen, Rotwein- 177
Piccata Giovanni 289
  Truthahn- 191
Pie, Turkey 292
Pikanter Geflügelsalat 313
Pilawreis 355
Pilzsuppe, chinesische 85
Piräus, Poulet nach Art von — 276
Pistazienklößchen 99
Pojarski, gehacktes Geflügelkotelett — 281

Pollo
- a la chilindrón 286
- a la valenciana 270
- alla cacciatora 267
- alla nonna 278
Portwein-
- gelee 345
- sauce 167, 334
Poularde
- Molino Mayola 288
Gefüllte — in der Bratfolie 143
Salat mit —, Artischocken und Sellerie 42
Poularde mit
- Basilikumsauce 208
- Champagnersauce 209
- Trüffelsauce 147
Poulardenbrust im Chicoréemantel 242
Poulardenbrüstchen in Estragon-Gelee mit pikanter Sauce 20
Poulet
- à la niçoise 269
Curry- 41
Eintopf mit — und Gemüse 97
- nach Art von Piräus 276
- gedämpftes, im Sherrysud 144
- Surabaya 280
Gefülltes — nach Großmutterart 278
Poulet in
- Burgundersauce mit Steinpilzen 212
- Curryrahmsauce 210
- Peperonirahmsauce 206
Poulet mit
- Champignons und Tomaten 214
- Lauch 291
- Paprikaschoten 286
- Safransauce 211
- Scampi-Whisky-Sauce 184
Pouletbrust
Gebratene — mit Gemüsesauce 183

Nudeln mit — und Tomaten 303
Pastetchen mit — in
    Safransauce 318
Pouletbrust, gefüllt mit
  — Aprikosen 225
  — Gorgonzola und
     Baumnüssen 227
  — Morcheln 229
  — Trüffelfarce 235
Pouletbrust, gefüllt,
  — nach Großmutterart 278
  — im Reisblatt mit
     Scampisauce 232
Pouletbrüstchen
  — mit Limettensauce 186
  — gefüllt mit Mozzarella und
     Salbei 231
Pouletbrustfilets mit
  — Champagnersauce 175
  — Spargeln 176
Pouletflügel
  — mit Honigsauce 271
  Grillierte — 121, 185
Pouletröllchen mit Spargel und
    Champagnersauce 200
Pouletschenkel, grillierte 185
Pouletschenkel in
  — Kurkumasauce 195
  — der Nußkruste 189
Pouletschnitzel mit Sesam und
    Limettensauce 188

Q

Quiche,
    Geflügel-Kresse- 106
    Lauch- mit Truthahnbrust 107

R

Ragout, Enten- mit weißen Rüben
    275
    Genueser Enten- 262
    marokkanisches Truthahn- 296
    Pastetchen mit Geflügel- 315
    Truthahn- mit Brennesseln 215
Rahmsauce, Madeira- 335
Rahmwirsing 151

Ratatouillesauce, Geflügelsülze
    mit — 22
Ravioli mit Geflügelfüllung und
    frischen Steinpilzen 304
Reis-
  — köpfchen mit
     Geflügellebern 299
  Kreolen- 354
  — pfanne, bunte 300
  Pilaw- 355
  — tafel, indonesische 282
  Trocken- 354
  Wilder — mit Gemüsen und
     Nüssen 354
Riesencrevetten, Geflügel — salat
    35
Risotto, Safran- 355
Roggenwaffeln 349
Röllchen, Poulet- mit Spargel und
    Champagnersauce 200
    Truten- mit Zucchino, Tomaten
       und Oliven 218
Rollen, Truthahn- mit Kerbel 238
Römer Art, Maisgnocchi nach —
    302
Rotweinpflaumen 177
Rotweinsauce 112

S

Safran-
  — huhn, spanisches 266
  — risotto 355
  — sauce 142, 211, 318
Salat
    Apfel-Sellerie-, Geräucherte
       Entenbrust mit — 19
    amerikanischer 28
    Frühlings- mit Geflügellebern 31
    Geflügel- mit Avocados 39
    Geflügel- mit Frühlingsgemüsen
       38
    Geflügel- mit Melone und Sesam
       37
    Geflügel- mit Zucchino 40
    Geflügelriesencrevetten- 35
    pikanter Geflügel- 313

Salat mit
- Entenbrust und Geflügelleber 43
- Entenbrust und Sweeties 32
- Poularde, Artischocken und Sellerie 42
Grüner — mit Curry-Poulet 41
Salzkruste, Perlhuhn in der — 139
Sandwiches, Club- 17
Sauce
- aus frischen Peperoni 333
- hollandaise 330
- suprême 329
Apfel- 134
Apfel-Sellerie- 338
Aprikosen- 225, 328
Basilikum- 208
Béchamel- 327
Blutorangen- 338
Burgunder- 212
Calvados- 111, 329
Champagner- 175, 200, 209
Cognac- 328
Cream-Sherry- 240
Curry- 171
Curryrahm- 210
Estragon- 113, 199
Geflügelrahm- 329
Gemüse- 183
Hagenbutten- 339
Honig- 271
Honigessig- 181
Krustentier- 332
Kurkuma- 195
Limetten- 186, 188
Madeira- 118
Madeira-Rahm- 335
Majoran- 116
Malvoisie- 122
Mango- 339
Marc- 137
Melonen- 340
Nuß- 127
Orangen- 173
Oxford- 337
Paprikarahm- 206
Peperoni- 192
Peperonirahm- 206
Portwein- 167, 334
Rotwein- 112
Safran- 142, 211, 318
Sauternes- 180
Scampi- 117, 232
Scampi-Whisky- 184
Steinpilz- 174
Tiroler- 337
Trauben- 340
Trüffel- 147
Wachtel- 334
Wermut- 135, 172
Whisky-Ahorn- 330
Zwetschgen- 220
Sauerkrautgratin, Elsässer 321
Sauerrahmwaffeln 350
Sauternessauce 180
Scampi
Essenz von Geflügel und — mit Curry 92
Geflügel- und Scampimousse mit Scampisauce 117
Parfait von Trauben und — 73
-Whisky-Sauce 184
-sauce 117, 232
Schenkel
gebratene Truthahn- 196
gefüllte Perlhuhn- 222
grillierte Poulet- 185
Poulet- in der Nußkruste 189
Poulet- in Kurkumasauce 195
Schnitzel
feurige Kräuter- 201
Gorgonzola- 202
Truten- mit Estragonsauce 199
Truthahn- mit Scampi 198
Schüsselpastete, englische 292
Sherrymousse, Entenparfait mit Milken und Riesengarnelen an — 54
Sherrysud 144
Soufflé, Tauben- mit Malvoisiesauce 122

Spaghetti mit
- Geflügel und Zucchetti 309
- Geflügelfleisch und Pilzen 307

Spanisches Safranhuhn 266

Spieße, Truthahn- mit Peperonisauce 192

Steak, Truten- mit Blattspinat und Champignons überbacken 193

Steinpilzsauce 174

Strudel, Geflügel- mit Madeirasauce 118

Strudelteig 365

Sud, Sherry- 144

Suppe, chinesische Pilz- 85
Geflügelrahm- 86
mit frischen Gurken 86
mit Gemüsen und Kräutern 86
mit Lauch 86
mit Paprikaschoten 86
mit Staudensellerie 86
Curry- nach indischer Art 86
Gulasch- 102
Hühner- mit Nudeln nach chinesischer Art 94

Surabaya, Poulet 280

Sweeties, Salat mit Entenbrust und — 32

T

Tacchino Tonnato 23

Tauben
- auf Rahmwirsing 151
- Gefüllte — 150

Tauben-
- brüstchen, gebratene, mit Entenleber 203
- parfait von — und Scampi 73
- soufflé mit Malvoisiesauce 122

Taubenbrüste mit
Cream-Sherry-Sauce, gefüllte 240
- Scampifüllung 24

Teig, Crêpe- 363
Geriebener — nach Großmutterart 366
Geriebener — mit Milch 363

Pasteten- 366
Strudel- 365

Terrine, Gänseleber- 58
Geflügel- mit Pistazien 75
Geflügelleber- mit Orangen 74

Thunfischsauce, Kaltes Trutenfleisch mit — 23

Tiroler Sauce 337

Tomatenvinaigrette, Wachteln mit — 43

Tomatierte Geflügelconsommé 83

Topf, Huhn im — mit Wirsingköpfchen 96

Torte, Enten- mit Entenleber 51

Traubensauce 340
Geflügelmousse mit Chardonnay- 76

Trauben-
- gelee, blaues 342
- gelee, weißes 342

Trockenreis 354

Trüffelklößchen 101

Trüffelfarce 235

Trüffelsauce 147

Trutenblankett mit Dill 197

Trutenbrust
- gefüllt mit wildem Reis und Whisky-Ahorn-Sauce 237
- geräuchert, mit Salat 26
- mit Leber, Sultaninen und Mandelfüllung 243

Truten-
- cocktail mit Crevetten 27
- fleisch, kaltes, mit Thunfischsauce 23
- frikasse mit Champignons 216
- parfait mit Gemüsen 65
- röllchen mit Zucchino, Tomaten und Oliven 218
- schnitzel mit Estragonsauce 199
- steak, mit Blattspinat und Champignons überbacken 193

Truthahn
- nach amerikanischer Art 294
- mit Birnenfüllung 158

Gefüllter — 252
Truthahn-
- braten mit
  Whisky-Ahorn-Sauce 159
- geschnetzeltes in
  Currysauce 171
- rollen mit Kerbel 238
- schenkel, gebratene 196
- schnitzel mit Scampi 198
- spieße mit Peperonisauce 192

Truthahnbrust
- mit Auberginen 162
- in Blätterteig 245
- im Teigmantel 244

Lauchquiche mit — 107
Truthahnfüllung
- «Farmer Style» 254
- mit Geflügelleber 254

Pastetchen mit — 330
Truthahn-Piccata 191
Truthahnragout
- mit Brennesseln 215

Marokkanisches — 296
Turkey Pie 292

U

Überbackene Gänseleber auf
Brioche 114

W

Wachtel-
- gnocchi 100
- kößchen 100
- sauce 334

Wachtelbrüstchen
- auf ihrem Parfait 204

Gebratene — und Entenleber auf
Salat 30

Wachteln
- auf Frühlingsreis 277

Gefüllte — mit Portweinsauce
167

Wachteln mit
- Gänseleber auf Morcheln 165
- glasierten Gemüsen 166
- Salbei 168
- Tomatenvinaigrette 44

Wachtelparfait 362
Waffeln
  Roggen- 349
  Sauerrahm- 350
Waterzooi 268
Weißes Traubengelee 342
Wermutsauce 135, 172
Whisky-Ahorn-Sauce 159, 237, 330
Wilder Reis mit Gemüse und
  Nüssen 354

Z

Zitronenmelisse 351
Zwetschgensauce 220

VERZEICHNIS DER REZEPTE NACH GEFLÜGELSORTEN

Entenrezepte
Ente
- nach Elsässer Art 258
- à l'orange 130
- Junge — mit Champignons und Oliven 129

Enten-
- galantine 47
- leber, gebratene, mit Fenchelpüree und Rotweinsauce 112
- parfait mit Milken und Riesengarnelen an Sherrymousse 54
- torte mit Entenleber 51

Entenbrust
- geräucherte, mit Apfel-Sellerie-Salat 19
- Salat mit — und Geflügelleber 43
- Salat mit — und mit Sweeties 32

Entenbrust mit
- Blutorangenbutter und grünem Pfeffer 178
- Honigessigsauce 181
- Rotweinpflaumen 177
- Sauternessauce 180

Entenragout
- mit weißen Rüben 275
- Genueser — 262

Gebratene Entenleber mit Fenchelpüree und Rotweinsauce 112
Genueser Entenragout 262
Geräucherte Entenbrust mit Apfel-Sellerie-Salat 19
Junge Ente mit Champignons und Oliven 129
Navarin de canard 275
Salat mit Entenbrust und
- Geflügelleber 43
- Sweeties 32

Gänserezepte
Gans mit Apfelsauce und glasierten Maronen 134
Gänsebrust, geräucherte, mit Melone und frischem Ingwer 21
Gänseleber auf Brioche, überbackene 114
Gänseleber-
- klößchen 98
- mousse 49
- terrine 58

Geflügelparfait mit Gänseleber in Strudelteig 56
Geräucherte Gänsebrust mit Melone und frischem Ingwer 21
Martinsgans 250
- Füllung mit Geflügelleber 251
- Füllung mit Kastanien 251

Überbackene Gänseleber auf Brioche 114

Haushuhnrezepte
Brasilianisches Huhn 265
Bunte Reispfanne 300
Chinesische Pilzsuppe 85
Chinesischer Feuertopf 259
Club Sandwiches 17
Coq au vin 272
Coquelets
- nach Großmutterart 125
- mit Nußsauce 127
- mit schwarzen Oliven 256

Eintopf mit Poulet und Gemüse 97
Feuertopf, chinesischer 259
Feurige Kräuterschnitzel 201
Gebratene Pouletbrust mit Gemüsesauce 183
Gedämpftes Poulet im Sherrysud 144
Geflügel, Spaghetti mit — und Zucchetti 309

Geflügel-
- fondue mit Avocado 205
- galetten mit Estragonsauce 113
- gratin mit Auberginen 322
- krapfen 314
- pastete mit Hühnerleber und Eierschwämmchen 62
- strudel mit Madeirasauce 118
- sülze mit Ratatouillesauce 22
- terrine mit Pistazien 75

Geflügelgeschnetzeltes
- mit Steinpilzsauce 174
- «süß-sauer» 255
- mit Wermutsauce 172

Geflügel-Kresse-Quiche 106
Geflügelsalat
- mit Frühlingsgemüsen 38
- Zucchino 40

Gefüllte Poularde in der Bratfolie 143
Gefüllte Pouletbrust
- mit Aprikosen 225
- mit Morcheln 229
- im Reisblatt mit Scampisauce 232

Gefülltes Poulet nach Großmutterart 278
Grillierte Poulet-
- flügel 121, 185
- schenkel 185

Grüner Salat mit Curry-Poulet 41
Grünes Huhn 93
Hähnchen mit Gemüsen im Blätterteig 280
Huhn
- im Topf mit Wirsingköpfchen 96
- Brasilianisches — 265
- Spanisches Safran- 266

Hühner-
- bouillon 325
- suppe mit Nudeln nach chinesischer Art 94

Indonesische Reistafel 282
Kräuterschnitzel, feurige 201
Maiskuchen mit gehacktem Geflügelfleisch 310
Nudeln mit Pouletbrust und Tomaten 303

Pastetchen
- mit Pouletbrust in Safransauce 318
- Festliche — 316

Pilzsuppe, chinesische 85
Pollo
- alla cacciatora 267
- a la chilindrón 286
- alla nonna 278
- a la valenciana 270

Poularde
- Molino Mayola 288
- Gefüllte — in der Bratfolie 143
- Salat mit —, Artischocken und Sellerie 42

Poularde mit
- Basilikumsauce 208
- Champagnersauce 209
- Trüffelsauce 147

Poulardenbrust im Chicoréemantel 242
Poulardenbrüstchen in Estragon-Gelee mit pikanter Sauce 20
Poulet
- à la niçoise 269
- nach Art von Piräus 276
- gedämpftes, im Sherrysud 144
- Surabaya 280
- Gefülltes — nach Großmutterart 278

Poulet in
- Burgundersauce mit Steinpilzen 212
- Curryrahmsauce 210
- Peperonirahmsauce 206

Poulet mit
- Champignons und Tomaten 214
- Lauch 291
- Paprikaschoten 286
- Safransauce 211
- Scampi-Whisky-Sauce 184

Pouletbrust
Gebratene — mit Gemüsesauce 183
Nudeln mit — und Tomaten 303

Pouletbrust, gefüllt
- nach Großmutterart 278

– im Reisblatt mit
  Scampisauce 232
Pouletbrust, gefüllt mit
– Aprikosen 225
– Gorgonzola und
  Baumnüssen 227
– Morcheln 229
– Trüffelfarce 235
Pouletbrüstchen
– mit Limettensauce 186
– gefüllt mit Mozzarella und
  Salbei 231
Pouletbrustfilets mit
– Champagnersauce 175
– Spargeln 176
Pouletflügel
– mit Honigsauce 271
  Grillierte — 121, 185
Pouletröllchen mit Spargel und
  Champagnersauce 200
Pouletschenkel, grillierte 185
Pouletschenkel in
– Kurkumasauce 195
– der Nußkruste 189
Pouletschnitzel mit Sesam und
  Limettensauce 188
Quiche, Geflügel-Kresse- 106
Reispfanne, bunte 300
Safranhuhn, spanisches 266
Salat, grüner, mit Curry-Poulet 41
Sandwiches, Club- 17
Spaghetti mit Geflügel und
  Zucchetti 309
Spanisches Safranhuhn 266
Waterzooi 268

Perlhuhnrezepte

Gefüllte Perlhuhn-
– brüstchen mit
  Zwetschgensauce 220
– schenkel 222
Perlhuhn
– mit Châteauneuf-du-Pape 136
– mit Marcsauce 137
– mit Nüssen 138
– in der Salzkruste 139

Perlhuhn-
– brust mit Kräuterfüllung 236
– brüstchen, gefüllte, mit
  Zwetschgensauce 220
– consommé 84
– fond 333
– galantine mit Aprikosen und
  Pinienkernen 66
– kraftbrühe 84
– schenkel, gefüllte 222
Perlhuhnküken
– auf dem Lauchbett 135
– mit Scampi und Safransauce 142
Salat mit Poularde, Artischocken und
  Sellerie 42

Taubenrezepte

Gebratene Taubenbrüstchen mit
  Entenleber 203
Gefüllte
– Tauben 150
– Taubenbrüste mit
  Cream-Sherry-Sauce 240
Parfait von Tauben und Scampi 73
Tauben
– gefüllte 150
– auf Rahmwirsing 151
Tauben-
– brüstchen, gebratene, mit
  Entenleber 203
– soufflé mit Malvoisiesauce 122
Taubenbrüste mit
– Cream-Sherry-Sauce,
  gefüllte 240
– Scampifüllung 24

Truthahnrezepte

Amerikanischer Salat 28
Bunte Reispfanne 300
Englische Schüsselpastete 292
Feurige Kräuterschnitzel 201
Gebratene Truthahnschenkel 196
Geflügel-
– galetten mit Estragonsauce 113
– gratin mit Auberginen 322
– krapfen 314

Geflügelgeschnetzeltes
 – mit Steinpilzsauce 174
 – «süß-sauer» 255
 – mit Wermutsauce 172
Gefüllter Truthahn 252
Geräucherte Trutenbrust mit Salat 26
Gorgonzolaschnitzel 202
Gulaschsuppe 102
Kaltes Trutenfleisch mit
 Thunfischsauce 23
Kräuterschnitzel, feurige 201
Lauchquiche mit Truthahnbrust 107
Maiskuchen mit gehacktem
 Geflügelfleisch 310
Marokkanisches Truthahnragout 296
Pastetchen mit Truthahnfüllung 320
Pastete, englische Schüssel- 292
Piccata Giovanni 289
Quiche, Lauch- mit Truthahnbrust 107
Reispfanne, bunte 300
Salat, amerikanischer 28
Schüsselpastete, englische 292
Suppe, chinesische Pilz- 85
Tacchino Tonnato 23
Trutenblankett mit Dill 197
Truten-
 – cocktail mit Crevetten 27
 – fleisch, kaltes, mit
  Thunfischsauce 23
 – frikassee mit Champignons 216
 – parfait mit Gemüsen 65
 – röllchen mit Zucchino, Tomaten
  und Oliven 218
 – schnitzel mit Estragonsauce 199
 – steak, mit Blattspinat und
  Champignons überbacken 193
Trutenbrust
 – gefüllt mit wildem Reis und
  Whisky-Ahorn-Sauce 237
 – geräucherte, mit Salat 26
 – mit Leber, Sultaninen und
  Mandelfüllung 243
Truthahn
 – nach amerikanischer Art 294
 – mit Birnenfüllung 158

Gefüllter — 252
Truthahn
 – braten mit
  Whisky-Ahorn-Sauce 159
 – geschnetzeltes in
  Currysauce 171
 – rollen mit Kerbel 238
 – schenkel, gebratene 196
 – schnitzel mit Scampi 198
 – spieße mit Peperonisauce 192
Truthahnbrust
 – mit Auberginen 162
 – in Blätterteig 245
 – im Teigmantel 244
Truthahnfüllung
 – «Farmer Style» 254
 – mit Geflügelleber 253
Truthahn-Piccata 191
Truthahnragout
 – mit Brennesseln 215
 Marokkanisches — 296
Turkey Pie 292

Wachtelrezepte

Gebratene Wachtelbrüstchen und
 Entenleber auf Salat 30
Gefüllte Wachteln mit
 Portweinsauce 167
Wachtel-
 – gnocchi 100
 – klößchen 100
 – sauce 334
Wachtelbrüstchen
 – gebratene, und Entenleber auf
  Salat 30
 – auf ihrem Parfait 204
Wachteln
 – auf Frühlingsreis 277
 Gefüllte — mit Portweinsauce 167
Wachteln mit
 – Gänseleber auf Morcheln 165
 – glasiertem Gemüse 166
 – Salbei 168
 – Tomatenvinaigrette 44
Wachtelparfait 362

VERZEICHNIS DER REZEPTE NACH DER SPEISEFOLGE

Kalte Vorspeisen und Salate
(S. 15—44)
Amerikanischer Salat 28
Club Sandwiches 17
Frühlingssalat mit Geflügellebern 31
Gebratene Wachtelbrüstchen und
  Entenleber auf Salat 30
Geflügel-Riesencrevetten-Salat 35
Geflügelsalat mit
  – Avocados 39
  – Frühlingsgemüsen 38
  – Melone und Sesam 37
  – Zucchino 40
Geflügelsülze mit Ratatouillesauce 22
Geräucherte
  – Entenbrust mit
    Apfel-Sellerie-Salat 19
  – Gänsebrust mit Melone und
    frischem Ingwer 21
  – Trutenbrust mit Salat 26
Grüner Salat mit Curry-Poulet 41
Kaltes Trutenfleisch mit
  Thunfischsauce 23
Poulardenbrüstchen in
  Estragon-Gelee mit pikanter
  Sauce 20
Salat mit
  – Entenbrust und Geflügelleber 43
  – Entenbrust und Sweeties 32
  – Poularde, Artischocken und
    Sellerie 42
Tacchino Tonnato 23
Taubenbrüste mit Scampifüllung 24
Trutencocktail mit Crevetten 27
Wachteln mit Tomatenvinaigrette 44

Pasteten, Terrinen, Galantinen und Mousses
(S. 45—78)
Enten-
  – galantine 47
  – parfait mit Milken und
    Riesengarnelen an
    Sherrymousse 54
  – torte mit Entenleber 51
Gänseleber-
  – mousse 49
  – terrine 58
Geflügel-
  – mousse mit
    Chardonnay-Traubensauce 76
  – terrine mit Pistazien 75
Geflügelleberterrine mit Orangen 74
Geflügelparfait mit
  – chinesischen Pilzen und
    Geflügelleber 59
  – Gänseleber im Strudelteig 56
Geflügelpastete mit Hühnerleber und
  Eierschwämmchen 62
Geflügelterrine mit Pistazien 75
Parfait von Tauben und Scampi 73
Pasteten-Gewürzmischung für
  Geflügelfleisch 50
Perlhuhngalantine mit Aprikosen und
  Pinienkernen 66
Trutenparfait mit Gemüsen 65

Suppen und Eintöpfe
(S. 79—102)
Chinesische Pilzsuppe 85
Currysuppe nach indischer Art 86
Eierstich 101
Eintopf mit Poulet und Gemüse 97
Essenz von Geflügel und Scampi mit
  Curry 92
Gänseleberklößchen 98
Geflügel-
  – consommé 81
  – kraftbrühe 81
Geflügelleber-
  – gnocchi 98
  – klößchen 98

Geflügelrahmsuppe 86
mit
- Gemüsen und Kräutern 87
- frischen Gurken 88
- Lauch 89
- Paprikaschoten 90
- Staudensellerie 91
Grünes Huhn 93
Grünkernklößchen 100
Gulaschsuppe 102
Huhn im Topf mit Wirsingköpfchen 96
Hühnersuppe mit Nudeln nach chinesischer Art 94
Mandel-
- gnocchi 99
- klößchen 99
Perlhuhn-
- consommé 84
- kraftbrühe 84
Pistazienklößchen 99
Tomatierte Geflügelconsommé 83
Trüffelklößchen 101
Wachtel-
- gnocchi 100
- klößchen 100

Warme Vorspeisen
(S. 103—122)
Crêpes mit Geflügel 109
Gebratene Entenleber mit Fenchelpüree und Rotweinsauce 112
Geflügel-
- galetten mit Estragonsauce 113
- strudel mit Madeirasauce 118
Geflügel- und Scampimousse mit Scampisauce 117
Geflügel-Kresse-Quiche 106
Geflügelleber
- mit Apfelflan und Calvadossauce 111
- mit Äpfeln 105
- und frische Eierschwämme im Artischockenboden 115
- mit Lauch 110
Geflügelleber-Mousseline mit Majoransauce 116

Grillierte Pouletflügel 121
Lauchquiche mit Truthahnbrust 107
Taubensoufflé mit Malvoisiesauce 122
Überbackene Gänseleber auf Brioche 114

Ganzes Geflügel
(S. 123—168)
Coquelets
- nach Großmutterart 125
- mit Nußsauce 127
Ente à l'orange 130
Gans mit Apfelsauce und glasierten Maronen 134
Gedämpftes Poulet im Sherrysud 144
Gefüllte
- Poularde in der Bratfolie 143
- Tauben 150
- Wachteln mit Portweinsauce 167
Glasuren für Geflügel 160
Junge Ente mit Champignons und Oliven 129
Meerrettichrahm 144
Perlhuhn
- mit Châteauneuf-du-Pape 136
- mit Marcsauce 137
- mit Nüssen 138
- in der Salzkruste 139
Perlhuhnküken
- auf dem Lauchbett 135
- mit Scampi und Safransauce 142
Poularde mit Trüffelsauce 147
Tauben auf Rahmwirsing 151
Truthahn mit Birnenfüllung 158
Truthahnbraten mit Whisky-Ahorn-Sauce 159
Truthahnbrust mit Auberginen 162
Wachteln mit
- Gänseleber auf Morcheln 165
- glasierten Gemüsen 166
- Salbei 168

Geflügelteile
(S. 169—246)

Entenbrust mit
- Blutorangenbutter und grünem Pfeffer 178
- Honigessigsauce 181
- Rotweinpflaumen 177
- Sauternessauce 180

Feurige Kräuterschnitzel 201

Gebratene
- Pouletbrust mit Gemüsesauce 183
- Taubenbrüstchen mit Entenleber 203
- Truthahnschenkel 196

Geflügelfondue mit Avocado 205

Geflügelgeschnetzeltes mit
- Steinpilzsauce 174
- Wermutsauce 172

Gefüllte Perlhuhn-
- brüstchen mit Zwetschgensauce 220
- schenkel 222

Gefüllte Pouletbrust
- mit Aprikosen 225
- mit Morcheln 229
- im Reisblatt mit Scampisauce 232

Gefüllte Taubenbrüste mit Cream-Sherry-Sauce 240

Geschnetzeltes Geflügelfleisch mit Orangensauce 173

Gorgonzolaschnitzel 202

Grillierte Poulet-
- flügel 185
- schenkel 185

Perlhuhnbrust mit Kräuterfüllung 236

Poularde mit
- Basilikumsauce 208
- Champagnersauce 209

Poulardenbrust im Chicoréemantel 242

Poulet
- in Burgundersauce mit Steinpilzen 212
- mit Champignons und Tomaten 214
- in Curryrahmsauce 210
- in Peperonirahmsauce 206
- mit Scampi-Whisky-Sauce 184
- mit Safransauce 211

Pouletbrust, gefüllt mit
- Gorgonzola und Baumnüssen 227
- Trüffelfarce 235

Pouletbrüstchen
- mit Limettensauce 186
- gefüllt mit Mozzarella und Salbei 231

Pouletbrustfilets mit
- Champagnersauce 175
- Spargeln 176

Pouletröllchen mit Spargel und Champagnersauce 200

Pouletschenkel in
- Kurkumasauce 195
- der Nußkruste 189

Pouletschnitzel mit Sesam und Limettensauce 188

Trutenblankett mit Dill 197

Trutenbrust
- mit Leber, Sultaninen und Mandelfüllung 243
- gefüllt mit wildem Reis und Whisky-Ahorn-Sauce 237

Trutenfrikassee mit Champignons 216

Trutenröllchen mit Zucchino, Tomaten und Oliven 218

Trutenschnitzel mit Estragonsauce 199

Trutensteak, mit Blattspinat und Champignons überbacken 193

Truthahnbrust
- in Blätterteig 245
- im Teigmantel 244

Truthahn-
- geschnetzeltes in Currysauce 171
- ragout mit Brennesseln 215
- rollen mit Kerbel 238
- schnitzel mit Scampi 198
- spieße mit Peperonisauce 192

Truthahn-Piccata 191

Wachtelbrüstchen auf ihrem Parfait 204

Gerichte aus aller Welt
(S. 247—296)
Brasilianisches Huhn 265
Chinesischer Feuertopf 259
Coq au vin 272
Coquelets mit schwarzen Oliven 256
Empanadas 290
Englische Schüsselpastete 292
Ente nach Elsässerart 258
Entenragout mit weißen Rüben 275
Geflügel-
– bitki mit Gurken und
    Steinpilzen 264
– geschnetzeltes «süß-sauer» 255
Gefüllter Truthahn 252
Gefülltes Poulet nach Großmutter-
    art 278
Gehacktes Geflügelkotelett
    Pojarski 281
Genueser Entenragout 262
Hähnchen mit Gemüse im
    Blätterteig 280
Indonesische Reistafel 282
Krapfen nach mexikanischer Art 290
Marokkanisches Truthahnragout 296
Martinsgans 250
– Füllung mit Geflügelleber 251
– Füllung mit Kastanien 251
Navarin de canard 275
Piccata Giovanni 289
Pollo
– alla cacciatora 267
– a la chilindrón 286
– alla nonna 278
– a la valenciana 270
Poularde Molino Mayola 288
Poulet
– mit Lauch 291
– à la niçoise 269
– mit Paprikaschoten 286
– nach Art von Piräus 276
– Surabaya 280
Pouletflügel mit Honigsauce 271
Spanisches Safranhuhn 266
Truthahn
– nach amerikanischer Art 294
– Füllung «Farmer Style» 254

– Füllung mit Geflügelleber 253
Turkey Pie 292
Wachteln auf Frühlingsreis 277
Waterzooi 268

Mit Teigwaren, Reis und Mais
(S. 297—310)
Bunte Reispfanne 300
Mais-
– gnocchi nach Römer Art 302
– kuchen mit gehacktem
    Geflügelfleisch 310
Makkaroni mit Geflügelfleisch und
    Auberginen 301
Nudeln mit
– Geflügellebern und
    Steinpilzen 306
– Pouletbrust und Tomaten 303
Ravioli mit Geflügelfüllung und
    frischen Steinpilzen 304
Reisköpfchen mit Geflügellebern 299
Spaghetti mit
– Geflügel und Zucchetti 309
– Geflügelfleisch und Pilzen 307

Reste vom Feste
(S. 311—322)
Elsässer Sauerkrautgratin 321
Festliche Pastetchen 316
Geflügel-
– gratin mit Auberginen 322
– krapfen 314
Pastetchen mit
– Geflügelragout 315
– Pouletbrust in Safransauce 318
– Truthahnfüllung 320
Pikanter Geflügelsalat 313

Saucen und was es dazu braucht
(S. 323—346)
Apfel-Sellerie-
– Gelee 341
– Sauce 338
Aprikosensauce 328
Béchamelsauce 327
Beurre manié 327

Blaues Traubengelee 342
Blutorangensauce 338
Calvadossauce 329
Cognacsauce 328
Geflügel-
- bouillon 325
- jus 326
- rahmsauce 329
Geflügel-Riesling-Gelee 344
Hagenbuttensauce 339
Holländische Sauce 330
Hühnerbouillon 325
Krustentier-
- fond 331
- sauce 332
Madeira-Rahmsauce 335
Mango-
- gelee 341
- sauce 339
Marsalafond 331
Mayonnaise 336
Mehlbutter 327
Melonensauce 340
Oxfordsauce 337
Perlhuhnfond 333
Portwein-
- gelee 345
- sauce 334
Sauce
- hollandaise 330
- aus frischen Peperoni 333
- suprême 329
Traubensauce 340
Tiroler Sauce 337
Wachtelsauce 334
Weißes Traubengelee 342
Whisky-Ahorn-Sauce 330

Weitere Saucen in diesem Buch
Apfelsauce 134
Aprikosensauce 225
Basilikumsauce 208
Burgundersauce 212
Champagnersauce 175, 200, 209
Cream-Sherry-Sauce 240

Curryrahmsauce 210
Currysauce 171
Estragonsauce 113, 199
Gemüsesauce 183
Honigessigsauce 181
Honigsauce 271
Kurkumasauce 195
Limettensauce 186, 188
Madeirasauce 118
Majoransauce 116
Malvoisiesauce 122
Marcsauce 137
Nußsauce 127
Orangensauce 173
Paprikarahmsauce 206
Peperonisauce 192
Peperonirahmsauce 206
Portweinsauce 167
Rotweinsauce 112
Safransauce 142, 211, 318
Sauternessauce 180
Scampi-Whisky-Sauce 184
Scampisauce 117, 232
Steinpilzsauce 174
Trüffelsauce 147
Wermutsauce 135, 172
Zwetschgensauce 220

Beilagen
(S. 347—358)
Buchweizenblinis 349
Darphinkartoffeln 356
Gekochte frische Morcheln 358
Grüne Nudeln 353
Hausgemachte Eiernudeln 352
Herzoginkartoffeln 356
Kartoffel-
- gnocchi 357
- krapfen 357
Kreolenreis 354
Mangopfannkuchen 351
Nudelflecken mit Zitronenmelisse 351
Nudeln
   Grüne — 353
   Hausgemachte — 352

Orangenpfannkuchen 350
Pilawreis 355
Roggenwaffeln 349
Safranrisotto 355
Sauerrahmwaffeln 350
Trockenreis 354
Wilder Reis mit Gemüsen und Nüssen 354

Farcen und Teige, hausgemacht
(S. 359—366)
Briocheteig 363
Crêpeteig 365
Geflügelfarce 361
Geriebener Teig
— nach Großmutterart 366
— mit Milch 363
Nudelteig zum Backen und Einbacken 364
Pastetenteig 364
Strudelteig 365
Wachtelparfait I, II 362

VERZEICHNIS DER PHASENZEICHNUNGEN

Füllen von Taubenbrüsten 25
Auslösen einer Galantine 70f.
Füllen einer Galantine 72
Herausdrücken der
    Flügelknochen 120
Tranchieren einer gebratenen
    Ente 128
Einstecken der Beine einer Poularde
    oder eines Suppenhuhns zum
    Kochen 145
Binden von Geflügel 146

Tranchieren am Tisch 148
Tranchieren in der Küche 149
Füllen einer Taube 152f.
Bardieren einer Taube 154
Füllen einer Keule 223f.
Füllen einer Geflügelbrust 228
Taubenbrüste (Koteletts) füllen 241
Vierteln einer Ente 262f.
Vierteln eines Poulets 273
Zunähen einer gefüllten Poularde 279

VERZEICHNIS DER ZWISCHENTEXTE

Die geräucherten Geflügelbrüste 18
Rund um die Wachtel 29
Salat — eine Modesache 34
Gänseleber vorbereiten 55
Parfait 57
Pasteten 63
So werden die Farcen feiner 67
Mousse 77
Galantine 78
Terrine 78
Das Klärfleisch 82
Das Huhn im Topf 95
Strudel 119
Knusprige Flügelchen 120
Was ist ein Poulet — eine «Sie» oder ein «Er»? 126
Der Erpel 131
Blanchieren 145
Die Taube — vielseitig begabt 155
Nach dem Braten zum Ruhen auf ein Abtropfsieb setzen . . . 161
Der Truthahn 163
Die Wachtel von Louhans — eine kleine wahre Geschichte 164
Saucengerichte mit Geflügel 170
Der Dummkopf läßt es stehen 174
Truthahn — groß und klein 189
Helle Hühnerleber 202

Das Garen im Ofen oder auf dem Herd 213
Die Sauce oder die Bouillon sorgfältig entfetten 219f.
Wie die Brust zum «Kotelett» wird 221
Napoleon und das Poulet 246
Die Martinsgans 249
Die dumme Gans 252
Was sind Provencekräuter? 269f.
Respekt für die Hühner 271
Der legendäre «Coq au vin» 274
Indisches Gewürzgeheimnis 283
Was ist ein Kapaun? 287
Der Truthahn für zwei 293
Thanksgiving 293
Weihnachtsgebräuche mit Geflügel 295
Pasteten — Prunkstücke der festlichen Tafel 319
Den Rahm getrennt einkochen 335
Warum gerinnt die Mayonnaise? 336
Gelee — die zarte Versuchung 343
Rund um das Gelee 344
Auskleiden mit Gelee 345
Die Spinatmatte 346